乡村产业振兴

主　编　何　曦　罗建兵
副主编　邓太平　李　娇　杨　茜
　　　　张立春　杜孟蓉　谢　芳

重庆大学出版社

内容提要

本书立足基本国情社情省情农情村情，以提高农户内生发展能力为目的，通过发展特色农业，围绕乡村产业振兴带头人"头雁"这一抓手，以新型农业经营主体的培育与发展为主线，通过有能农户、有效市场与有为政府三方合力实现乡村产业振兴。具体而言，首先阐述乡村产业振兴相关理论、乡村产业振兴与发展的经济逻辑，以此为理论基础，然后从总体上分析了新型农业经营主体的培育与发展，再从家庭农场的培育与发展、农业合作社的培育与发展以及农业产业化龙头企业的培育与发展，结合案例，阐释如何实现乡村产业振兴；接着分析了如何提升乡村产业竞争力以及如何推动乡村产业融合发展。让读者对乡村产业协同机制、乡村产业发展模式、乡村产业多元融合体系、乡村产业提质发展动力、乡村产业创新升级动能、乡村产业发展资源保障、乡村产业振兴组织保障等主题有大体的认知，并掌握乡村产业振兴基本理念、基本理论，了解乡村产业振兴的相关政策。

图书在版编目(CIP)数据

乡村产业振兴 / 何曦，罗建兵主编. -- 重庆：重庆大学出版社，2024.7. -- ISBN 978-7-5689-4481-6

Ⅰ. F323

中国国家版本馆 CIP 数据核字第 2024YE8312 号

乡村产业振兴
XIANGCUN CHANYE ZHENXING

主　编　何　曦　罗建兵
副主编　邓太平　李　娇　杨　茜　张立春　杜孟蓉　谢　芳
特约编辑：谢冰一
责任编辑：尚东亮　　版式设计：谢冰一
责任校对：刘志刚　　责任印制：张　策

*

重庆大学出版社出版发行
出版人：陈晓阳
社址：重庆市沙坪坝区大学城西路 21 号
邮编：401331
电话：(023)88617190　88617185(中小学)
传真：(023)88617186　88617166
网址：http://www.cqup.com.cn
邮箱：fxk@ cqup.com.cn (营销中心)
全国新华书店经销
重庆新荟雅科技有限公司印刷

*

开本：787mm×1092mm　1/16　印张：16.75　字数：400千
2024 年 7 月第 1 版　　2024 年 7 月第 1 次印刷
印数：1—2 000
ISBN 978-7-5689-4481-6　定价：59.00 元

前言

习近平总书记指出："马克思主义是不断发展的开放的理论，始终站在时代前沿。"习近平新时代中国特色社会主义思想弘扬马克思主义与时俱进的品格，顺应时代发展，回应时代关切，科学回答了"新时代坚持和发展什么样的中国特色社会主义、怎样坚持和发展中国特色社会主义"这个重大时代课题。

党的十八大以来，习近平总书记站在全局发展的战略高度，从全面建成小康社会和实现中华民族伟大复兴中国梦的目标出发，针对农村改革与发展面临的新情况新问题，提出了关于"三农"发展的一系列新思想、新论断、新要求，是习近平新时代中国特色社会主义思想的重要组成部分。

习近平总书记在党的十九大报告中指出，要坚持农业农村优先发展，按照产业兴旺、生态宜居、乡风文明、治理有效、生活富裕的总要求，建立健全城乡融合发展体制机制和政策体系，加快推进农业农村现代化。这既是对乡村振兴战略的总要求，又是对中国特色农业农村现代化的深刻诠释。

本书的主要任务是围绕乡村产业振兴带头人"头雁"，以新型农业经营主体的培育与发展为主线，通过分析其现状与问题、结合理论分析与典型案例分析，提高读者以特色产业发展振兴乡村、服务乡村的能力。具体而言，通过讲解乡村产业振兴理论、乡村产业构建机理，同时结合案例，让读者对乡村产业协同机制、乡村产业发展模式、乡村产业多元融合体系、乡村产业提质发展动力、乡村产业创新升级动能、乡村产业发展资源保障、乡村产业振兴组织保障等主题有大体的认知,并掌握乡村产业振兴基本理念、基本理论,能够解读乡村产业振兴的相关政策。

本书的基本要求是从中国乡村产业发展的现实情况与政策要求出发,使读者掌握乡村产业振兴的基本政策、乡村资源合理布局与产业发展、乡村产业合理布局与优化、乡村产业发展与优势特色、乡村产业融合发展动力机制等理论方法,能够运用乡村产业振兴理论,发现、分析、把握乡村产业发展的问题,提出相应的解决方案,具备服务乡村产业发展的基本知识、基本能力和基本素质。

本书以乡村产业振兴带头人为突破口,以提高农户内生发展能力为目的,以新型农业经营主体的培育与发展为主线,通过有能农户、有效市场与有为政府三方合力下发展特色农业,实现乡村产业振兴。本书分为三个部分,第一部分的主要内容是为什么需要乡村产业振兴,为书的第一章(何曦)。第二部分的主要内容是如何实现乡村产业振兴,包括第二章(邓太平)、第三章(罗建兵和谢芳)、第四章(罗建兵和杜孟蓉)和第五章(李娇)。第三部分是乡村产业振兴如何高质量发展和可持续发展,包括第六章(杨茜)和第七章(张立春)。

本书的出版得到了湖南应用技术学院行政管理专业湖南省一流专业建设经费的资助。

编　者

2023 年 12 月

目录

第一章
导论

【学习目标】

通过本章的学习,读者应掌握以下内容。重点学习产业振兴是乡村振兴的物质基础,理解产业兴旺在乡村振兴中的地位与作用。难点在于乡村产业的时代定位的科学认识,如何因地制宜,发展特色产业,助力乡村振兴。

【导读案例】

辛安镇:因地制宜打造特色产业,多措并举助力乡村振兴

河南省漯河市舞阳县辛安镇牢固树立"产业兴镇"理念,结合自身实际,聚焦壮大镇域经济,按照"一村一品"的发展要求,积极整合资源优势,探索以特色产业示范带动产业集群发展,切实助推村级集体经济壮大和农民增收,进一步激发乡村振兴内生动力,奋力走好高质量发展之路。

一是因地制宜打造特色产业。辛安镇位于县城西部,地势平坦,土地肥沃,长久以来都是农业大镇。借助便捷的交通优势,因地制宜,鼓励和支持群众在特色农业上做文章。坚持镇村联动、产村一体,在充分挖掘和利用自身资源的基础上,谋划特色产业,镇农业技术人员长期结合市县农业专家,深入辖区田间地头调研,探寻特色发展方向。

二是深度融合发展特色产业。辛安镇因地制宜实施特色产业规划引领,支持各村利用资源禀赋打造特色产业链,促进农村产业融合发展,形成更多"一村一品"特色产业格局。围绕产业深加工和提高产品附加值,以政府扶持为主导,加大资金投入,聚焦品牌效应,拓宽企业和产品销售渠道、打造农产品品牌产品,打造了春峰粉条、舞阳一根手工粉条、舞阳一滴石磨香油、小红孩石磨面粉等"一村一品"特色品牌。

三是多措并举助推群众增收。通过政策引导、项目支持、大户引领、技术辅导等多种举措,助推特色产业发展,以企业带动村民就业。吴堂村的春峰粉条厂在镇政府的帮助下,生产规模不断发展壮大,帮助本村20多名村民找到适合的工作岗位,年收入20 000元以上,实现"离家近、工作轻、收入高"的求职愿望。镇政府还积极拓宽农产品销售渠道,通过淘宝、抖音、拼多多等电商平台,疏通农副产品从生产、加工、流通和销售的各个环节,共同打造产供销一体化平台,有效促进了企业增效、农民增收,让特色产业在乡村振兴中发挥更大作用。

下一步,辛安镇将结合实际情况,继续优化调整产业结构,确保既要守住绿水青山,也要挖到金山银山,走出一条产业多元化发展的道路,切实带动村民致富增收,助推乡村振兴。

第一节 乡村产业振兴相关理论

习近平总书记将马克思主义基本理论与中国实践有机结合,对新时代中国农业发展进行了全方位思考,提出了具有中国特色的农业现代化论述,为推进中国特色农业现代化和乡村产业振兴指明了方向。

习近平总书记关于农业现代化和乡村产业振兴的重要论述,是习近平新时代中国特色社会主义思想的有机组成部分,是马克思主义理论的时代化和中国化。

一、乡村振兴战略的提出

(一)中国实现农业现代化的重大意义

农业是我国国民经济的基础,农村是承载中华民族乡愁的精神家园,农民是中国人口数量最多的群体。"三农"问题既是中国现代化进程中的基础性问题,也是中国共产党治国理政的一个重大议题。

乡村振兴战略的提出,有着重大的现实意义,也面临着巨大的挑战。通过新型农业经营体系的建设、农业支持保护体系的完善和城乡一体化体制机制创新,走中国特色农业农村现代化道路,实现农业现代化。

加快推进农业现代化是全面建设社会主义现代化国家的重大任务,是解决发展不平衡不充分问题的重要举措,是推动农业农村高质量发展的必然选择。"十四五"规划和2035年远景目标纲要将基本实现农业现代化作为到2035年基本实现社会主义现代化远景目标之一。这为中国农业的长远发展指明了方向,提出了新的要求。中国是一个典型的农业大国,农业就业人数和增加值规模都居世界首位。从全球范围看,要实现涉及数亿农民的农业现代化,至今尚没有先例。中国的农业现代化将是一项前所未有的伟大事业。立足中国国情,坚持走中国特色农业现代化道路,不仅能够奠定中国现代化的基石,也将为世界发展和人类进步做出重要贡献。

农业是国民经济的基础,农业现代化是国家现代化的基石。对于我国而言,农业现代化是一个动态的比较概念,既是推动传统农业成为现代农业的过程,也是不断赶超农业现代化先行国家的过程。其核心是农业生产方式的现代化,重要标志是农业生产效率、发展水平和科技含量等达到世界先进水平。

实现农业现代化一直是我国孜孜追求的重要目标。早在1945年,毛泽东在《论联合政府》中就提出了"农业近代化"的任务。中华人民共和国成立后,我国一直把农业现代化摆在现代化建设的重要位置。20世纪50年代,我国就明确提出了实现农业现代化的目标任务。当时人们把农业现代化主要理解为农业的机械化、水利化、化学化、电气化和良种化。改革开放以来，随着发展战略转型和体制转轨，农业现代化在建设实践中逐渐被赋予科技化、商品化、市场化、产业化、规模化、融合化、绿色化、智能化等丰富内涵。1983 年，中央一号文件提出要"走出一条具有中国特色的社会主义的农业发展道路"。2007 年，党的十七大提出"走中国特色农业现代化道路"，确立了中国农业现代化的方向。2014 年，中央一号文件将这一道路进行了具体化，明确提出要"走出一条生产技术先进、经营规模适度、市场竞争力强、生态环境可持续的中国特色新型农业现代化道路"。2016 年，中央一号文件进一步将这一道路阐释为"走产出高效、产品安全、资源节约、环境友好的农业现代化道路"。2017 年，党的十九大将农业现代化拓展为农业农村现代化，提出了"加快推进农业农村现代化"的战略任务。2020 年，党的十九届五中全会提出了到 2035 年基本实现农业现代化的目标任务。实现农业现代化是一项长期的艰巨任务，不可能一蹴而就，必须立足中国国情，走具有中国特色的农业现代化道路。这条道路是我国在现代化建设实践中不断探索和总结经验的成果，是全面建设社会主义现代化国家的必然选择。

中国特色农业现代化道路有其科学内涵，既要遵循农业现代化一般规律，又要从中国国情农情出发，突出中国特色，坚持中国道路。

一要把握"大国小农"特征。中国人多地少，人均耕地面积不足世界平均水平的一半，农业生产以小规模分散经营为主体形态。目前，通过土地流转经营 30 亩①以上的农户仅占全国农户总数的 5%，其他均属于世界银行划定的"小农"范畴。这种小农户将会长期存在。将小农生产有效引入现代农业发展体系，走"大国小农"国情下的农业现代化之路，是中国农业现代化的必然选择。二要把握基本制度特征。我国是一个社会主义国家，在推进农业现代化的过程中，必须坚持农村土地集体所有，完善农村基本经营制度。经过改革开放以来的实践探索，以家庭承包经营为基础、统分结合的双层经营体制已经成为我国农村的基本经营制度，这一制度是党的农村政策的基石，必须坚持并不断丰富完善。三要把握发展阶段特征。我国仍处于并将长期处于社会主义初级阶段，发展不平衡不充分问题依然十分突出。特别是农业大而不强、多而不优，土地产出率、劳动生产率和资源利用率低，国际竞争力较弱等问题，加快农业现代化和农业强国建设任重而道远。深刻把握基本国情特征，我国必须坚持走中国特色农业现代化道路。

中国的农业现代化必须坚持中国道路，探索符合自身实际的推进战略。这种战略具体体现在四个方面。一是多目标协调。中国拥有 14 亿多人口，粮食消费量巨大，确保粮食安全始终是"国之大者"，也是全面推进现代化和乡村振兴的底线要求。推进农业现代化，既要保障国家粮食安全和重要农产品稳定供应，又要实现农业增效、农民增收和绿色发展，实现多目标的统筹协调。二是多主体协同。既要完善农业支持保护政策体系，更好发挥政府作用，又要创新体制机制使市场在资源配置中起决定性作用，还要充分发挥农民主体作用，全面调动农民积极性、主动性和创造性，使政府、市场和农民协同互补形成发展合力。三是多路径并举。中国的农业现代化建设必须适应新时代国际国内环境变化，大力转变农业生产

---

① 1 亩 = 666.67 平方米。

方式,加快构建现代农业产业体系、生产体系、经营体系,不断推动农业向良种化、机械化、规模化、融合化、工业化、社会化、绿色化、智慧化的方向发展。四是多模式并存。中国农村地域辽阔,发展条件和特点千差万别,各地应从实际出发,因地制宜、梯次推进,探索各具特色的农业现代化实现形式,走多元化的农业现代化之路。

由于国情不同,各国农业现代化道路和模式也不尽相同。目前,世界农业现代化主要有三种典型模式,即以美国、加拿大等为代表的规模化农业模式,以日本、荷兰等为代表的精细化农业模式,以及以法国、意大利等为代表的高值特色农业模式。这些模式尽管具有一定借鉴意义,但并不完全适合中国。中国拥有数亿农民,"大国小农"是基本国情,立足自身国情,探索出一条中国特色农业现代化道路,本身就是一个模式和理论创新,有利于丰富和发展世界农业现代化理论。这一道路还将为世界农业现代化贡献中国智慧和中国方案,对广大发展中国家具有重要借鉴意义。

一方面,中国推动农业现代化促进了世界农业生产率增长,为加快世界农业现代化进程作出了重要贡献。按照世界银行世界发展指标(WDI)中的数据,2019年中国农业劳均增加值约为5 609美元(含农林渔业,2015年美元价),比1991年增长了约4.87倍,而同期世界平均增长约1.80倍,中国所在的中等偏上收入经济体增长了约3.25倍。其间,若以世界平均水平为100,中国农业生产率相对水平由66.3%提升到139.0%左右;若以中等偏上收入经济体为100,中国农业生产率相对水平由67.2%提升到92.8%左右。中国农业生产率的快速增长对世界农业生产率增长起到了重要作用。在新发展阶段,中国农业现代化的加快推进,将进一步大幅提升中国和世界的农业生产率,由此加快世界农业现代化的进程。

另一方面,中国高度重视粮食问题。早在2013年,中国就提出"以我为主、立足国内、确保产能、适度进口、科技支撑"的国家粮食安全战略。到2023年,中国粮食产量达到1.39万亿斤,连续9年稳定在1.3万亿斤(1斤=0.5千克,下同)以上,粮食生产实现"二十连丰",是世界第一大粮食生产国和第三大粮食出口国,人均粮食占有量连续多年超过国际公认的400千克粮食安全线。按稻谷和小麦计算的口粮自给率近年均在100%以上,谷物自给率超过95%,确保了"谷物基本自给、口粮绝对安全"的战略底线。中国以占世界9%的耕地、6%的淡水资源,养育了世界近五分之一的人口,为保障全球粮食安全做出巨大贡献。

近年来,中国大力推进绿色兴农,实施化肥农药减量增效行动,加快发展绿色有机农产品,推动农业减排固碳和污染防治,取得了明显的成效,化肥、农药使用总量和强度持续下降,而利用率则不断提升。在中国特色农业现代化进程中,加快实现农业绿色转型,将有利于推动世界农业绿色发展,为应对全球气候变化和促进可持续发展作出贡献。推进中国特色农业现代化,确保重要农产品稳定供应,并在此基础上充分挖掘农业的多种功能,推动农业与二三产业深度融合,将有利于农民持续稳定增收,提高城乡居民的生活水平。

截至2023年,我国乡村常住人口共计4.77亿人,农业及相关产业就业总量规模大、所占比重高。加快中国特色农业现代化进程,将意味着提高土地产出率、劳动生产率、资源利用率和农业增收贡献率,由此将增进中国农民福祉,促进世界总体福祉水平的提升。

(二)中国实现农业现代化的巨大挑战

习近平总书记强调,战略问题是一个政党、一个国家的根本性问题。以重大发展战略牵引带动高质量发展具有重要价值和深远意义。2023 年中央一号文件表明了中国农业农村发展的核心要紧紧围绕全面推进实施乡村振兴这一重大战略。

毛泽东同志在《矛盾论》中讲："事物的矛盾法则，即对立统一的法则，是唯物辩证法的最根本法则。""明确了主要矛盾，就明确了中心任务。抓住主要矛盾，一切问题就迎刃而解了。抓住主要矛盾，并不是意味着放过其他次要矛盾。在一定条件下，主要矛盾和次要矛盾是可以相互转化的。"2023 年中央一号文件中的各项重点工作，凸显出了当前中国农业发展面临着的十大矛盾。这里面有五个主要矛盾，五个次要矛盾。正确理解这十大矛盾的关系，就能理解中国农业现代化发展的根本要求和总体路径。

矛盾一：百年未有之大变局与中华民族伟大复兴的矛盾，对中国农业提出了新要求。

百年未有之大变局，核心体现为以西方为代表发达国家的由盛转衰，和以中国为代表新兴市场的崛起。这是过去 100 多年世界从未经历过的重大历史转变。随之而来的，必将是全方位的挑战和不断承压的生存发展空间。然而中国要富强，民族要复兴，就必须勇敢地面对和迎接这项挑战。

一方面，农业发展是中国发展的经济基础。习近平总书记强调"强国必先强农，农强方能国强"。2023 年中央一号文件提出"守好'三农'基本盘"。发展经济学理论告诉我们，只有农业发展迈过一定门槛后，才能实现要素市场的自由流动和配置，才能通过改革开放实现经济社会的快速发展。试想如果连饭都吃不饱，哪里能保证丰富的劳动力、土地和资本等要素投入二三产业。这既是农业作为国民经济基础的重要体现，也是中国在过去 40 年来经济增长奇迹中总结出的重要经验。中国在未来航程中要经受巨风大浪，农业发展基础必须更稳更强。

另一方面，农业安全是中国发展的生存基础。2023 年中央一号文件提出"坚决守牢确保粮食安全底线，抓紧抓好粮食和重要农产品稳产保供"，全文共十二次提到"安全"。民以食为天，农业安全是中国发展的生存底线。只有在生存底线之上，才能谈及更高层次的竞争。世界上许多国家，在尚未开启农业现代化进程之前，甚至尚未筑牢粮食安全底线之前，就草率地轻信采取西方宣扬的简单粗暴自由开放理论，过早地开启工业化和金融化进程，导致市场体系、产业体系、人才体系、制度体系残缺，经济发展在昙花一现后深陷泥潭，甚至丢失了农业这一生存底线的控制权，在政治上受制于人，难返昔日光彩。在未来发展中，中国必须牢牢地守住农业发展基础和底线，为中国持续稳健发展提供巨大的坚强支撑。

矛盾二：改革开放进入深水区和中国迈上新征程的矛盾，亟须扩大新动能。

改革开放以来，我国取得了巨大的经济建设成就。随着各项事业不断发展，我国进入全面建设社会主义现代化国家新征程，经济建设也进入了高质量发展阶段。然而，改革开放进入深水区后，过去的动能已经不能适应未来进一步发展的要求，农业亦是如此。过去 40 余年间，我国农业发展主要是解决了产量、品种和产业环节体系等从无到有的问题，相对空间大，可复制可模仿经验多，发展粗放快速。未来 30 年，我国农业发展要解决优产、优质和价值链竞争力等从有到强的问题，相对空间小，可复制可模仿经验少，发展需精准稳健。

20 世纪 80 年代，通过开展水利建设和开展育种攻关，我国在很大程度上解决了农业生产中的洪涝灾害和产量稳定性的外部问题，并通过制度创新激发了广大农户的生产积极性，极大地解放和发展了农村生产力,结束了主要农产品长期短缺的时代。到 20 世纪 90 年代,得益于我国农化工业的突破性发展,我国粮食安全进一步强化,农业产业结构逐渐多元化,科技进步贡献占比不断升高,农产品出口崭露头角,推动我国农业快速发展。21 世纪前 10 年,随着我国加入世界贸易组织(WTO),农业机械化率大幅提高,我国粮食产量开启了稳增进程,农产品进出口倒挂,农产品加工率不断提高,农业产业化水平快速上升。党的十八大以后,我国农业发展也类似宏观经济增长,进入了转方式、调结构的调整时期。在不断的摸索中,如何抓住农业现代化发展新方向、扩大农业高质量发展新动能,有了更具体的答案。

2023 年中央一号文件提出"加强农业基础设施建设,强化农业科技和装备支撑",正是根据我国构建双循环新发展格局要求,紧紧围绕"着力扩大国内需求"和"加快建设现代化产业体系"需要,针对当前我国农业发展的短板,提出了一系列重要工程,既是短期拉动经济稳定增长的重要措施,也是中长期推动我国农业设施化、园区化、融合化、绿色化、数字化发展的重要手段。

矛盾三:经济全球化退潮与扩大农业发展空间的矛盾,亟须提高产业竞争力。

诺贝尔经济学奖得主、美国经济学教授克鲁格曼曾因为发现国际贸易扩大了市场空间而名震江湖,任何的产业发展与经济增长,不管是需求引领供给,还是供给创造需求,最终都是以需求空间的扩大为基础前提的,这也是全球化能够有效推动经济增长的原因之一。进入 21 世纪以来,美欧等国家主导下的全球政治经济治理体系不断失效,世界进入地缘政治冲突频发期,加上全球产业结构、贸易投资结构、资源能源结构、金融体系结构等长期失衡,全球科技进步放缓,导致世界经济陷入慢性长期停滞。2007—2009 年次贷金融危机之后,美国经济磕磕绊绊,欧洲经济积重难返,国内政治冲突和社会撕裂加剧,民族主义与种族主义交织,产业保护主义和贸易保护主义兴起。全球产业结构进入本地中心化和加速重构调整时期,经济全球化发展出现退潮。

过去几十年间,全球化加速发展,市场空间不断扩大,这给以中国为代表的后发国家通过市场增量空间实现农业快速增长提供了可能。当前,全球产业本地中心化加速,全球产业竞争不断加剧,中国农业的科技创新面临技术封锁,中国农业的外部空间面临压缩挑战。与此同时,随着国内生产成本的不断提高,过去以成本优势占据价值链中间环节的生存空间,面对东南亚地区等国家的紧追,不断承压。打铁还需自身硬。进口供应链受制于人,技术创新滞后于人,出口贸易受堵于人,中国农业要破局,亟须利用全球产业重构机遇,抢占价值链高附加值环节,塑造强大农业产业体系骨架,扩大中国农业发展市场空间。2023 年,中央一号文件提出"建设供给保障强、科技装备强、经营体系强、产业韧性强、竞争能力强的农业强国",正是进一步巩固国内农业市场份额和扩大海外市场份额的重要基础,是应对全球农业产业竞争不断加剧的有效路径,和抢占第三轮农业全球化发展高地的重大战略。

矛盾四:中国农业尚未赶上欧美与第三轮农业全球化面临的矛盾,亟须加快产业技术革命。

中国农业尚未赶上欧美已有发展水平,但新一轮也是第三轮农业全球化已经悄然涨潮,威胁中国农业已有生存空间。尽管从宏观上看,经济全球化出现退潮趋势,但从微观上看,第三轮农业全球化虽未如火如荼地展开,但已经暗流涌动,缓缓涨潮,尤其是以全球农业信息、生物、能源技术革命为代表的新技术兴起。

20 世纪 50—80 年代,全球农业发展经历了第一次大洗牌。以欧美跨国公司为主导,对全球农业耕地和重要自然资源进行了分割,形成了主导如今全球农业供应链结构的基础,也随之把发达国家农业的先进生产力带到了全球最重要的种植生产区域,这是农业的第一次全球化发展,是农业供应链的全球化。

20 世纪 90 年代至 21 世纪头十年,全球农业发展经历了第二次大洗牌。仍然以欧美跨国公司为主导,发展中国家跨国公司不断跟进,对全球农业加工贸易产业链进行了分割,形成了主导如今全球农产品产业链结构的基础,也随之使全球农业产业链不断融合,关联度更加紧密,这是农业的第二次全球化发展,是农业产业链的全球化。

2010 年以来,全球农业正在信息技术、生物技术、能源技术革命推动下,经历第三次大洗牌。技术革命不仅正颠覆性地重新定义农业产业,对未来全球粮食和农产品供应结构同样会带来颠覆性冲击,也将重新区分全球各国农业竞争力。跨国农业巨头不断合并,高科技农业企业不断涌现,对全球农业价值链进行了分割,形成了当前各有所优、各展所长的价值链竞争格局,这是农业的新一轮(第三轮)全球化发展,也是农业价值链的全球化。

由于近代以来的历史原因,中国没赶上前两轮农业全球化发展,在全球农业竞争中吃了大亏,新一轮农业全球化发展不能再错过。当前我国农业虽然总体上与发达国家均处于新一轮全球化的领跑梯队,但尚未赶上欧美已有发展水平,占据价值链高附加值环节位置也不多,亟须加快产业技术革命。2023 年中央一号文件提出"推动农业关键核心技术攻关,深入实施种业振兴行动,全面实施生物育种重大项目,加快先进农机研发推广,加紧研发大型智能农机装备,深入实施数字乡村发展行动,推动数字化应用场景研发推广,加快农业农村大数据应用,推进智慧农业发展"等,正是提升我国农业产业技术水平、实现追赶超、抢抓新一轮农业全球化发展战略机遇的重要举措。

矛盾五:城乡发展不协调和共同富裕目标的矛盾,亟须加快乡村富民产业发展。

城乡发展不协调对我国实现共同富裕带来了巨大制约。城乡二元化发展是导致城市和农村发展不协调的主要原因,它过去为我国经济稳定发展与在有限资源约束下集中力量开展建设作出了积极贡献,但随着长时间的弊端积累,其已经成为进一步实现城乡共同富裕的关键短板,也成了制约我国长期宏观经济增长水平的结构性约束。

长期以来,城市获得支持多,农村获得支持少。由于我国幅员辽阔、供需时空错配严重、人多地少、小散农业和规模农业并存等国情,农业收益低,无法依靠自身良性循环支撑农村建设,也无法带动各种要素向农村集聚。农业生产率提升相对于二三产业更为缓慢,加剧了要素向城镇二三产业流向的倾斜,进一步限制了农业经营收益的提高。随着我国城镇化快速发展,农村人口向城镇大规模迁移,农村空心化和劳动力老龄化问题日益突出。由于乡村产业发展尚不成熟,农村消费市场尚不成规模,农村居民可支配收入上涨速度远低于城镇。而向城镇大规模迁移的农村人口,更多为低教育学历、低劳动技能人口,在城镇从事工作往往位于产业链低附加值环节,占据低回报产业结构,致使城镇和农村居民收入差距逐渐扩大。

2023 年中央一号文件明确指出要"巩固拓展脱贫攻坚成果,增强脱贫地区和脱贫群众内生发展动力"和"推动乡村产业高质量发展,培育乡村新产业新业态,培育壮大县域富民产业",通过提振就业、提升经营效益、扩大财产权益等不断拓宽农民增收致富渠道,通过一系列积极手段让农业、农民、农村融入和享受到社会主义现代化发展的巨大红利,进一步缩小城乡发展差距,缩小一二三产业生产率提升差距,更好地从产业结构均衡角度促进宏观全要素生产率提高,更大程度地实现共同富裕。

上述五个矛盾是当前中国农业发展面临的主要矛盾。矛盾一回答了中国能不能生存,矛盾二回答了中国能不能发展,矛盾三回答了中国农业能不能发展,矛盾四回答了中国农业能不能领先,矛盾五回答了中国农业、农民、农村能不能富强。同时,当前中国农业发展还面临着五个次要矛盾。

矛盾六:中国农产品供给能力不足与多样性需求不断扩大的矛盾,亟须深化供给侧结构性改革。

中国人多地少,水土资源紧缺,过去经历了几十年的探索,才解决了华夏大地几千年来都未能解决的温饱问题。资源紧缺且分布零散,导致中国农业生产成本居高不下,相较于世界主要粮棉油糖产区缺乏成本优势,农产品贸易逆差不断扩大,粮食安全和产业安全长期面临巨大压力。尽管在藏粮于地、藏粮于技的战略引导下,我国粮食生产实现了前所未有的连续增产,但仍然无法满足城乡消费升级所带来的多样性需求快速增长。

农产品消费一般会经历糖类、油脂和蛋白消费3个升级门槛,每一次升级都需要有更大的原材料消耗。据一般估计,人类生存所需能量由蛋白提供需要消耗4倍由糖类提供的粮食。而且,消费升级往往伴随着消费多样性需求的扩大,这对本就有限的资源提出了更高的要求。此外,由于农产品供给调整慢,消费弹性小,供需两端信息交互周期长,供需错配的问题越来越普遍,农民卖难和消费者买难同时存在。与此同时,受到全球农业产业结构和农产品加工技术不断转型升级的影响,我国原有农产品供给中已经出现了一部分落后产能,然而新增消费需求又无法满足,供给能力不足与多样性消费需求扩大的矛盾更加突出。

2023年中央一号文件提出"发展现代设施农业,构建多元化食物供给体系,统筹做好粮食和重要农产品调控",加快育秧育苗集中集约化发展,完善农产品产地冷藏、冷链物流设施建设,推进规模化养殖场、池塘升级,大力探索创新利用戈壁、沙漠发展设施农业,构建粮经饲统筹、农林牧渔结合、植物动物微生物并举的多元化食物供给体系等,正是从微观具体层面不断深化我国农业供给侧结构性改革的有效举措,旨在全方位角度提升我国农产品有效供给能力,更好地满足我国农产品消费快速升级需求。

矛盾七:农业设施水平有限与农业高质量发展更高要求的矛盾,亟须扩大完善农业现代化设施体系。

中华人民共和国成立后,我国在农业基础设施上下了大功夫,为改革开放后粮食生产能力和农产品产能的巨大提升奠定了坚实基础。21世纪以来,我国在道路升级、水利建设、农田改造和生态涵养等方面取得了重大成就,农业基础设施体系更加完备。但与此同时,经济发展导致目光短浅、与粮争地等现象时有发生,农田肥力下降、土壤板结衰退、灌排设施老化等问题不断涌现,现代化集约化育苗基地少,产地冷链仓储物流设施不足,农产品加工流通基地不充分、不均衡,导致我国农业高质量发展处处受限。加快补齐农业现代化设施短板,构建更完善的农业现代化设施体系,是我国农业实现高质量发展和进一步现代化发展的重要基础、必要前提。

2023 年中央一号文件提出"发展现代设施农业""加强农业基础设施建设,加强耕地保护和用途管控,加强高标准农田建设,加强水利基础设施建设,强化农业防灾减灾能力建设""持续加强乡村基础设施建设",重点补齐土壤改良、农田灌排设施、农产品产地冷藏保鲜设施等关键短板,逐步把永久基本农田全部建成高标准农田,加强田间地头渠系与灌区骨干工程连接等农田水利设施建设,优化完善农业气象观测设施站网布局,支持家庭农场、农民合作社和中小微企业等发展农产品产地初加工,在粮食和重要农产品主产区统筹布局建设农产品加工产业园,布局建设一批城郊大仓基地,支持建设产地冷链集配中心等,不断扩大完善我国农业现代化设施体系。

矛盾八:中国农业资源紧缺与农业可持续发展的矛盾,亟须加快农业绿色转型。

党的十八大以后,党中央提出加快转变农业发展方式,走产出高效、产品安全、资源节约、环境友好的现代农业道路。我国农业资源高度紧缺,人均耕地面积仅为世界平均水平的27%,人均水资源量仅为世界平均水平的25%,全国耕地贫瘠化、酸化盐渍化等原因退化面积占耕地总面积40%以上,2020 年农业农村部发布全国耕地质量平均等级仅为 4.76(1 等最高,10 等最低),全国天然草原退化面积达到90%,随着城镇化发展带动建设用地需求增长,农村空心化、老龄化发展导致农业用地撂荒或低水平种植,我国有效利用耕地资源更加紧缺。同时我国年均使用农药化肥是国际平均水平的 2 倍,而综合利用效率仅为国际水平的1/2。这都对中国农业的可持续发展构成了巨大挑战。

2023 年中央一号文件继续高度关注农业绿色发展,实施"加强耕地保护和用途管控,推进农业绿色发展"等重大工程,明确提出要探索建立耕地种植用途管控机制,加大撂荒耕地利用力度,加强黑土地保护和坡耕地综合治理,强化干旱半干旱耕地、红黄壤耕地产能提升技术攻关,做好盐碱地等耕地后备资源综合开发利用,加快农业投入品减量增效技术推广应用,健全耕地休耕轮作制度,加强农用地土壤镉等重金属污染源头防治,出台生态保护补偿条例等,尤其是还具体点明"严厉打击盗挖黑土、电捕蚯蚓等破坏土壤行为"等问题,层次分明、纲目并举,为通过绿色转型提升农业可持续发展能力指明了具体方向。

矛盾九:中国农业农村四项改革与发展新形势新要求的矛盾,亟须深化农业制度改革。

党的十八大以来,我国稳健推进价格政策改革、农业补贴改革、土地制度改革和户籍制度改革探索,这 4 项改革是决定我国农业农村资源市场化和机制市场化的根本。十年间风云变幻,立足党的二十大新起点,我国农业农村发展面临新形势新要求,亟须深化四项农业制度改革。

一方面,实施何种价格支持政策和农业补贴政策,与经济发展阶段、农业发展阶段密切相关。十年前,受到 WTO 规则限制和我国不平衡的农业开放冲击影响,国内生产成本不断提高,国内支持政策已经触及天花板,我国粮棉油糖等大宗农产品市场空间在国外产品冲击下仍然不断收缩,为了有效提振价格政策对保供固安全的支撑作用,同时满足 WTO 的规则,以目标价格政策试点为切入,开启了价格政策改革进程,降低价格支持政策长期成本,提升价格支持政策影响效应。与此同时,由于过去长期实施的直接补贴政策对于提振生产积极性的效应已越来越小,开启了以保险等现代市场化方式替代过去直补行为的探索,走市场化道路,提升补贴对农业生产的刺激效率。十年来,国内国际农业市场形势发生了诸多变化,维持价格支持政策更加重要,补贴政策市场化亟须更加成熟。2023年中央一号文件提出"继续提高小麦最低收购价,合理确定稻谷最低收购价,稳定稻谷补贴,完善棉花目标价格政策,逐步扩大稻谷小麦玉米完全成本保险和种植收入保险实施范围,完善玉米大豆生产者补贴,实施好大豆完全成本保险和种植收入保险试点,完善农机购置与应用补贴政策,探索与作业量挂钩的补贴办法"等,进一步深化价格支持政策改革与农业补贴改革。

另一方面,土地制度与户籍制度是决定农业农村全要素生产率的关键因素,对于解放生产力有着总闸门的影响力。十年前,为更好地适应农村人口流转水平和城镇化发展水平,更好地适应农村土地规模经营和农业技术发展进步,进一步提升农业全要素生产率,开启了土地制度改革和户籍制度改革的探索。经过十年间的努力,这两项改革均取得了巨大的成效,农村土地资源进一步被盘活,农村劳动力要素进一步被激活。但各种短板问题依然存在,宅基地如何实现三权分置仍有争论,尤其是在城镇人口返乡购买小产权房现象趋于普遍,却得不到合法产权登记的问题,集体经营性建设用地能否入市的问题,"增减挂钩"和"合村并镇"等同时存在市场主导自然发生与利益集团强行推动的问题,导致部分专家学者对此两项改革有些质疑。事实上,党中央曾多次强调全面深化改革不能成为少数利益群体对社会资源资本的又一次利益瓜分,恰恰相反,两项基本制度改革正是为了更好地维护农业农村集体利益和农民利益的重要举措。在面向共同富裕的目标指引下,两项改革紧跟国民经济发展新形势,不断深化制度细节设计与完善执行监管流程。

2023年中央一号文件明确提出:"深化农村土地制度改革,扎实搞好确权,稳步推进赋权,有序实现活权,让农民更多分享改革红利;研究制定第二轮土地承包到期后再延长30年试点工作指导意见;稳慎推进农村宅基地制度改革试点,加快房地一体宅基地确权登记颁证,探索宅基地'三权分置'有效实现形式;深化农村集体经营性建设用地入市试点,探索建立兼顾国家、农村集体经济组织和农民利益的土地增值收益有效调节机制;保障进城落户农民合法土地权益,鼓励依法自愿有偿转让;巩固提升农村集体产权制度改革成果,健全农村集体资产监管体系;保障妇女在农村集体经济组织中的合法权益;深入推进农村综合改革试点示范"等,对如何解决过去两项改革进程中暴露的一系列问题给予了重要回答,也为进一步深化两项基本制度改革指明了方向。

矛盾十:劳动力老龄化和生产经营专业化发展的矛盾,亟须推动新型农业经营主体现代化培育。

农业发展离不开土地,离不开资本投入,离不开技术进步,但最终决定生产力水平的是人。农村空心化和劳动力老龄化已是必然趋势,与此同时,中国农业还面临着劳动力代际转换的重大挑战。到2030年,"70后"将进入60岁,"80后"将进入50岁,"90后"将进入40岁,而出生在改革开放之后的几代人,大多数都是在城镇化快速发展过程中成长起来的,对于传统农业生产经营并不熟悉,但作为未来时代的必然中坚力量,一定会承接起中国农业继续向前发展的重任,农业生产经营专业化也已成为必然趋势。有的学者提出,农村人口分布结构决定了中国农业将长期处于传统小散农业为主的格局,这是一种误解。农村人口结构与农业人口结构完全是两回事。截至2022年6月,我国家庭农场达到390万家,农民合作社超过 220 万家,农业社会化服务组织超过 95 万个,新型农业经营体系加快成熟。尽管与国外相比,我国新型农业经营主体的生产经营专业化和产业化水平仍然较低,但为应对我国农业劳动力老龄化和代际转换问题打开了新局面。

2023 年中央一号文件提出"深入开展新型农业经营主体提升行动"和"加强乡村人才队伍建设",支持家庭农场组建农民合作社、合作社根据发展需要办企业,大力发展代耕代种、代管代收、全程托管等社会化服务,鼓励区域性综合服务平台建设,实施乡村振兴人才支持计划,实施高素质农民培育计划,大力发展面向乡村振兴的职业教育,深化产教融合和校企合作,完善城市专业技术人才定期服务乡村激励机制,引导城市专业技术人员入乡兼职兼薪和离岗创业,继续实施教师"优师计划""特岗计划""国培计划""大学生乡村医生"专项计划、乡村振兴巾帼行动、青年人才开发行动等,为推动我国新型农业经营主体现代化培育指明了详细操作路径。

在上述 5 个次要矛盾中,分别回答了中国农业生产能力强不强、中国农业加工流通等设施能力强不强、中国农业绿色可持续发展能力强不强、中国农业制度能力强不强、中国新农人强不强的问题。

主要矛盾和次要矛盾常常相互转化,例如,过去矛盾九中的基本制度改革问题是农业农村发展的主要矛盾,但经过长期改革实践,取得了重大积极成就,已经转变为次要矛盾。而矛盾五中的城乡发展不协调问题,过去是有利有弊、利大于弊,但经过长期积累,也转变为了弊大于利的主要矛盾。厘清当前中国农业发展面临的十大矛盾,正确理解十大矛盾的有机关系,就能认识当前中国农业发展面临的时代挑战和机遇,掌握中国农业发展的脉搏与趋势。

(三)新型农业经营体系建设和农业支持保护制度完善

1.工作开展情况和取得的成效

党中央、国务院高度重视新型农业经营体系构建和小农户发展问题。习近平总书记指出,大国小农是我国的基本国情农情,要加快构建以农户家庭经营为基础、合作与联合为纽带、社会化服务为支撑的立体式复合型现代农业经营体系,实现小农户和现代农业有机衔接。近年来,各地区、各部门认真贯彻落实党中央、国务院决策部署,采取有力举措,强化政策支持和责任落实,加快构建新型农业经营体系,通过主体联农、服务带农、政策强农,逐步将小农户引入现代农业发展轨道。

(1)相关工作开展情况

一是不断健全政策支持体系,为小农户发展提供有力制度保障。近年来,中共中央、国务院先后印发了《关于保持土地承包关系稳定并长久不变的意见》《关于稳步推进农村集体产权制度改革的意见》;中办、国办先后印发了《关于加快构建政策体系培育新型农业经营主体的意见》《关于促进小农户和现代农业发展有机衔接的意见》等一系列重要政策文件,进一步明确坚持家庭经营基础性地位、支持保护小农户发展的思路和政策举措。国家有关部门按照职责分工,就培育家庭农场、促进农民合作社规范提升、扶持壮大集体经济、加快发展农业社会化服务、培育高素质农民、促进农业产业化龙头企业和联合体发展、金融支持新型农业经营主体、加快农业保险高质量发展、保障和规范农村一二三产业融合发展用地等出台了多项具体政策措施,基本形成了小农户家庭经营与合作经营、集体经营、企业经营等共同发展的政策支持体系。

二是加快培育新型农业经营主体,创新带动小农户发展。实施家庭农场培育计划,鼓励引导有长期稳定务农意愿的小农户稳步发展成为适度规模经营的家庭农场,截至2021年9月底,全国家庭农场超过380万个,平均经营规模134.3亩。开展农民合作社规范提升行动,坚持农户成员在合作社中的主体地位,以内强素质、外强能力为重点,引导农民合作社建立健全规范管理制度,提升运行质量,深化社企对接,让农户成员切实受益;专项清理"空壳社",在406个县(市、区)实施质量提升整县推进试点。目前,全国依法登记的农民合作社223万家,带动全国近一半农户。其中,在脱贫地区培育农民合作社72万家,吸纳带动脱贫户630万。做大做强农业产业化龙头企业,构建龙头企业梯队,发展农业产业化联合体,完善利益联结机制,支持龙头企业通过订单收购、保底分红、股份合作、吸纳就业等多种形式带动小农户共同发展。目前,全国县级以上龙头企业9万家、联合体7 000多个,辐射带动农户1 700万户。农业农村部等部门积极开展示范家庭农场、示范社创建活动,共推介246个家庭农场、农民合作社典型案例,形成带动小农户发展的成熟模式和机制。

三是加快发展农业社会化服务,着力解决小农户干不了、干不好、干了不划算的难题。各地区、各部门坚持把发展农业社会化服务作为实现小农户和现代农业发展有机衔接的基本途径和主要机制,按照市场化、专业化、社会化方向,积极培育适应小农户需求的农业社会化服务多元主体。截至2021年底,农业专业服务公司等各类农业社会化服务组织已服务小农户7 800万户。针对小农户开展农业生产多样化需求,因地制宜发展单环节、多环节、全程托管等多种服务模式。中央财政通过农业生产发展资金,扶持面向小农户的生产托管服务。组织搭建全国和区域性农业社会化服务平台,推动装备、设施、技术、人才等资源高效整合,促进服务需求与供给有效对接。鼓励支持涉农企业创新开展社会化服务,采取"农资+服务""科技+服务""互联网+服务"等方式,将小农户嵌入现代农业产业链条中。深化农村产权制度改革,发展壮大农村集体经济组织,支持其带领小农户发展优势特色产业,创办多种形式的服务实体,为小农户提供劳务介绍、土地流转、生产托管等统一服务。2020年,全国农业社会化服务营业收入超过1 600亿元,服务面积达16.7亿亩次。

四是加强科技装备应用和基础设施建设,改善小农户生产条件。近年来,各地区、各部门不断加大投入力度,加快补齐小农户生产经营的科技弱项和基础设施短板。加强农业科技社会化服务体系建设,深入推行科技特派员制度,实施乡村振兴科技支撑行动,开展直通农户的气象服务;实施"互联网+小农户"计划,推进信息进村入户工程,手机应用技能培训超过1亿人次;出台新一轮农机购置补贴政策,推广"全程机械化+综合农事"服务模式,推动农田宜机化改造。2020年,全国农业科技进步贡献率超过60%、农作物良种覆盖率稳定在96%以上、农作物耕种收综合机械化率达到71%。加强农产品物流设施建设,在110个县开展"互联网+"农产品出村进城工程试点,支持1.1万多家农民合作社和家庭农场建设农产品仓储保鲜冷链设施,逐步把小农户引入现代农业流通体系。加强高标准农田建设,全面实施全国高标准农田建设总体规划,截至2020年底,累计完成8亿亩高标准农田建设任务,帮助小农户亩均节本增效约500元。2018年以来,中央财政安排水利发展资金60亿元,支持用水户和大田粮食作物种植户开展农田水利工程运行维护。中央预算内投资支持农业防灾减灾、农田水利等条件建设。

五是推动乡村产业发展,提升小农户参与现代农业建设的能力。2017年以来,国家有关部门支持创建国家农村产业融合发展示范园200个、国家现代农业产业园200个、优势特色产业集群100个、农业产业强镇1 109个,认定3 274个"一村一品"示范村镇,逐步形成带动小农户发展的现代农业产业集群。助力小农户拓展营销渠道,支持各地开展多种形式的产销对接活动,多次举办农交会等全国性展会和4届农民丰收节,累计建成全国性农产品产地市场21个,认定定点批发市场745家。推动农商互联,发展农村电子商务,2020年全国农产品网络零售额达5 758.8亿元。实施农业生产"三品一标"提升行动,推进品种培优、品质提升、品牌打造和标准化生产,让小农户分享质量提升和品牌增值收益。支持小农户发展休闲农业和乡村旅游,2010年以来累计推介发布1 216个美丽休闲乡村。实施高素质农民培育计划,"十三五"期间累计培育高素质农民500万人。实施返乡入乡创业带头人培养计划,推介农村创新创业典型县300个、建立返乡创业园3 400多家,全国乡镇(街道)创新创业孵化实训基地覆盖率达到29%。发挥以工代赈功能,2021年下达中央资金70.7亿元,预计带动超过35万滞留农村劳动力务工就业。

(2)取得的成效

一是带动小农户发展的现代农业经营体系初步形成。在坚持农村基本经营制度和家庭经营基础性地位的前提下,探索家庭农场改造提升小农户和农民合作社、农业社会化服务组织、农村集体经济组织、农业产业化龙头企业组织,带动小农户发展的多种有效形式,初步形成了以家庭农场为基础、农民合作社为中坚、农业产业化龙头企业为骨干、农业社会化服务组织为支撑,引领带动小农户发展的立体式复合型现代农业经营体系。

二是引导小农户融入现代农业发展的路径逐步清晰。通过培育提升一批,不断加强技术推广、示范引领、设施改善、装备升级,一大批小农户的农业综合生产经营能力得到有效提升,率先成长为创业致富带头人。通过服务带动一批,引导小农户与各类新型农业经营主体融合发展,有效导入现代生产要素,提高小农户生产经营的组织化程度,加快融入现代农业大格局。通过培养转化一批,引导一批有素质、有条件、有意愿的小农户从农业生产中脱离出来,投身农产品加工、流通和相关服务等领域,转化为现代农业产业链和服务体系中的产业工人。

三是促进小农户持续增收的渠道更加多元。依托农业社会化服务体系实现了农业生产的集约经营和集成服务,降低了小农户生产成本。据抽样调查,与农民自种和流转土地种粮相比,采用生产托管方式种粮,亩均成本最低、产量最高,纯收益平均提高20%以上。依托各类新型农业经营主体带动实现了农业价值链增值和农民就业增收,全国市级以上农业产业化龙头企业共吸纳近1 400万农民稳定就业,各类农业产业化组织辐射带动1.27亿农户,户均年增收超过3 500元。依托农村集体经济组织发展实现了要素分红促进增收,通过盘活农村集体资源资产,吸纳农户以土地、住房等入股集体经济组织,释放了小农户的财产性收入增长红利。

四是保障小农户发展的支持保护体系基本建立。支持保护制度持续优化,突出高质量绿色发展导向,农业补贴、农产品价格形成、主产区利益补偿等制度不断建立健全。小农户权益保护持续强化,农户土地承包经营权、宅基地使用权和集体收益分配权得到切实维护,截至2020年底,全国累计颁发农村土地承包经营权证2.1亿份,覆盖95.3%的家庭承包经营户,土地承包经营纠纷受理数连续4年下降。金融供给服务持续改善,截至2021年3季度末,全国农户贷款余额13.2万亿元,全国农担体系累计担保金额5 586亿元、政策效能放大8.7倍。保险覆盖面持续扩大,2020年我国农业保险保费收入815亿元,为1.89亿户次农户提供风险保障4.13万亿元。

2.面临的困难和问题

促进小农户与现代农业发展有机衔接是一个艰巨的历史过程,当前仍面临一些突出困难和问题。

一是小农户对接现代农业的内生动力不足,自身发展能力有待增强。小农户老龄化、兼业化、副业化严重,农业经营性收入占家庭收入比重持续下降,客观上造成小农户缺乏主动融入现代农业的强烈愿望和内在积极性。小农户基数大,占农业经营户总数的98%以上,经营耕地10亩以下的约2.1亿户,土地细碎化问题突出,劳动生产率和资源利用率还不高,科技文化素质整体水平偏低,应用现代生产要素能力有限,自身发展能力不足。

二是新型农业经营主体发展不平衡不充分,对小农户的带动能力有待提升。多数新型农业经营主体仍处于成长期,单体规模偏小、整体实力偏弱,全产业链收益能力较低,联合合作不够,带动小农户能力还不强。小农户与新型农业经营主体利益联结机制不够紧密,处于弱势地位,难以充分享受产业链延伸、价值链增值的收益,合作共赢关系没有完全建立。

三是面向小农户的农业社会化服务刚刚兴起,体系建设有待健全。农业社会化服务组织发育不完全,农村集体经济组织服务小农户的作用发挥不够。农业服务产业规模偏小,单体服务规模不大、服务能力不强、服务质量不高,产前产后等环节和经济作物、养殖业等领域服务相对滞后。

四是帮助小农户进入农业现代流通体系的建设尚在探索,瓶颈有待破解。农村物流"最后一公里"尚未完全打通,小农户和新型农业经营主体通过网络销售农产品能力有待提升。网络销售农产品的品牌化、标准化和质量可追溯体系还需进一步完善,质量安全监管亟待加强。

五是农业发展的内外部环境不断变化,扶持小农户的政策体系有待完善。当前农业生产经营成本刚性增长,粮食等大田作物生产效益较低,影响农民种粮积极性。农业国际竞争日益加剧,自然灾害多发频发,对小农户发展形成新的冲击。扶持小农户发展的政策集成联动效果还不够,精准性和操作性有待加强。

3.下一步工作安排

加快构建新型农业经营体系,推动小农户和现代农业发展有机衔接,是深化农村改革的重要任务,是全面实施乡村振兴战略、加快农业农村现代化的必然要求。我们将以习近平新时代中国特色社会主义思想为指导,全面贯彻落实党的二十大精神,认真落实党中央、国务院决策部署,把促进小农户和现代农业有机衔接作为创新农业经营体制机制的主要着眼点,围绕组织小农户、服务小农户、提升小农户的目标导向,进一步完善新型农业经营体系,加快发展农业社会化服务,突出抓好家庭农场和农民合作社两类农业经营主体,强化政策支持、基础条件、体制机制三大保障,将更多小农户引入现代农业发展轨道。

①加快发展农业社会化服务。锚定培育农业服务业大产业的目标,加快形成组织结构合理、专业水平较高、服务能力较强、服务行为规范、全产业链覆盖的农业社会化服务体系。聚焦服务小农户,着力解决小农户生产关键薄弱环节的现代化难题。加强探索创新,推动农业社会化服务内容、方式和手段创新,推进信息化、智能化同农业社会化服务深度融合。引导资源共享,推动多元服务主体加强联合合作,扩大服务半径,强化服务力量,拓展服务领域。充分发挥农村集体经济组织"统"的优势和作用,为小农户和服务组织顺畅对接提供多种形式的服务。

②突出抓好家庭农场和农民合作社。着重围绕规范发展和质量提升,增强新型农业经营主体联农带农能力。实施新型农业经营主体提升行动,支持有条件的小农户成长为家庭农场,引导以家庭农场为主要成员组建农民合作社,深化示范创建,持续开展农民合作社质量提升整县推进,健全社企对接服务机制。加强辅导服务,建立新型农业经营主体辅导员队伍,探索依托社会组织建立服务中心,加强行业指导和公共服务。引导各类新型农业经营主体融合发展,推动组建规模大、竞争力强的大型农业经营组织。创新组织形式和利益联结机制,充分发挥农业产业化龙头企业引领带动小农户的功能作用。

③强化政策支持保障。完善农业支持保护制度,优化农产品价格支持和生产者补贴政策,完善补贴机制,提高补贴效能,积极支持农民提升生产技能、改善生产设施条件。强化金融保险支持,针对小农户需求特点创新金融产品,落实落细农业保险政策,引导金融机构满足农业社会化服务组织的合理融资需求。实施好小农户能力提升工程,强化高素质农民培训,深入实施农村创新创业带头人培育行动,加快培育农业科技应用人才和经营管理人才。

④强化基础条件保障。持续推进高标准农田建设,建立健全建后管护机制,重点开展小农户急需的田间灌排工程、田间道路、农田输配电设施等建设,统筹抓好田块整治、土壤改良等建设,改善小农户农业生产条件,引导鼓励小农户将高标准农田主要用于粮食生产,提升高标准农田粮食生产能力。改良农机装备,推进丘陵山区、经济作物、畜禽水产养殖机具研发推广。加强农业科技服务,推进农技推广体系建设,强化新一代信息技术在农业中的应用。持续推进农产品现代流通体系建设,加强冷链物流等基础设施建设,深入实施"互联网+"农产品出村进城工程,加快推进现代农业全产业链标准化工作,提升产品质量安全水平。

⑤强化体制机制保障。健全权益维护机制,稳妥做好第二轮土地承包到期后再延长30年试点工作,大力增强农村集体经济组织实力,切实保障小农户集体收益分配权利。健全利益联结机制,支持小农户参与农业多种功能、乡村多元价值开发,建立契约型、分红型、股权型等利益分享机制,让小农户成为现代农业发展成果的直接受益者。健全工作协调机制,加强部门间沟通协作,增强工作的系统性和协同性,推动形成政策合力。

（四）城乡一体化体制机制创新

1.健全城乡发展一体化体制机制

习近平在中共中央政治局第二十二次集体学习时强调,健全城乡发展一体化体制机制,让广大农民共享改革发展成果。中共中央总书记习近平在主持学习时强调,加快推进城乡发展一体化,是党的十八大提出的战略任务,也是落实"四个全面"战略布局的必然要求。全面建成小康社会,最艰巨最繁重的任务在农村特别是农村贫困地区。我们一定要抓紧工作、加大投入,努力在统筹城乡关系上取得重大突破,特别是要在破解城乡二元结构、推进城乡要素平等交换和公共资源均衡配置上取得重大突破,给农村发展注入新的动力,让广大农民平等参与改革发展进程、共同享受改革发展成果。

习近平强调,推进城乡发展一体化,是工业化、城镇化、农业现代化发展到一定阶段的必然要求,是国家现代化的重要标志。改革开放以来,我们率先推进农村改革,农村面貌发生巨大变化。近年来,党中央坚持把解决好"三农"问题作为全党工作重中之重,不断加大强农惠农富农政策力度,农业基础地位得到显著加强,农村社会事业得到明显改善,统筹城乡发展、城乡关系调整取得重大进展。同时,由于欠账过多、基础薄弱,我国城乡发展不平衡不协调的矛盾依然比较突出,加快推进城乡发展一体化意义更加凸显、要求更加紧迫。

习近平指出,推进城乡发展一体化要坚持从国情出发,从我国城乡发展不平衡不协调和二元结构的现实出发,从我国的自然禀赋、历史文化传统、制度体制出发,既要遵循普遍规律、又不能墨守成规,既要借鉴国际先进经验、又不能照抄照搬。要把工业和农业、城市和乡村作为一个整体统筹谋划,促进城乡在规划布局、要素配置、产业发展、公共服务、生态保护等方面相互融合和共同发展。着力点是通过建立城乡融合的体制机制,形成以工促农、以城带乡、工农互惠、城乡一体的新型工农城乡关系,目标是逐步实现城乡居民基本权益平等化、城乡公共服务均等化、城乡居民收入均衡化、城乡要素配置合理化,以及城乡产业发展融合化。

习近平强调,当前,我国经济实力和综合国力显著增强,具备了支撑城乡发展一体化物质技术条件,到了工业反哺农业、城市支持农村的发展阶段。顺应我国发展的新特征新要求,必须加强发挥制度优势,加强体制机制建设,把工业反哺农业、城市支持农村作为一项长期坚持的方针,坚持和完善实践证明行之有效的强农惠农富农政策,动员社会各方面力量加大对"三农"的支持力度,努力形成城乡发展一体化新格局。

习近平指出,农村要发展,根本要依靠亿万农民。要坚持不懈推进农村改革和制度创新,充分发挥亿万农民主体作用和首创精神,不断解放和发展农村社会生产力,激发农村发展活力。要加快推进农业现代化,夯实农业基础地位,确保国家粮食安全,提高农民收入水平。要加快建立现代农业产业体系,延伸农业产业链、价值链,促进一二三产业交叉融合。要高度重视农村社会治理,加强基层党的建设和政权建设,增强集体经济组织服务功能,提高基层组织凝聚力和带动力。

习近平强调,要继续推进新农村建设,使之与新型城镇化协调发展、互惠一体,形成双轮驱动。要坚持以改革为动力,不断破解城乡二元结构。要完善规划体制,通盘考虑城乡发展规划编制,一体设计,多规合一,切实解决规划上城乡脱节、重城市轻农村的问题。要完善农村基础设施建设机制,推进城乡基础设施互联互通、共建共享,创新农村基础设施和公共服务设施决策、投入、建设、运行管护机制,积极引导社会资本参与农村公益性基础设施建设。要推动形成城乡基本公共服务均等化体制机制,特别是要加强农村留守儿童、妇女、老人关爱服务体系建设。要加快推进户籍制度改革,完善城乡劳动者平等就业制度,逐步让农业转移人口在城镇进得来、住得下、融得进、能就业、可创业,维护好农民工合法权益,保障城乡劳动者平等就业权利。

习近平指出,健全城乡发展一体化体制机制,是一项关系全局、关系长远的重大任务。各地区各部门要充分认识这项任务的重要性和紧迫性,加强顶层设计,加强系统谋划,加强体制机制创新,采取有针对性的政策措施,力争不断取得突破性进展,逐步实现高水平的城乡发展一体化。

建立健全城乡融合发展体制机制和政策体系,是党的十九大做出的重大决策部署。改革开放特别是党的十八大以来,我国在统筹城乡发展、推进新型城镇化方面取得了显著进展,但城乡要素流动不顺畅、公共资源配置不合理等问题依然突出,影响城乡融合发展的体制机制障碍尚未根本消除。

2.健全城乡融合发展体制机制的总体要求

(1)指导思想

以习近平新时代中国特色社会主义思想为指导,全面贯彻党的二十大精神,紧紧围绕统筹推进"五位一体"总体布局和协调推进"四个全面"战略布局,坚持和加强党的全面领导,坚持以人民为中心的发展思想,坚持稳中求进工作总基调,坚持新发展理念,坚持推进高质量发展,坚持农业农村优先发展,以协调推进乡村振兴战略和新型城镇化战略为抓手,以缩小城乡发展差距和居民生活水平差距为目标,以完善产权制度和要素市场化配置为重点,坚决破除体制机制弊端,促进城乡要素自由流动、平等交换和公共资源合理配置,加快形成工农互促、城乡互补、全面融合、共同繁荣的新型工农城乡关系,加快推进农业农村现代化。

(2)基本原则

坚持遵循规律、把握方向。顺应城镇化大趋势,牢牢把握城乡融合发展正确方向,树立城乡一盘棋理念,突出以工促农、以城带乡,构建促进城乡规划布局、要素配置、产业发展、基础设施、公共服务、生态保护等相互融合和协同发展的体制机制。

坚持整体谋划、重点突破。围绕乡村全面振兴和社会主义现代化国家建设目标,强化统筹谋划和顶层设计,增强改革的系统性、整体性、协同性,着力破除户籍、土地、资本、公共服务等方面的体制机制弊端,为城乡融合发展提供全方位制度供给。

坚持因地制宜、循序渐进。充分考虑不同地区城乡融合发展阶段和乡村差异性,稳妥把握改革时序、节奏和步骤,尊重基层首创精神,充分发挥地方积极性,分类施策、梯次推进,试点先行、久久为功,形成符合实际、各具特色的改革路径和城乡融合发展模式。

坚持守住底线、防范风险。正确处理改革发展稳定关系,在推进体制机制破旧立新过程中,守住土地所有制性质不改变、耕地红线不突破、农民利益不受损底线,守住生态保护红线,守住乡村文化根脉,高度重视和有效防范各类政治经济社会风险。

坚持农民主体、共享发展。发挥农民在乡村振兴中的主体作用,充分尊重农民意愿,切实保护农民权益,调动亿万农民积极性、主动性、创造性,推动农业全面升级、农村全面进步、农民全面发展,不断提升农民获得感、幸福感、安全感。

（3）主要目标

2022 年,城乡融合发展体制机制已初步建立。城乡要素自由流动制度性通道基本打通,城市落户限制逐步消除,城乡统一建设用地市场基本建成,金融服务乡村振兴的能力明显提升,农村产权保护交易制度框架基本形成,基本公共服务均等化水平稳步提高,乡村治理体系不断健全,经济发达地区、都市圈和城市郊区在体制机制改革上率先取得突破。

到 2035 年,城乡融合发展体制机制更加完善。城镇化进入成熟期,城乡发展差距和居民生活水平差距显著缩小。城乡有序流动的人口迁徙制度基本建立,城乡统一建设用地市场全面形成,城乡普惠金融服务体系全面建成,基本公共服务均等化基本实现,乡村治理体系更加完善,农业农村现代化基本实现。

到 21 世纪中叶,城乡融合发展体制机制成熟定型。城乡全面融合,乡村全面振兴,全体人民共同富裕基本实现。

3.建立健全有利于城乡要素合理配置的体制机制

坚决破除妨碍城乡要素自由流动和平等交换的体制机制壁垒,促进各类要素更多向乡村流动,在乡村形成人才、土地、资金、产业、信息汇聚的良性循环,为乡村振兴注入新动能。

健全农业转移人口市民化机制。有力有序有效深化户籍制度改革,放开放宽除个别超大城市外的城市落户限制。加快实现城镇基本公共服务常住人口全覆盖。以城市群为主体形态促进大中小城市和小城镇协调发展,增强中小城市人口承载力和吸引力。建立健全由政府、企业、个人共同参与的农业转移人口市民化成本分担机制,全面落实支持农业转移人口市民化的财政政策、城镇建设用地增加规模与吸纳农业转移人口落户数量挂钩政策,以及中央预算内投资安排向吸纳农业转移人口落户数量较多的城镇倾斜政策。维护进城落户农民土地承包权、宅基地使用权、集体收益分配权,支持引导其依法自愿有偿转让上述权益。提升城市包容性,推动农民工特别是新生代农民工融入城市。

建立城市人才入乡激励机制。制定财政、金融、社会保障等激励政策,吸引各类人才返乡入乡创业。鼓励原籍普通高校和职业院校毕业生、外出农民工及经商人员回乡创业兴业。推进大学生村官与选调生工作衔接,鼓励引导高校毕业生到村任职、扎根基层、发挥作用。建立选派第一书记工作长效机制。建立城乡人才合作交流机制,探索通过岗编适度分离等多种方式,推进城市教科文卫体等工作人员定期服务乡村。推动职称评定、工资待遇等向乡村教师、医生倾斜,优化乡村教师、医生中高级岗位结构比例。引导规划、建筑、园林等设计人员入乡。允许农村集体经济组织探索人才加入机制,吸引人才、留住人才。

改革完善农村承包地制度。保持农村土地承包关系稳定并长久不变,落实第二轮土地承包到期后再延长 30 年政策。加快完成农村承包地确权登记颁证。完善农村承包地"三权分置"制度,在依法保护集体所有权和农户承包权前提下,平等保护并进一步放活土地经营权。健全土地流转规范管理制度,强化规模经营管理服务,允许土地经营权入股从事农业产业化经营。

稳慎改革农村宅基地制度。加快完成房地一体的宅基地使用权确权登记颁证。探索宅基地所有权、资格权、使用权"三权分置",落实宅基地集体所有权,保障宅基地农户资格权和农民房屋财产权,适度放活宅基地和农民房屋使用权。鼓励农村集体经济组织及其成员盘活利用闲置宅基地和闲置房屋。在符合规划、用途管制和尊重农民意愿前提下,允许县级政府优化村庄用地布局,有效利用乡村零星分散存量建设用地。推动各地制定省内统一的宅基地面积标准,探索对增量宅基地实行集约有奖、对存量宅基地实行退出有偿。

建立集体经营性建设用地入市制度。加快完成农村集体建设用地使用权确权登记颁证。按照国家统一部署,在符合国土空间规划、用途管制和依法取得前提下,允许农村集体经营性建设用地入市,允许就地入市或异地调整入市;允许村集体在农民自愿前提下,依法把有偿收回的闲置宅基地、废弃的集体公益性建设用地转变为集体经营性建设用地入市;推动城中村、城边村、村级工业园等可连片开发区域土地依法合规整治入市;推进集体经营性建设用地使用权和地上建筑物所有权房地一体、分割转让。完善农村土地征收制度,缩小征地范围,规范征地程序,维护被征地农民和农民集体权益。

健全财政投入保障机制。鼓励各级财政支持城乡融合发展及相关平台和载体建设,发挥财政资金四两拨千斤的作用,撬动更多社会资金投入。建立涉农资金统筹整合长效机制,提高资金配置效率。调整土地出让收入使用范围,提高农业农村投入比例。支持地方政府在债务风险可控前提下发行政府债券,用于城乡融合公益性项目。

完善乡村金融服务体系。加强乡村信用环境建设,推动农村信用社和农商行回归本源,改革村镇银行培育发展模式,创新中小银行和地方银行金融产品提供机制,加大开发性和政策性金融支持力度。依法合规开展农村集体经营性建设用地使用权、农民房屋财产权、集体林权抵押融资,以及承包地经营权、集体资产股权等担保融资。实现已入市集体土地与国有土地在资本市场同地同权。建立健全农业信贷担保体系,鼓励有条件有需求的地区按市场化方式设立担保机构。加快完善农业保险制度,推动政策性保险扩面、增品、提标,降低农户生产经营风险。支持通过市场化方式设立城乡融合发展基金,引导社会资本培育一批国家城乡融合典型项目。完善农村金融风险防范处置机制。

建立工商资本入乡促进机制。深化"放管服"改革,强化法律规划政策指导和诚信建设,打造法治化便利化基层营商环境,稳定市场主体预期,引导工商资本为城乡融合发展提供资金、产业、技术等支持。完善融资贷款和配套设施建设补助等政策,鼓励工商资本投资适合产业化规模化集约化经营的农业领域。通过政府购买服务等方式,支持社会力量进入乡村生活性服务业。支持城市搭建城中村改造合作平台,探索在政府引导下工商资本与村集体合作共赢模式,发展壮大村级集体经济。建立工商资本租赁农地监管和风险防范机制,严守耕地保护红线,确保农地农用,防止农村集体产权和农民合法利益受到侵害。

建立科技成果入乡转化机制。健全涉农技术创新市场导向机制和产学研用合作机制,鼓励创建技术转移机构和技术服务网络,建立科研人员到乡村兼职和离岗创业制度,探索其在涉农企业技术入股、兼职兼薪机制。建立健全农业科研成果产权制度,赋予科研人员科技成果所有权。发挥政府引导推动作用,建立有利于涉农科研成果转化推广的激励机制与利益分享机制。探索公益性和经营性农技推广融合发展机制,允许农技人员通过提供增值服务合理取酬。

4.建立健全有利于城乡基本公共服务普惠共享的体制机制

推动公共服务向农村延伸、社会事业向农村覆盖,健全全民覆盖、普惠共享、城乡一体的基本公共服务体系,推进城乡基本公共服务标准统一、制度并轨。

建立城乡教育资源均衡配置机制。优先发展农村教育事业,建立以城带乡、整体推进、城乡一体、均衡发展的义务教育发展机制。鼓励省级政府建立统筹规划、统一选拔的乡村教师补充机制,为乡村学校输送优秀高校毕业生。推动教师资源向乡村倾斜,通过稳步提高待遇等措施增强乡村教师岗位吸引力。实行义务教育学校教师"县管校聘",推行县域内校长教师交流轮岗和城乡教育联合体模式。完善教育信息化发展机制,推动优质教育资源城乡共享。多渠道增加乡村普惠性学前教育资源,推行城乡义务教育学校标准化建设,加强寄宿制学校建设。

健全乡村医疗卫生服务体系。建立和完善相关政策制度,增加基层医务人员岗位吸引力,加强乡村医疗卫生人才队伍建设。改善乡镇卫生院和村卫生室条件,因地制宜建立完善医疗废物收集转运体系,提高慢性病、职业病、地方病和重大传染病防治能力,加强精神卫生工作,倡导优生优育。健全网络化服务运行机制,鼓励县医院与乡镇卫生院建立县域医共体,鼓励城市大医院与县医院建立对口帮扶、巡回医疗和远程医疗机制。全面建立分级诊疗制度,实行差别化医保支付政策。因地制宜建立完善全民健身服务体系。

健全城乡公共文化服务体系。统筹城乡公共文化设施布局、服务提供、队伍建设,推动文化资源重点向乡村倾斜,提高服务的覆盖面和适用性。推行公共文化服务参与式管理模式,建立城乡居民评价与反馈机制,引导居民参与公共文化服务项目规划、建设、管理和监督,推动服务项目与居民需求有效对接。支持乡村民间文化团体开展符合乡村特点的文化活动。推动公共文化服务社会化发展,鼓励社会力量参与。建立文化结对帮扶机制,推动文化工作者和志愿者等投身乡村文化建设。划定乡村建设的历史文化保护线,保护好农业遗迹、文物古迹、民族村寨、传统村落、传统建筑和灌溉工程遗产,推动非物质文化遗产活态传承。发挥风俗习惯、村规民约等优秀传统文化基因的重要作用。

完善城乡统一的社会保险制度。完善统一的城乡居民基本医疗保险、大病保险和基本养老保险制度。巩固医保全国异地就医联网直接结算。建立完善城乡居民基本养老保险待遇确定和基础养老金正常调整机制。做好社会保险关系转移接续工作,建立以国家政务服务平台为统一入口的社会保险公共服务平台。构建多层次农村养老保障体系,创新多元化照料服务模式。

统筹城乡社会救助体系。做好城乡社会救助兜底工作,织密兜牢困难群众基本生活安全网。推进低保制度城乡统筹,健全低保标准动态调整机制,确保动态管理下应保尽保。全面实施特困人员救助供养制度,提高托底保障能力和服务质量。做好困难农民重特大疾病救助工作。健全农村留守儿童和妇女、老年人关爱服务体系。健全困境儿童保障工作体系,完善残疾人福利制度和服务体系。改革人身损害赔偿制度,统一城乡居民赔偿标准。

建立健全乡村治理机制。建立健全党组织领导的自治、法治、德治相结合的乡村治理体系,发挥群众参与治理主体作用,增强乡村治理能力。强化农村基层党组织领导作用,全面推行村党组织书记通过法定程序担任村委会主任和村级集体经济组织、合作经济组织负责人,健全以财政投入为主的稳定的村级组织运转经费保障机制。加强农村新型经济组织和社会组织的党建工作,引导其坚持为农村服务。加强自治组织规范化制度化建设,健全村级议事协商制度。打造一门式办理、一站式服务、线上线下结合的村级综合服务平台,完善网格化管理体系和乡村便民服务体系。

5.建立健全有利于城乡基础设施一体化发展的体制机制

把公共基础设施建设重点放在乡村,坚持先建机制、后建工程,加快推动乡村基础设施提档升级,实现城乡基础设施统一规划、统一建设、统一管护。

建立城乡基础设施一体化规划机制。以市县域为整体,统筹规划城乡基础设施,统筹布局道路、供水、供电、信息、广播电视、防洪和垃圾污水处理等设施。统筹规划重要市政公用设施,推动向城市郊区乡村和规模较大中心镇延伸。推动城乡路网一体规划设计,畅通城乡交通运输连接,加快实现县乡村(户)道路联通、城乡道路客运一体化,完善道路安全防范措施。统筹规划城乡污染物收运处置体系,严防城市污染上山下乡,因地制宜统筹处理城乡垃圾污水,加快建立乡村生态环境保护和美丽乡村建设长效机制。加强城乡公共安全视频监控规划、建设和联网应用,统一技术规范、基础数据和数据开放标准。

健全城乡基础设施一体化建设机制。明确乡村基础设施的公共产品定位,构建事权清晰、权责一致、中央支持、省级统筹、市县负责的城乡基础设施一体化建设机制。健全分级分类投入机制,对乡村道路、水利、渡口、公交和邮政等公益性强、经济性差的设施,建设投入以政府为主;对乡村供水、垃圾污水处理和农贸市场等有一定经济收益的设施,政府加大投入力度,积极引入社会资本,并引导农民投入;对乡村供电、电信和物流等经营性为主的设施,建设投入以企业为主。支持有条件的地方政府将城乡基础设施项目整体打包,实行一体化开发建设。

建立城乡基础设施一体化管护机制。合理确定城乡基础设施统一管护运行模式,健全有利于基础设施长期发挥效益的体制机制。对城乡道路等公益性设施,管护和运行投入纳入一般公共财政预算。明确乡村基础设施产权归属,由产权所有者建立管护制度,落实管护责任。以政府购买服务等方式引入专业化企业,提高管护市场化程度。推进城市基础设施建设运营事业单位改革,建立独立核算、自主经营的企业化管理模式,更好行使城乡基础设施管护责任。

6.建立健全有利于乡村经济多元化发展的体制机制

围绕发展现代农业、培育新产业新业态,完善农企利益紧密联结机制,实现乡村经济多元化和农业全产业链发展。

完善农业支持保护制度。以市场需求为导向,深化农业供给侧结构性改革,走质量兴农之路,不断提高农业综合效益和竞争力。全面落实永久基本农田特殊保护制度,划定粮食生产功能区和重要农产品生产保护区,完善支持政策。按照增加总量、优化存量、提高效能的原则,强化高质量发展导向,加快构建农业补贴政策体系。发展多种形式农业适度规模经营,健全现代农业产业体系、生产体系、经营体系。完善支持农业机械化政策,推进农业机械化全程全面发展,加强面向小农户的社会化服务。完善农业绿色发展制度,推行农业清洁生产方式,健全耕地草原森林河流湖泊休养生息制度和轮作休耕制度。

建立新产业新业态培育机制。构建农村一二三产业融合发展体系,依托"互联网+"和"双创"推动农业生产经营模式转变,健全乡村旅游、休闲农业、民宿经济、农耕文化体验、健康养老等新业态培育机制,探索农产品个性化定制服务、会展农业和农业众筹等新模式,完善农村电子商务支持政策,实现城乡生产与消费多层次对接。适应居民消费升级趋势,制定便利市场准入、加强事中事后监管政策,制定相关标准,引导乡村新产业改善服务环境、提升品质。在年度新增建设用地计划指标中安排一定比例支持乡村新产业新业态发展,探索实行混合用地等方式。严格农业设施用地管理,满足合理需求。

探索生态产品价值实现机制。牢固树立绿水青山就是金山银山的理念,建立政府主导、企业和社会各界参与、市场化运作、可持续的城乡生态产品价值实现机制。开展生态产品价值核算,通过政府对公共生态产品采购、生产者对自然资源约束性有偿使用、消费者对生态环境附加值付费、供需双方在生态产品交易市场中的权益交易等方式,构建更多运用经济杠杆进行生态保护和环境治理的市场体系。完善自然资源资产产权制度,维护参与者权益。完善自然资源价格形成机制,建立自然资源政府公示价格体系,推进自然资源资产抵押融资,增强市场活力。

建立乡村文化保护利用机制。立足乡村文明,汲取城市文明及外来文化优秀成果,推动乡村优秀传统文化创造性转化、创新性发展。推动优秀农耕文化遗产保护与合理适度利用。建立地方和民族特色文化资源挖掘利用机制,发展特色文化产业。创新传统工艺振兴模式,发展特色工艺产品和品牌。健全文物保护单位和传统村落整体保护利用机制。鼓励乡村建筑文化传承创新,强化村庄建筑风貌规划管控。培育挖掘乡土文化本土人才,引导企业积极参与,显化乡村文化价值。

搭建城乡产业协同发展平台。培育发展城乡产业协同发展先行区,推动城乡要素跨界配置和产业有机融合。把特色小镇作为城乡要素融合重要载体,打造集聚特色产业的创新创业生态圈。优化提升各类农业园区。完善小城镇联结城乡的功能,探索创新美丽乡村特色化差异化发展模式,盘活用好乡村资源资产。创建一批城乡融合典型项目,形成示范带动效应。

健全城乡统筹规划制度。科学编制市县发展规划,强化城乡一体设计,统筹安排市县农田保护、生态涵养、城镇建设、村落分布等空间布局,统筹推进产业发展和基础设施、公共服务等建设,更好发挥规划对市县发展的指导约束作用。按照"多规合一"要求编制市县空间规划,实现土地利用规划、城乡规划等有机融合,确保"三区三线"在市县层面精准落地。加快培育乡村规划设计、项目建设运营等方面人才。综合考虑村庄演变规律、集聚特点和现状分布,鼓励有条件的地区因地制宜编制村庄规划。

7.建立健全有利于农民收入持续增长的体制机制

拓宽农民增收渠道,促进农民收入持续增长,持续缩小城乡居民生活水平差距。

完善促进农民工资性收入增长环境。推动形成平等竞争、规范有序、城乡统一的劳动力市场,统筹推进农村劳动力转移就业和就地创业就业。规范招工用人制度,消除一切就业歧视,健全农民工劳动权益保护机制,落实农民工与城镇职工平等就业制度。健全城乡均等的公共就业创业服务制度,努力增加就业岗位和创业机会。提高新生代农民工职业技能培训的针对性和有效性,健全农民工输出输入地劳务对接机制。

健全农民经营性收入增长机制。完善财税、信贷、保险、用地等政策,加强职业农民培训,培育发展新型农业经营主体。建立农产品优质优价正向激励机制,支持新型经营主体发展"三品一标"农产品、打造区域公用品牌,提高产品档次和附加值。引导龙头企业与农民共建农业产业化联合体,让农民分享加工销售环节收益。完善企业与农民利益联结机制,引导农户自愿以土地经营权等入股企业,通过利润返还、保底分红、股份合作等多种形式,拓宽农民增收渠道。促进小农户和现代农业发展有机衔接,突出抓好农民合作社和家庭农场两类农业经营主体发展,培育专业化市场化服务组织,帮助小农户节本增收。

建立农民财产性收入增长机制。以市场化改革为导向,深化农村集体产权制度改革,推动资源变资产、资金变股金、农民变股东。加快完成农村集体资产清产核资,把所有权确权到不同层级的农村集体经济组织成员集体。加快推进经营性资产股份合作制改革,将农村集体经营性资产以股份或者份额形式量化到本集体成员。对财政资金投入农业农村形成的经营性资产,鼓励各地探索将其折股量化到集体经济组织成员。创新农村集体经济运行机制,探索混合经营等多种实现形式,确保集体资产保值增值和农民收益。完善农村集体产权权能,完善农民对集体资产股份占有、收益、有偿退出及担保、继承权。

强化农民转移性收入保障机制。履行好政府再分配调节职能,完善对农民直接补贴政策,健全生产者补贴制度,逐步扩大覆盖范围。在统筹整合涉农资金基础上,探索建立普惠性农民补贴长效机制。创新涉农财政性建设资金使用方式,支持符合条件的农业产业化规模化项目。

强化打赢脱贫攻坚战体制机制。坚持精准扶贫、精准脱贫,进一步完善中央统筹、省负总责、市县抓落实的工作机制,采取更加有力的举措、更加集中的支持、更加精细的工作,着力提高脱贫质量。改进帮扶方式方法,更多采用生产奖补、劳务补助、以工代赈等机制,推动贫困群众通过自己的辛勤劳动脱贫致富。对完全或部分丧失劳动能力的特殊贫困人口,综合实施保障性扶贫政策。聚焦深度贫困地区,以解决突出制约问题为重点,以重大扶贫工程和到村到户帮扶为抓手,加大政策倾斜和扶贫资金整合力度,着力改善发展条件,增强贫困农户发展能力。

8.组织保障

各地区各部门要统一思想,深刻认识建立健全城乡融合发展体制机制的重要意义,顺应经济社会发展规律,根据城乡关系发展特征,把握节奏、持续用力、久久为功,确保各项改革任务扎实有序推进。

加强党的领导。确保党在推动城乡融合发展中始终总揽全局、协调各方,做到"两个维护"。加强各级党组织的领导,充分发挥城乡基层党组织战斗堡垒作用,为城乡融合发展提供坚强政治保障。

强化分工协作。国家发展改革委牵头建立城乡融合发展工作协同推进机制,明确分工、强化责任,加强统筹协调和跟踪督导。各有关部门要围绕人口、土地、财政、金融和产权等任务,制定细化配套改革措施。重大事项及时向党中央、国务院报告。

压实地方责任。地方党委和政府要增强主体责任意识,当好改革促进派和实干家,结合本地实际制定细化可操作的城乡融合发展体制机制政策措施,整合力量、扭住关键、精准发力,以钉钉子精神抓好落实。

注重试点引路。把试点作为重要改革方法,选择有一定基础的市县两级设立国家城乡融合发展试验区,支持制度改革和政策安排率先落地,先行先试、观照全局,及时总结提炼可复制的典型经验并加以宣传推广。

二、乡村产业振兴理论和思想的演进

产业兴旺是乡村振兴的重要基础,是解决农村一切问题的前提。乡村产业根植于县域,以农业农村资源为依托,以农民为主体,以农村一二三产业融合发展为路径,地域特色鲜明、创新创业活跃、业态类型丰富、利益联结紧密,是提升农业、繁荣农村、富裕农民的产业。近年来,我国农村创新创业环境不断改善,新产业新业态大量涌现,乡村产业发展取得了积极成效,但也存在产业门类不全、产业链条较短、要素活力不足和质量效益不高等问题,亟须加强引导和扶持。为促进乡村产业振兴,现提出如下意见。

1.总体要求

(1)指导思想

以习近平新时代中国特色社会主义思想为指导,全面贯彻党的二十大精神,牢固树立新发展理念,落实高质量发展要求,坚持农业农村优先发展总方针,以实施乡村振兴战略为总抓手,以农业供给侧结构性改革为主线,围绕农村一二三产业融合发展,与脱贫攻坚有效衔接、与城镇化联动推进,充分挖掘乡村多种功能和价值,聚焦重点产业,聚集资源要素,强化创新引领,突出集群成链,延长产业链、提升价值链,培育发展新动能,加快构建现代农业产业体系、生产体系和经营体系,推动形成城乡融合发展格局,为农业农村现代化奠定坚实基础。

(2)基本原则

因地制宜、突出特色。依托种养业、绿水青山、田园风光和乡土文化等,发展优势明显、特色鲜明的乡村产业,更好彰显地域特色、承载乡村价值、体现乡土气息。

市场导向、政府支持。充分发挥市场在资源配置中的决定性作用,激活要素、市场和各类经营主体。更好发挥政府作用,引导形成以农民为主体、企业带动和社会参与相结合的乡村产业发展格局。

融合发展、联农带农。加快全产业链、全价值链建设,健全利益联结机制,把以农业农村资源为依托的二三产业尽量留在农村,把农业产业链的增值收益、就业岗位尽量留给农民。

绿色引领、创新驱动。践行绿水青山就是金山银山理念,严守耕地和生态保护红线,节约资源,保护环境,促进农村生产生活生态协调发展。推动科技、业态和模式创新,提高乡村产业质量效益。

(3)目标任务

力争用5~10年时间,农村一二三产业融合发展增加值占县域生产总值的比重实现较大幅度提高,乡村产业振兴取得重要进展。乡村产业体系健全完备,农业供给侧结构性改革成效明显,绿色发展模式更加成熟,乡村就业结构更加优化,农民增收渠道持续拓宽,产业扶贫作用进一步凸显。

2.突出优势特色,培育壮大乡村产业

(1)做强现代种养业

创新产业组织方式,推动种养业向规模化、标准化、品牌化和绿色化方向发展,延伸拓展产业链,增加绿色优质产品供给,不断提高质量效益和竞争力。巩固提升粮食产能,全面落实永久基本农田特殊保护制度,加强高标准农田建设,加快划定粮食生产功能区和重要农产品生产保护区。加强生猪等畜禽产能建设,提升动物疫病防控能力,推进奶业振兴和渔业转型升级。发展经济林和林下经济。

(2)做精乡土特色产业

因地制宜发展小宗类、多样性特色种养,加强地方品种种质资源保护和开发。建设特色农产品优势区,推进特色农产品基地建设。支持建设规范化乡村工厂、生产车间,发展特色食品、制造、手工业和绿色建筑建材等乡土产业。充分挖掘农村各类非物质文化遗产资源,保护传统工艺,促进乡村特色文化产业发展。

(3)提升农产品加工流通业

支持粮食主产区和特色农产品优势区发展农产品加工业,建设一批农产品精深加工基地和加工强县。鼓励农民合作社和家庭农场发展农产品初加工,建设一批专业村镇。统筹农产品产地、集散地、销地批发市场建设,加强农产品物流骨干网络和冷链物流体系建设。

(4)优化乡村休闲旅游业

实施休闲农业和乡村旅游精品工程,建设一批设施完备、功能多样的休闲观光园区、乡村民宿、森林人家和康养基地,培育一批美丽休闲乡村、乡村旅游重点村,建设一批休闲农业示范县。

(5)培育乡村新型服务业

支持供销、邮政、农业服务公司、农民合作社等开展农资供应、土地托管、代耕代种、统防统治、烘干收储等农业生产性服务业。改造农村传统小商业、小门店、小集市等,发展批发零售、养老托幼、环境卫生等农村生活性服务业。

(6)发展乡村信息产业

深入推进"互联网+"现代农业,加快重要农产品全产业链大数据建设,加强国家数字农业农村系统建设。全面推进信息进村入户,实施"互联网+"农产品出村进城工程。推动农村电子商务公共服务中心和快递物流园区发展。

3.科学合理布局,优化乡村产业空间结构

(1)强化县域统筹

在县域内统筹考虑城乡产业发展,合理规划乡村产业布局,形成县城、中心镇(乡)、中心村层级分工明显、功能有机衔接的格局。推进城镇基础设施和基本公共服务向乡村延伸,实现城乡基础设施互联互通、公共服务普惠共享。完善县城综合服务功能,搭建技术研发、人才培训和产品营销等平台。

（2）推进镇域产业聚集

发挥镇（乡）上连县、下连村的纽带作用，支持有条件的地方建设以镇（乡）所在地为中心的产业集群。支持农产品加工流通企业重心下沉，向有条件的镇（乡）和物流节点集中。引导特色小镇立足产业基础，加快要素聚集和业态创新，辐射和带动周边地区产业发展。

（3）促进镇村联动发展

引导农业企业与农民合作社、农户联合建设原料基地、加工车间等，实现加工在镇、基地在村、增收在户。支持镇（乡）发展劳动密集型产业，引导有条件的村建设农工贸专业村。

（4）支持贫困地区产业发展

持续加大资金、技术、人才等要素投入，巩固和扩大产业扶贫成果。支持贫困地区特别是"三区三州"等深度贫困地区开发特色资源、发展特色产业，鼓励农业产业化龙头企业、农民合作社与贫困户建立多种形式的利益联结机制。引导大型加工流通、采购销售、投融资企业与贫困地区对接，开展招商引资，促进产品销售。鼓励农业产业化龙头企业与贫困地区合作创建绿色食品、有机农产品原料标准化生产基地，带动贫困户进入大市场。

4.促进产业融合发展，增强乡村产业聚合力

（1）培育多元融合主体

支持农业产业化龙头企业发展，引导其向粮食主产区和特色农产品优势区集聚。启动家庭农场培育计划，开展农民合作社规范提升行动。鼓励发展农业产业化龙头企业带动、农民合作社和家庭农场跟进、小农户参与的农业产业化联合体。支持发展县域范围内产业关联度高、辐射带动力强、多种主体参与的融合模式，实现优势互补、风险共担、利益共享。

（2）发展多类型融合业态

跨界配置农业和现代产业要素，促进产业深度交叉融合，形成"农业+"多业态发展态势。推进规模种植与林牧渔融合，发展稻渔共生、林下种养等。推进农业与加工流通业融合，发展中央厨房、直供直销、会员农业等。推进农业与文化、旅游、教育、康养等产业融合，发展创意农业、功能农业等。推进农业与信息产业融合，发展数字农业、智慧农业等。

（3）打造产业融合载体

立足县域资源禀赋，突出主导产业，建设一批现代农业产业园和农业产业强镇，创建一批农村产业融合发展示范园，形成多主体参与、多要素聚集、多业态发展格局。

（4）构建利益联结机制

引导农业企业与小农户建立契约型、分红型、股权型等合作方式，把利益分配重点向产业链上游倾斜，促进农民持续增收。完善农业股份合作制企业利润分配机制，推广"订单收购+分红""农民入股+保底收益+按股分红"等模式。开展土地经营权入股从事农业产业化经营试点。

5.推进质量兴农绿色兴农，增强乡村产业持续增长力

（1）健全绿色质量标准体系

实施国家质量兴农战略规划，制修订农业投入品、农产品加工业、农村新业态等方面的

国家和行业标准,建立统一的绿色农产品市场准入标准。积极参与国际标准制修订,推进农产品认证结果互认。引导和鼓励农业企业获得国际通行的农产品认证,拓展国际市场。

（2）大力推进标准化生产

引导各类农业经营主体建设标准化生产基地,在国家农产品质量安全县整县推进全程标准化生产。加强化肥、农药、兽药及饲料质量安全管理,推进废旧地膜和包装废弃物等回收处理,推行水产健康养殖。加快建立农产品质量分级及产地准出、市场准入制度,实现从田间到餐桌的全产业链监管。

（3）培育提升农业品牌

实施农业品牌提升行动,建立农业品牌目录制度,加强农产品地理标志管理和农业品牌保护。鼓励地方培育品质优良、特色鲜明的区域公用品牌,引导企业与农户等共创企业品牌,培育一批"土字号""乡字号"产品品牌。

（4）强化资源保护利用

大力发展节地节能节水等资源节约型产业。建设农业绿色发展先行区。国家明令淘汰的落后产能、列入国家禁止类产业目录的、污染环境的项目,不得进入乡村。推进种养循环一体化,支持秸秆和畜禽粪污资源化利用。推进加工副产物综合利用。

6.推动创新创业升级,增强乡村产业发展新动能

（1）强化科技创新引领

大力培育乡村产业创新主体。建设国家农业高新技术产业示范区和国家农业科技园区。建立产学研用协同创新机制,联合攻克一批农业领域关键技术。支持种业育繁推一体化,培育一批竞争力强的大型种业企业集团。建设一批农产品加工技术集成基地。创新公益性农技推广服务方式。

（2）促进农村创新创业

实施乡村就业创业促进行动,引导农民工、大中专毕业生、退役军人、科技人员等返乡入乡人员和"田秀才""土专家""乡创客"创新创业。创建农村创新创业和孵化实训基地,加强乡村工匠、文化能人、手工艺人和经营管理人才等创新创业主体培训,提高创业技能。

7.完善政策措施,优化乡村产业发展环境

（1）健全财政投入机制

加强一般公共预算投入保障,提高土地出让收入用于农业农村的比例,支持乡村产业振兴。新增耕地指标和城乡建设用地增减挂钩节余指标跨省域调剂收益,全部用于巩固脱贫攻坚成果和支持乡村振兴。鼓励有条件的地方按市场化方式设立乡村产业发展基金,重点用于乡村产业技术创新。鼓励地方按规定对吸纳贫困家庭劳动力、农村残疾人就业的农业企业给予相关补贴,落实相关税收优惠政策。

（2）创新乡村金融服务

引导县域金融机构将吸收的存款主要用于当地,重点支持乡村产业。支持小微企业融资优惠政策适用于乡村产业和农村创新创业。发挥全国农业信贷担保体系作用,鼓励地方通过实施担保费用补助、业务奖补等方式支持乡村产业贷款担保,拓宽担保物范围。允许权属清晰的农村承包土地经营权、农业设施、农机具等依法抵押贷款。加大乡村产业项目融资担保力度。支持地方政府发行一般债券用于支持乡村振兴领域的纯公益性项目建设。鼓励地方政府发行项目融资和收益自平衡的专项债券，支持符合条件、有一定收益的乡村公益性项目建设。规范地方政府举债融资行为，不得借乡村振兴之名违法违规变相举债。支持符合条件的农业企业上市融资。

（3）有序引导工商资本下乡

坚持互惠互利，优化营商环境，引导工商资本到乡村投资兴办农民参与度高、受益面广的乡村产业，支持发展适合规模化集约化经营的种养业。支持企业到贫困地区和其他经济欠发达地区吸纳农民就业、开展职业培训和就业服务等。工商资本进入乡村，要依法依规开发利用农业农村资源，不得违规占用耕地从事非农产业，不能侵害农民财产权益。

（4）完善用地保障政策

耕地占补平衡以县域自行平衡为主，在安排土地利用年度计划时，加大对乡村产业发展用地的倾斜支持力度。探索针对乡村产业的省市县联动"点供"用地。推动制修订相关法律法规，完善配套制度，开展农村集体经营性建设用地入市改革，增加乡村产业用地供给。有序开展县域乡村闲置集体建设用地、闲置宅基地、村庄空闲地、厂矿废弃地、道路改线废弃地、农业生产与村庄建设复合用地及"四荒地"（荒山、荒沟、荒丘、荒滩）等土地综合整治，盘活建设用地重点用于乡村新产业新业态和返乡入乡创新创业。完善设施农业用地管理办法。

（5）健全人才保障机制

各类创业扶持政策向农业农村领域延伸覆盖，引导各类人才到乡村兴办产业。加大农民技能培训力度，支持职业学校扩大农村招生。深化农业系列职称制度改革，开展面向农技推广人员的评审。支持科技人员以科技成果入股农业企业，建立健全科研人员校企、院企共建双聘机制，实行股权分红等激励措施。实施乡村振兴青春建功行动。

8.强化组织保障，确保乡村产业振兴落地见效

（1）加强统筹协调

各地要落实五级书记抓乡村振兴的工作要求，把乡村产业振兴作为重要任务，摆上突出位置。建立农业农村部门牵头抓总、相关部门协同配合、社会力量积极支持、农民群众广泛参与的推进机制。

（2）强化指导服务

深化"放管服"改革，发挥各类服务机构作用，为从事乡村产业的各类经营主体提供高效便捷服务。完善乡村产业监测体系，研究开展农村一二三产业融合发展情况统计。

（3）营造良好氛围

宣传推介乡村产业发展鲜活经验，推广一批农民合作社、家庭农场和农村创新创业典型案例。弘扬企业家精神和工匠精神，倡导诚信守法，营造崇尚创新、鼓励创业的良好环境。

第二节 乡村产业振兴理论和思想的演进

长期以来,中国是一个小农经济占统治地位、具有悠久农耕文明的农业社会。在漫长的封建社会中,中国以农业发展为主,以一个农业大国的身份屹立于世界,农业始终是国民经济的基础,也是发展历史最久、形成业态最为完善的产业形态。乡村作为构成社会的基本单元,成为国家治理的基石;农民作为社会生活的主体,成为推动农业和农村向前发展的动力;国家的政治、经济、文化和意识形态,都是围绕农业和农村构建的。乡土文化是中华民族赖以生存的根基。因此,历朝历代的统治者,都非常重视对乡村的治理,形成了一整套适应时代发展的乡村管理系统,如大周的乡遂制度、秦汉时期的乡亭制度、唐代的乡里制度、宋代至清代的保甲制度等。中国传统农业社会中的井田制、乡官制、里长制、保甲制、宗族乡绅制等管理体制,保障了乡村中的税赋分派、征伐劳役、仲裁纠纷等活动的进行,有助于加强政府对农村社会的控制,在世界乡村管理史上独具一格,成为中国封建社会长期延续的重要因素之一。

乡村振兴是党的十九大提出的国家战略,也是习近平新时代中国特色社会主义思想的重要内容。但是,乡村振兴作为一种实践和行动,并不是现在才有的,而是经过了一个漫长的发育过程,有着丰富的历史积淀。中国共产党自建立始,就立足中国国情,传承自古以来重视乡村建设和发展的优良传统,将乡村建设和发展作为新民主主义革命的首要问题,发动乡村广大农民参加革命,在农村建立起革命根据地,走出了一条农村包围城市的新民主主义革命道路。中华人民共和国成立后,农村、农业、农民问题被作为党和政府工作的重中之重。可以说,中国共产党百年壮大史,就是一部领导中国人民推进乡村发展的奋斗史。研究中国共产党成立100年来乡村发展的理论和实践,对于乡村振兴战略的成功实施和实现中华民族伟大复兴的中国梦具有重要价值。

一、中国共产党成立100年来乡村发展的演进进程

中华人民共和国成立前,农民一直是中国社会的主体。在中国共产党率领中国人民进行艰苦斗争之时,大批有良知的地方乡绅与知识分子,面对乡村衰败和时局动荡的境况,积极投身于乡村建设,将改造乡村作为实现自身改造世界的试验地,探索地方自治与乡村自救之道,从而掀起了一场乡村建设运动。20世纪20—40年代,以梁漱溟、晏阳初、黄炎培、卢作孚等为代表的一批乡绅和知识分子率先提出乡村建设的构想并付诸实践,产生了"邹平模式""定县模式""北碚模式""无锡模式"等。这些乡村建设模式虽内容各异但目标一致,即在实现乡村重建和发展的基础上,寻求救亡图存、民族复兴的道路。根据国民政府的统计,民国初期的乡村建设机构有600余个,各类乡村建设试验区有1 000余个。由地方乡绅和知识分子主导的乡村建设运动,大多偏重于文化教育,且缺乏底层民众的广泛支持,因而对于乡村建设和发展的效果并不明显。

乡村建设并非单纯的建设乡村，也并非要消灭农村、消灭小农经济，让农村全部变成城市。乡村建设本质上是中国整体上的社会建设和社会革命。与国民政府和乡村建设派实施的乡村改良实践不同，以"全心全意为人民服务"为宗旨和使命的中国共产党，百年来按照自身的逻辑领导人民进行"乡村改造"，开展"乡村建设"，进行"乡村改革"，实施"乡村振兴"，历经4个阶段，形成了具有中国特色、体现中国风格的乡村发展理论和实践模式。

（一）第一阶段：以农村革命根据地为基础的"乡村改造"

1921年7月中国共产党成立至1949年中华人民共和国成立，是新民主主义革命时期。这一时期中国共产党的任务是动员广大人民群众，用革命的手段打破旧的统治和剥削体系，建立人民当家作主的新中国。中国共产党深刻地知道，如果采取所谓"改良"方式，不打破千百年来地主阶级占有土地、广大农民一无所有的封建土地关系，中国共产党就难以得到广大农民的信任和拥护。因此，中国共产党只要在一个地方立足，建立起革命根据地，首要工作就是宣传"耕者有其田"的政治主张，实行减租减息，进行土地革命，在有限的范围内进行乡村改造的实验和探索，从而赢得广大农民的支持和拥护。

中国共产党领导的乡村改造实践是从井冈山革命根据地的建立开始的。毛泽东同志指出，"在二十二年的革命战争中，我党已经有了在土地改革之后，领导农民，组织带有社会主义萌芽的农业生产互助团体的经验"，其中包括江西的劳动互助社和耕田队、陕北的变工队、华北华东和东北各地的互助组，以及抗日时期陕北出现的社会主义性质的农业生产合作社。由于中国共产党抓住了中国农民问题的要害，通过向根据地乡村输入科技、人才和资金等外部资源，领导广大农民围绕土地所有制开展了一系列革命，彻底改变了乡村内部的社会结构，满足了广大贫苦农民的根本需求，因而在根据地开展的乡村改造与建设运动得到了农民的支持、拥护和参与，走出了一条农村包围城市、最后武装夺取政权的中国革命之路。

中国共产党在革命根据地探索的乡村改造延安实践，是这一时期中国共产党领导中国人民将马克思主义中国化的最成功实践，也是中国共产党在新民主主义革命时期探索乡村改造的样板。乡村改造延安实践是中国共产党为了夺取新民主主义革命胜利走出的一条"乡村发展"之路，它结合了民族抗日、社会经济和政治改革多种要素，创造了一个大胆解决农民压迫和乡村解放的模式。在贫穷的延安乡村黄土地上，维持一个增加了几十万军政人员的"政权"，而且又面临着战争的压力和物质的封锁，迫切要求探索出一条适宜的乡村改造之路。通过乡村改造延安实践，养活了成千上万的军队和百姓，维持了一个有生命力的政权，且以这块黄土地为中心，指挥千军万马，开展对敌斗争，最终取得了新民主主义革命的胜利。

（二）第二阶段：以农村社会主义道路为主题的"乡村建设"

1949年10月至1978年12月是社会主义革命和建设时期。这一时期中国共产党在农村的主要任务是如何领导广大农民实现农业社会主义现代化，解决广大农民的"吃饭穿衣"问题。

中华人民共和国成立前，中国90%以上的人口都居住在乡村之中。偌大的中国，军阀割据,民生凋敝,土匪横行,到处都是满目萧条,百废待兴。中华人民共和国的成立,标志着一个新的历史时期的开始,社会主义革命和建设成为这一时期的主题,中国乡村发展实践进入了新阶段。为了支持重工业优先发展,我国建立起计划经济体制,并实行了城乡分割政策。中国共产党领导中国人民,首先在农村进行以土地为主要生产资料的社会主义改造,渐进式地通过初级社、高级社和人民公社的形式,将土地收归集体所有。然后,改善农村的基础设施,兴修水利,实施以"土、肥、水、种、密、保、管、工"为主要内容的"八字宪法",提高农业产量;在农村进行社会建设,扫除文盲,消灭苍蝇、蚊子、老鼠、臭虫"四害",消灭血吸虫、麻风病等各种传染病,设立"赤脚医生"。1949—1978年,全国共修建了大中小型水库8.5万座,粮食产量由1978年的1 132亿千克增长到1978年的3 047.5亿千克,以只占全球6%的水资源、10%的耕地,基本解决了占全球22%的人口的温饱问题,同时农业和农村承担起了为中国工业化、城镇化提供资本积累的主要角色。

"农业学大寨"模式是这一时期乡村建设实践最典型的样态,它不仅浓缩了中华人民共和国成立后农村发展变迁的现实图景、承载了中国几代农民追求温饱和富裕生活的美好希冀,而且深刻启迪和影响着我国的乡村建设探索之路。1953年,大寨公社响应中央号召开始走上农业合作化道路,决心要使穷山沟变成富饶的米粮川。自此,大寨人民发扬自力更生、艰苦奋斗的精神,治山引水,在"七沟八梁一面坡"上建设了层层梯田,改变了靠天吃饭的落后面貌,谱写了农村群众追求美好生活撼天动地的壮歌。1964年2月,《人民日报》以发表通讯报道及社论的形式号召全国农业战线学习大寨人的革命精神,毛泽东同志亲自题写了"农业学大寨"的题词,周恩来同志则概括了以"政治挂帅、思想领先的原则,自力更生、艰苦奋斗的精神,爱国家、爱集体的共产主义风格"为内核的大寨精神并予以高度赞扬。此后,全国农村兴起了"农业学大寨"运动,大寨成为乡村建设的光辉榜样,由"集体农业+合作化"模式下的生产积极性、"精耕细作+劳动力投入"的农业投入产出模式、"自力更生+艰苦奋斗"的精神理念、"干部参加劳动,以身作则、大公无私"的领导风范组合起来的"大寨模式",产生了巨大的"乡村建设"效应。

(三)第三阶段:以解决"三农"问题为主题的"乡村改革"

1978年12月至2012年11月党的十八大召开,是改革开放和社会主义现代化建设新时期。这一时期乡村发展的中心任务是通过改革开放,解决"三农"问题,缩小城乡发展之间的差距。

1978年冬,安徽省凤阳县小岗村的18位农民率先实行分田到户、农业"大包干"的创新壮举,开启了改革开放初期乡村建设的初始模式"家庭联产承包责任制"。党的十一届四中全会通过的《中共中央关于加快农业发展若干问题的决定》,以中央文件的方式肯定了广大农民的这一创举。1983年,中央一号文件明确指出,家庭联产承包责任制是农村改革的主要方向,农村经济体制改革促使乡村建设进入新纪元,推动了新中国的历史发展进程。1985年,中央提出了农产品统派购制度改革,标志着中国农村开始全面发展商品生产。中央关于"三农"问题连续出台的一号文件对于推动农村经济体制改革起到了重要推动作用,为长期不能解决温饱问题的中国农民逐渐摆脱贫困带来了希望,同时也为农村带来了活力。家庭联产承包责任制带来的生产方式变化,焕发了蕴藏在农民心中的创造性和主动性,极大地调动了广大农民的生产积极性,解放了农村生产力,使粮食产量大幅提高,农村的商品经济也得到了较快的发展,农民收入增加,基本解决了农民吃饭的问题。

进入 21 世纪后,"三农"问题仍然是中国经济社会发展中的薄弱环节,"三农"问题引起了中央的高度重视。关注农村、关心农民、支持农业,成为全党工作的重中之重。"三农"问题成为党和政府工作中的头号问题,全面建成小康社会最艰巨、最繁重的任务在农村。2005年 10 月,以"生产发展、生活宽裕、乡风文明、村容整洁、管理民主"为主要内容的"社会主义新农村建设"拉开序幕。新农村建设具体体现在大力建设兼具民族、地域特色并符合节约型社会要求的"新房舍",进一步改善农村生产、生活基础的"新设施",彰显新时代特征的生态、生活、环境卫生处理能力的"新环境"得到提升,有理想、有文化、有道德、有纪律的"四有""新农民"建设蔚然成风,科学、文明、法治的生活观和社会主义精神文明的"新风尚"得到提升。

社会主义新农村建设是全面建成小康社会的应有之义和重中之重,是党中央统筹新时期城乡发展、推动"工业反哺农业、城市支持农村"方针具体落实的重要举措。随着社会主义新农村建设的蓬勃开展,农村生产全面发展、农民收入显著提高,农村基层民主制度建设、法制建设、公共文化建设迈上新的台阶,体现农村地方特色、形式多样的群众文化活动日益丰富起来,开阔了农民群众的精神文化世界,农村义务教育和职业教育蓬勃发展,医疗卫生体系和社会保障制度得以逐步建立和完善。农村幼有所教、老有所养、病有所医愿景的逐步实现,标志着我国乡村发展进入一个新的阶段。

(四)第四阶段:以破解发展不平衡不充分矛盾为主题的"乡村振兴"

乡村振兴是习近平新时代中国特色社会主义思想的重要内容之一,其形成是一个不断丰富、不断积累的过程。2005 年 8 月 15 日,时任浙江省委总书记习近平在安吉余村进行调研时,首次提出"绿水青山就是金山银山"的"两山理论",蕴含着对新时代乡村振兴的早期谋划;2013 年 12 月,习近平总书记进一步提出"记住乡愁",将生态宜居的美丽乡村建设纳入乡村振兴工作任务之中;2015 年 1 月,习近平总书记在云南考察时提出在遵循乡村发展规律基础上,走符合农村实际、充分体现农村特色的乡村发展之路,注意乡土味和乡村风貌的保留;2017 年 11 月,习近平总书记提出在乡村实行"厕所革命",把"厕所革命"作为乡村振兴战略中提升农村群众生活质量、补齐农村群众生活品质短板的一项重要举措。

党中央对乡村发展非常重视,2013 年以来,中央一号文件围绕"三农"问题,对乡村发展进行顶层设计,关注加快农业现代化,激发农业农村发展原动力,破解"三农"难题。2016 年2 月提出发展特色小镇,力图通过小城镇建设,根据乡村的资源禀赋,发展具有乡村特色优势的商贸物流、先进制造、休闲旅游、科技教育、信息产业、民俗文化传承等特色产业,形成魅力小镇,振兴乡村;2017 年提出田园综合体建设,并"大力发展乡村旅游",以旅游业发展助推乡村丰富的自然生态资源转换为资本,带动乡村产业发展、农民脱贫致富;党的十九大报告正式提出了以"产业兴旺、生态宜居、乡风文明、治理有效、生活富裕"为目标的乡村振兴战略总要求;2021 年 2 月,在脱贫攻坚取得全面胜利后,中共中央、国务院又适时发布了《关于全面推进乡村振兴加快农业农村现代化的意见》，将党和政府的工作重心历史性地从脱贫攻坚转移到"全面推进乡村振兴"上来，"解决发展不平衡不充分问题、缩小城乡区域差距、实现人的全面发展和全体人民共同富裕"。这是百年来中国共产党乡村发展理论中国化的最新成果，也是习近平新时代中国特色社会主义思想的重要组成部分，更是中国共产党全面建成社会主义现代化强国、实现中华民族伟大复兴的重要实践。

纵观中国共产党百年探索，乡村发展是国家意志、社会历史发展阶段以及政府治理政策相结合的产物，是包括政治、经济、生态、文化、社会与党的建设的全面振兴，体现着百年来中国共产党乡村发展思想的历史传承和创新，同时又具有明显的历史跨越性。从"乡村改造""乡村建设""乡村改革"到"乡村振兴"，伴随着中国共产党在不同阶段的历史使命，循序发展，有机演进，逐步提升，浑然一体。

二、中国共产党成立100年来乡村发展的理论逻辑

乡村发展是马克思主义的一个基本观点。马克思主义认为，乡村是人们获取生存所需的衣食的来源地，但小农经济具有局限性，不利于物质财富的积累和生产力水平的发展，必须通过农业、农村的现代化以及农民的合作化道路，用大生产代替一家一户的小生产，才能实现乡村的发展和繁荣。马克思指出，"资产阶级使乡村屈服于城市的统治""使乡村从属于城市"，城乡的分离和对立是造成乡村衰落的根源，因此，"把农业和工业结合起来，促使城乡之间的对立逐步消灭"是乡村发展的关键。

中国共产党的乡村发展理论和实践，是马克思主义乡村发展理论与中国国情相结合的重要成果。中国是农业大国，重农固本是得民之心、安民之基、治国之要，建设好乡村、解决好"三农"问题，始终是中国共产党的工作重心，也是中国共产党建国、执政、兴国的重要经验。乡村发展得好不好，农业强不强、农村美不美、农民富不富，不仅关乎着亿万农民切实的获得感和幸福感，而且决定着中国共产党执政能力、中国全面建成小康社会的成色和社会主义现代化建设的质量。

中国共产党成立100年来的乡村发展，沿着"乡村改造—乡村建设—乡村改革—乡村振兴"的演进路径，聚焦"乡村现代化"这一"大历史""大叙事"，构建了一个宏大的内在理论逻辑和理论谱系，即"革命—建设—发展—转型"，最终实现农民、农业和农村的现代化。

（一）新民主主义革命时期中国共产党人的"改造型"乡村革命

近代以来，在西方现代化冲击下，中国乡村社会结构全面震荡，陷入了政治失序、经济破产、文化失调、人心失范的整体性颓败。一些开明士绅和知识分子，为中国乡村问诊号脉，认为中国乡村患上了"愚贫弱私"四大病症，"拯救乡村"必须进行以改造"人心"为原点、"人"的建设为核心的乡村建设运动，于是便涌现出晏阳初将"平民教育"嵌入乡村建设实验，力图再造具有"知识力、生产力、强健力和团结力的新民"的探索；梁漱溟以文化"化人"，试图通过中华文化"老衰性"的创造性转化实现乡村自救和社会结构再造的尝试；以及费孝通提出的以自下而上的乡村工业化道路逐步复原中国乡土社会完整性，进而实现乡村现代化转型的主张。然而，这些改良式乡村建设的尝试，均未能实现从理论到实践的成功转换，最终归于失败。

以毛泽东同志为主要代表的中国共产党人,突破了开明士绅和知识分子改良式乡村建设的局限性,从争取民族独立和人民解放的革命任务和目标的高度来认识乡村发展的重要性,认为"农民问题乃国民革命的中心问题",没有农民参加并拥护的国民革命不会取得成功,而只有农民问题能够在其中得以妥善解决的革命运动,才会得到农民的拥护。同时,毛泽东同志深刻洞察到农村与城市的关系,指出"城市太小,乡村太大,乡村多数产品可以自给自足,城市虽带有领导性质,但无法统治农村"。在反动势力力量强大的城市,革命武装暂时无法立住脚,只有开创农村包围城市的革命道路,建立农村革命根据地,才能夺取革命的胜利。农村成为中国共产党领导的革命武装的生存根基,农民成为新民主主义革命的主力军。对农民、农村和农业有着深刻认识的中国共产党,认为中国乡村的根本问题在于土地,而土地的完全解决"有待于中国现代广大的农工阶级,依革命的力量以为之完成",中国乡村的现代化发展道路不能完全效法西方国家,改良主义的乡村建设运动根本无法改变乡村中的财产所有制关系,唯有通过激进的革命和改造才能达成目标。于是,抗日战争时期中国共产党在乡村实行减租减息;解放战争时期进行土地革命,没收地主土地,废除封建剥削制度,实现"耕者有其田",摆脱几千年来乡村旧的生产方式束缚,获得"足以战胜一切敌人的最基本的条件",达到重启乡村现代性建设的大门,实现夺取革命胜利的目标。

(二)社会主义革命和建设时期的"实践型"乡村建设

新中国成立后,党的工作重心从"革命"转变到领导"建设"上,乡村建设的任务也随之由"革命"和"改造"转变到"建设"的轨道上来。中国共产党根据乡村发展的需要,不失时机地完成了土地改革,废除了封建土地所有制,实现了生产资料与劳动者的直接结合,极大地提高了农民的生产积极性和创造性,促进了农村经济的恢复和发展。但是,这种一家一户、自给自足的个体生产、小农经济,劳动生产效率低下,农民难以增收,无法持续扩大再生产,改善这种状况的途径就是经过合作社,走集体化道路。于是,中国共产党立足中国的实际,创造性地运用和发展了列宁的合作化理论,将马克思主义合作制理论中国化,先集体化,后机械化,循序渐进地以农业生产互助组、初级农业生产合作社、高级农业生产合作社、人民公社的形式,引导农民"组织起来",走合作化道路,同时强调在乡村开展互助合作运动不能挫伤农民个体经营的积极性。农业社会主义改造完成后,农村建立起了社会主义集体所有制,兴建了大量的农田水利设施,农业机械化得到了较大的发展,改变了靠天吃饭的局面。尽管在"一大二公"的人民公社制度下,农村土地产权虚置,一定程度上挫伤了农民从事农业生产的积极性,但乡村建设仍然取得了较大的成绩,为农业、农村的发展奠定了坚实的基础。

(三)改革开放时期的"发展型"新农村建设

在乡村建设取得巨大进展的基础上,中国共产党开始推动乡村"发展"战略。邓小平同志认为,农村的稳定发展是国家稳定发展的基础,农业现代化是四个现代化的关键,是工业发展的内在要求。而农业现代化的实现,要靠政策、科学和改革,要发展适度规模经营,壮大集体经济。针对长期以来非等价交换和工农产品"剪刀差"向农村截取高额城市建设资金的状况,党的十一届三中全会开启以"发展"为主旋律的改革开放,将乡村建设的重心由"建设"转变到"三农"的"发展"上来,坚持"多予、少取、放活"的政策。2006 年国家彻底废除农业税,与之相适应地实施了以"生产发展、生活宽裕、乡风文明、村容整洁、管理民主"为主要内容的"社会主义新农村建设"这一农村发展工程,回答了"乡村如何加快发展"的问题,推动了农村产业结构的调整,促进了农村劳动力转移,加快了农村城镇化和农业现代化的步伐,实现了土地所有权、承包权和使用权的分离,极大地解放和发展了农村生产力。再加上推广科学种田,科学使用化肥、农药,实施作物种子革命,粮食产量自 1984 年突破 4 亿吨以后,1996 年突破 5 亿吨,连续上了新台阶,成为世界上最大的粮食生产国,以不足世界 7% 的耕地面积,解决了世界 22% 人口的吃饭问题,实现了中国人的饭碗里装上中国人的粮食的目标。中国的农村改革和社会主义新农村建设实践,丰富和发展了马克思主义乡村建设理论,创造了世界乡村建设和发展史上的奇迹。

(四) 中国特色社会主义新时代的"转型型"乡村发展

中国特色社会主义进入新时代,社会主要矛盾转变为"人民日益增长的美好生活需要和不平衡不充分的发展之间的矛盾"。"三农"发展取得了骄人的成绩,农业劳动生产率显著提升,粮食年产量连续保持在 6 500 亿千克以上,农民人均收入较 2010 年翻一番多;现行标准下农村贫困人口全部脱贫,消除了绝对贫困和区域性整体贫困;农村人居环境明显改善,社会保持和谐稳定;农业科技贡献率超过 57%,农业机械化率超过 66%,农村基础设施日益完善,公共服务水平大幅提升,农民收入增加,生活品质不断提升。

但是,在城乡二元结构仍然存在的背景下,快速发展的城镇化通过市场这只"看不见的手",不断吸附乡村社会中的资源、资金和劳动力,致使乡村社会"空心化"现象严重。因此,新时代的乡村建设必须在物质基础、设施条件、政治保证、精神文明、目标实现等层面提质升级,从"社会主义新农村建设"过渡到"乡村振兴战略",大力构建产业兴旺、生态宜居、乡风文明、治理有效、生活富裕的乡村图景,使农村群众的生产生活水平达到更高水平。

习近平总书记更是将乡村振兴提升到民族复兴的高度,指出"乡村振兴是实现中华民族伟大复兴的一项重大任务",要"把解决好'三农'问题作为全党工作重中之重,坚持农业农村优先发展,走中国特色社会主义乡村振兴道路,持续缩小城乡区域差距,让低收入人口和欠发达地区共享发展成果,在现代化进程中不掉队、赶上来"。"加快农业农村现代化步伐,促进农业高质高效、乡村宜居宜业、农民富裕富足。"总之,"民族要复兴,乡村必振兴",乡村振兴意味着乡村产业发展、组织建设、人才培养、生态文明的全面振兴,是乡村建设由"发展"进入现代化"转型"的新阶段。

中国共产党成立 100 年来的乡村发展,是马克思主义乡村建设理论中国化的成功实践。这一历程打上了时代的烙印,按照"革命—建设—发展—转型"理论谱系走向现代化。中国共产党为了争取民族独立、人民解放,吸取近代以来开明知识分子和士绅发起的乡村改良运动的失败教训,开始了以现代化为目标的"乡村发展"理论救赎,历经"乡村革命""乡村建设""乡村改革""乡村振兴",中国共产党百年的"乡村发展"美好梦想终于在百年的艰难探索、筚路蓝缕下得到了真正的价值实现。中国共产党成立 100 年来的乡村发展历程,是中国乡村从贫穷落后到繁荣富强的变迁史。它以活生生的事实映射了在中国共产党领导下国家政权统一和综合国力增强、乡村"发展"从无到有、从量到质的转化,是中国共产党人对马克思主义乡村发展理论的升华。

三、中国共产党成立 100 年来乡村发展的实践价值

乡村发展在中国共产党百年历史中地位如此重要,是由中国共产党担负的历史使命决定的。这种历史使命是长期性目标与阶段性任务的有机结合与统一,"实现中华民族伟大复兴是近代以来中华民族最伟大的梦想"。中国共产党自成立之日起,就把实现共产主义作为最高理想和最终目标,为中国人民谋幸福、为中华民族谋复兴是中国共产党人的初心和使命,也是中国共产党肩负的长期性目标使命。而阶段性的历史任务,就是中国共产党在领导中国革命、建设和改革不同历史时期或阶段致力于完成的主要任务。不同历史时期赋予中国共产党不尽相同的奋斗目标,乡村发展的重点及采取的路径和方式也各有差异,但在中国共产党百年发展历史中的每一个阶段,乡村发展始终是其关注的主题。乡村不仅是自然、社会、经济特征的地域融合体,而且是伴随中华民族生存发展的兼具生产、生活、生态等多重功能的主要空间。"乡村兴则国家兴,乡村衰则国家衰",农业、农村、农民的特殊地位,决定了乡村发展在中国共产党百年革命和建设中的实践价值。

第一,乡村是中国共产党积蓄和锻炼人民革命力量的主要战略基地,农民是中国共产党领导的新民主主义革命的主力军。中国共产党领导的新民主主义革命之所以能够取得成功,工农武装割据之所以能够成立,关键是中国共产党人从惨痛的教训中懂得,农民问题是中国革命的基本问题,农民是无产阶级最可靠的同盟军,要夺取革命胜利,必须建立起自己的武装和稳固的根据地。列宁认为,无产阶级政党要在相对落后的国家实行共产主义政策并得到拥护,就一定要与农民建立紧密的联系,在实际上支持农民运动。早在 1922 年 1 月,列宁在接见出席共产国际在莫斯科召开的远东各国共产党及民族团体第一次代表会议的中国代表时,便强调农民之于中国革命的重要作用,以及中国无产阶级同农民建立广泛的统一战线的现实必要性,认为中国共产党若不唤醒农民,民族解放是无望的。1924 年中国共产党第四次全国代表大会通过的《对于农民运动之决议案》明确指出,农民作为中国社会的主要成分,中国革命成功以及在民族运动中取得领导地位,都必须动员最广大的农民群众参与其中。由此,以毛泽东同志为主要代表的中国共产党人在艰苦的革命探索中找到一条正确的革命道路,就是把立足点由城市转入农村,发动和依靠广大农民群众,在农村建立起大大小小十几块农村革命根据地,开展以农民为主体的长期革命战争,为工农武装割据提供了坚实的基础,发展和壮大革命力量,最后占领城市,夺取了全国胜利。在残酷的革命斗争中,质朴的农村群众以吃苦耐劳、无私奉献的大爱精神默默支援和服务战争前线,用背篓和小车推出了一个又一个胜利。没有农民群众的广泛参与以及在人力、物力等方面的积极付出,中国革命就难以取得最终的胜利。

第二,乡村是筑牢粮食安全这一国家安全根基的基础。民以食为天,国无粮不稳,民无粮不宁。粮食是国民经济的命脉,是保障人民生存需求的最重要战略物资。在旧中国,中国人民长期忍饥挨饿,吃不饱饭,饿殍遍野的悲惨情景一直成为笼罩在中国人心上的阴影。中国共产党百年来努力奋斗,一个最简单的愿望就是让中国的老百姓吃饱饭、穿暖衣。革命战

争年代中国共产党在根据地为了解决老百姓的吃饭、穿衣问题,减租减息,分田分地;新中国成立后,中国共产党将农业作为国民经济的基础,提出农业以粮为纲的发展思路,实施科学种田,逐渐解决了人民的吃饭、穿衣问题。党的十八大以来,我国粮食产量连续多年保持在6 500亿千克以上,中国人的饭碗里装上了中国人自己种的粮食,主粮基本上实现了自给,人们由吃饱向吃好和讲营养转变。但是,中国人均粮食产量仍然只有470千克左右,远低于发达国家人均拥有的粮食水平,粮食生产的基础还较薄弱,耕地质量较差,每年还需要大量进口大豆、玉米等。因此,中国只有紧紧地守住耕地红线,把饭碗牢牢地端在自己手中,才能在世界百年未有之大变局中有效防范抵御各类风险挑战,为确保国家大局稳定奠定坚实基础。这是中国共产党成立100年来重视乡村发展和"三农"问题的重要实践价值。

第三,乡村是中华文明的基本载体和中华民族的精神家园。文化是一个民族的根和魂。中华文明发源于黄河、长江流域,植根于农耕文化,乡村是中华文明的基本载体,中华文明是属于乡村社会主导的文明。尽管中国城镇化率超过了60%,但这种城镇化仍然是在一个有着5 000年乡村文明演化的时空中进行的。从存在的载体和文明的演化根源来看,负载着中国5 000年文明的生产方式是农耕经济,这是中华文明之所以有韧性、历经朝代更迭而一次又一次劫后余生、经久不衰的根脉所在,是中华民族血脉得以繁衍而生生不息的动力源泉。乡村建设和发展是发掘中华农耕文化中蕴含的优秀思想观念、人文精神、道德规范以及传承中华优秀文化的有效途径,有利于弘扬植根于乡村的尊重自然、顺应自然、天人合一的和平发展理念,有助于运用现代科学技术,与中国特色社会主义新时代的社会主义核心价值观融为一体,在传承的基础上进行现代性的创造、转化和发展,使中华文化生生不息。即使到了城镇化率很高的时候,人们仍然心心念念"望得见山、看得见水,记得住乡愁"的乡村,仍然需要保护几千年来我们的祖先留下来的那些茶乡、花乡、陶瓷之乡、刺绣之乡、武术之乡、耕读之乡等各种中华文明遗产,使之造福于后人。

第四,乡村是消除贫困、巩固脱贫攻坚成果的难点。中国共产党人的初心和使命是为中国人民谋幸福,为中华民族谋复兴,而要实现这一初心和使命,解决农民问题是关键。新中国成立前,农民生活在中国社会的最底层,受尽了剥削和压迫。他们深深懂得,跟着中国共产党,得到的是土地、住房和自由,是翻身的解放,因此他们最拥护中国共产党,是跟随中国共产党闹革命最积极、最坚决的主力军。中国共产党在农村建立革命根据地,出台的大部分政策都是为了解决农民贫困问题,实施的减租减息、打土豪、分田地等举措,就是为了让农民吃饱饭。新中国成立后,尽管农业、农村有了大的发展,但农民的贫困问题仍较为严重,中国共产党"以人民为中心",持续不断地进行贫困治理,尤其是党的十八大以来,以习近平同志为核心的党中央开展脱贫攻坚,在2020年终于消除了现行标准下的绝对贫困,使8亿多人摆脱了贫困,创造了世界减贫史上的奇迹。但是,打赢了脱贫攻坚战,消除了现行标准下农村的绝对贫困和区域性整体贫困,并不等于就一劳永逸地解决了乡村贫困问题。由于脱贫的地区大多属于老少边穷地区,受到环境、资源、交通以及气候等各种因素的刚性约束,基础并不牢实,因病、因灾等导致的返贫风险较大,因而必须实施巩固拓展脱贫攻坚成果与乡村发展的有效衔接,持之以恒地将"三农"问题作为党和政府工作的重中之重,攻克乡村贫困的这个难点。

第五，乡村是畅通城乡经济循环、构建新发展格局的潜力地区。中国是一个农业社会，乡村地域广阔，人口众多，是人们赖以生存的根本依托，也是中华文化的源头。中国共产党成立以后，毛泽东等中国共产党人注重乡村调查，深知中国乡村的贫穷落后，在于其交通闭塞，与外界缺少联系，人不能尽其用，货不能畅其流，是一种落后的自给自足的小农经济，乡村成为旧中国落后的缩影。新中国成立后，党和政府加大对乡村建设的投入，畅通乡村的交通、通信，尤其是改革开放以后的"村村通"建设，将乡村融入经济循环体系之中，搞活了农村经济，提高了农民的收入水平，拉动了整个国民经济的发展。党的十八大以后，中国特色社会主义进入新时代，社会主要矛盾转化为人民日益增长的美好生活需要和不平衡不充分的发展之间的矛盾，而发展不平衡不充分的短板弱项主要在乡村。在世界面临百年未有之大变局的今天，中国构建以国内大循环为主体、国内国际双循环相互促进的新发展格局，应以畅通城乡经济循环为重点。只有加快农业农村现代化，不断提高农民的收入和生活水平，释放出乡村巨大的消费和投资潜力，才能增强国内大循环活力，实现国内国际双循环，为中国经济可持续发展提供不竭的动力源泉。

第六，乡村是全面建成社会主义现代化国家、实现中华民族伟大复兴目标的短板。全面建成社会主义现代化国家、实现中华民族伟大复兴是一项前无古人的事业，它是工业现代化、农业现代化、国防现代化、科学技术现代化的系统工程，必须有强大的现代农业作为支撑。农业农村地域分散性、农业生产的小农性和农民整体素质的差异性，使我国的农业农村尚处于传统向现代转型升级的阶段，发展质量还不高，竞争力还不强。与发达国家相比，中国农村人口占比总体偏高，城乡二元结构依然突出，农村基础设施、公共服务、社会治理等方面还跟不上现代化的步伐。因此，乡村仍然是破解城乡二元矛盾、全面建成社会主义现代化国家、实现中华民族伟大复兴的短板和制约。

基于上述理由，《中共中央　国务院关于全面推进乡村振兴加快农业农村现代化的意见》明确指出，全面建设社会主义现代化国家，实现中华民族伟大复兴，最艰巨最繁重的任务依然在农村，最广泛最深厚的基础依然在农村；解决好发展不平衡不充分问题，重点难点在"三农"，迫切需要补齐农业农村短板弱项，推动城乡协调发展；构建新发展格局，潜力后劲在"三农"，迫切需要扩大农村需求，畅通城乡经济循环；应对国内外各种风险挑战，基础支撑在"三农"，迫切需要稳住农业基本盘，守好"三农"基础。可以说，乡村振兴是实现中华民族伟大复兴的关键一招，没有乡村振兴，中华民族伟大复兴只能是一句空话。

中国共产党百年来孜孜以求的从"乡村改造""乡村建设""乡村改革"到"乡村振兴"的伟大实践，就是一部践行"为中国人民谋幸福，为中华民族谋复兴"的发展史。

中国共产党成立100年来，始终心系农民，将依靠农民、为亿万农民谋幸福作为自己的使命，并根据不同阶段的发展目标，有针对性地制定出相应的政策措施。新民主主义革命时期，中国共产党在残酷的战争条件下，在根据地和解放区，领导农民"打土豪、分田地"，带领亿万农民求解放，最终成功建立新中国；社会主义革命和建设时期，中国共产党领导农民开展互助合作，发展集体经济，大兴农田水利，大办农村教育和合作医疗，使广大农民真正站了起来；改革开放时期，中国共产党领导农民实行家庭联产承包责任制，改善农村基础设施和生活环境，发展乡镇企业和农村社会事业，并鼓励农民进城务工，带领广大农民走上致富道路;进入中国特色社会主义新时代后,中国共产党更加重视"三农",持续发出关于"三农"的一号文件,2020 年全国农民消除绝对贫困,2021 年由脱贫攻坚转入乡村振兴阶段,城乡二元结构逐步破除,农村美、农业强、农民富正在变成现实。

中国共产党成立 100 年来走出的具有中国特色的乡村发展之路,为人类解决"三农"问题提供了中国智慧和中国经验。中国共产党要始终坚守"为中国人民谋幸福,为中华民族谋复兴"的初心和使命,始终坚持"以人民为中心"的价值取向,牢记亿万农民对革命、建设、改革做出的巨大贡献,把乡村建设好,让亿万农民有更多获得感,充分调动亿万农民的积极性、主动性、创造性,在现代化进程中实现城乡协调发展。

第三节 产业振兴与乡村振兴的关系

一、产业振兴是乡村振兴的重中之重

乡村要振兴,产业必振兴。产业振兴是乡村振兴的重中之重,要坚持精准发力,立足特色资源,关注市场需求,发展优势产业,促进一二三产业融合发展,更多更好惠及农村农民。

第一,以形成新型工农城乡关系拓展乡村产业发展空间。

工农城乡关系是基本的经济社会关系,是世界上任何国家在现代化进程中都无法回避的问题。我们全面推进乡村振兴,着力推进乡村产业振兴,必须将其置于坚持城乡融合发展、推进现代化建设的进程中去认识和谋划。习近平总书记强调:"振兴乡村,不能就乡村论乡村,还是要强化以工补农、以城带乡,加快形成工农互促、城乡互补、协调发展、共同繁荣的新型工农城乡关系。"将这一重要论断落实到推动乡村产业振兴的工作中,就要在发展现代农业、推动农村一二三产业融合发展、构建乡村产业体系等方面切实发力,不断拓展乡村产业发展空间。

推动基于农业发展的一二三产业融合发展,是抢抓新一轮科技革命和产业变革机遇、加快形成新型工农城乡关系的必然要求。要从满足人民日益增长的乡村文化、生态等多样化消费需求出发,以建设宜居宜业和美乡村为目标,向开发农业多种功能要潜力,发挥产业融合发展的乘数效应,更充分地发挥乡村资源独特优势,提升乡村资源价值,拓展农民致富路径。

具体来看,要把推动农村一二三产业融合发展,与产业园区建设、特色小镇建设、推进新型城镇化等有机结合起来,统筹谋划。一是要推动产业集聚和人口聚集互促的产城融合发展,为推进以县城为重要载体的城镇化建设提供产业支撑;二是要把县域作为城乡融合发展的重要切入点,推进空间布局、产业发展、基础设施等县域统筹,一体设计、一并推进;三是要解决好农业农村信息化水平较低、新型基础设施相对薄弱等问题,积极促进乡村产业数字化、网络化、智能化发展,在一二三产业融合发展的进程中加快从"要素驱动"向"创新驱动"转变;四是要发展乡村旅游、休闲农业、文化体验、健康养老、电子商务等新产业新业态,既要

有速度,更要有质量,实现健康可持续。

第二,以完善利益联结机制集聚乡村产业发展动能。

推动乡村产业发展的目的是要带动农民就业增收。促进农村一二三产业融合不是简单的一产"接二连三",关键是要完善利益联结机制,带动农民一起干、一起发展。必须探索建立更加有效、更加长效的利益联结机制,可以通过就业带动、保底分红、股份合作等多种形式,让农民合理分享全产业链增值收益。

要将推动乡村产业振兴和促进农民增收结合起来。发展乡村产业,最直接的指向就是要让农民有活干、有钱赚。在实践中,我们不能只看到产业规模越来越大,还要考虑防止出现用工越来越少、农户参与程度越来越低的问题。要通过完善利益联结机制,通过"资源变资产、资金变股金、农民变股东",尽可能让农民参与进来,进而形成企业和农户产业链上优势互补、分工合作的格局,让农民更多分享产业增值收益。

要将推动乡村产业振兴和坚持农民主体地位结合起来。习近平总书记强调,发展现代特色农业和文化旅游业,必须贯彻以人民为中心的发展思想,突出农民主体地位,把保障农民利益放在第一位。这一重要论断为进一步推动乡村产业振兴指明了方向。坚持农民主体地位,对于"大国小农"、农村地区人口数量庞大的国情农情而言尤为重要。我们既要充分发挥资本促进乡村产业振兴的作用,又要防止把农户从产业链中挤出来,更不能剥夺或者削弱农民的发展能力;既要有力促进农民合作社规范发展,发挥其在保障农民参与乡村产业振兴的作用,又要发展壮大农业社会化服务组织,因地制宜探索服务小农户、提高小农户、富裕小农户的现实路径,鼓励和支持广大小农户和现代农业发展有机衔接。

第三,以深化农村改革激发乡村产业发展活力。

全面推进乡村振兴,必须用好改革这一法宝,加快推进农村重点领域和关键环节改革,激发农村资源要素活力。党的二十大报告提出,巩固和完善农村基本经营制度,发展新型农村集体经济,发展新型农业经营主体和社会化服务,发展农业适度规模经营。

下一阶段,需以处理好农民和土地的关系为主线深化农村改革,要持续深化供销合作社、农垦、农业水价、集体林权、国有林场林区等重点领域改革,推动农村改革扩面、提速、集成,力争在巩固和完善农村基本经营制度、发展新型农村集体经济、发展新型农业经营主体和社会化服务、发展农业适度规模经营等方面取得成效。例如,要深化农村土地制度改革,稳慎推进农村宅基地制度改革试点,深化农村集体经营性建设用地入市试点,完善土地增值收益分配机制。又如,发展新型农村集体经济是全面推进乡村振兴的重要内容,也是深化农村改革的一项重要任务,需在推动农村集体产权制度改革上下功夫,以发展特色农业等为抓手,创新农村集体经济运行机制,增强集体经济发展活力。总而言之,这些都有利于激发乡村产业发展的动力、活力、潜力。在实践中,要尊重基层和群众创造,鼓励地方积极地试、大胆地闯,用好试点试验手段,推动改革不断取得新突破。

二、以产业振兴推动乡村振兴

振兴乡村不能就乡村论乡村,还是要强化以工补农、以城带乡,加快形成工农互促、城乡互补、协调发展、共同繁荣的新型工农城乡关系。

全面建设社会主义现代化国家,最艰巨最繁重的任务仍然在农村。党的二十大报告对"全面推进乡村振兴"做出重要部署,要求"加快建设农业强国,扎实推动乡村产业、人才、文化、生态、组织振兴"。中央经济工作会议提出,"要全面推进乡村振兴,坚决防止出现规模性返贫"。这些都对未来一个时期乡村振兴工作提出了要求。

三、以产业振兴助力乡村振兴

实施乡村振兴战略是党的十九大做出的重大决策部署,是新时代做好"三农"工作的总抓手。《中共中央 国务院关于做好 2022 年全面推进乡村振兴重点工作的意见》指出:"从容应对百年变局和世纪疫情,推动经济社会平稳健康发展,必须着眼国家重大战略需要,稳住农业基本盘、做好'三农'工作,接续全面推进乡村振兴,确保农业稳产增产、农民稳步增收、农村稳定安宁。"全面推进乡村振兴,产业振兴是基础和关键,发展乡村产业必须顺应经济社会发展规律,以市场为导向,更要依据不同地区的经济发展程度,以现有资源、产业基础、人文历史等优势为依托,充分发挥各地的优势与特长发展特色产业,不能搞"千人一面"的产业格局,更不能一哄而上盲目投资建设,要有清晰明确的产业发展规划。

第一,坚持因地制宜推进传统产业转型升级。

走以生态优先、绿色发展为导向的高质量发展新路子,是习近平总书记和党中央为新时代确定的行动纲领,也是全面推进乡村振兴事业发展的根本指引。全国各地发展条件差异大,发展程度不同,乡村产业发展一定要立足自身特点,因地制宜,以高质量发展为导向发挥好自身优势,提升产业层次和水平。

第二,加快推动绿色发展构建多元产业体系。

推进农业农村现代化发展,离不开产业带动;促进乡村全面振兴,更少不了产业支撑。要立足本地资源禀赋特点、体现本地优势和特色,深入践行绿水青山就是金山银山的发展理念。绿水青山是我们的优势,也是我们的资本,加快推动绿色发展,既提升绿水青山"颜值",又实现金山银山"价值",变生态要素为生产要素、生态优势为发展优势、生态财富为经济财富,为乡村产业发展增加新的动能和机会。

推进全产业链建设,坚定不移走集约化、规模化、高端化发展的路子,推动一二三产业融合发展。积极布局 5G 通信应用和大数据、物联网、人工智能等乡村数字产业,推动生产性服务业向专业化和高端化延伸。加快发展现代物流产业,扩大乡村生活性服务业供给,全面拓展农村餐饮消费、家政服务、健康养老等服务消费,创建安全放心的消费环境。通过多业并举、多元发展,避开单一产业带来的风险,拓宽政府及居民的收入来源,保证乡村经济的可持续发展。

第三,坚守乡村振兴主阵地更加注重农业产业发展。

乡村振兴的主阵地依然在农业、农村上,乡村产业的振兴重在农业的振兴。当前,我们还需转变发展观念,在发展多样化的乡村生产的同时,注重推动农业生产的专业化,及时拓展农业多种功能、挖掘乡村多元价值,重点发展农产品加工、乡村休闲旅游、农村电商等产业。

从农民自身需要出发,落实乡村振兴为农民而兴的要求,发展适宜的特色粮食种植或林田草业以及特色养殖。加快农业供给侧结构性改革，促进农产品加工业转型升级，打造农业全产业链，延长乡村产业链、价值链。因地制宜发展特色优势企业，打造特色农产品品牌。牢牢掌握发展方向，做好产业发展和产品定位，不贪大求洋，不超越发展阶段搞大融资、大开发、大建设，避免无效投入造成浪费，防范村级债务风险。先做"精"再求"强"，以实力占据市场，拓宽销路，增加农民收益。

加强乡村人才资源开发。主要调动当地农民投资和生产的积极性，利用好本地社会资金，对有意向扩大家庭农场的村民进行专业化培训，提高他们的农业生产技能和产业经营管理能力。同时，积极引进农业农村生产经营、产业发展人才，实施高素质农民培育计划、乡村产业振兴带头人培育项目，让专业的人干专业的事，推动实现土地与劳动力、资金、技术、管理的重组，实现资源合理有效利用，夯实农业经济基础，从而带动村民就业致富，做优做强乡村经济。

根据地方特色及时拓展农业多种功能、挖掘乡村多元价值。发展新产业、新业态，加快培育休闲农业、乡村旅游、特色小镇、共享农庄、乡村民宿田园综合体、完善配套设施。支持农民直接经营或参与经营乡村民宿、农家乐特色村（点），探索新型农村集体经济发展路径。推进电子商务进乡村，促进农副产品直播带货规范健康发展。

第四，规划统筹农村各项土地利用处理好农民和土地的关系。

土地的使用问题是乡村振兴中绕不开的重要问题，要想发展产业，必须利用土地。当前，为满足农民日益增长的文化、医疗、生活等需求，会涉及乡村公园、健身场所、医疗卫生设施等建设，用地需求量大面广。此外，在土地征用与流转过程中还可能会激化矛盾，影响农村社会和谐稳定，这些问题牵一发而动全身，如果处理不当，必然会影响乡村全面振兴进程。而这样的矛盾之所以会出现，一方面，是因为乡村振兴中各类用地需求旺盛，另一方面，是因为农村土地粗放浪费现象严重。

落实耕地保护硬措施。农村要在实现土地的规模化、集约化经营的同时，加大耕地执法监督力度，严厉查处违法违规占用耕地从事非农建设行为，稳妥有序开展农村乱占耕地建房专项整治试点工作，落实工商资本流转农村土地审查审核和风险防范制度。分类明确耕地用途，严格落实耕地利用优先顺序，耕地主要用于粮食和棉、油、糖、蔬菜等农产品及饲草饲料生产，永久基本农田重点用于粮食生产，高标准农田原则上全部用于粮食生产。引导新发展林果业上山上坡，鼓励利用"四荒"资源，不与粮争地。清查摸底每一寸土地，合理整治，提高土地利用效率。利用开发好"四荒地"，即荒山、荒沟、荒丘、荒滩，既可以保护良田，又开发了未利用地，真正盘活每一寸土地，让每一寸土地焕发生机，让每一寸土地都利益最大化。

乡村要振兴，产业要先行。加快推进产业振兴，要坚持以问题为导向，大力破解当前乡村产业发展中遇到的痛点和堵点，营造出有利于乡村产业茁壮成长的环境，一步一个脚印，以产业振兴促进乡村全面振兴，让广大农民共享现代化发展成果。

第四节　乡村产业振兴与发展的经济逻辑

党的十九大提出实施乡村振兴战略,党的二十大做出全面推进乡村振兴的决策部署。习近平总书记关于全面推进乡村振兴、建设农业强国方略和中国式现代化的重要论述为新时代新征程全面推进乡村振兴提供了根本遵循和行动指南。推进中国式现代化视野下乡村振兴的高质量发展,必须以习近平总书记相关重要论述为指引,全面认识新时代新征程推进乡村振兴的时代内涵,从理论维度、推进路径、要素保障等多个方面,准确理解和把握中国式现代化视野下全面推进乡村振兴的现实逻辑。

一、新时代新征程,全面推进乡村振兴的时代内涵

实施乡村振兴战略是决胜全面建成小康社会、全面建设社会主义现代化国家的重大历史任务。这是习近平总书记把马克思主义基本原理同中国国情农情实际情况、同中华优秀传统文化有机结合,对乡村振兴战略定位中国之问、世界之问、人民之问、时代之问的回答。

党在百年奋斗历程中,始终把农业农村农民问题作为关系国计民生的根本性问题。党的十八大以来,中国共产党带领全国人民打赢了人类历史上规模最大的脱贫攻坚战。在脱贫攻坚取得全面胜利、第一个百年奋斗目标如期实现后,做出"三农"工作重心从脱贫攻坚历史性转移到全面推进乡村振兴的部署,旨在回应新时代我国人民日益增长的美好生活需要和不平衡不充分的发展之间的矛盾在农村更加突出的现实要求。

以习近平同志为核心的党中央从党和国家事业全局出发,着眼于实现"两个一百年"奋斗目标,顺应亿万农民对美好生活的向往,在党的十九大提出实施乡村振兴战略,党的二十大对"全面推进乡村振兴"做出战略部署。这表明,全面推进乡村振兴对于全面建成社会主义现代化国家、实现第二个百年奋斗目标、实现中华民族伟大复兴的中国梦具有划时代的里程碑意义。

全面推进乡村振兴是中国特色社会主义道路在农村的创新实践,是习近平新时代中国特色社会主义思想生动实践的重要组成部分,是道路自信、理论自信、制度自信、文化自信的时代体现。

习近平总书记关于全面推进乡村振兴的重要论述明确要求,加强党对乡村振兴工作的领导;加快推进农业现代化,发展壮大乡村产业,强化乡村振兴人才支撑,走乡村文化兴盛之路,焕发乡村文明新气象;建设宜居宜业和美乡村,加强农村基层党组织建设,健全乡村治理体系,加快推进乡村治理体系和治理能力现代化;保障和改善农村民生,建立健全城乡融合发展体制机制和政策体系。

这一系列重要论断,丰富发展了党的"三农"工作理论,为全面推进乡村振兴发展指明了方向。从精神实质上看,全面推进乡村振兴将助力实现马克思主义城乡融合发展思想的中国化时代化,进一步彰显社会主义实现共同富裕的本质要求,更充分体现共同富裕的长期

性、全民性、全面性、共建性和共享性,更充分彰显中国共产党"坚持人民至上"的价值立场,从而丰富中国式现代化的乡村振兴道路。

全面推进乡村振兴是建设农业强国的重要战略任务。习近平总书记在党的二十大报告中提出建设农业强国目标,在 2022 年中央农村工作会议上系统阐述了建设农业强国的基本方略。就其政治逻辑看,只有建设农业强国,才能夯实我们党的执政基础;只有建设好农业强国,才能够提升我们党的执政能力,为人类文明做出更大的贡献。因此,在建设农业强国的过程中,要充分体现全过程人民民主、以人民为中心,只有这样才能够真正体现乡村振兴是为农民而兴,乡村建设为农民而建。

理解建设农业强国方略的科学内涵,需要把握以下重要论断。一是"战略定位与特征"。"强国必先强农,农强方能国强。没有农业强国就没有整个现代化强国;没有农业农村现代化,社会主义现代化就是不全面的。"二是"头等大事"。"无论社会现代化程度有多高,14 亿多人口的粮食和重要农产品稳定供给始终是头等大事。"三是"重要任务"。党的二十大报告对推进乡村振兴作了全面部署,建设农业强国方略被摆在更加重要的位置。四是"驱动力量"。即依靠科技和改革,充分发挥科技是第一生产力、人才是第一资源、创新是第一动力的作用。五是"一体推进"。"一体推进"既是方法,也是理念。从乡村发展、乡村建设、乡村治理到建设宜居宜业和美乡村,体现更为系统的办法和思维在指导实践中的运用。六是"坚强保障"。坚持和加强党的全面领导。

建设农业强国的基本方略,不仅蕴含着丰富的科学内涵,也提出了明确的实践要求。

一是抓紧抓好粮食和重要农产品稳产保供,全力抓好粮食生产,加力扩种大豆油料,发展现代设施农业,构建多元化食物供给体系,统筹做好粮食和重要农产品调控。

二是加强农业基础设施,重点是加强耕地保护和用途管控,加强高标准农田建设,加强水利基础设施建设,强化农业防灾减灾能力建设。

三是强化农业科技和装备支撑,需要从推动农业关键核心技术攻关、深入实施种业行动、加快先进农机研发推广、推进农业绿色发展等方面着力。

四是巩固拓展脱贫攻坚成果,重点是坚决守住不发生规模性返贫底线,增强脱贫地区和脱贫群众内生发展动力,稳定完善帮扶政策。

五是推动乡村产业高质量发展,主要措施包括:做大做强农产品加工流通业,加快发展现代乡村服务业,培育乡村新产业新业态,培育壮大县域富民产业。

六是拓宽农民增收致富渠道,聚焦促进农民就业增收、促进农业经营增效、赋予农民更加充分的财产权益等方面。

七是扎实推进宜居宜业和美乡村建设,重点是加强村庄规划建设,持续加强乡村基础设施建设,扎实推进农村人居环境整治提升,提升基本公共服务能力。

八是健全党组织领导的乡村治理体系,强化农村基层党组织的政治功能和组织功能,提升乡村治理效能,加强农村精神文明建设。

九是强化政策保障和体制机制创新,集中在健全乡村振兴多元投入机制、加强乡村人才队伍建设、推进县域城乡融合发展三个方面精准发力。

新时代新征程建设农业强国就是抓好以乡村振兴为重心的"三农"各项工作,可以说,建设农业强国方略赋予了全面推进乡村振兴更全面、更系统、更具有支撑作用的时代使命。

新时代新征程全面推进乡村振兴必须走中国式现代化的乡村振兴道路。2023年2月7日，习近平总书记在新进中央委员会的委员、候补委员和省部级主要领导干部学习贯彻习近平新时代中国特色社会主义思想和党的二十大精神研讨班上发表重要讲话，深入阐述了中国式现代化理论。

习近平总书记指出，概括提出并深入阐释中国式现代化理论是党的二十大的一个重大理论创新，是科学社会主义最新重大成果。这次重要讲话对中国式现代化理论体系作了系统阐释，和党的二十大报告一起形成了完整的理论体系。

中国式现代化的中国特色、本质要求和重大原则，也即党的二十大报告集中阐述的中国式现代化的内容，就是中国式现代化理论体系的核心内容。这套理论的外延还包含中国式现代化的根本遵循、战略支撑、物质基础、精神基础等方面。

党的二十大报告明确概括了中国式现代化是人口规模巨大的现代化、是全体人民共同富裕的现代化、是物质文明和精神文明相协调的现代化、是人与自然和谐共生的现代化、是走和平发展道路的现代化等五个方面的中国特色，深刻揭示了中国式现代化的科学内涵。

这既是理论概括，也是实践要求，为全面建成社会主义现代化强国、实现中华民族伟大复兴指明了一条康庄大道。

学习领会习近平总书记2023年2月7日的重要讲话，要深刻领悟讲话中做出的重要论断。如中国式现代化代表着人类文明进步的发展方向。这一重要判断意味着，中国式现代化的意义不仅面向中国，而且面向全人类，也即这套理论体系指引的是全人类文明进步的发展方向，其实践结果必然是一种区别于西方现代化模式、全新的人类文明形态。

再如，中国式现代化为广大发展中国家独立自主迈向现代化树立了典范，提供了全新选择，等等。这些重要思想、重要论断，是我们坚定"四个自信"的重要来源，也是我们深刻领悟"两个确立"的决定性意义、做到"两个维护"的重要思想基础和理论认识。

习近平总书记指出，推进中国式现代化是一个系统工程，需要统筹兼顾、系统谋划、整体推进，正确处理好顶层设计与实践探索、战略与策略、守正与创新、效率与公平、活力与秩序、自立自强与对外开放等一系列重大关系。

这些正是中国式现代化理论的内涵与外延。习近平总书记在党的二十大报告中指出，"中国式现代化的本质要求是：坚持中国共产党的领导，坚持中国特色社会主义，实现高质量发展，发展全过程人民民主，丰富人民精神世界，实现全体人民共同富裕，促进人与资源和谐共生，推动构建人类命运共同体，创建人类文明新形态。"

习近平总书记关于全面推进乡村振兴、建设农业强国方略和中国式现代化三个方面构成了全面推进乡村振兴、走中国式现代化道路的理论体系。在这一理论体系指引下，全面推进乡村振兴就是中国式现代化视野下的乡村振兴。全面推进乡村振兴、建设农业强国，需要中国式现代化视野，需要具备中国式现代化的理论思维。

二、中国式现代化视野下全面推进乡村振兴的现实逻辑

全面推进乡村振兴在理论和实践上存在诸多基本问题，对其理论特征及实践要求的认

识,构成了中国式现代化视野下全面推进乡村振兴的现实逻辑。

(一) 乡村振兴现实逻辑的理论维度

首先是乡村振兴的历史方位。乡村振兴战略的提出以及它的演进有其历史方位,集中体现在以下五个方面。第一,乡村振兴战略的提出具有深刻的时代背景。第二,实施乡村振兴战略是习近平新时代中国特色社会主义思想的伟大实践。第三,乡村振兴战略确立了农业农村优先发展的目标定位。第四,乡村振兴战略为新发展阶段的"三农"工作指明了方向——确立了新时代城乡关系新格局,确立了农业农村现代化的战略目标,为农村农业发展带来了新动能。比如,重大的区域发展战略、一系列的新实施战略对农业农村发展发挥了重要作用。增强脱贫地区和脱贫群众的内生发展动力,乡村振兴责任制考核办法,东西部协作,中央单位定点帮扶等,系统地解决了乡村发展动力来源,以及"发展为了谁"的问题。第五,乡村振兴战略具有重要的时代意义。如何贯彻新发展理念,怎么在新发展格局中做出乡村振兴的贡献等,是认识乡村振兴战略时代意义的重要维度。

其次是乡村振兴的理论指引。伟大变革源自新的理论指引,伟大实践推动理论创新。理论指引不仅指引当前工作,更重要的是指引工作的开展方向、发展过程。新发展阶段全面推进乡村振兴行动纲领的形成有其深刻的历史和现实依据,行动纲领具有丰富内涵,具有鲜明的理论品格,其理论贡献包括发展了马克思主义经典作家的乡村发展理论,发展了中国共产党关于乡村建设的思想,推动了中华优秀传统文化的新时代发展,丰富了全球乡村发展理论与实践,蕴含着丰富的时代价值。

最后是乡村振兴的顶层设计。2018 年以来的中央一号文件、《乡村振兴战略规划 (2018—2022 年)》《中国共产党农村工作条例》《中华人民共和国乡村振兴促进法》《中共中央、国务院关于实现巩固拓展脱贫攻坚成果同乡村振兴有效衔接的指导意见》以及各部门相关配套政策,共同构成实施乡村振兴战略的"四梁八柱"。

需要强调的是,《中国共产党农村工作条例》是乡村振兴重要的顶层设计文件,该条例明确了乡村振兴中诸多重大关系,在一定程度上可以理解为《中国共产党农村工作条例》为《中共中央、国务院关于实现巩固拓展脱贫攻坚成果同乡村振兴有效衔接的指导意见》和《中华人民共和国乡村振兴促进法》提供了依据来源,具有重要指导作用。

全面推进乡村振兴的顶层设计,包括以下内容。

第一,明确了坚持农业农村优先发展是实现乡村振兴战略的总方针。

第二,明确了农业农村现代化是实施乡村振兴战略的总目标。习近平总书记在 2022 年中央农村工作会议讲话中提出建设农业强国,其中蕴含了三个概念,即全面推进乡村振兴、农业农村现代化和建设农业强国。全面推进乡村振兴的总目标是农业农村现代化,农业农村现代化又是建设农业强国的必要条件、重要内容。可见,只有实现农业农村现代化才能建成农业强国,建设农业强国必然要求加快农业农村现代化。农业强国是在国家层面提出来的战略要求、战略部署,农业农村现代化则是对农业农村怎样发展提出要求,全面推进乡村振兴的总目标就是实现农业农村现代化。

第三,以农业高质高效发展推进农业现代化。

第四，以乡村宜居宜业建设为中心推进农村现代化。

第五，以农民富裕富足为目标推进农民现代化。农业农村现代化既是农村现代化的重要内容、全面推进乡村振兴的重要路径，也是建设农业强国的重要内容。

全面推进乡村振兴的顶层设计还明确了乡村振兴的总要求，即产业兴旺、生态宜居、乡风文明、治理有效、生活富裕；明确了乡村振兴包含产业、人才、文化、生态、组织的全面振兴；明确了乡村振兴战略的基本原则，即坚持和加强党对乡村振兴的全面领导，坚持农业农村优先发展，坚持农民主体地位，坚持乡村全面振兴，坚持深化农村改革，坚持城乡融合发展，坚持人与自然和谐共生，坚持因地制宜、循序渐进。

（二）乡村振兴现实逻辑的推进路径

第一，防止返贫是前提。防止返贫与乡村振兴有内在的理论逻辑。巩固拓展脱贫攻坚成果、坚持守住不发生规模性返贫是乡村振兴战略的底线任务，要保持主要帮扶政策的总体稳定，持续增加脱贫群众收入和壮大集体经济是防止返贫的根本路径，构建持续提升"三保障"和安全饮水保障水平的长效机制。这些理论逻辑都体现在习近平总书记关于"三农"工作、关于全面推进乡村振兴的重要论述中。

第二，乡村发展是关键。乡村发展有广义和狭义之分，广义的乡村发展实际上包含了乡村建设、乡村治理，狭义的乡村发展主要指 2022 年的中央一号文件所定义的"聚焦产业，促进乡村发展"，即解决宜业问题。确保粮食安全是实施乡村振兴战略的首要任务，也是乡村发展的基础。习近平总书记在 2022 年中央农村工作会议的讲话中，把确保粮食安全和重要农产品的稳产保供提升为建设农业强国的首要任务。持续推进农村一二三产业融合发展是乡村发展的重要内容和路径。坚持农业农村绿色发展是基本原则和首要原则。

第三，乡村建设是基础。乡村建设行动的目标任务是到 2035 年，城乡基本公共服务均等化基本实现，城乡融合发展体制机制更加完善；农村生态环境根本好转，生态宜居的美丽乡村基本实现。我国一直致力于推进乡村建设，近年的厕所革命、农村人居环境提升行动等成效明显。特别在 2022 年党中央、国务院印发了乡村建设五年行动方案后，目标任务更加明确，核心就是要持续强化乡村建设的规划引领、持续改善农村人居环境、持续完善乡村基础设施、持续加强乡村文化建设。2023 年中央一号文件同样对上述方面加以明确，更体现出宜居特点，致力于让农民就地过上现代文明的生活。

第四，乡村治理是根本。加强和改进乡村治理意义重大。其一，完善现代乡村社会治理体制。通过加强和改进乡村治理来完善现代乡村社会治理体制，建立健全党委领导、政府负责、民主协商、社会协同、公众参与、法治保障、科技支撑的现代乡村社会治理体制，这是治国理政的一个方略和努力方向。其二，健全"三治结合"的乡村治理体系。德治、法治、自治"三治结合"以完善乡村治理体系，这是各地在推进乡村治理工作中的实践探索。其三，提升乡、镇、村为农服务的能力，这是乡村治理中需要加强和改进的内容。

第五，城乡融合是目标。习近平总书记要求，乡村振兴要走城乡融合发展之路。从发展维度看，一个国家、一个地方的发展，无非就是城镇发展和乡村发展。不可能孤立地发展城市或只发展乡村，而是要找到将二者相融合相促进的路径、体制机制和相关政策体系，只有这样才能够真正实现乡村振兴。没有城乡的融合发展,就不会有乡村振兴。目前在探索实践的基础上,一条有效的路径是把县域作为城乡融合发展的重要切入点,中央专门印发了相关文件做出部署:一是要推进以人为核心的新型城镇化,促进大中小城市和小城镇协调发展;二是要把县域作为城乡融合发展的重要切入点,强化统筹谋划顶层设计,破除城乡分割的体制弊端,加快打通城乡要素平等交换、双向流动的制度性通道;三是加快小城镇发展,完善基础设施和公共服务,发挥小城镇连接城市、服务乡村的作用。《中共中央、国务院关于建立健全城乡融合发展体制机制和政策体系的意见》提出了九种建立健全有利于城乡要素合理配置的体制机制。但是,具体负责乡村振兴及具体推进工作的领导同志,大多还没有关注这九种模式,还主要是盯着巩固脱贫攻坚成果,盯着"五大振兴"谈乡村发展,这样的理解及其指导下的实践,与习近平总书记关于乡村振兴重要论述提出的要求是有明显差距的。无论是在理论上,还是在实践中都无法满足全面推进乡村振兴的各项要求。此外,在促进城乡间要素合理流动的同时,还要推动城乡之间的公共服务均等化和欠发达地区之间的公共服务均等化。这两个方面同等重要,是现代化进程中需要着力解决好的问题。

(三)乡村振兴现实逻辑的保障体系

1.乡村振兴的要素保障

无论是 2018 年以来每年的中央一号文件,还是各地各部门围绕巩固拓展脱贫攻坚成果、全面推进乡村振兴的各类顶层设计政策文件,要素保障的重点主要有以下方面。一是资金要素保障。不仅是财政资金,更重要的是金融、保险和各种社会资本的支持。二是人才要素保障。没有人才,乡村振兴便无从谈起。三是技术要素保障。这三个方面是一个完整的政策体系,需要在深入研究的基础上,打好政策组合拳。以人才要素保障为例,需要研究哪些属于乡村振兴的人才,需要构建怎样的人才体系。国家对每一类乡村振兴人才的政策支持和政策落实,需要进行分类分析,需要研究怎么围绕乡村振兴来培育人才。比如,如何提供更好的服务,更精准地构建体系化的农村职业教育。

2.构建乡村振兴帮扶格局

帮扶格局在脱贫攻坚和长期的扶贫开发中形成,大扶贫格局是打赢脱贫攻坚战的重要力量。回顾总结打赢脱贫攻坚战的历史,一个重要力量是新时代十年构建起的专项扶贫、行业扶贫、社会扶贫等多方力量、多种举措有机结合、互为支撑、协同参与的"三位一体"大扶贫格局,形成了跨地区、跨部门、跨单位、全社会共同参与的多元主体社会服务体系。

这是扶贫开发、脱贫攻坚积累形成的重要经验,中国特色特征鲜明,是充分彰显中国共产党领导的政治优势和中国特色社会主义制度优势重要的载体和内容。

大帮扶体系中的每一个元素都在实践中促进相关理论的丰富发展,都会对人类文明新形态的构建产生影响。比如,"三位一体"中的社会扶贫,我们把中央定点单位的帮扶归类到社会扶贫。

中央定点单位包括国有企业、国有银行,这些单位的帮扶行动,评价其效果不仅是帮扶成效好不好、帮扶力度有多大,更重要的是作为党领导下的国有企业、国有银行应该怎么既遵循市场规则、银行规则、企业规则以确保盈利，又能履行好中国共产党全心全意为人民服务的宗旨，承担起中国共产党推动共同富裕、实现中国式现代化的责任，这实际上是创造一种新的企业形态。

所以，如果国有企业、国有银行的管理层，没有从这样高度去认识帮扶工作，帮扶力量就会减弱，难以达到中央的要求。因此，既要加大帮扶力度，又要探索建立既满足市场运行的要求，又能够满足中国共产党政治优势彰显要求的体制机制和运转体系，这就是一种新的文明形态。

在乡村振兴新阶段，对于定点帮扶单位，不能盲目地提需求，更重要的是如何把定点帮扶融进全面推进乡村振兴体系中，激发和形成自发的帮扶力量，这样的帮扶才能够确保帮扶力度的持续加强，不再仅仅停留在"被要求"的帮扶状态。

这就要求改变定点帮扶单位的经营管理理念。构建大扶贫格局的基本经验为乡村振兴战略实施帮扶格局的形成提供了借鉴。首先要明确构建乡村振兴战略、实施帮扶大格局的新要求。

国家在相关政策文件中明确提出加强东西部协作、定点帮扶，引导社会力量参与乡村振兴等工作部署。从2022年的完成情况看，帮扶力量非常大，如东西部协作的大口径资金超过600多亿元，中央定点帮扶的大口径支持资金达到200多亿元，两项相加达千亿元。中国财政投入1 600多亿元，加上其他数百亿的社会帮扶，如"万企帮万村"的资金，用于巩固拓展脱贫攻坚成果、全面推进乡村振兴的财政性、公益性投入有3 000多亿元，加上金融贷款支持、其他融资专项债等，投入力度巨大。

总之，推动新发展阶段乡村振兴战略实施帮扶格局的形成与发展，需要动员优化东西部协作、中央单位定点帮扶、民营企业和社会组织参与，形成大帮扶格局，凝聚大帮扶合力。

3.深化乡村振兴领域改革

改革是全面推进乡村振兴的重要法宝。深化农村领域的改革主要是：其一，深化农村土地制度改革，主要是"三块地"——承包地、集体经营性建设用地、宅基地的制度改革。推进农村土地改革，一定要严守习近平总书记2016年在安徽省凤阳县小岗村主持召开农村改革座谈会上划定的改革底线："不能把农村土地集体所有制改垮了，不能把耕地改少了，不能把粮食产量改下去了，不能把农民利益损害了。"其二，巩固和完善农村基本经营制度，包括集体所有权、农户承包权、土地经营权的有效形式。我国的农村改革不断深化，出现很多创新模式，这些创新对于其他国家而言，不一定可以全部借鉴和照搬，但相当多的做法经验是有参考借鉴价值的。其三，完善农业支持保护制度，包括建立健全农村集体资产管理制度，完善农业投资管理机制，等等。

三、中国式现代化视野下推进乡村振兴的高质量发展

高质量发展是全面建设社会主义现代化国家的首要任务，是解决发展不平衡不充分问题、体现新发展理念的发展。新时代新征程全面推进乡村振兴，是以建设农业强国为目标的乡村振兴，是中国式现代化视野下的乡村振兴。

推进中国现代化视野下乡村振兴高质量发展，必须牢牢守住"两条底线"，融入构建新发

展格局,统筹推进"三个乡村",扎实推进"三个现代化",增强内生发展动力,坚持党对农村工作的全面领导。

(一)牢牢守住"两条底线"

牢牢守住"两条底线",即守住保障国家粮食安全底线和守住不发生规模性返贫底线。粮食安全不仅仅是经济问题,更是政治问题。保障粮食和重要农产品稳定安全供给始终是建设农业强国的头等大事,是全面推进乡村振兴的目标和基础。

为此,一要强化各级党政机关的政治责任,要从政治的高度看待粮食安全问题;二要落实藏粮于地、藏粮于技、藏粮于储战略;三要调动"两个积极性",即农民的种粮积极性和地方政府的重粮抓粮积极性;四要加快发展农业社会化服务促进种粮综合效益提高;五要树立大食物观,构建多元化食物供给体系,多途径开发食物来源,实现粮食进口来源多元化;六要在确保国家粮食安全的基础上,把提升重要农产品供给保障能力也作为全面推进乡村振兴的首要任务和有力支撑,着力提升大豆和油料产能,着力保障"菜篮子"产品供给,着力统筹做好重要农产品调控,着力推动发展农产品全产业链。

"巩固拓展脱贫攻坚成果是全面推进乡村振兴的底线任务,要继续压紧压实责任,把脱贫人口和脱贫地区的帮扶政策衔接好、措施落到位,坚决防止出现整村整乡返贫现象。"

首先,要完善监测帮扶机制,夯实确保不出现规模性返贫工作的基础。精准确定监测对象,及时落实社会救助、医疗保障等帮扶措施,强化监测帮扶责任落实。做到早发现、早干预、早帮扶,科学优化监测指标,完善多元监测体系,强化监测能力建设,坚决守住不发生规模性返贫的底线任务目标。

其次,要推动脱贫地区更多依靠发展来巩固拓展脱贫攻坚成果。加大对脱贫地区区域发展能力提升的政策支持,落实好《关于支持国家乡村振兴重点帮扶县的实施意见》,促进中央财政支持、金融帮扶、土地政策、人才政策、项目支持、生态帮扶、社会帮扶、基础设施建设、公共服务保障等14个方面倾斜支持政策落地生效;在保障基础生产生活设施的前提下,大力发展现代化农业生产设施;构建外部龙头企业与本地新型经营主体协同的联农带农机制;以多种手段培育脱贫人口的就业意愿与就业能力;促进易地搬迁劳动力在安置地充分就业,创新和完善安置点公共服务供给,加强易地搬迁弱劳动力精准帮扶,加快易地搬迁集中安置区的社会融入。

最后,完善稳步提高兜底保障水平,确保不出现规模性返贫的兜底性制度安排。不断完善新发展阶段的社会救助内容,持续提升社会救助政策的集成性和综合性,逐步构建社会救助多元主体协同机制,稳步提升社会救助经办机构能力,建立健全社会救助集成化系统等。

(二)融入构建新发展格局

加快构建以国内大循环为主体、国内国际双循环相互促进的新发展格局,是党中央明确的重大战略任务,是实现高质量发展的必然要求。全面推进乡村振兴高质量发展必须融入新发展格局构建。

首先,着力挖掘农村巨大的内需空间。广大农村的基础条件与乡村现代化的要求存在不同程度的差距,这为乡村发展投资提供了巨大的空间。随着收入增加,农村居民消费结构升级、生活质量持续提高、消费方式逐步转变,农村消费市场的成熟和农村消费潜力的释放,为国内大循环提供广阔市场空间。大力发展乡村旅游、农业休闲观光、农村康养等新产业、新业态,成为进一步激发城市居民消费需求的动力,从而推动国内大循环畅通。

其次,把乡村一二三产业融合发展作为目标,通过大力发展高标准农田、现代农业、特色产业、农产品加工业、农村电商、新型服务业、乡村休闲旅游、田园综合体等新产业、新业态,打造农业全产业链,建设现代农业产业园、优势特色产业集群、"三产融合"发展示范园、农业绿色发展先行区,推进现代农业经营体系建设,促进农业供给侧质量效益和竞争力的提升,助力新发展格局构建。

最后,促进城乡融合发展,着力提高发展的平衡性、协调性、包容性。把优化农村公共基础设施建设作为重点任务,加快建成全民覆盖、普惠共享、城乡一体的基本公共服务体系。通过深化土地制度三权分置改革,持续增加农民收入;深化农村集体产权制度改革,增加农民财产性收入,推动更多低收入人群迈入中等收入行列。

把公共基础设施建设的重点放在农村,在推进城乡基本公共服务均等化上持续发力,加强普惠性、兜底性、基础性民生建设,把城乡基本公共服务差距缩小到一定区间内。通过破除城乡二元结构的体制性障碍、全面深化农村改革、实施乡村建设行动等举措,健全城乡融合发展体制机制,实现城乡经济社会协调发展。

(三)统筹推进"三个乡村"

一是聚焦产业促进乡村发展。把农村一二三产业融合发展作为农业农村经济转型升级的重要抓手和有效途径。采取优化主导产业选择、强化产业支撑,提升产业链供应链现代化水平、深入推进"三产融合",完善利益联结机制、保障农民充分受益,丰富财政资金投入方式、提升财政资金撬动能力,大力推进现代农业产业园建设,培育农业农村经济发展的新动力,不断提高农民收入,促进乡村产业兴旺。着力促进农民就地就近创业就业。不断提升和加强县域基础设施公共服务建设,大力发展县域经济和富民产业,系统优化提升产业平台功能,强化支持政策培育返乡创业能人,持续推动农村创业就业创新,拓宽农民就地就近就业创业新途径,强化人力资本支持优化就业服务。

二是扎实稳妥推进乡村建设行动。把创新乡村建设推进机制作为重点,充分调动农民参与乡村建设和管护的积极性、主动性、创造性;加强乡村建设行动统筹协调、责任落实、政策支持、要素保障,推动打通政策痛点堵点难点,形成推进乡村建设合力;坚持数量服从质量、进度服从实效,求好不求快,以普惠性、基础性、兜底性民生建设为重点,既尽力而为又量力而行。在理念上坚持乡村建设是为农民而建;在目标上坚持从实际出发,不搞"齐步走""一刀切";在推进上坚持遵循城乡发展建设规律,防止超越发展阶段搞大融资、大拆建、大开发,守住防范化解债务风险底线;在方式上坚持充分体现农村特点,保留具有本土特色和乡土气息的乡村风貌,实现乡村建设与自然生态环境有机融合。做到先规划后建设,继续把公共基础设施建设重点放在农村,要注重保护传统村落,深入开展农村人居环境整治,积极开辟多渠道资金投入,探索政府主导、集体补充、村民参与、社会支持的资金投入机制,保证农村人居环境整治工作的资金需求。

三是加强和改进乡村治理。提高农村基层组织建设质量。着力提升农村基层党员干部的战斗力,着力加强农村基层党组织的领导力,着力提高农村基层权力运用的约束力。健全自治、法治、德治相结合的乡村治理体系。解决好乡村治理的行政化与碎片化、村民公共参与过程的差异化、"三治"样板模式的同质化等问题,进一步完善以党组织统合引领优化基层管理体制,以构建长效激励机制提升村民各阶段公共参与的积极性,因地制宜地探索自治、法治、德治相结合的乡村治理体系。加强农村精神文明建设。着力解决存在的问题,如农村精神文明建设缺乏有效载体、主体性缺位、建设同质化等问题;加强党对农村精神文明建设的引领作用;注重农村精神文明建设的人才培养与榜样力量;拓展新时代文明实践中心的载体作用。

四是推进更高水平的平安法治乡村建设。在农村社会治安防控体系建设和农村法律服务供给两个方面发力。完善预防性法律制度,坚持和发展新时代"枫桥经验"。健全矛盾纠纷多元化解机制。

(四)扎实推进"三个现代化"

一是以农业高质高效发展推进农业现代化。切实保障粮食等重要农产品安全,深化农业供给侧结构性改革,强化现代农业的科技支撑,优化现代乡村产业体系,畅通城乡要素双向流动,推进农业高水平对外开放。

二是以乡村宜居宜业建设为中心推进农村现代化。科学推进乡村规划建设,先规划再建设;大力实施人居环境改造、厕所革命、垃圾处理、污水处理等行动,持续提升乡村宜居水平;加强乡村人才队伍建设;推进县乡村公共服务一体化。

三是以农民富裕富足为目标推进农民现代化。实现农民现代化是"以人民为中心"发展思想的具体体现,是实现乡村振兴核心目标的关键,是中国式现代化的重要内容。

农业现代化过程具有长期性、艰巨性和复杂性,必须久久为功。从实践要求看,可以从以下方面综合施策以加快推进农民现代化:提升农民思想政治素质、科学文化素质、创业创新素质、文明文化素质、受教育程度、身心健康素质、经营管理素质、法治素质和生活水平。

(五)增强内生发展动力

党的二十大报告指出,"巩固拓展脱贫攻坚成果,增强脱贫地区和脱贫群众的内生发展动力"。

一是做好"土特产"这篇大文章。统筹指导各地科学做好"土特产"文章,遵循市场规律,瞄准现代需求,把握目标定位,突出"小而精",支持以中央财政衔接资金为先导、撬动社会资本共同精准培育"土特产"产业,并引导各地"土特产"均衡布局专业细分市场、特色小众市场。

二是贯彻新发展理念创造新就业。依托数字乡村建设,支持脱贫地区因地制宜培育共享农业、体验农业、创意农业、农商直供、个人定制等农村数字化新产业新业态,为脱贫群众创造更多家门口就业的新机会和新岗位。

三是深化农村改革,创新扶贫项目资产运营管理,推进农村土地制度改革和农村集体产权制度改革,优化脱贫地区营商环境,消除阻碍县域内破除城乡二元结构的体制机制因素,创新制度政策供给。

四是把推进乡村人才振兴摆在更加突出的位置,大力培养一大批乡村发展引路人、产业带头人、政策明白人,畅通城乡人才流动渠道。建立健全发挥农民主体作用的制度体系。培养培育农民参与意识、技能和能力。

(六)坚持党对农村工作的全面领导

党的领导是任何工作完成、事业发展的最根本性保障要素,与资金、人才、技术、改革不是同一个层次的。习近平总书记一再强调"全面推进乡村振兴,必须健全党领导农村工作的组织体系、制度体系、工作机制,提高新时代党全面领导农村工作的能力和水平"。

实现党的领导,一要坚持以人民为中心的发展思想;二要坚持巩固和完善农村基本经营制度;三要坚持走中国特色社会主义乡村振兴道路;四要坚持教育引导农民听党话、感党恩、跟党走。在全面推进乡村振兴中实现党的全面领导,要坚持五级书记抓乡村振兴,要把全面从严治党落实到乡村振兴的全过程各环节,要落实好《中国共产党农村工作条例》,要全面实施《中华人民共和国乡村振兴促进法》,要营造乡村振兴的良好氛围。

❓ 自测题

1.思考题
(1)产业振兴与乡村振兴的关系。
(2)乡村产业振兴与发展的经济逻辑。

2.案例题

山西云州:补齐产业短板打造"小黄花大产业"

黄花又名萱草、忘忧草,是多年生草本植物,具有健脑安神、降脂养血、清热解毒、通气催乳等功能。山西省大同市云州区种植黄花已有600多年历史,素有"中国黄花之乡"的美誉,当地黄花角长肉厚,先后12次荣获农产品博览会金奖。目前黄花种植面积已达到26万亩,年产值达9亿元,是地方经济发展、农民增收致富的支柱产业。

过去当地人并不想种黄花,主要原因是黄花产业存在"六怕",即怕旱、怕虫、怕前三年没收成、怕雨涝晒不干、怕缺少劳力采摘难、怕市场波动大等难题。近年来,云州区委、区政府把"一区一业一品牌"作为全区特色产业发展的主要抓手,以咬定青山不放松的精神,集中力量解决一村一户解决不了、解决不好的加工销售难题,为黄花产业提供了良好的发展环境,保障了黄花产业的健康发展。

①设立种植补贴,提高组织化程度。为解决农民种植黄花前三年没收成难题,当地成立种植合作社,采取"合作社+农户"的形式,集中当地土地资源,流转土地,发展规模种植。云

州区制定政策,种植黄花可享受每亩每年500元的补贴,同时当地农民可到合作社参加黄花田间管理打工挣钱,这项政策解决了种黄花前三年没收入的担忧。

②改善水利设施,提高黄花产量。黄花种植区积极争取水利设施项目,累计投资2.6亿元,新增和恢复水浇地面积22.68万亩,铺设地下管道、修复配套机井、实施节水喷灌,解决旱天没有淋头雨,黄花减产等问题。

③统一种植保险,降低种植风险。统一以合作社名义参加自然灾害险和目标价格险,种植户每亩出50元或200元(财政分别补贴250元和200元),最高可获得5 000元、7 000元的风险赔付,消除了种植户的后顾之忧。

④及时组织收储,提升产品效益。每到采摘季节(6月下旬起的40多天),合作社每天都会联系本地加工企业,深入地头,现摘现称现结算。村民采摘下的鲜黄花,及时进入地头冷藏库。鲜黄花集中出售解决了过去采摘怕高温,蒸后怕遇雨,晾晒怕阴天的难题,提升了产品品质和收益。

⑤延长产业链条,促进产业融合发展。云州区依托黄花产业、40天花期、近郊区位、乡土文化等资源,推进农业与生态旅游、文化康养等深度融合,建成了火山天路、忘忧大道、忘忧农场等一批黄花采摘观光、健康养生等景点,与大同火山群国家地质公园、西坪国家沙漠公园、峰峪国家湿地公园连成一线,形成山水田林湖的美丽景观,已经形成以黄花为媒的乡村旅游点23个,拓宽了产品类别和市场空间,带动了农民就业增收。

这些年,在龙头企业、合作社引领下,黄花产量品质稳定,销路和价格也有保障,黄花越种越多,收入也越来越好。在大同,黄花干、黄花酱、黄花饼、黄花制作的化妆品等相关系列产品琳琅满目。通过精深加工,延长产业链,提升综合效益,当地老百姓走出了一条幸福路。

第二章
新型农业经营主体的培育与发展

【学习目标】

通过本章的学习,读者应当掌握以下内容。了解战略目标与农业现代化之间的关系。对新型农业经营主体发展进行理论分析。掌握新型农业经营主体发展的实践。了解到当前新型农业经营主体发展的政策支持体系以及未来的前景。通过案例分析和可行模式的学习,能够更好地理解新型农业经营主体的运作方式,并从中获得启示和借鉴。

【导读案例】

某省 A 县的农民李明,通过转变传统耕种方式,成立了一个以绿色有机农业为特色的合作社。

1.项目背景。A 县地处农业资源丰富地区,但传统农业模式存在着土地资源浪费、环境污染等问题。李明意识到这一问题,并希望通过引入新型农业经营模式来改善当地农业发展状况。

2.成立合作社。李明与其他志同道合的农民共同成立了一个绿色有机农业合作社。他们共同出资购买土地和设备,并制定了合作社的运营规则和管理制度。

3.转型为绿色有机农业。合作社采用无公害、有机种植方式,不使用化学肥料和农药,注重土壤保护和生态环境建设。他们引进先进技术和科学管理方法,提高产量和产品质量。

4.建立市场渠道。合作社与超市、餐饮企业等建立了稳定的销售渠道。他们积极参加各类展销会,并通过互联网平台进行产品推广和销售。

5.农民收益提升。通过合作社的运营,李明和其他农民的收益得到了显著提升。由于绿色有机农产品市场需求旺盛,并且价格相对较高,他们能够获得更好的销售收入。

6.社会效益。合作社的发展不仅带动了村民就业增收,还改善了当地生态环境和农业可持续发展。同时,他们通过组织培训班、技术指导等方式,帮助其他农民学习新型农业经营模式,促进整个地区的农业转型升级。

该案例表明,在新型农业经营主体的引领下,传统农业可以实现转型升级,并取得经济和社会效益。通过引入先进技术和管理理念,结合市场需求进行定位,新型农业经营主体能够创造出独特的竞争优势,并为当地乡村振兴做出积极贡献。

第一节　战略目标与农业现代化

在当前和今后一段时期,培育新型农业经营主体并构建现代农业经营体系成为中国农村发展改革的重中之重。在持续关注农业稳产保供、推动农业高质量发展的背景下,应该以市场化为导向,以专业化为手段,以规模化为基础,以集约化为标志来培养和壮大新型农业经营主体。通过引导市场需求,应该促进新型农业经营主体更好地适应市场变化。同时,应该加强专业技术培训和知识传播,提升其专业水平和管理能力。此外,应该鼓励合作社、家庭农场等组织形式的发展,以规模化经营为基础,实现资源的集约利用和效益最大化。通过以上的努力,建立起现代农业经营体系,推动农业现代化建设。这不仅能够提高农产品质量和产量,而且能够带动农村经济的发展,并为实现乡村振兴战略目标做出重要贡献。

一、战略目标及解读

新型农业经营主体的战略目标是推动农业现代化、促进乡村振兴,实现农业可持续发展和农民增收。

随着科技的不断进步,新型农业经营主体正成为推动中国农业现代化的重要力量。他们致力于引入先进的科技创新和管理模式,以提高农业生产效率和质量为目标。通过应用物联网、大数据、人工智能等技术手段,实现精准施肥、智能监测等操作,使农业生产逐渐向数字化、智能化方向发展。

同时,新型农业经营主体也积极参与乡村振兴的工作。他们通过整合资源、加强组织化经营和市场拓展等方式,推动乡村经济结构的转型升级。注重发展休闲旅游、特色产业等新兴产业,为乡村提供了新的发展机遇。同时,这些举措也为农民提供了更多的就业机会,改善了他们的收入水平。

在追求农业现代化和乡村振兴的同时,新型农业经营主体还注重绿色环保和可持续发展。他们采用无公害、有机种植或养殖方式,在生产过程中减少对土地、水资源的污染和浪费。通过科学管理和技术创新,实现了农业生产与生态环境的协调发展。

此外,新型农业经营主体以农民为核心,通过合作社、家庭农场等组织形式整合分散的小农户资源。通过规模化经营、品牌建设和市场拓展等方式帮助农民增加收入,并改善其生活条件。

总而言之,新型农业经营主体在推动中国农业现代化的同时,也为乡村振兴战略提供了有力支撑。他们注重科技创新、绿色发展、组织化经营和市场拓展等方面的工作,在推进中国乡村经济转型升级中起到了积极的推动作用。这些努力将为乡村振兴战略提供有力支持,并促进中国农业向更高水平迈进。

二、农业现代化概述

(一)农业现代化定义

在20世纪50年代,中国对于现代农业的认知被总结为了"四化",即机械化、水利化、化学化和良种化。这一认知指出了实现农业现代化所需的关键要素。

然而,在20世纪80年代初,随着社会的发展与进步,人们对于农业现代化的认知发生了变化。此时,将原先的"四化"概括为"三化",即农业基本建设现代化、农业生产技术现代化和农业经营管理现代化。这一变化在于将基础设施建设和经营管理等内容纳入了对现代农业的认知中。

随着时间的推移,到了20世纪90年代中后期,人们对于现代农业的认知又有了进一步的深化。此时,将农业现代化概括为"六化",包括农民生活消费现代化、农业经济结构现代化、农业基础设施现代化、农业科学技术现代化、农业经营管理现代化和农业资源环境现代化。这一变化在于增加了对于农民生活消费、农业经济结构和农业资源环境等方面的重视。

可以看出,我国学术界对于现代农业的认知是随着时间的推移而不断深化的。从最初的"四化"到"三化",再到如今的"六化",每个阶段都对于实现农业现代化提出了新的要求和目标。这些变化反映了我国农业现代化的发展进步,也为未来的农业发展指明了方向。

(二)农业现代化的历史

现代农业的发展尚处于初级阶段。目前的现代农业通过工具革命和要素革命取得了一定的成就,实现了机械动力对畜力、人力的替代,以及无机物对有机物的替代。然而,随着技术革命的兴起,继起的现代农业将通过生物技术和信息技术等手段实现无形要素对有形要素的替代,以实现农业资源深度开发、农业生态系统保护和农业可持续发展的有机统一。

以技术革命为支撑的现代农业是现代农业的升级版,并与目前的现代农业具有很大的相容性。它剔除了在发展过程中出现的矫枉过正的内容,进一步提升了农业发展水平。

然而,以技术革命为支撑的现代农业并不是终结版。在其发展过程中仍可能存在各种问题。随着这些问题被暴露出来,人们将针对新问题进行更高层次的创新,以剔除新出现的矫枉过正内容,并推动形成更高版本的现代农业。这表明现代农业的发展是一个不断迭代、不断创新的过程,为实现农业的可持续发展提供了动力和方向。

农业现代化是指通过科技进步、管理创新和产业升级等手段,实现农业生产方式、农村经济结构和农民生活水平的全面提升。

第一阶段:工业革命前(18世纪以前)

在工业革命之前,农业主要依赖人力和畜力,生产方式落后且低效。种植技术和耕作方法相对简单,缺乏科学支撑。

第二阶段:工业革命时期(18—19世纪)

工业革命的兴起为农业现代化奠定了基础。机械化农具的发展提高了劳动生产率,如发明的犁、收割机等。同时,科学家们开始研究土壤肥力、植物育种等方面的知识。

第三阶段:绿色革命(20世纪中期)

绿色革命是指通过高产种子、肥料和灌溉技术等手段推动农业生产的快速增长。这一时期出现了高亩产作物品种,如小麦、水稻和玉米等。农业生产迅速增长,解决了粮食安全问题。

第四阶段:现代农业时期(20世纪末至今)

随着科技的进步和经济的发展,现代农业开始追求高效、可持续和环保的生产方式。信息技术、遥感技术、无人机等应用于农业领域,提高了农业管理和监测能力。同时,有机农业、精准农业和循环农业等新兴模式逐渐得到推广。

总之,农业现代化是一个持续发展的过程,经历了从传统耕作方式到机械化、绿色革命再到现代化的演变。随着科技进步和社会需求的变化,未来还将面临更多挑战和机遇,如资源紧缺、环境污染等问题需要解决。因此,在实现农业现代化的道路上仍然有许多工作要做。

(三)农业现代化的现状

随着科技的不断进步和政策支持的加大,预计未来农业现代化将更加广泛普及,并为实现粮食安全、减贫和乡村振兴做出更大的贡献。农业现代化在全球范围内正在不断推进,但各国的农业现代化水平存在差异。以下是农业现代化的一些普遍特点和全球现状。

①科技应用。农业现代化倚重科技创新与应用,包括生物技术、无人机、人工智能、大数据分析等。这些技术的应用提高了农业生产效率和质量,如精准施肥、自动化种植和智能监测等。

②规模经营。随着市场需求的增长和劳动力流动的加剧,规模经营成为农业现代化的趋势。大规模种植和养殖可以降低单位产品成本,并提供更稳定的供应。

③绿色可持续发展。环境保护和可持续发展已成为农业现代化的重要目标。通过减少农药使用、节约水资源、推广有机种植等措施,实现农业与生态环境之间的协调发展。

④供应链优化。完善供应链管理是推动农产品流通和市场竞争力提升的关键。通过建立信息平台、加强物流配送和品牌建设,实现生产、加工、销售环节的高效衔接。

⑤农村产业多元化。农业现代化促进了农村产业结构的转型升级。除了传统的农产品种植和养殖,还涉及农村旅游、乡村电商、休闲农业等新兴产业,为农民提供更多就业机会和增收渠道。

⑥区域差异。不同国家和地区的农业现代化水平存在较大差异。发达国家如美国、日本等已经实现了高度机械化和自动化的农业生产,而发展中国家仍面临技术、资金和人力资源等方面的挑战。

总体而言,全球范围内农业现代化取得了显著进展,但在可持续性发展、科技创新与应用以及供应链管理等方面仍有待加强。随着科技的不断进步和政策支持的加大,预计未来农业现代化将更加广泛普及,并为实现粮食安全、减贫和乡村振兴做出更大贡献。

三、新型农业经营主体与农业现代化关系

新型农业经营主体与农业现代化有着密切的关系。下面从几个方面来说明两者之间的关系。

①推动农业科技创新。新型农业经营主体通常具备更强的科技创新能力和资源整合能力,他们借助先进的技术手段和管理模式,推动农业现代化进程。例如,通过引入智能设备、物联网、大数据等技术,提高生产效率、降低成本,并实现精准农业管理。

②优化农产品供应链。新型农业经营主体通过建立完善的供应链系统,将生产环节与流通环节紧密衔接起来。这有助于提高产品质量、延长保鲜期、降低物流成本,并使消费者更加方便地获取到优质的农产品。同时,通过品牌建设和市场开拓,增加产品附加值。

③引领绿色可持续发展。新型农业经营主体注重生态环境保护和可持续发展,在生产过程中采用无公害、绿色、有机等方式种植养殖,减少对土地资源和水资源的污染和损害。他们通过科学管理和技术创新,实现农业生产与生态环境的协调发展。

④促进农民增收。新型农业经营主体以农民为核心,通过合作社、家庭农场等组织形式,将分散的小农户整合起来,提高其组织化程度和市场竞争力。他们通过规模化经营、品牌建设和市场拓展等方式,帮助农民增加收入,并改善其生活条件。

⑤加强人才培养和技能提升。新型农业经营主体注重人才培养和技能提升,引进专业管理人员、技术人员等高素质人才,提高农业从业者的专业水平和创新能力。这有助于推动农业现代化的不断深入发展。

总之,新型农业经营主体是推动农业现代化的重要力量,在科技创新、供应链优化、绿色可持续发展、农民增收以及人才培养等方面发挥着积极作用。新型农业经营主体的出现促进了中国乡村经济转型升级,并为实现乡村振兴战略提供了有力支持。

第二节　新型农业经营主体发展的理论分析

2012年党的十八大报告明确提出,发展多种形式规模经营,构建集约化、专业化、组织化、社会化相结合的新型农业经营体系,并在年底召开的中央农村工作会议上首次提出培育新型农业经营主体。

一、新型农业经营主体的概论

(一)新型农业经营主体的内涵及类型

1.新型农业经营主体的内涵

新型农业经营主体是在农业现代化和乡村振兴背景下形成的一种新型组织形式。它们具有多元化经营、规模化经营、现代管理、农民参与和可持续发展等特点。

一方面,新型农业经营主体不再局限于传统的个体农户,而是以集体或企业形式组织起来,实现多样化的经营活动。除了传统的种植和养殖业务,他们还可以发展农产品加工、生态旅游、特色农业等多元化产业。

另一方面,新型农业经营主体倾向于规模化生产。通过整合资源、优势互补和专业分工等方式提高生产效率和降低成本。规模化经营有利于提高供给能力,满足市场需求,并增加农民收入。同时,新型农业经营主体注重引入现代管理理念和技术手段。他们强调科学规划、精细管理和信息化应用。通过建立健全的组织架构、完善的财务制度和先进的管理模式,提高运作效率和竞争力。此外,新型农业经营主体鼓励广大农民积极参与农业生产和经营管理,充分发挥他们的主体作用。通过股份合作、利益共享等机制,增加农民收入,提升他们的获得感和幸福感。最后,新型农业经营主体注重生态环境保护和可持续发展。在生产过程中注重资源节约、环境友好和农产品质量安全,推动绿色生产方式的应用,实现经济效益、社会效益和生态效益的统一。

总之,新型农业经营主体作为一种新的组织形式,在推进农业现代化和促进乡村振兴方面具有重要意义。它们以多元化经营、规模化经营、现代管理、农民参与和可持续发展为特征,为提高农民收入水平和改善农村发展环境提供了新的路径和模式。通过引入现代理念和技术手段,实现更高效的生产方式,并注重保护生态环境,促进可持续发展。同时,鼓励农民积极参与经营管理,增加他们的收入来源,提升他们的幸福感和获得感。

在政策层面上,支持新型农业经营主体的发展已成为当前的重要举措。政府通过出台相关政策措施,如优惠贷款、税收减免等,为其提供必要的支持和保障。未来,随着对农村发展需求的不断增加和市场竞争的日益激烈,新型农业经营主体将迎来更广阔的前景。通过不断创新和发展,它们将为农业现代化建设和乡村振兴做出更大的贡献。

2.新型农业经营主体的类型

(1)专业大户

在农业领域中,专业大户是一种新型农业经营主体,主要从事种养业务。与传统小农户相比,专业大户通过租种他人土地扩大经营规模,实现适度规模经营,并获得更多的劳动附加收益。专业大户在农村地区较为普遍,是一种相对原始的新型农业经营主体。其主要特点是在一定程度上实现了土地经营的规模化和专业化。通过流转土地,专业大户能够投入更多的人力和物力资源,提高土地利用率。

然而,在学术界对于新型农业经营主体是否包含专业大户以及如何准确定义专业大户的问题上存在着不同的观点。尽管专业大户在实践中具有一定的特殊性和重要性,但目前还没有针对专业大户制定出具体且统一的评定标准。因此,专业大户仍然是一个相对宽泛的概念。虽然它与传统农户存在明显区别,至少通过流转土地初步实现了规模化经营,投入了一定人力物力,在提高土地利用率等方面有所突破。

随着农业现代化的推进和新型农业经营主体的不断发展,对于专业大户的界定和地位也将逐渐明确。在未来的农业发展中,专业大户有望发挥更重要的作用,为农村经济增长和乡村振兴做出更大贡献。

(2)家庭农场

家庭农场这个概念起源于欧美农业发达国家,在美国尤其发挥了重要作用。而在我国,由于经济发展和小农经济的影响,家庭农场的概念相对较晚出现。最早在2008年,我国首次将家庭农场作为农业规模经营主体之一,并在2013年的中央文件中进一步强调了发展家庭农场的重要性。

家庭农场可以被视为专业大户的升级版,它以家庭为单位从事农业规模化、集约化、商品化生产经营,并具有法人性质。相较于专业大户,家庭农场在认定标准和申报流程上有更明确的规定,需要由乡镇负责收集上报并由区级进行审核备案,并办理营业执照。此外,家庭农场拥有更大的经营规模、更高的机械化程度和更成熟的市场化水平。经营者追逐利润的意愿更强烈,对新产品引进和新技术应用有着更高需求。然而,虽然家庭农场发展已经取得了一定成就,但是目前仍以地方性实践为主,缺乏统一且明确的定义。

未来,随着稳定种养基础的建立,家庭农场有广阔的发展空间。可以朝着农产品加工和销售方向发展,并结合地方实际情况,发展乡村旅游等休闲农业,为乡村经济增长和乡村振兴做出更大贡献。

(3)农民专业合作社

农民专业合作社相比较家庭农场,在2006年国家层面出台的《中华人民共和国农民专业合作社法》有更明确的定性,从法律层面给予保护认定。通常来说,农民专业合作社建立在家庭承包的基础上,从事相近农产品生产经营或者同类有关农业生产服务的个人或组织,在自愿、互助的原则下,按照规定程序成立的合作性组织,社员间可以根据自身优势相互提供种养技术、产品加工、贮存和销售等业务,是以农村家庭承包经营为基础,通过提供农资、农机或农产品的销售、加工、运输、贮藏以及销售等服务,是一种"各种各的地,大家抱团发展"的形式。按照规定,至少要有5名的农户发起成立,成员中农民数要占八成以上,对土地规模没有要求,但是要有营业场所和注册资金并在工商局注册取得营业执照,社员享有一定权利,实行民主管理。合作社作为一种独特的经济形式,为社员提供所需的服务,而不以营利为目的,在现代农业大生产中发挥着重要作用,克服小规模家庭经营的弱点,解决农业小规模生产与提高农业劳动生产率之间的矛盾,让农民实现抱团发展,增加收入。一方面,合作社社员之间对所从事行业均具有丰富的知识和经验,志趣相投,目标一致,降低了与市场之间的交易成本,提高了抗风险能力,有利于实现效益最大化;另一方面,政府可以通过专业集中的合作社,促进惠民政策的顺利推广和落地。

(4)农业龙头企业

龙头企业是我国新型农业经营主体体系中的重要组成部分,其在新型农业经营体系中扮演着引领角色。龙头企业主要在农产品加工和流通领域发挥作用,涉及种植、加工、仓储、物流运输、销售等整个产业链。与一般经营主体相比,龙头企业具有较高的科研组织化程度和专业化程度。它们通常通过与农户建立"风险共担、利益共享"的合作机制,一方面与农户紧密合作,另一方面与国内外市场保持连接。常见的合作模式包括"企业+基地+农户"和"企业+专业合作社+基地+农户"。这种模式不仅能够实现龙头企业自身的发展,还能够带动小农户的发展,甚至推动整个区域特色农产品的发展。

相较于其他经营主体,龙头企业具有更为规范的管理系统和更强的品牌理念。它们注重建立健全的管理机制,提高生产效率和质量控制,并通过品牌打造和营销策略来增强竞争力。此外,龙头企业通常具备一定的融资能力和抗风险能力,能够更好地应对市场波动和风险挑战。

龙头企业作为新型农业经营主体体系中的重要组成部分,在促进农产品加工和流通、提高农民收入、推动乡村振兴等方面发挥着重要作用。未来,随着我国农业产业化水平的提升和市场需求的变化,龙头企业还将面临更多机遇和挑战。因此,进一步加强政策支持、提升管理水平、加强科技创新等方面的努力,将有助于推动龙头企业的可持续发展,为我国农业现代化进程做出更大贡献。

3.新型农业经营主体的特征

新型农业经营主体具有一些明显特征。首先,它们具有适度的规模,远超传统家庭农户的规模。无论是专业大户还是家庭农场,新型农业经营主体都能够充分利用自身劳动力资源,并取得较好的规模经济效益。其次,新型农业经营主体实行集约化经营。他们拥有先进的物质装备和高水平的生产技术,并且具备现代化管理意识。他们通过集约利用资源要素,实现提高劳动生产率、土地产出率和资源利用率。再次,新型农业经营主体专注于专业化生产。他们专门从事农业生产,并能够充分利用自身的劳动力资源。这样可以提高生产效率,并提高投入要素的使用率。最后,新型农业经营主体具有较高的市场化程度。他们积极根据市场需求安排农业生产活动,与市场有效衔接。相比传统农户,他们的商品经济效益明显更高。

新型农业经营主体的特征包括多元化经营、规模化经营、现代管理、农民参与和可持续发展。首先,新型农业经营主体不再局限于传统的个体农户,而是以合作社、家庭农场、企业等形式组织起来,实现多样化的经营活动。除了传统的种植和养殖业务外,还可以发展农产品加工、生态旅游等多元化产业。其次,新型农业经营主体倾向于规模化生产。通过整合资源、优势互补和专业分工等方式提高生产效率和降低成本。规模化经营有利于提高供给能力,满足市场需求,并增加农民收入。同时,新型农业经营主体注重引入现代管理理念和技术手段。通过科学规划、精细管理和信息化应用来提高运作效率和竞争力。建立健全的组织架构、完善的财务制度和先进的管理模式也是其中的重要举措。此外,新型农业经营主体鼓励广大农民积极参与农业生产和经营管理,并充分发挥他们的主体作用。通过股份合作、利益共享等机制,增加农民收入,提升他们的获得感和幸福感。最后,新型农业经营主体注重生态环境保护和可持续发展。在生产过程中注重资源节约、环境友好和农产品质量安全,并推动绿色生产方式的应用。实现经济效益、社会效益和生态效益的统一。

综上所述,新型农业经营主体以其多元化经营、规模化经营、现代管理、农民参与和可持续发展等特征,为推进农业现代化、促进乡村振兴作出了积极贡献。它们不仅提高了农民收入水平,还改善了农村发展环境,并推动了乡村经济的发展。新型农业经营主体在规模、集约化、专业化和市场化方面具有明显特征。这些特点使他们能够实现更好的经济效益,并为农业领域的可持续发展作出贡献。

(二)新型农业经营主体的功能

1.加快农业新技术和成果的推广应用

新型农业经营主体对新技术的接受意愿比较强。农业新技术和新成果的推广和转化要以新型农业经营主体在接受新技术方面表现出了较强的意愿。为了推广和转化农业领域的新技术和成果,需要以这些新型农业经营主体为基础。

通过建立现代农业产业体系、经营体系以及完善配套的生产体系,我们可以实现大规模的技术转移应用,从而达到最大化生产效益的目标。此外,农业技术创新也需要从"创新—转化—再创新—集成熟化推广"的模式进行转变。这样才能形成适应新型农业经营主体特定生产条件的稳定有效的技术,实现精准化供给和高效化应用。

通过以上的努力,我们可以确保农业领域的技术得到广泛推广和应用。这不仅能够提高农业生产效率,还能够为新型农业经营主体带来更大的发展机遇,并为农业产业的可持续发展作出贡献。

2.减少农业面源污染

尽管近年来中国取得了化肥和农药减量增效的显著成果,但由于长期以来农业生产过程中大量使用化肥和农药,导致生态环境质量较差,农业面源污染问题依然严峻。为了解决这一问题并推动农业绿色发展,农民合作社可以发挥重要作用。

作为连接政府部门和农户的桥梁纽带,农民合作社可以积极推广新型绿色农业技术,如生物防治技术和施用生物有机肥等。这些技术的应用能够有效地控制病虫害,并减少对化学农药的依赖,从而促进农业生态环境的改善和农产品质量的提高。

此外,农业规模化经营也是实现农业绿色发展的有效路径。通过规模化经营,可以减少对化肥和劳动力的需求,实现资源的节约和环境保护目标。同时,规模化经营还能够提高农业生产效率和产品质量,并为农民创造更好的收益。

综上所述,推广新型绿色农业技术和推动农业规模化经营是解决当前面源污染问题并实现未来农业绿色发展的重要途径。通过这些举措,我们可以保护生态环境、提高农产品质量,并为可持续农业发展作出贡献。

3.搭建绿色有机农产品的产销平台

由于绿色食品与普通食品外观相似,很难直接辨别,这导致传统的营销模式无法凸显绿色农产品的优势,影响了消费者的购物体验。然而,龙头企业、家庭农场、合作社等新型农业经营主体具备建立自己的绿色农产品销售渠道的能力,并对其进行统一收购和监管。

为了将绿色理念贯穿于整个生产流程,新型农业经营主体将把注意力放在产品生产、物流配送和营销等环节上。通过优化农产品结构,培育绿色有机品牌,并建立可追溯平台,他们致力于推动农业产业向绿色低碳、现代高效的方向发展。

这些举措旨在提供给消费者更多的选择,并增强他们对购买绿色农产品的信心。同时,通过建立自己的销售渠道和监管体系,新型农业经营主体能够更好地保障绿色农产品的质量和安全性。这将为消费者创造更好的购物体验,并助力农业产业实现可持续发展。

二、新型农业经营主体的理论支撑

(一)农业现代化理论

农业现代化一般是指从传统农业向现代农业推进的过程和手段,包括生产方式现代化、生产技术现代化、劳动者现代化、组织管理现代化和基础设施现代化等,来实现农业生产的高产、优质和低耗,建立发达的农业,同时让农民增收致富。这里强调的农业现代化是一个过程,是相较于传统农业而言向现代农业发展进步的过程。

我国作为世界上最大的发展中国家,随着国家出台支持农业发展的各项政策的实施,城市反哺农村,工业反哺农业,农业经济搭上了快速发展的列车,取得了举世瞩目的成就,但是与发达国家相比,比如以美国为代表的人少地多的农业类型,以日本为代表的人多地少和以德国为代表的人地适中的农业类型,我国农业经济无论是在规模化、集约化还是单位产出效益上都还存在较大差距,还需要不断地探索实践。在2021年的中央一号文件中明确表示要举全党全社会之力加快农业农村现代化,对我国而言,实现农业现代化,是乡村振兴的必经之路,其本质是从根本上改造传统农业,大幅提高农业综合生产能力,从而让农民过上更加美好富足的生活。

(二)乡村振兴战略

乡村振兴战略是中国政府提出的一项重要战略,旨在促进农村经济发展、改善农民生活条件,实现城乡协调发展。以下是乡村振兴战略的几个方面。

①农业现代化。通过推进农业科技创新、加强农业基础设施建设和农产品质量安全监管等措施,提高农业生产效率和竞争力。同时,鼓励农民转变种植结构,发展高附加值的特色农产品。

②乡村产业振兴。通过发展乡村产业,增加农民收入。这包括支持乡村企业发展、培育乡村特色产业和推动农村旅游等措施。同时,注重保护传统文化和生态环境,提升乡村整体形象和吸引力。

③农民收入增加。通过改善土地制度、完善社会保障体系和提供职业培训等举措,增加农民收入。此外,鼓励农民参与新型经营主体组织(如合作社、家庭农场等),提高农民的组织化程度和市场竞争力。

④农村基础设施建设。加强农村基础设施建设,包括道路、水利、电力、通信等方面。这有助于提升农村生产和生活条件,促进城乡要素流动和交流。

⑤生态环境保护。注重乡村生态环境保护,推动绿色发展。通过加强农业资源节约利用、推广可持续农业技术和改善农田水土保持等措施,实现经济效益与生态效益的良性循环。

乡村振兴战略旨在实现城乡一体化发展,缩小城乡差距,提高农民收入和幸福感。政府将继续加大对乡村振兴的支持力度,并鼓励社会各界积极参与,共同推动中国农村的发展。

(三)人力资本理论

人力资本理论是由经济学家加里·贝克尔和西奥多·舒尔茨于20世纪60年代提出的,它强调个体的教育、培训和健康状况等能力和素质对于经济发展和个人收入的影响。

①人力资本定义。人力资本是指个体通过教育、培训和健康状况等方式所积累的知识、技能和健康资源。这些资源可以提高劳动者的生产力和创造价值的能力。

②教育投资。根据人力资本理论,个体通过接受教育来增加自己的知识和技能,从而提高未来工作中的生产效率。因此,教育被视为一种投资行为,个体在选择接受教育时会考虑其成本与收益之间的平衡。

③技能匹配。人力资本理论认为,劳动市场上存在着技能需求与供给之间不匹配的情况。如果劳动者拥有与市场需求相适应的技能,他们将更容易找到工作并获得更高的收入。

④健康投资。人力资本理论还强调健康对于经济发展和个体收入的重要性。良好的健康状况可以提高劳动者的工作效率和生产力,从而增加收入。

⑤收益与回报。人力资本理论认为,个体通过教育、培训和健康投资获得的人力资本将带来未来的收益。这些收益可能是通过更高的工资、更好的就业机会、职业晋升等形式实现。

人力资本理论对于解释个体收入差距、劳动市场效率以及教育和健康政策的制定都具有重要意义。它提醒我们,在现代社会中,个体需要不断地投资于自身能力和素质的提升,以适应快速变化的经济环境并获得更好的经济回报。

(四)可持续发展理论

新型农业经营主体的可持续发展理论关注在农业经营过程中实现经济、社会和环境的协调发展。

①农业生态学。农业生态学强调将生态系统原理应用于农业经营管理,追求农业生产与环境保护的有机统一。通过采用生态友好的耕作方式、推广有机农业和保护生物多样性等措施,实现农业的可持续发展。

②农村可持续发展。这一理论关注整个乡村地区的可持续发展,包括社会、经济和环境三个方面。它强调通过提高农民收入、改善基础设施、促进产业结构升级以及加强社会公平等措施,推动乡村地区的全面发展。

③供应链管理。供应链管理理论认为,在整个农产品供应链上实现协同合作和优化资源配置是实现可持续发展的关键。通过建立稳定的供应链合作伙伴关系、提高信息流通效率和降低能源消耗等方式,实现农产品的可持续生产和流通。

④农业创新系统。农业创新系统理论强调通过创新和技术进步推动农业的可持续发展。它不仅关注在农业生产过程中的技术创新,还关注包括市场营销、管理模式和组织形式等方面的创新。通过建立良好的创新体系,促进农业经营主体不断提高效率和竞争力。

⑤社会责任理论。社会责任理论认为企业应承担起对社会、环境和利益相关者负责任的义务。在农业领域,这意味着农业经营主体要积极采取措施保护环境、改善劳动条件、支持当地社区发展等,实现经济效益与社会责任的统一。

这些理论为新型农业经营主体提供了指导原则和方法,帮助他们在经营过程中更好地平衡经济效益、社会责任和环境保护之间的关系,实现可持续发展目标。同时,也为政府制定相应政策和提供支持措施提供了依据。

(五)产业集聚理论

新型农业经营主体的产业集聚理论强调通过产业集聚效应促进农业经营主体的发展。

①马歇尔外部性理论。马歇尔外部性理论认为,在某一地区内,相似类型的企业聚集在一起可以带来正向的外部效应。对于新型农业经营主体来说,当他们在同一地区内形成产业集群时,可以共享资源、技术和市场信息等,提高整个产业链条上各参与方的竞争力。

②供应链管理理论。供应链管理理论关注整个农产品供应链上不同环节之间的协同合作和优化资源配置。当新型农业经营主体在同一地区形成紧密的供应链网络时,可以降低运输成本、提高物流效率,并更好地满足市场需求。

③知识溢出理论。知识溢出理论认为,当企业在某一领域取得创新或技术进步时,这些知识和经验可能会向周围企业传播。对于新型农业经营主体来说,在产业集聚中,他们可以更加容易地获取到行业内的最新技术、管理经验和市场信息,促进自身的创新和发展。

④规模经济理论。规模经济理论指出,在同一地区形成产业集群后,企业可以共享基础设施、人力资源和市场等规模效应,从而降低生产成本、提高生产效率。对于新型农业经营主体来说,通过与其他相关企业形成合作关系,可以实现资源共享和分工协作,提高整体竞争力。

⑤创新和学习。在产业集聚中,不同企业之间的交流和合作可以促进创新和学习。新型农业经营主体在集聚中能够与其他企业分享经验、合作研发,并从中获得启发,提高自身的创新能力和竞争力。

这些理论为新型农业经营主体提供了参考,帮助他们选择适当的地理位置,并与相关企业建立合作关系,形成产业集群效应。通过产业集聚,可以促进资源优化配置、技术创新和市场拓展,推动农业经营主体的发展。

第三节　新型农业经营主体发展的实践

一、国际农业经营体系结构及其演变

(一)全球经营主体概况

①从世界范围来看,小规模农场在数量上仍占主导地位,但绝大部分耕地掌握在为数不多的大规模农场手中。

表2.1　不同规模农场的数量占比和经营耕地面积占比　　　　　单位:%

	小于1公顷	1~2公顷	2~5公顷	5~10公顷	10~20公顷	20~50公顷	大于50公顷
数量	72	12	10	3	1	1	1
耕地面积	8	4	7	5	5	7	65

注:表中数据是FAO对全球106个国家的统计。由于计算过程中有"四舍五入"的情况,因此,有的合计数与100%稍有出入。

数据来源:FAO(2014)

②收入水平与农场规模化呈现差异化特征。

表 2.2　不同收入水平国家不同规模农场的数量占比和经营耕地占比　　　　单位:%

		小于1公顷	1~2公顷	2~5公顷	5~10公顷	10~20公顷	20~50公顷	大于50公顷
高收入国家	数量	34	18	15	9	7	7	9
	耕地面积	1	1	2	2	4	8	82
高水平中等收入国家	数量	27	15	27	13	8	6	5
	耕地面积	0	1	3	3	4	7	81
低水平中等收入国家	数量	62	19	14	4	1	0	0
	耕地面积	15	16	26	15	9	8	11
低收入国家	数量	63	20	13	3	1	0	0
	耕地面积	20	22	31	16	9	1	2

注:表中是 111 个国家的数据。由于计算过程中有"四舍五入"的情况,因此,有的合计数与 100% 稍有出入。

从表 2.1、表 2.2 可以看出,不同收入水平的国家在不同规模农场的数量和经营耕地面积上存在一定的差异。

高收入国家在小于 1 公顷和 1~2 公顷规模的农场数量占比较高,分别为 34% 和 18%。在 20~50 公顷和大于 50 公顷规模的农场数量占比也较高,分别为 7% 和 9%。这表明高收入国家更倾向于经营较大规模的农场。在耕地面积方面,高收入国家在大于 50 公顷耕地面积上占比最高,达到 82%,说明高收入国家拥有较大面积的耕地。

高水平中等收入国家在 2~5 公顷、10~20 公顷和 20~50 公顷规模的农场数量占比较高,分别为 27%、8% 和 6%。这表明该类国家更倾向于经营中等规模的农场。

低水平中等收入国家主要以小型农场为主,特别是小于 1 公顷和 2~5 公顷规模的农场数量占比最高,分别为 62% 和 14%。低收入国家虽然数量相对较多,但是大部分仍然以小型农场为主,并且没有经营超过 50 公顷的农场。

总体来看,不同收入水平的国家在农场规模上存在差异,高收入国家更倾向于经营大型农场,而低收入国家主要以小型和中等规模农场为主。此外,高收入国家拥有较大面积的耕地。

③随着国家自身的发展,其内部农场规模变化。

表 2.3　1960—2000 年农场平均规模不同变化趋势的国家数量　　　　单位:个

	增长	下降	无明显变化
高收入国家	25	6	4
高水平中等收入国家	5	19	1
低水平中等收入国家	2	24	0
低收入国家	2	12	1

注:表中是 101 个国家的数据。

数据来源:FAO(2014)

从表 2.3 可以看出,不同收入水平的国家在农场规模变化趋势上存在差异。

高收入国家中,有 25 个国家农场规模呈增长趋势,6 个国家农场规模呈下降趋势,4 个国家没有明显变化。这表明高收入国家大多数农场规模在增长或保持稳定。高水平中等收入国家中,有 5 个国家农场规模呈增长趋势,19 个国家农场规模呈下降趋势,1 个国家没有明显变化。这说明该类国家大部分农场规模在减小。低水平中等收入国家中,有 2 个国家农场规模呈增长趋势,24 个国家农场规模呈下降趋势,没有国家农场规模变化。这表明该类国家大部分农场规模在减小。低收入国家中,有 2 个国家农场规模呈增长趋势,12 个国家农场规模呈下降趋势,1 个国家没有明显变化。说明该类国家大部分农场规模在减小。

总体来看,不同收入水平的国家在农场规模变化趋势上存在差异。高收入国家大多数农场规模在增长或保持稳定,而中等和低收入国家大部分农场规模在减小。这可能与经济发展、技术进步和人口变化等因素有关。

④美、法、日比较差异化明显。

表 2.4　美国、法国、日本不同规模农场的数量占比和经营耕地面积占比　单位:%

		小于1公顷	1~2公顷	2~5公顷	5~10公顷	10~20公顷	20~50公顷	大于50公顷
美国	数量	—	—	11	10	14	22	44
	耕地面积	—	—	0	0	1	4	94
法国	数量	—	17	12	9	11	21	30
	耕地面积	—	1	1	2	4	17	75
日本	数量	68	20	9	1	1	0	0
	耕地面积	25	23	22	8	7	10	5

数据来源:FAO(2014)

从表 2.4 可以看出,美国、法国和日本在不同规模农场的数量占比和经营耕地面积上存在一定的差异。

美国在 20~50 公顷和大于 50 公顷规模的农场数量占比最高,分别为 22% 和 44%。而在小于 1 公顷和 1~2 公顷规模的农场数量占比较低。这表明美国更倾向于经营大型农场。法国在 20~50 公顷和大于 50 公顷规模的农场数量占比也相对较高,分别为 21% 和 30%。而在小于 1 公顷和 1~2 公顷规模的农场数量占比较低。法国的耕地面积主要集中在 20~50 公顷和大于 50 公顷。日本则以小型农场为主,68% 的农场规模在小于 1 公顷范围内。日本的耕地面积也主要集中在 23~25 公顷。

总体来看,美国和法国更倾向于经营大型农场,而日本以小型农场为主。这可能与各国的土地资源、政策支持以及市场需求等因素有关。

(二)美国农业经营主体和经营规模演化

①以大规模农场为主,家庭农场占比 96%,产值占比 87%。

②不要被均值误导。美国耕地越来越多地向大规模家庭农场集中,但小规模家庭农场

数量也在增长;呈现两极分化特征。1982 年,美国种植业家庭农场的中点规模为 589 英亩(1 英亩 = 4 046.86 平方米),超过中点规模农场的均值为 1 215 英亩;2007 年,中点规模为 1 105 英亩,超过中点规模均值为 2 350 英亩。

表 2.5 美国主要粮食作物家庭农场的中点规模 单位:英亩

	1987 年	1997 年	2007 年
玉米	200	350	600
小麦	404	693	910
大豆	243	380	490

根据表 2.5,可以对 1987 年、1997 年和 2007 年的玉米、小麦和大豆产量进行分析。

从数据可以看出,玉米产量在这 20 年间呈逐渐增加的趋势。特别是 1987—1997 年,玉米产量增加了 150 万吨,增长幅度较大。而 1997—2007 年,玉米产量再次增加了 250 万吨,增长幅度相对较小。小麦产量也呈逐渐增加的趋势。1987—1997 年,小麦产量增加了 289 万吨;而 1997—2007 年,小麦产量再次增加了 217 万吨。大豆产量也在逐渐增加。从 1987—1997 年,大豆产量增加了 137 万吨;1997—2007 年,大豆产量增加了 110 万吨。

综上所述,1987—2007 年,玉米、小麦和大豆的产量都呈现出逐渐增加的趋势。这可能与农业技术进步、种植面积扩大以及市场需求等因素有关。

③大规模农场呈现明显特征——资本密集度高、劳动效率高、收益好,高度机械化、自动化公司农场。

表 2.6 美国主要粮食作物生产的净收益率、单位面积劳动投入及雇佣劳动力的比重

农场规模 (英亩)	净收益率(%)			单位面积劳动投入(小时)			雇佣劳动力占 总劳动力的比重(%)		
	玉米	小麦	大豆	玉米	小麦	大豆	玉米	小麦	大豆
小于 100	-0.9	-2.6	-1.3	38.6	40.4	45.7	5.0	4.0	2.7
100~249	1.2	-0.6	-0.03	12.3	8.7	10.4	2.9	3.2	5.2
250~499	2.9	0.6	1.1	7.8	5.8	7.3	4.6	3.4	7.4
500~999	4.8	0.4	1.7	5.7	5.3	5.8	10.2	16.3	14.6
1 000~1 999	5.3	4.6	5.4	3.5	3.2	3.8	16.9	19.5	16.4
大于 2 000	8.0	5.5	8.2	2.7	2.2	3.0	31.2	20.5	36.0

注:表中数据是净收益率、单位面积劳动投入及雇佣劳动力比重 3 个指标在 2008—2011 年的平均水平。

根据表 2.6,我们可以对不同农场规模下玉米、小麦和大豆的净收益率、单位面积劳动投入和雇佣劳动力占总劳动力的比重进行分析。

农场规模 100 英亩时,在小型农场规模下,玉米、小麦和大豆的净收益率都是负值,即产出不足以覆盖成本。单位面积劳动投入较高,而雇佣劳动力占总劳动力的比重相对较低。农场规模处于 100~249 英亩时,玉米的净收益率为正值,而小麦和大豆的净收益率仍然是负值。单位面积劳动投入较少,而雇佣劳动力占总劳动力的比重也相对较低。农场规模处于250~499英亩时,玉米、小麦和大豆的净收益率都为正值,并且呈现逐渐增加的趋势。单位面积劳动投入较少,而雇佣劳动力占总劳动力的比重也有所增加。农场规模处于500~999英亩时,玉米、小麦和大豆的净收益率都为正值,并且呈现逐渐增加的趋势。单位面积劳动投入继续减少,而雇佣劳动力占总劳动力的比重有所增加。农场规模处于1 000~1 999英亩时,玉米、小麦和大豆的净收益率都为正值,并且呈现逐渐增加的趋势。单位面积劳动投入进一步降低,而雇佣劳动力占总劳动力的比重也有所增加。农场规模大于2 000英亩时,玉米、小麦和大豆的净收益率都为较高的正值,并且呈现逐渐增加的趋势。单位面积劳动投入进一步降低,而雇佣劳动力占总劳动力的比重也显著增加。

综上所述,随着农场规模的增大,玉米、小麦和大豆的净收益率逐渐提高。单位面积劳动投入逐渐降低,雇佣劳动力占总劳动力的比重则呈现出先增加后减少的趋势。这可能与规模效应、机械化程度以及农业管理水平等因素有关。

(三)欧洲农业经营主体和经营规模演化

①平均规模呈现轻微上升趋势。

②大规模家庭农场数量、耕地面积趋于上升。

表2.7 欧洲4国不同规模家庭农场经营的耕地面积占比 单位:%

	年份	0公顷	小于2公顷	2~4.9公顷	5~9.9公顷	10~19.9公顷	20~29.9公顷	30~49.9公顷	50~99.9公顷	大于100公顷
丹麦	1990	0	0.03	0.13	3.27	10.58	12.64	23.85	29.59	19.91
	2000	0	0.02	0.14	2.64	6.47	7.16	14.40	30.97	38.20
	2010	0	0.01	0.13	2.25	4.40	4.18	7.51	16.79	64.73
德国	1990	0	1.01	2.89	6.09	14.78	15.57	23.98	24.17	11.51
	2000	0	0.23	2.07	4.29	10.53	10.43	19.65	28.58	24.22
	2010	0	0.12	0.33	3.00	8.26	6.67	15.05	29.03	37.54
爱尔兰	1990	0	0.11	1.19	4.13	15.96	17.21	24.64	23.71	13.06
	2000	0	0.07	0.69	2.84	11.39	13.90	25.90	29.46	15.74
	2010	0	0.05	0.58	2.62	10.99	13.40	26.17	30.46	15.73
西班牙	1990	0	2.83	6.71	8.63	11.53	7.75	11.38	16.16	35.00
	2000	0	2.37	5.48	7.25	10.48	7.36	10.71	17.14	39.20
	2010	0	1.77	4.35	5.79	8.81	7.00	11.03	18.50	42.75

根据表2.7,我们可以对丹麦、德国、爱尔兰和西班牙在不同年份的农场规模进行分析。

丹麦1990年:主要集中在10~99.9公顷,其中50~99.9公顷的农场规模占比最高(29.59%)。2000年:农场规模较为均匀分布,以50~99.9公顷和大于100公顷的农场规模占比最高(分别为30.97%和38.20%)。2010年:100公顷的大型农场规模占比显著增加至

64.73%,其他小型农场规模占比下降。

德国 1990 年:主要集中在 10～49.9 公顷,其中 20～29.9 公顷的农场规模占比最高(15.57%)。2000 年:以 10～19.9 公顷和 20～29.9 公顷的农场规模占比最高(分别为 10.43%和 19.65%)。2010 年:100 公顷的大型农场规模占比显著增加至 37.54%,其他小型农场规模占比下降。

爱尔兰 1990 年:主要集中在 10～49.9 公顷,其中 20～29.9 公顷的农场规模占比最高(17.21%)。2000 年:以 25～99.9 公顷的农场规模占比最高(分别为 25.90%和 29.46%)。2010 年:以 25～99.9 公顷和大于 100 公顷的农场规模占比最高(分别为 26.17%和 30.46%)。

西班牙 1990 年:主要集中在 10～19.9 公顷和 20～29.9 公顷,其中 16～19.9 公顷的农场规模占比最高(35%)。2000 年:以 16～19.9 公顷和大于 100 公顷的农场规模占比最高(分别为 17.14%和 39.20%)。2010 年:以 18.5～42.75 公顷的农场规模占比最高。

综上所述,在不同国家和不同年份下,农场规模呈现出一定的变化趋势。大型农场规模(大于 100 公顷)逐渐增加,而小型农场规模则有所减少。这可能与现代农业技术进步、经济发展以及市场需求等因素有关。

③经营主体总数下降,公司化趋势明显,家庭农场锐减,见表 2.8。

表 2.8　法国不同经营模式的农业组织数量和比重　　　　　单位:万个,%

	1955 年	1970 年	1979 年	1988 年	2000 年	2010 年
独立经营的家庭农场	—	156.78	121.48	94.61	53.76	33.99
	—	(97.97)	(94.19)	(93.50)	(80.99)	(69.37)
公司化经营或合作经营的农业组织	—	2.02	4.79	6.55	12.36	14.66
	—	(1.26)	(3.71)	(6.44)	(18.62)	(29.92)
其中,农业有限责任经营单位(EARL)	—	—	—	0.16	5.59	7.86
	—	—	—	(4.24)	(8.42)	(16.04)
农业共同经营组合(GAEC)	—	<0.39	1.53	3.7	4.15	3.72
	—	(<0.24)	(1.19)	(3.71)	(6.25)	(7.59)
农业经营民事企业(SCEA)	—	0.40	0.56	0.99	1.73	2.37
	—	(0.25)	(0.43)	(0.97)	(2.61)	(4.84)
其他经营组织	—	1.23	2.70	0.52	0.26	0.35
	—	(>0.77)	(2.09)	(0.51)	(0.39)	-0.71
全国农业经营主体总数	230.70	160.03	128.97	101.68	66.38	49.00
	(<100)	(100)	(<100)	(100)	(100)	(100)

(四)日本(东亚)农业经营主体和经营规模演化

①家庭农场数量下降明显,但公司化组织并未高速增长。

表 2.9　日本农业经营体发展情况　　　　　　　　　　　　　　　　单位:万个,公顷

年份	农业经营体		家庭经营体(1)		组织经营体(2)								
	合计((1)+(2))	平均耕作面积	小计(1)	平均耕作面积	合计(2)((2)=(3)+(4))	法人化组织经营体(3)					非法人化组织经营体(4)	平均耕作面积
						小计(3)	农事组合法人	公司	各种团体	其他法人		
2005	200.94	1.86	198.13	1.74	2.81	1.39	0.20	0.63	0.51	0.05	1.42	17.89
2010	167.91	2.19	164.81	1.94	3.10	1.71	0.36	0.89	0.41	0.05	1.39	19.14
2011	161.76	2.27	158.61	2.00	3.15	1.78	0.39	0.90	0.42	0.07	1.38	25.12
2012	156.39	2.32	153.27	2.04	3.12	1.78	0.42	0.92	0.38	0.06	1.34	24.95
2013	151.41	2.39	148.24	2.08	3.17	1.82	0.45	0.94	0.37	0.06	1.34	24.65
2014	147.12	2.45	143.91	2.13	3.21	1.89	0.49	0.96	0.36	0.07	1.32	24.63

注:农业经营体=家庭经营体即(1)+组织经营体即(2);组织经营体(2)=法人化组织经营体(3)+非法人化组织经营体(4)

②农协扮演关键角色类似合作社。

表 2.10　1950—2011 年日本综合农协及会员数量　　　　　　　　　单位:个、万人

年份	综合农协合计(个)	会员合计(万人)	会员组成(万人)	
			正式会员	非正式准会员
1950	13 314			
1999	1 812	913	530	383
2006	844	932	494	438
2007	818	943	489	454
2008	770	950	483	467
2009	741	958	478	480
2010	725	969	472	497
2011	723	984	467	517
2012	717	997	461	536
2013	712	1 014	456	558

根据表 2.10 数据分析,综合农协在不同年份的总体规模和组成有所变化。会员数量呈现波动趋势,整体上有所下降,正式会员和非正式准会员的比例也有一定的变化。

根据以上分析,可以得出以下三点规律。

①收入水平不同的国家的农业经营主体呈现差异化特征。

②发达国家经营主体发展特征:规模化、两极化、公司化。

③发达国家的经验表明:农业经营主体的体系并没有统一模板。

二、农业现代化典型模式与经营体系

(一)美国模式

科技创新:美国农业现代化的核心是科技创新。通过投入大量资源用于研究和开发先进的农业科学和技术,包括育种改良、机械化、化学肥料和农药等,提高了作物产量和质量,降低了生产成本。

大规模经营:美国农业现代化倡导规模经营,通过整合土地、资金和劳动力等资源实现规模效益。大规模经营提高了生产效率,增加了市场竞争力,并促进了农产品供应的稳定性。

农民组织:美国鼓励农民组织起来,以合作社、联合企业等形式共同参与经营管理。这种组织形式能够集中资源、分享风险,并提供更多的服务和支持给农民。

市场导向:美国注重市场需求,农产品的生产和销售都以市场为导向。通过市场机制的调节,鼓励农民根据市场需求调整生产结构,提高产品质量和降低成本。

农业教育与培训:美国重视农业教育和培训,建立了完善的农业学校和研究机构。这些机构培养了大量专业人才,推动了农业技术的创新和传播。

政府支持:美国政府积极支持农业现代化发展。通过资金投入、政策扶持、法律保护等方式,为农民提供必要的支持和保障。

农村基础设施建设:美国积极推进农村基础设施建设,包括道路、供水、电力等。这些基础设施的完善提高了农村地区的生产条件和生活品质,促进了农业现代化的进程。

农业与环境协调发展:美国注重农业与环境的协调发展。通过推动可持续农业、保护水资源和土壤健康等措施,实现农业的可持续发展,并保护自然环境。

农业科技应用:美国农业现代化强调科技应用。通过使用先进的农业技术,如遥感、地理信息系统(GIS)、全球定位系统(GPS)等,提高生产管理和决策水平,实现精确施肥、灌溉和病虫害防治。

农业政策支持:美国政府制定和实施有利于农业发展的政策。这些政策包括补贴、贷款、保险等措施,为农民提供经济和法律上的支持,帮助他们应对市场风险和不确定性。

农产品多样化与品牌化:美国注重农产品的多样化与品牌化。通过培育新品种、推广特色农产品以及建立知名品牌,增加产品的附加值和市场竞争力。

农村社会支持:美国鼓励社会组织参与农村社区建设。通过发展合作社、非营利组织和志愿者活动,提供社会服务和支持给农民,并促进乡村地区的整体发展。

可持续农业发展:美国农业现代化强调可持续农业发展。通过推广有机农业、节水灌溉、精准施肥等措施,减少对环境的影响,保护土壤、水资源和生物多样性。

农民参与合作:美国鼓励农民积极参与政策制定和项目管理,并支持他们之间的合作。这种参与和合作能够增加农民的话语权和影响力,促进整个农业系统的改进和发展。

国际贸易与市场开放:美国鼓励农产品的国际贸易和市场开放。通过签订自由贸易协定、降低关税壁垒等措施,扩大出口市场,增加农产品的竞争力和收益。

以上是农业现代化的美国经典模式的主要特点。这些特点使美国在农业领域取得了巨大成功，并成为全球农业现代化的典范之一。

（二）日本模式

农业现代化的日本模式是指日本在农业发展过程中所采取的一系列政策和措施，以推动农业生产方式、管理体制和技术水平的现代化。以下是农业现代化的日本模式的主要特点。

高度机械化：日本农业现代化非常注重机械化。通过引进先进的农业机械和设备，提高生产效率和劳动力利用率。例如，使用自动化收割机、播种机等设备来实现高效作业。

精细管理：日本农业现代化强调精细管理。通过科学规划、精准施肥、病虫害防治等手段，提高作物品质和抗病虫害能力，并降低资源浪费。

农产品质量保证：日本注重农产品质量保证。通过严格的品质检验和认证体系，确保农产品达到国家标准和市场需求。这种质量保证为日本农产品赢得了国内外消费者的信任。

小规模经营：相比其他国家，日本农业以小规模经营为主。小规模经营使农民能够更加关注细节，提供个性化的产品和服务。同时，小规模经营也有利于保护农村社会结构和生态环境。

种植业多样化：日本农业现代化倡导种植业的多样化。除了传统的稻谷种植外，还发展了蔬菜、水果、花卉等高附加值的农产品种植。这种多样化经营有助于提高农民收入和市场竞争力。

农村振兴策略：日本政府积极推动农村振兴策略。通过提供资金支持、培训教育、基础设施建设等措施，促进农村地区的发展，并改善农民的生活条件。

环境保护：日本农业现代化注重环境保护。通过推广有机农业、循环农业等可持续发展的农业模式，减少对土壤、水资源和生态环境的污染和破坏。

农产品品牌化：日本农业现代化强调品牌建设。通过打造知名品牌，如和牛、富士苹果等，提升农产品的市场竞争力和附加值，吸引消费者并获得更高的价格。

科学研究与创新：日本重视科学研究与创新在农业现代化中的作用。投入大量资源用于研发新品种、改进种植技术和开发先进农业科技，以提高产量、质量和效益。

农村社会支持：日本政府积极推动农村社会支持体系的建设。通过提供社会保障、医疗教育等公共服务，改善农民生活条件，并促进年轻人回归乡村从事农业生产。

国际合作与交流：日本农业现代化倡导国际合作与交流。通过技术援助、培训项目和农业合作协议，与其他国家分享经验、推动农业发展，并促进全球农业可持续发展。

农产品直销渠道：日本农业现代化鼓励建立农产品直销渠道，如农民市场、网络销售等。这种直销模式可以减少中间环节，提高农民收益，并加强与消费者之间的联系。

以上是农业现代化的日本模式的特点。这些特点使日本在农业领域取得了显著成就，保证了食品安全和质量，提高了农民收入和生活水平，并为乡村振兴作出了重要贡献。

（三）西欧模式

农业现代化的西欧模式是指西欧国家在农业发展过程中所采取的一系列政策和措施，

以推动农业生产方式、管理体制和技术水平的现代化。以下是农业现代化的西欧模式的主要特点。

农业多功能性：西欧农业现代化注重农业的多功能性。除了粮食、蔬菜、水果等传统农产品，还注重生态环境保护、乡村旅游、文化遗产等非经济功能的发展。这种综合发展能够提高乡村地区的整体效益。

可持续发展：西欧农业现代化强调可持续发展。通过推广有机农业、低碳农业等环保型种植方式，减少对土壤、水资源和生态环境的污染和破坏，并促进生态系统健康。

资源管理：西欧注重资源管理，在土地利用、水资源利用和能源利用方面进行科学规划和有效管理。通过精确灌溉系统、节能设备等手段，提高资源利用效率，降低成本。

农产品质量认证：西欧非常注重农产品的质量认证。通过严格的品质检验、地理标志认证等措施，确保农产品符合高标准和市场需求。这种质量认证为西欧农产品赢得了国内外消费者的信任。

农业科技创新：西欧农业现代化鼓励科技创新。投入大量资源用于研发新品种、改进种植技术和开发先进农业科技，以提高产量、质量和效益，并应对气候变化等挑战。

农村社会支持：西欧政府积极推动农村社会支持体系的建设。通过提供社会保障、医疗教育等公共服务，改善农民生活条件，并促进年轻人回归乡村从事农业生产。

农业合作组织：西欧鼓励农民组织起来成立合作社或联合企业等形式，共同参与经营管理。这种组织形式可以集中资源、分享风险，并提供更多的支持和服务给农民。

市场导向：西欧注重市场导向，在农产品的生产和销售上以市场需求为导向。通过市场机制的调节，鼓励农民根据市场需求调整生产结构，提高产品质量和降低成本。

农业政策支持：西欧国家通过制定和实施有针对性的农业政策，为农民提供经济和法律上的支持。这些政策包括补贴、贷款、保险等措施，帮助农民应对市场波动和风险。

农产品品牌化与营销：西欧农业现代化注重农产品品牌化与营销。通过建立知名品牌，如 Parmigiano-Reggiano 奶酪、Champagne 香槟等，增加产品的附加值和市场竞争力。

土地保护与规划：西欧国家重视土地保护与规划，在农业用地的合理利用和保护方面进行严格管理。这有助于保障土地资源的可持续利用，并减少土地开发对生态环境的影响。

农业教育与培训：西欧国家注重农业教育与培训，培养专业人才并提升农民技能水平。通过开设农学院、研究机构和培训项目，传授最新的农业知识和技术，推动农业创新和发展。

农村基础设施建设：西欧国家积极推进农村基础设施建设，包括道路、供水、电力等。这些基础设施的完善提高了农村地区的生产条件和生活品质，促进了农业现代化的进程。

农业与环境协调发展：西欧国家重视农业与环境的协调发展。通过保护生态系统、生物多样性和自然资源，实现农业可持续发展与环境保护的良性循环。

农民参与合作：西欧国家鼓励农民参与政策制定和项目管理，并支持他们之间的合作。这种参与和合作能够增加农民的话语权和影响力，促进整个农业系统的改进和发展。

以上是农业现代化的西欧模式的主要特点。这些特点使西欧国家在农业领域取得了显著成就，实现了农业现代化与可持续发展的平衡，并为乡村经济和社会发展作出了重要贡献。

第四节　新型农业经营主体发展的政策解读

一、新型农业经营主体发展的政策支持体系

(一)基于财税政策支持培育新型农业经营主体的重要价值

根据《关于加快构建政策体系培育新型农业经营主体意见》(以下简称《意见》)指出,政策在引导新型农业经营主体发展方面具有重要作用。为此,需要建立健全政策体系来促进和支持新型农业经营主体的发展。其中一项重要任务是加快对新型农业经营主体的培育,并逐步形成一个基于家庭经营、以联合与合作为纽带、以社会化服务为支撑的现代农业经营体系。

实施该政策体系的落地将有助于解决新型农业经营主体面临的融资难题。同时,它还能够发挥规模化和机械化优势,提高劳动生产率和土地使用效率,增强可持续发展的后劲,并激发新型农业经营主体的生产经营积极性。

此外,推动农业供给侧改革、大力发展现代农业也是重要任务之一。这将带动农民增收和就业,引导新型农业经营主体走上高质量发展的道路。通过引领适度规模发展经营,在农村地区培育出新的发展动能,从而实现农村农业的全面振兴。

财税政策在培育新型农业经营主体方面具有重要的价值。

①减税优惠。政府可以通过减免农业企业所得税、土地使用税等方式,降低新型农业经营主体的负担,鼓励他们投资扩大生产规模和提升技术水平。

②资金支持。政府可以设立专项资金,用于支持新型农业经营主体的发展。如提供低息贷款、补贴技术改造和设备采购等,帮助他们解决资金短缺问题。

③税收优惠。针对特定类型的新型农业经营主体,政府可以给予一定期限内免征或减免增值税、消费税等相关税费,以激励其发展壮大。

④培训与咨询。政府可以通过组织培训班、开展技术咨询等方式,为新型农业经营主体提供专业知识和管理能力的培训支持,帮助他们提高生产效率和管理水平。

⑤市场拓展。政府可以通过设立农产品市场、开展推广活动等方式,为新型农业经营主体提供更多的销售渠道和市场机会,促进其产品的流通和增值。

财税政策的支持可以降低新型农业经营主体的创业风险和运营成本,激发他们的积极性和创造力。这些措施有助于培育一批具有创新意识、技术能力和市场竞争力的新型农业经营主体,推动农业现代化进程,促进乡村振兴。同时,也为社会提供了丰富多样的农产品选择,满足人们对绿色、健康食品的需求。

（二）财税支持新型农业经营主体的政策要求与实施现状

1.政策要求

《意见》明确指出要完善财政税收政策，加强对新型农业经营主体发展的支持。为了实现这一目标，政府将采取多种手段，包括定向委托、直接补贴、以奖代补、政府购买公共服务等，以增强补贴政策的实际效果和针对性。

此外，政府还将通过倾斜农机具购置补贴等多项政策来支持新型农业经营主体发展直供直销、加工流通、休闲农业等领域。同时，推动农村地区一二三产之间的融合发展，并鼓励地方政府购买公共服务，支持各类农业社会化服务机构从事生产性服务。

在税收方面，政府计划扩大农产品加工企业进项税额核定扣除试点行业范围，并完善农产品初加工所得税优惠目录。同时，也将贯彻实施农民合作社税收优惠相关政策。

通过这些措施，政府希望能够提高对新型农业经营主体的支持力度，促进其健康发展，并推动整个农业产业链的协同发展。

2.实施现状

《意见》出台后，各地政府积极响应并发布了系列化的财税优惠政策，以推动新型农业经营主体的可持续发展。以安徽省为例，他们在农业生产环节方面，安徽省针对家庭农村和专业种养大户实施了重点针对小米和两季水稻的粮食直接补贴。根据计税常产面积或计税面积，每亩补贴标准为10~30元。这样的补贴政策旨在支持农民增加粮食产量，提高农业生产效益。

此外，安徽省还推动新型农业经营主体的可持续发展。他们为专业合作社和家庭农场安排了财政预算资金，并实施动态调整。政府还对这些新型农业经营主体参与政府举办的各类农产品展销会或交易会提供全额补贴，以促进其产品销售和市场拓展。同时，安徽省设立了专项扶持资金，重点支持省级以上示范效应良好的新型农业经营主体，并向符合条件的农民合作社开展有利于发展农村经济的项目提供适量奖补。

在税收优惠方面，安徽省针对农业龙头企业和专业合作社实施了一系列政策。农民专业合作社从保护植被、灌溉排水、技术培训等特定领域取得的合法收入免征营业税。此外，农民专业合作社销售的各类农副产品以及提供给本社成员的种子、薄膜、化肥、树苗、农药等，免征增值税。对于农民专业合作社在畜牧、农林等项目中的合法经营收入，根据相关规定减征或免征企业所得税。

这些税收优惠政策旨在减轻新型农业经营主体的负担，鼓励他们积极投资和发展。通过免除或减少营业税和增值税等税款，政府希望能够提高新型农业经营主体的盈利能力，促进其可持续发展。

安徽省的财税优惠政策为新型农业经营主体创造了良好的发展环境。这些措施不仅有助于提高农产品产量和质量，也促进了农村经济的发展。通过支持新型农业经营主体的发展，安徽省致力于推动农村地区一二三产之间的融合发展，实现农村全面振兴的目标。

（三）新型农业经营主体财税政策支持落实的症结梳理

政策宣传和解读不到位：新型农业经营主体对于财税政策的了解程度有限，政府在政策宣传和解读方面存在不足。缺乏及时、准确、全面的政策信息，导致农民无法充分了解到相关财税优惠措施，从而无法有效利用这些政策支持。

行政手续繁琐：一些新型农业经营主体反映，在享受财税优惠的过程中，需要履行大量烦琐的行政手续。例如，申请资金补助或税收减免需要提供大量材料，并且审批流程复杂。这给新型农业经营主体增加了额外的时间和成本负担。

政策执行力度不够：尽管政府发布了一系列财税优惠政策来支持新型农业经营主体发展，但在实际执行过程中存在执行力度不够的问题。一方面是地方政府对于财税优惠政策的理解和认知存在差异，执行力度参差不齐。另一方面是一些政策措施的具体操作细则尚未明确，导致政策执行效果不佳。

资金支持不足：新型农业经营主体需要大量资金用于技术改造、设备购置和市场拓展等方面。然而，财税政策在资金支持方面存在不足，无法满足新型农业经营主体的实际需求。此外，一些新型农业经营主体由于规模较小或信用状况不佳，难以获得银行贷款等融资渠道的支持。

为解决以上问题，可以采取以下措施。

加强政策宣传和解读工作，提高新型农业经营主体对财税优惠政策的认知度和理解度。简化行政手续，减少烦琐审批环节，并推行线上办理服务，提高办事效率。加强地方政府的组织协调和监督力度，确保财税优惠政策的统一执行。增加资金支持力度，通过设立专项基金、提供低息贷款等方式，为新型农业经营主体提供更多的资金支持。完善政策细则，明确财税优惠政策的具体操作规定，降低执行难度和成本。

通过以上措施的落实，可以更好地支持新型农业经营主体发展，推动农业现代化和乡村振兴战略的顺利实施。

二、新型农业经营主体的未来前景

新型农业经营主体具有广阔的未来前景，以下是几个方面的展望。

①农业现代化推进：随着科技的不断发展和应用，新型农业经营主体将能够更好地利用物联网、大数据、人工智能等技术手段，实现农业生产的数字化、智能化和精细化。他们将能够提高生产效率、降低成本，并且更加环保可持续。

②乡村振兴战略加速推进：乡村振兴战略是中国政府当前的重要发展战略，而新型农业经营主体正是乡村振兴战略的重要组成部分。他们将在推动乡村经济结构转型升级、发展休闲旅游、特色产业等方面发挥积极作用，为乡村振兴注入新动力。

③农产品供给质量提升：新型农业经营主体注重绿色环保和可持续发展，在生产过程中采用无公害、有机种植或养殖方式。这将带来更安全、健康和优质的农产品供给，满足消费者对食品安全和品质的需求。

④农村经济多元化发展：新型农业经营主体将推动农村经济多元化发展，通过发展休闲

农业、农村电商、特色产业等新兴产业,为农民创造更多就业机会和增收渠道。这将带动农村地区的经济活力,促进城乡差距的缩小。

⑤农民素质提升与人才培养:新型农业经营主体注重人力资本的培养和积累,通过教育、培训等方式提高农民的知识和技能水平。这将有助于提升农民自身素质,增强他们的创业能力和竞争力。

总之,新型农业经营主体在推动农业现代化、促进乡村振兴、改善生态环境等方面具有重要作用。随着政府对新型农业经营主体的支持力度加大以及科技创新的不断推进,他们必将迎来更广阔的发展前景,并为中国乡村发展注入新活力。

第五节　新型农业经营主体发展的案例分析

一、关于新型农业经营主体发展的案例分析

某国 B 省一家农业公司通过引进现代化技术和管理模式,成功发展了一种高效的温室农业项目。

项目背景。B 省气候条件不适宜传统农作物种植,导致当地农民收入较低。该农业公司意识到这一问题,并希望通过引进新技术和管理模式来改善当地的农业发展状况。

引进现代化技术。该公司投资建设了大型温室,采用先进的自动化控制系统、水肥一体化等技术手段。这些技术能够精确控制温度、湿度和光照等环境因素,提供最佳生长条件。

选择适应性作物。为了适应当地气候条件,该公司选择了一些具有较强适应性的特色作物进行种植,如番茄、黄瓜等。这些作物在温室环境下生长迅速且产量稳定。

建立供应链合作。为了确保产品销售和市场需求,该公司与超市、酒店、餐馆等建立了稳定的供应链合作关系。他们通过签订长期合同,确保产品销售和价格稳定。

农业技术培训。为了提高农民的技能水平,该公司组织了培训班,向当地农民传授温室种植技术和管理经验。这不仅提升了农民的收入水平,还促进了当地农业产业的发展。

经济效益。通过引进现代化技术和管理模式,该公司实现了高产量、高质量的农产品生产,并获得了较高的经济效益。同时,由于特色作物的种植带动了当地就业机会增加和农村经济发展。

该案例表明,在新型农业经营主体的引领下,通过引进现代化技术和管理模式,结合市场需求进行定位,可以实现传统农业的转型升级。新型农业经营主体能够创造出独特的竞争优势,并为当地乡村振兴做出积极贡献。

二、关于龙头企业发展的案例分析

中国移动通信集团(中国移动)

公司背景。中国移动是中国最大的移动通信运营商,也是世界上最大的移动网络运营

商之一。它成立于 1997 年,经过 20 多年的发展,已经成为中国信息通信行业的龙头企业。

市场占有率。中国移动在国内市场拥有庞大的用户基础和巨大的市场份额。截至 2020 年年底,中国移动拥有超过 9 亿用户,市场占有率超过 70%。

技术创新。作为龙头企业,中国移动一直致力于技术创新和网络建设。它积极推进 4G 和 5G 网络建设,并在全国范围内提供高速、稳定的移动通信服务。同时,公司还投资研发了一系列与 5G 相关的技术和应用。

产品多样化。除了传统的移动通信服务外,中国移动还通过推出各种增值业务来满足用户需求。例如,在互联网领域推出了云计算、物联网等服务;在金融领域推出了手机支付、电子钱包等产品。

国际拓展。中国移动积极开展国际业务拓展,与全球多个运营商建立了合作伙伴关系。它通过投资、合资和收购等方式进入海外市场,并在一些国家开展移动通信服务。

社会责任。作为一家龙头企业,中国移动注重社会责任的履行。它积极参与公益事业,推动数字包容和信息化发展,助力贫困地区脱贫攻坚。

该案例表明,作为龙头企业,中国移动凭借其强大的市场占有率、技术创新能力和产品多样性,在行业内保持领先地位。同时,公司还积极扩大国际市场份额,并履行社会责任。这些因素共同促使中国移动成为一个具有全球竞争力的龙头企业。

三、关于家庭农场的案例分析

案例:某省 C 县的李家农场

项目背景。C 县是一个农业资源丰富的地区,许多农民希望通过发展家庭农场来提升收入和改善生活。李明是该县一位农民,他看到了家庭农场发展的机会,开始尝试建立自己的家庭农场。

农场规划。李明对自己的土地进行规划,选择了适宜种植蔬菜和水果的区域,并根据市场需求确定了种植品种。他还建造了简单而实用的温室和设施,以延长种植季节并提高产量。

环保耕作方式。李明采用有机耕作方式,不使用化学肥料和农药。他注重土壤保护、生态环境建设,并利用有机肥料和生物防治措施来保持作物健康生长。

市场销售渠道。为了确保产品销售,李明积极与当地超市、酒店、餐馆等建立合作关系。他还参加各类展销会,并通过社交媒体和线上平台进行产品推广和销售。

农旅融合发展。为了增加农场的附加值,李明将农场打造成一个农旅融合的体验基地。他开设了采摘园、农家乐等项目,吸引了许多游客前来参观、休闲和品尝当地特色农产品。

社区互动。李明与周边社区建立了紧密联系,并组织定期的农产品集市活动。他鼓励当地居民购买本地产的农产品,提高消费者对本土农业的认知和支持度。

通过以上措施,李明成功发展了自己的家庭农场。他不仅提高了自己的收入,还促进了当地乡村经济发展和就业机会增加。同时,他注重环境保护和社区互动,积极推动可持续农业发展,并为当地居民提供健康、优质的农产品。这个案例表明,在正确的经营策略下,家庭农场可以成为一种可行的经济模式,并为乡村振兴做出积极贡献。

四、农业专业合作社的发展与运营的案例分析

农业专业合作社是一种新型的农村经济组织形式,通过集体经营、规模化生产和市场化运作等方式,推动农村经济发展和农民收入增加。本书将以某省农业专业合作社为例,对其发展与运营进行分析,并探讨其取得成功的关键因素。

(一)案例背景

某省位于中国中部地区,是一个以农业为主导的省份。在该省,一家名为××农业专业合作社成立于2015年,由一群有志于发展现代化农业的年轻人共同创办。合作社致力于整合资源、提供技术支持和市场拓展等服务,帮助当地农民实现增收。

(二)发展模式

该合作社采取了多种方式来推动农村经济发展。首先,他们通过整合土地资源和引进先进技术设备,在一片土地上开辟了大面积的高效果蔬菜种植基地。其次,他们组织培训班和技术交流会议,向当地农民传授种植技术和管理经验,提高他们的种植技能。最后,他们还与当地农产品加工企业合作,将农产品进行加工、包装和销售,增加附加值。

(三)运营策略

该合作社注重市场导向和品牌建设。他们通过与超市、餐馆等商家签订长期供应合同,确保产品销售渠道稳定。同时,他们还在城市中心开设了直营店面,直接面向消费者销售自己的产品。此外,他们积极参加各类展览会和交易会,在行业内树立了良好的口碑和品牌形象。

(四)成功因素分析

该合作社取得成功的关键因素主要有以下几点。首先是创新思维和团队精神。创办人员具备较高的专业知识和创业意识,并且能够紧密协作,共同克服困难。其次是资源整合和产业链延伸能力。合作社通过整合土地、技术和市场等资源,并且将农产品从种植到销售环节进行全程控制,实现了产业链上下游的协同发展。最后是市场敏感度和灵活性。合作社能够及时调整产品结构和销售策略,适应市场需求的变化。

(五)经验启示

通过对该农业专业合作社的案例分析,我们可以得出以下经验启示。首先,农业专业合作社是推动农村经济发展和农民增收的有效方式。其次,在合作社发展过程中,要注重资源整合、技术创新和市场导向等方面的工作。最后,要不断提高组织内部的管理水平和团队协作能力,以应对外部环境的挑战。

农业专业合作社在推动农村经济发展和农民增收方面具有重要意义。通过整合资源、提供技术支持和市场拓展等方式,可以实现规模化生产和市场化运营。然而,在发展过程中

仍需注意资源整合、技术创新、市场导向和组织管理等方面的问题,并且灵活应对外部环境变化。

五、农业现代化的案例分析

案例一:以色列农业现代化

以色列是一个干旱和资源匮乏的国家,但成功实现了农业现代化。通过技术创新和科学管理,以色列在农业领域取得了显著的成就。

以色列利用先进的滴灌技术和自动化控制系统,实现了高效节水的灌溉。这种系统可以根据植物的需水量精确供给水分,减少浪费并提高作物产量。由于缺乏淡水资源,以色列开发了海水淡化技术和废水再利用系统,将海水转化为可用于农业的淡水,并回收利用城市废水进行灌溉。

以色列重视科学研究和育种工作,在温室中使用先进设备、气候控制和生物防治等手段,提高了作物品质和产量。同时以色列通过冷链运输、食品加工和质量控制等手段,将农产品加工为高附加值产品,并出口到全球市场。

案例二:中国精准农业现代化

中国在农业现代化方面也取得了显著的进展,其中精准农业是一个重要的实践领域。

中国利用卫星遥感、无人机和GPS等技术,对农田进行精确测绘和监测,实现了土壤质量、植被状况和气象数据的实时获取。通过大数据分析和人工智能算法,对农田数据进行处理和模型建立,为农民提供精确的种植方案和管理建议。同时引入智能传感器、自动化控制系统和远程监控设备等,实现了对作物生长环境、水肥管理和病虫害防治等方面的精确控制。

与此同时,中国通过使用电子标签、区块链技术等手段,确保农产品质量安全,并提供溯源服务,增强消费者对产品的信任度。

这些案例表明,在不同国家和地区,通过科技创新、管理创新和产业升级等手段推动农业现代化是可行的。关键在于科学合理地利用先进技术和管理方法,适应当地的农业特点和资源环境,提高农业生产效率、质量和可持续发展能力。

六、新型农业经营主体与文化旅游的案例分析

案例一:乡村民宿与文化旅游结合

在中国,乡村民宿是新型农业经营主体与文化旅游结合的一个典型案例。许多农民通过将自己的农房改造成具有特色的民宿,吸引大量游客前来体验农村生活和传统文化。

乡村民宿提供了独特的文化体验,例如,可以品尝当地特色美食、参加传统手工艺制作活动、欣赏民俗表演等。这些活动使游客更好地了解当地的传统文化和生活方式。乡村民宿通常位于农田或山区,游客可以亲身参与农业生产过程,如采摘水果、种植蔬菜等。这种互动式的农业观光不仅满足了人们对自然环境的向往,还增加了对农业知识和技能的认识。

同时乡村民宿通常注重生态环境保护,在经营过程中遵循可持续发展原则。通过推广有机农业、使用可再生能源和提倡垃圾分类等措施,保护当地的生态环境和资源。

显然乡村民宿的发展促进了农村经济的振兴。农民可以通过提供住宿、餐饮和旅游服务等获得额外收入,改善生活水平。同时,也带动了周边农产品销售和农业产业链的发展。

这种新型农业经营主体与文化旅游结合的模式不仅满足了人们对休闲度假和文化体验的需求,还促进了乡村振兴和传统文化保护。在全球范围内,类似的案例也得到了广泛应用,并取得了积极成效。

案例二:农家乐与文化旅游结合

农家乐是另一个将新型农业经营主体与文化旅游结合的典型案例。农家乐通常位于农村地区,提供农村风味的餐饮和住宿服务,并结合当地的传统文化元素。

农家乐以提供正宗的农村风味美食为特色,让游客品尝到地道的乡土菜肴。这些美食不仅满足了人们对口味的追求,也展示了当地独特的饮食文化。在一些农家乐中,游客可以参与田间劳作,如耕种、播种、收割等活动。通过亲身体验农耕劳作,游客更好地了解了农业生产过程,并感受到了劳动的价值和意义。并且一些农家乐会举办民俗表演活动,如舞蹈、歌曲、传统戏曲等。这些表演向游客展示了当地独特的文化艺术形式,并丰富了旅行体验。

农家乐通常提供舒适的住宿环境,游客可以在乡村中感受宁静和自然。同时,农家乐也会组织一些户外活动,如徒步旅行、骑行等,让游客近距离接触大自然。

通过将农业经营主体与文化旅游结合,农家乐不仅为游客提供了独特的旅行体验,也为当地农民创造了增收机会。这种模式促进了农村地区的发展和文化传承,并带动了周边农产品销售和相关产业的发展。

第六节　新型农业经营主体的可行模式

一、新型经营主体发展的国际经验

(一)家庭农场发展经验

家庭农场是一种小规模的农业经营形式,以家庭为单位进行农业生产和经营。本书将探讨家庭农场的发展经验,包括市场定位、技术创新、品牌建设和可持续发展等方面。

1.市场定位

家庭农场在选择产品和市场时应有明确的定位。其一,要了解目标市场的需求和趋势,选择具有竞争力且有市场潜力的产品。其二,在产品差异化上下功夫,提供高品质、绿色健康的农产品,满足消费者对安全、环保食品的需求。

2.技术创新

家庭农场要注重技术创新,提高生产效率和产品质量。可以引进先进的种植技术、养殖技术和设备,提高生产能力和管理水平。同时,也要关注科学研究和技术培训,不断更新知识和技能。

3.品牌建设

品牌建设对于家庭农场来说非常重要。通过打造独特的品牌形象和优质的产品口碑,可以提高产品的附加值和市场竞争力。建立品牌宣传渠道,如网站、社交媒体等,积极与消费者进行互动和沟通。

4.可持续发展

家庭农场要注重可持续发展,保护环境和资源。采用有机耕作、生态养殖等方式,减少对土壤、水源和生态环境的污染。同时,也要注重农业循环利用和资源回收利用,实现农业的可持续发展。

5.合作与共享

家庭农场可以通过合作与共享来获得更多的机会和资源。与其他农户、合作社或农业科研机构进行合作,共同开展生产、销售和技术创新等活动。通过分享经验和资源,提高整体效益。

家庭农场在市场定位、技术创新、品牌建设和可持续发展等方面需要注意。明确市场需求并选择适宜的产品定位是成功的关键。技术创新能够提高生产效率和产品质量。品牌建设可以增加产品附加值和市场竞争力。注重可持续发展有助于保护环境和资源。合作与共享可以获得更多机会和资源。

然而,家庭农场的发展也面临一些挑战,如市场竞争激烈、资金压力和技术难题等。因此,家庭农场需要不断学习和适应市场变化,提高自身的竞争力和可持续发展能力。

(二)合作社发展的国际经验

合作社是一种以合作为基础的组织形式,通过集体经营和共同努力,推动农村经济发展和农民增收。本书将介绍一些国际上成功的合作社案例,并总结其发展经验,包括组织模式、市场开拓、技术创新和政策支持等方面。

1.意大利农民合作社

意大利是世界上合作社最为发达的国家之一。意大利农民合作社以小规模、多元化和高品质的特点而闻名。这些合作社通过整合资源、提供技术支持和市场拓展等方式,帮助农民实现增收。他们注重品牌建设和产品差异化,在市场上取得了良好的口碑和竞争力。

2.日本农业生产合作社

日本农业生产合作社以规模化生产、科学管理和先进技术应用而著称。他们通过引进先进设备、自动化生产线和信息化管理系统,提高生产效率和产品质量。此外,他们还注重与零售商建立长期稳定的供应关系,并通过直销渠道向消费者销售产品。

3.瑞士农村合作社

瑞士农村合作社以多功能性和可持续发展为特点。他们不仅注重农业生产,还积极开展农村旅游、乡村文化传承和环境保护等活动。通过多样化经营和增加附加值,他们实现了农村经济的多元化发展。

4.印度乡村信用合作社

印度乡村信用合作社是印度农民自组织的金融机构,旨在解决农民融资难题。这些合作社通过集体储蓄和互助贷款等方式,为农民提供便捷的金融服务。他们注重培训和教育,增强会员的金融素养和风险意识。

5.加拿大农业合作社

加拿大农业合作社采取了联盟模式,将不同类型的合作社组成一个大型联盟网络。这种模式可以实现资源共享、技术创新和市场开拓等方面的优势。通过规模效应和分工协作,他们实现了经济效益和市场竞争力的提升。

国际上有许多成功的合作社案例,他们在组织模式、市场开拓、技术创新和政策支持等方面积累了丰富的经验。通过学习和借鉴这些经验,可以为我国合作社的发展提供参考。然而,需要注意的是每个国家和地区的农业发展环境和特点不同,因此在引入国际经验时要结合本地实际情况进行调整和创新。同时,政府应制定相关政策措施,为合作社的发展提供支持和保障。

(三)农业企业发展的国际经验

农业企业是现代农业发展的重要组成部分,其经营模式和管理方式对于提高农业生产效率和增加农民收入具有重要意义。本书将介绍一些国际上成功的农业企业案例,并总结其发展经验,包括科技创新、市场开拓、可持续发展和品牌建设等方面。

1.以色列农业企业

以色列是世界上干旱地区农业技术最为先进的国家之一。他们通过引进先进的灌溉技术、温室种植和精细化管理等方式,实现了在水资源匮乏条件下高效农业生产。同时,他们注重科研创新和技术转移,将先进技术应用于实际生产中。

2.荷兰农业企业

荷兰是世界著名的现代化农业国家,其特点是规模化、标准化和自动化生产。他们通过引进先进设备、自动控制系统和信息化管理手段,实现了高度机械化和智能化的生产过程。此外,他们还注重产品质量和食品安全,在市场上取得了良好的声誉和竞争力。

3.美国农业企业

美国农业企业以大规模经营和产业链整合为特点。他们通过规模效应和分工协作,实现了生产成本的降低和市场竞争力的提升。同时,他们注重市场导向和品牌建设,在产品开发、包装和销售等方面下功夫,满足消费者多样化的需求。

4.新西兰农业企业

新西兰农业企业以可持续发展和环境保护为核心价值观。他们注重土壤保护、水资源管理和生态平衡,在生产过程中尽量减少对环境的影响。同时,他们也注重产品质量和食品安全,在国际市场上树立了良好的形象。

5.巴西农业企业

巴西是世界上最大的农产品出口国之一,其农业企业以大规模种植、高效管理和市场开拓为特点。他们通过引进先进技术、科学管理和资源整合等方式,实现了高产量和高质量的农产品生产。此外,他们还注重与国际买家建立长期稳定的合作关系,拓展出口市场。

国际上有许多成功的农业企业案例,他们在科技创新、市场开拓、可持续发展和品牌建设等方面积累了丰富的经验。通过学习和借鉴这些经验,可以为我国农业企业的发展提供参考。然而,需要注意的是每个国家和地区的农业发展环境和特点不同,因此在引入国际经验时要结合本地实际情况进行调整和创新。同时,政府应制定相关政策措施,为农业企业的发展提供支持和保障。

二、新型农业经营主体培育与发展的可行模式

随着农业现代化和农村产业结构调整的推进,培育和发展新型农业经营主体成为促进农村经济发展和增加农民收入的重要举措。以下是一些可行的模式。

1.农民合作社模式

农民合作社是一种以集体所有制形式组织起来的、由农民自愿参加的经济组织。通过合作社,农民可以共同投资、共同生产、共同销售,实现资源整合和规模效应。政府可以通过提供财税支持、技术指导和市场信息等方式,帮助农民合作社发展壮大。

2.农业产业化龙头企业模式

在这种模式下,龙头企业通过与农户签订订单或合同,引导其种植或养殖符合市场需求的产品。龙头企业提供种苗、饲料、技术指导等支持,并承诺收购产品。这种模式能够稳定市场供应,增加农户收入,并促进产地与市场之间的紧密对接。

3.农村电商扶贫模式

随着互联网的普及,农村电商成为农民增收的新途径。政府可以通过建设农村电商平台、提供培训和物流支持等方式,帮助农民将产品直接销售给消费者。这种模式能够打破传统的销售渠道限制,提高产品附加值和市场竞争力。

4.农业专业合作社模式

这种模式是由具有相同专业技术或特定农业产业特点的农户自愿组成的经济组织。通过合作社,农户可以共享技术、设备和市场信息等资源,提高生产效率和产品质量。政府可以提供技术培训、科研支持和市场开拓等方面的支持。

5.农村金融服务模式

在这种模式下,政府可以设立乡村信用社或合作银行等金融机构,为农民提供便捷的金融服务。通过发放贷款、提供储蓄和保险等金融产品,帮助农民解决资金问题,并促进其发展新型经营主体。

培育和发展新型农业经营主体是推进农村经济发展和增加农民收入的重要举措。政府可以通过提供财税支持、技术指导、市场信息和金融服务等方式,帮助新型农业经营主体发

展壮大。同时,农民也应积极参与并适应新型经营模式的转变,提高自身的管理水平和创新能力。

自测题

1.选择题

(1)新型农业经营主体的定义是(   )。

    A.农民合作社   B.农业企业

    C.农民专业合作社   D.所有选项都正确

(2)新型农业经营主体的特点包括(   )。

    A.规模化经营和集约化生产   B.引入市场化运作和现代管理模式

    C.提供农民增收和就业机会   D.所有选项都正确

(3)新型农业经营主体的发展受到哪些因素的影响?(   )。

    A.政府政策支持和扶持措施   B.市场需求和竞争压力

    C.农民意愿和自身能力   D.所有选项都正确

(4)新型农业经营主体对于促进农村经济发展的作用包括(   )。

    A.提高农产品质量和竞争力   B.推动农村产业升级和结构调整

    C.改善农村基础设施和公共服务水平   D.所有选项都正确

(5)实施新型农业经营主体需要解决的挑战包括(   )。

    A.农民参与意愿和能力不足   B.土地流转和资源配置问题

    C.市场准入和监管环境不完善   D.所有选项都正确

(6)新型农业经营主体的发展需要政府提供哪些支持措施?(   )

    A.提供资金和贷款支持   B.制定相关政策和法规

    C.提供培训和技术指导   D.所有选项都正确

(7)农民合作社的特点包括(   )。

    A.农民自愿组织成立,共同经营生产活动 B.共享风险和收益

    C.提供农民增收和就业机会   D.所有选项都正确

(8)农业企业的特点包括(   )。

    A.以盈利为目标,采用现代化管理模式 B.实行规模化经营和集约化生产

    C.引入市场化运作和先进技术   D.所有选项都正确

(9)农民专业合作社的特点包括(   )。

    A.由农民自愿组织成立,实行专业分工

    B.共同经营农业生产并分享风险与收益

    C.提供技术指导、市场信息和金融支持等服务

    D.所有选项都正确

(10)新型农业经营主体的发展对于实现乡村振兴战略的重要性体现在(　　)。

  A.促进农村产业升级和结构调整   B.提高农民收入和就业机会增加

  C.改善农村基础设施和公共服务水平 D.所有选项都正确

(11)农业现代化的定义是(　　)。

  A.提高农业生产效率和农产品质量 B.引入先进技术和管理方式

  C.实现农民增收和农村经济发展   D.所有选项都正确

(12)农业现代化的目标之一是(　　)。

  A.提高农民收入   B.保护环境和可持续发展

  C.实现粮食安全   D.所有选项都正确

(13)农业现代化的关键因素包括(　　)。

  A.科技创新和技术转移   B.资金投入和基础设施建设

  C.市场导向和品牌建设   D.所有选项都正确

(14)农业现代化的推动力量主要来自(　　)。

  A.政府政策支持   B.农民自身需求和意愿

  C.市场需求和竞争压力   D.所有选项都正确

(15)实施农业现代化需要解决的挑战包括(　　)。

  A.土地资源紧张与环境污染问题 B.农村劳动力流失和人口老龄化

  C.农产品市场不稳定和价格波动 D.所有选项都正确

2.思考题

(1)什么是农民合作社?它的优势是什么?

(2)农村电商扶贫模式如何帮助农民增加收入?

(3)农业产业化龙头企业模式的特点是什么?它对农户和市场有什么影响?

(4)农村金融服务模式如何帮助农民解决资金问题?

(5)新型农业经营主体培育与发展的重要性是什么?政府可以采取哪些措施来支持其发展?

(6)农业现代化对于农村经济发展和农民收入增加有何重要意义?请列举具体的影响和好处。

(7)在推进农业现代化的过程中,你认为面临哪些主要挑战和难题?如何解决这些挑战?

(8)农业现代化需要充分利用科技创新和先进技术,请谈谈你对科技在农业发展中的作用和应用的看法。

(9)农村地区存在着劳动力流失和人口老龄化等问题,如何通过农业现代化来吸引年轻人回归乡村并参与农业生产?

(10)农产品市场不稳定和价格波动是影响农民收入的重要因素之一。你认为政府、企业和农民自身应该采取什么措施来解决这个问题?

第三章
家庭农场培育发展与政策解读

【学习目标】

通过本章的学习,读者应该了解我国家庭农场的定义、内涵和特征;掌握我国家庭农场发展演变的历史;深刻认识我国家庭农场当前发展的现状及其存在的主要问题,并根据现状思考可实施的措施;熟悉我国家庭农场发展的几种模式及相关典型案例。

通过学习本章内容,读者应当全面掌握我国家庭农场培养发展等方面的知识,为推进实施乡村振兴战略提供重要参考。

【导读案例】

美国斯诺农场

斯诺农场位于美国康涅狄格州中部,农场主人菲尔·斯诺从祖辈手中继承下这座占地60英亩的农场,并和家人一起经营。按照全美家庭农场联盟的定义,这是一家典型的家庭农场:家庭拥有农场的产权,家庭成员是农场的主要劳动力,并在运营管理方面负主要责任。家庭农场的规模不等,从占地几英亩到数千英亩。斯诺农场属中等规模。美国农业部的统计表明,美国的农业生产正在向大型农场集中,中小型农场无法同大农业公司竞争,多数选择转卖农场,改作他行。中小型家庭农场要想在激烈的竞争中生存,就必须善用资源,开展特色生产和经营。斯诺农场规模不大,但经营种类繁多。农场的主要产品是有机堆肥,堆成几座小山的堆肥占据了农场的一大片地,铲车不停地在堆肥场上倒堆、装车。菲尔介绍说,环卫部门把落叶等以有机物为主的垃圾运到他的农场,经过一年多的堆积,垃圾变成了由腐殖质和水等组成的有机肥,这种肥料每袋售价4美元。这种产品原料来源丰富,不但不用花钱买,还能收取垃圾处理费。农场还养牛和美洲驼等家畜,并出售圣诞树、用于铺设私家车道的碎石和覆盖庭院植物的木屑以及建筑用沙。回顾农场的过去,菲尔感慨自己一家的幸运。他说,康涅狄格州人均收入在全美处于较高地位,高收入使人们能够对家庭园艺投入更多金钱和时间。这使斯诺农场的有机堆肥在过去的十多年中一直畅销,收入在各家庭农场中属中等偏上,当然也付出了比别人更多的辛苦。菲尔已经60多岁,但是每天仍然坚持日出而作,开着轮子有一人多高的铲车在堆肥场里倒肥,一干就是一天。妻子阿内尔是农场的大管家,把各项活计和一家人的生活安排得井井有条。最令夫妻俩感到欣慰的是他们的三个孩子。大儿子亚当在科罗拉多经营信息技术咨询公司,心里时时挂念农场,他为农场建立了一个网站,随时将有关农场的最新信息放到网上。二儿子欧文是农场的主要劳力,农场里大大小小 20 多台设备的维修保养全靠他。菲尔说,如果没有欧文,农场的开支恐怕得翻番。小女儿珍妮也是父母的得力助手,开卡车送货,照顾牲畜,在农场的办公室接待客户,销售产品,样样在行。

在美国,更多的家庭农场需要耕种数千乃至上万亩地,家家几乎都有康拜因收割机、播种机、拖拉机等大型农用机械。拖拉机驾驶舱内有卫星导航系统,后面的拖斗里可以放入种子或肥料,自动播种、施肥。由于地域广阔、人口相对稀少,农户散居在各处,美国农村乍一看有点像在孤岛上生存,但是,发达的科技与交通帮助美国形成了完善的社会化服务体系,可以为农民提供多种选择。美国农民无论是种植有机作物、转基因作物还是常规作物,都会从各种专业网站上找到相关信息,包括种植标准、管理要求、市场准入、销售渠道等,从而保证了市场的多样性及农民的知情权。

第一节　家庭农场概述

一、家庭农场的定义、内涵和特征

(一)家庭农场定义、内涵

家庭农场起源于欧美,发展至今已有百余年的历史。目前,世界各国都有家庭农场,因此,国际组织和国家内部也对家庭农场的内涵进行了界定。其内涵也因国别不同而不同。

联合国粮农组织(FAO)将家庭农场定义为"主要依靠家庭成员劳动和经营的农场"。

美国对家庭农场的界定标准主要有两点。一是农场主要经营者及与主要经营者有血缘、婚姻关系的人员拥有农场 50% 以上的所有权,二是农场现金总收入达到 1 000 美元。

日本对家庭农场的主要界定标准是,农业收入是农场的主要收入来源、土地经营规模必须足够大。

法国界定家庭农场的标准主要是,以家庭劳动力为主从事农业规模经营、农场经营规模必须与家庭劳动力的经营管理能力相匹配、必须有正规的会计核算体系。

荷兰界定家庭农场的标准主要是,家庭农场以农业收入为主、农场必须达到一定规模、以家庭成员为主要劳动力。

中国家庭农场发展的起步较晚,2013 年"中央一号"文件首次提出要发展家庭农场。2014 年农业农村部发布的《关于促进家庭农场发展的指导意见》指出:"家庭农场以农民家庭成员为主要劳动力,以农业经营收入为主要收入来源,从事规模化、集约化、商品化农业生产。"

综上所述,目前各个国家对家庭农场的界定标准主要有以下三点:农场主要收入以农业生产经营为主、家庭成员是农场的主要管理者和生产者、农场面积达到一定的规模。

(二)家庭农场的特征

家庭农场作为一种新型农业经营方式,对农业的发展能够起到积极的促进作用,近年来许多学者对其特征进行了研究,形成了丰富的研究成果。黎东升等认为家庭农场具有市场化、利润最大化、企业化、科学管理化、规模化等特征。它是随着家庭承包经营制度的建立、农业适度规模经营制度的形成而产生的一种新事物,是农户家庭组织的一种高级形式。何多奇将家庭农场的特征归纳为农业商品化、机械化、规模化、科学化、法人化。高强等认为家庭农场具有家庭经营、适度规模、市场化经营、企业化管理四个方面特征。苏昕等认为农户家庭经营、农业收入为主、市场主体资质、现代化生产经营四个方面构成中国特色家庭农场的时代特征。王新志总结概括出家庭农场的四大特征为农户家庭经营、适度规模、家庭成员经营为主、农业收入为主。归纳家庭农场的主要特征,将有利于我们后续更深入地学习,加深对家庭农场的理解。张亚飞指出,家庭农场有利于农业"集约化、规模化、专业化、产业化经营",是一种合适的农业生产经营机制。2000—2023年间虽然各学者研究方向和侧重点不同,但几乎所有学者都认为家庭农场需要具有规模化、企业化特征,多数学者认为,也应该具有市场化和现代化的特征,见表3.1。

表 3.1　有关家庭农场特征研究

相关学者研究	家庭农场特征
黎东升,2000	市场化、利润最大化、企业化、科学管理化、规模化
何多奇,2009	农业商品化、机械化、规模化、科学化、法人化
高强等,2013	家庭经营、适度规模、市场化经营、企业化管理
苏昕等,2017	农户家庭经营、农业收入为主、市场主体资质、现代化生产经营
王新志,2020	农户家庭经营、适度规模、家庭成员经营为主、农业收入为主
张亚飞,2023	集约化、规模化、专业化、产业化

结合我国国情,我国家庭农场的特征可以归纳为家庭经营、适度规模、市场化经营、企业化管理等四个显著特征。

第一,家庭经营。家庭农场是以家庭承包经营为基础,以家庭为基本核算单位,既保留了家庭承包经营的传统优点,又吸收了现代化的农业生产要素。经营单位的主体仍然是家庭,家庭农场主仍是所有者、劳动者和经营者的统一体。因此,可以说家庭农场是完善家庭承包经营的有效途径,是对家庭承包经营制度的发展和完善。

第二,适度规模。家庭农场要有一定的规模,才能够将现代农业生产要素整合起来,具有产业化经营的特征。同时,由于家庭仍旧是经营主体,受资源动员能力和经营管理能力的制约,这就使经营规模必须处在一个可控制的范围之内,不能过大也不能过小,一切要建立在地区发展实际情况之上,因地制宜,采用不同的标准。

第三,市场化经营。家庭农场成立的目的就是更好地规避市场风险,增加收益,达到利润最大化的目的。针对市场需求,依托当地的自然资源,采用新工艺、新技术。结合新的管理模式,生产出具有较高附加值和高经济效益的农产品。市场化经营不是为了满足自己的需要,而是以市场交易为目的而从事专门的商品生产,这是它与自给自足的小农经济相区别的根本特征。市场化经营是一个以提高市场化程度和商品化水平,以盈利为根本目的的经济组织。

第四,企业化管理。根据家庭农场的定义,家庭农场是经过登记注册的法人组织。农场主作为法人首先是农场的经营管理者,其次才是农场的生产劳动者。相对于普通农户,家庭农场更注重农业标准化生产、经营和管理,重视农产品品牌营销。在市场化条件下,家庭农场更加重视收集市场供需信息,构建农产品销售系统,以减少风险,增强农产品市场竞争力。因此,企业化管理也是家庭农场的基本特征之一,就是采取现代企业标准化管理方式从事农业生产经营。

(三)家庭农场与农业企业、普通农户的比较

从生产规模的角度来看,普通农户进行农业生产主要是满足自身需求,其土地规模相对较小,家庭农场是以盈利为根本目的,土地面积必须达到一定的规模,才能够融合现代农业生产要素。农业企业土地规模面积通常较大,通常拥有数千亩甚至更大面积的土地,具有较强的市场竞争力和商业化经营能力。

从土地角度来看,农业企业所需土地数量多,企业经营的土地主要依靠租赁。在我国由于地理自然条件的原因,除东北、新疆地区外,我国大部分地区的家庭农场要想达到一定规模,必须以租赁土地为主,自有为辅。因此,土地能否顺利流转,对农业企业和家庭农场发展起着至关重要的作用,而普通农户通常是土地流转的供给方。

从资本角度来看,农业企业也是以盈利为目的经济组织,以外投资本为主。与之相对应的,个体农户是集消费和生产于一体的经营单位,其生产也以自有资本为主,以生计成本来衡量效益,而不是资本收益率。家庭农场的资本引入来源主要是外投资本和自有资本相结合。其资本收益率与农业公司更加接近。

从劳动角度来看,农业企业的劳动要素以雇佣劳动为主,很少有自有劳动,除一些农户自发联合起来共同经营的合作企业外。个体农户的劳动要素以自有劳动为主,偶有邻里间换工。家庭农场的劳动力要素来源是自有劳动和雇佣劳动相结合,以自有劳动为主,雇佣劳动为辅。

从收入方式的角度来看,农业企业的收入主要是通过生产经营管理,所获取的经营利润,个体农户的收入方式主要是通过劳动获得的劳动者报酬。家庭农场的收入方式则同时来源于劳动者报酬与经营利润。

从经营决策与实施角度来看,农业企业内是由企业拥有者或者经营者进行决策,企业员工负责对决策进行执行。个体农户则是由家庭主要成员凭经验决策,家庭成员实施。而家庭农场是由家庭成员沟通、协商并决策,家庭成员实施。

从技术装备投入来看,农业企业在农业生产、加工过程中使用的是现代化的生产技术和农业装备。个体农户在农业生产中还主要依靠传统经验和装备。家庭农场再生产过程中传统装备与现代装备兼具。

从产品种类与产业形态来看,农业企业和家庭农场的产品种类更为丰富,产业形态更加多样。个体农户的产品种类较为单一。

从经营者劳动角度来看,农业企业的经营者更多地展示出来的是企业家才能,生产性劳动为辅,管理性劳动为主。个体农户以生产性劳动为主,而家庭农场主处在一种过渡形态,以生产性劳动与管理性劳动相结合,两者之间的比例会根据农场经营规模与经营项目不同而发生变化。

从产品属性来看,农业企业和家庭农场产品主要担负交换盈利功能,个体农户产品更主要的是担负维持生计功能。

从经营目标来看,农业企业的目标是追求企业经营利润的最大化,个体农户是先满足家庭成员的需要,再将多余的产品进行售卖。家庭农场是同时追求家庭成员与临时雇工的工资与利润最大化,见表3.2。

由此可以看出,无论是在土地、资本和劳动等生产要素构成上,还是在经营者劳动和产品属性上,家庭农场都与农业企业更加接近。相比于个体农户,家庭农场在农业标准化生产、经营和管理方面更加注重,并且重视农产品牌建设和品牌营销推广。在以市场为导向的情况下,家庭农场更加重视收集市场供需信息,构建农产品销售系统,以减少风险,增强农产品市场竞争力。与此同时,为了追求更大的收益,家庭农场能够根据市场需求,以当地的自然资源条件为基础,采用新技术和新设备,从而获得生产高附加值农产品的动力和能力。

表 3.2　家庭农场与个体农户、农业企业的区别

	个体农户	家庭农场	农业企业
生产规模	小规模	适度规模	大规模
土地	自有为主,租赁为辅	租赁为主,自有为辅	主要靠租赁
资本	自有资本为主	外投资本与自有资本相结合	外投资本为主
劳动	自有劳动为主,偶有邻里间换工	自有劳动为主,雇佣劳动为辅	雇佣劳动为主,很少自有劳动
收入方式	劳动者报酬	劳动者报酬与经营利润	经营利润
经营决策与实施	家庭主要成员凭经验决策,家庭成员实施	家庭成员沟通、协商并决策,家庭成员实施	企业拥有者或者经营者进行决策,企业员工实施
技术/装备投入	传统经验/装备为主	传统经验与现代技术/装备兼具	现代技术/大中型装备为主
产品种类与产业形态	单一产品为主	产品种类和产业形态较多	产品种类丰富,产业形态多样
经营者劳动	生产性劳动为主,管理性劳动为辅	生产性劳动和管理性劳动相结合	生产性劳动为辅,管理性劳动为主
产品属性	产品担负维持生计功能	产品主要担负交换盈利功能	产品担负交换盈利功能
经营目标	先满足家庭生活需求,剩余产品出售	同时追求家庭成员与临时雇工的工资与利润最大化	追求企业经营利润最大化

家庭农场区别于普通农户的根本特征,就是以市场交换盈利为目的,进行专业化的产品生产,而不是自给自足简单满足自身需求,而区别于农业企业的根本特征,不像农业企业那样以雇佣劳动为主,家庭农场是以自有劳动为主,依靠家庭劳动力就能够基本完善经营管理。

二、家庭农场的类型

家庭农场作为我国新型农业经营主体重要组成部分,是构建现代农业经营体系的重要载体,由于我国幅员辽阔各地自然气候、环境资源、经济发展状况差异很大,各个地区在发展家庭农场时,根据当地的自然气候和特色资源,因地制宜发展有自身特色的家庭农场。根据国内家庭农场发展情况将家庭农场按照产品类型和管理模式进行划分。对家庭农场进行类型的划分有利于对家庭农场不同类型进行深入的研究。

(一)按照产品类型分类

家庭农场按照产品类型进行分类,主要可以分为大宗作物种植模式;大棚蔬果+采摘园模式;养殖模式;农业特种种养模式;循环农业模式。

大宗作物种植模式一般是指家庭农场种植1~2种农作物,农作物以大田类作物为主,可以进行机械化生产,主要种植作物为水稻、小麦、玉米等粮油类作物。通过开展大规模的机械化耕作,以机械力代替人力极大提高了农业生产效率。有利于农业的规模化、商品化、机械化。

大棚蔬果+采摘园模式是指家庭农场在大棚内种植特色蔬菜和水果,或者反季节果蔬,综合运用现代科学技术进行精细化管理,提高产品的附加值,提升产品竞争力。同时,还可以将农业与观光旅游相融合,游客在旅游的同时进入农家田地采摘新鲜蔬菜瓜果,使游客能够身临其境,体验田园风光,增加旅游乐趣。

养殖模式是指家庭农场养殖适度规模的1~2种家禽或者牲畜,通过规模养殖在一定程度上增强产品抵御市场风险的能力,有利于相关产品规模化、集约化、专业化生产。通过与现代科技相结合实现,提升养殖水平,推动产业规模化发展。

农业特种种养模式是指家庭农场既种植了农作物同时又饲养了畜禽,将畜禽粪便作为农场所种植的瓜果蔬菜的有机肥,而种植的农作物又为农场所养殖的畜禽提供食源,以充分将物质和能量在动植物之间进行转换循环。它的本质是在构建高效节粮型的畜牧业生产系统的基础上,继续稳定地发展种植业,它的主要特征是高产、优质、高效、低耗、低污染,能够形成一二三产业之间紧密连接的产业链,从而实现或保持最好的生态平衡,实现多环节、多层次、多领域的增值和增值。

循环农业模式是指家庭农场通过将种植、养殖产生的废弃物经无公害化处理、陈化、粉碎等流程,变废为宝。例如,将畜禽粪便变成生物肥进入树林,既促进了树木的生长,又消耗了大量养殖粪水。这种模式有利于降低农业生产成本,提升农业经营效益,让产业链条得到不断延伸,进一步增加农产品的附加值,实现家庭式特色农业管理效能最大化,为农业绿色发展注入新动力。

（二）按照管理模式分类

家庭农场按照管理模式分类,主要可以分为农业企业+研究院+家庭农场、商标+家庭农场、观光休闲+家庭农场+合作社、龙头企业+村集体经济合作社+家庭农场+贫困户、家庭农场+合作社+超市、公司+村+家庭农场。

农业企业+研究院+家庭农场模式。这种模式下,农业企业与研究院合作,共同对家庭农场进行管理和研究。农业企业可以提供技术支持、市场渠道和资金支持等方面的帮助,为家庭农场提供技术支持和市场渠道,帮助家庭农场提高产品质量和市场竞争力。研究院则可以提供科学技术和研究成果等方面的支持。助家庭农场提高生产效率和产品质量,家庭农场在这种模式下可以得到更加专业和全面的管理和支持,促进产业升级和发展。

商标+家庭农场模式。这种模式下,家庭农场通过注册商标,打造自己的品牌。家庭农场可以通过品牌宣传和市场推广,提高产品知名度和销售额,从而实现经济效益的提升。同时,品牌形象的塑造也有利于家庭农场的长期发展和可持续性。在发展过程中家庭农场需要注重产品质量和服务质量,打造出具有差异化和竞争力的品牌形象。通过品牌宣传和市场推广,家庭农场可以吸引更多的消费者,并提高销售额和市场份额。

观光休闲+家庭农场+合作社模式。这种模式下,家庭农场利用生态优势和当地特色打造具有乡野风貌的休闲观光景点,合作社负责资源整合,通过对社员提供相应的服务,从而提高家庭农场的竞争力,实现产业升级。这种模式将观光休闲、家庭农场、合作社三者进行有机融合,三者实现资源优势互补,提升休闲观光产业服务质量与品牌附加值。

龙头企业+村集体经济合作社+家庭农场+贫困户模式。这种模式下公司根据市场需求与合作社签订契约,合作社按照契约规定的品种、数量、质量组织家庭农场生产。农产品成熟后由合作社验级、收购,然后由公司进行加工和销售,公司提供就业岗位给贫困户或者让贫困户以劳动、土地等资本要素入股。家庭农场以合作社为依托,与公司建立利益联结机制,一方面增强了家庭农场与公司的谈判地位,保障家庭农场农产品的销路;另一方面,通过合作社的生产监督和集中收购,确保公司对加工原料质量和数量的需求。贫困户到公司工作有了工资收入,如果与公司签订了股权协议,年底还能实现分红,帮助贫困户走上致富道路。

家庭农场+合作社+超市模式。在这种模式下家庭农场负责生产环节,合作社统一品牌和标准化生产服务,建立农产品质量的可追溯机制,保证超市稳定的货源供应。这种模式将订单农业与现代经营业态有机结合起来,缩短了农产品采供周期,减少了中间流通环节和物流成本,保证了农产品的新鲜安全,有效地促进了农民增收,适宜规模化和标准化农业经营,适合蔬菜、水果等高收益性的农产品。

公司+村+家庭农场模式。在这种模式下,村集体将村内宅基地、集体建设用地、闲置土地、山林等资源进行整合,因地制宜确立全村发展的核心产业。以核心产业为基础,鼓励村内农户扩大产业资本,形成集聚效应,再通过引进专业公司来负责经营。形成"公司+村+农场"的经营模式,三方共同建设并实现利益共享。

三、家庭农场的生成机制

在当前我国经济发展制度下,家庭农场是我国当前农业发展中的一种特殊的制度安排。要想弄清楚家庭农场的生成机制,需要从制度变革动力、制度环境、我国的基本国情三方面进行解析。

(一)制度变革动力

无论是普通农户还是家庭农场,都只是大经济体系中的一部分,也同其他经济主体一样,共同在市场中从事生产与交换活动。不同之处在于它们的参与程度不一样。

随着我国农村改革的深入和工业化、城镇化、农业现代化快速发展,小农经营的制度缺陷与国际化大市场的矛盾日益突出,在一定程度上甚至阻碍了生产力的发展,与欧美发达国家相比,我国在农业规模化、集约化、专业化方面还存在差距。在机遇与挑战的双重作用下,正如艾利思认为,"农户与市场的关系是一个连续的压力区间,它从承担风险并获得参与市场的好处,延伸到为生存而保留非市场的生产基础(即小农经济)。"在双重压力下,农户与市场之间的压力空间越来越小,完全参与市场可以带来高回报,保留小农生产方式会难以维持生计,从而使农户保留小农生产行为的基础逐步衰弱,内生需求动力日渐增强。在外部因素(如政府、市场)的作用下,普通家庭农户向家庭农场制度演化的动力将逐步增强。这种动力来源于制度供给与制度需求两个方面。家庭农场产生的制度供给在于,政府的政策支持、各地的经验探索与农业经济理论发展。

我国农村改革的进一步深化和快速城镇化、工业化导致劳动力、土地和农业企业家管理才能等稀缺要素的相对价格的变化,以及化肥、农药和农业机械等农业技术进步与现行分散家庭经营之间的不匹配。小农经营是家庭农场制度形成的基础,即以家庭为单位的所有制结构。从个体农户经营的角度来看,在制度环境、政策支持和农业理论等制度供给的推动下,技术进步和稀缺资源相对价格发生了变化,农户劳动生产效率提升,并进一步扩大了专业化分工,从而产生了组织演化与制度变迁的内生性需求。随着工业化和城镇化的发展,大量农村年轻劳动力向城市转移,农村土地大量荒置促使农村土地流转制出台,以及新技术和新模式不断涌现,如智慧农业、精准农业、机械化农业,这些新技术和新模式为家庭农场提供了更多的发展机遇和技术支持,也提高了家庭农场的生产效率和产品质量,这些都构成制度变迁的外生性推动力量。在内外力量的相互作用下,家庭农场产生的微观条件日渐成熟,制度环境逐步形成。特别要指出的是,国家的政策制定对家庭农场的发展壮大过程起到了很大的作用。例如,安徽颁布了《关于培育发展家庭农场的意见》,湖北《关于做好家庭农场登记管理工作的意见》等。这些政策实施以后,家庭农场在郎溪、武汉等地发展迅速。但是,政府的政策支持还必须与当地家庭农场生成的微观环境相统一,与家庭农场的发展实际进程与速度相一致。如果忽视家庭农场产生的基本条件,单纯地依靠政策支持,不仅无法推动家庭农场的发展,还会因为权力滥用而对市场秩序造成破坏,从而造成不公平的市场竞争。

(二)制度环境

根据制度变迁理论,如果将家庭农场看作一种制度安排,那么其产生和发展必然受制于特定的制度环境,需要满足一定的基本条件才能够发展形成。根据国内外家庭农场发展经验,家庭农场的形成与壮大,需要的制度条件至少包括以专业化分工为基础的劳动力市场制度;具有稳定明晰的产权且可规模化集中的土地制度;以农业机械化、金融服务、市场信息与科技信息服务为主的社会化服务制度等。

1.劳动力市场制度

当家庭内部分工出现以后,会产生劳动力兼业化和专业化两种趋势。随着农村体制改革深化和家庭内部分工细化,一方面,在市场体系中农户的自主性逐步丧失,农民更多地开始依靠非农收入维持自身的生计,自给自足的小农经济开始逐步瓦解;另一方面,会促使部分农民,逐渐扩大农业生产经营规模,演变为专业生产大户。

在这两维演化的过程中,农村劳动力的流动是不可避免的,要想实现劳动力的自由有序流动,就需要建立新型的城乡统一的劳动力市场及其配套的保障制度。它不仅可以使农村劳动力进一步职业化,促使农民的土地向家庭农场、专业大户集中,使农村的土地得到更有效的利用;并且还可以为城镇二三产业发展提供劳动力,促进农民市民化,从而促使更多的农户转而向家庭农场和适度经营规模方向发展。事实证明,工业化和城镇化的迅速发展和劳动力市场的制度创新,不但给农村劳动力带来了巨大的就业机会,同时也为家庭农场的产生创造了前提条件。

2.土地流转制度

在一切农业制度安排中,根本和核心是土地制度。没有稳定明晰的产权且可规模化集中的土地制度,家庭农场就无法长足发展。家庭农场区别于普通农户的根本特征之一就是土地实现集中管理,发展适度规模经营。1978年,我国实行的家庭联产承包责任制,有效调动了农民生产积极性,但也使土地经营细碎化,农业生产边缘化,土地利用率低下。同时,由于现行的土地产权制度模糊,限制了土地商品属性的充分发挥,使利用市场机制对土地资源进行最优配置造成了严重的障碍。

家庭农场作为一种现代新型农业经营主体,必须要以稳定明晰的土地产权为基础。不仅要确保土地承包经营权长期稳定,依法完成土地的确权、认定、颁证制度,给予农民稳定的土地发展权和资产专用性,而且要不断创新土地流转制度,充分发挥市场对资源的配置作用,依法保证农村土地经营权的有序转让,实现土地适度规模集中。吉林延边州为鼓励家庭农场发展,积极引导有意愿的农户进行土地流转,出台了《关于发展专业农场促进土地流转加快推进城镇化发展若干意见》,同时为规范土地流转工作,成立州、县、乡三级农村综合产权交易中心,搭建了农村土地流转交易平台。浙江慈溪通过建立土地流转的中介服务平台发放专项资金补助等方式,大力推动家庭农场土地流转。湖北武汉在家庭农场发展过程中,推行了农户用土地入股、合作社中介等一系列方式。实践证明,建立稳定明晰的产权体系和灵活多变的土地流转制度,是对农户切身利益的有效保障,也是我国家庭农场形成和发展的必要基本制度条件。

3.社会化服务

建立一个覆盖全过程、综合性强、便捷高效的农业社会化服务体系,是实现农业现代化的必要步骤,也是家庭农场发展壮大的重要基础。农业社会化服务的滞后,是阻碍我国家庭农场健康发展的重要因素之一,它难以满足家庭农场的个性化需求。因此,必须要建设一套运作良好、功能健全、组织多元的社会化服务体系,不仅可以有效的把各种现代农业生产要素投入到家庭农场经营之中,不断提高农业装备水平,也可以在家庭经营的基础上发展规模经营和集约经营,推动农业生产的专业化、商品化和社会化。例如,上海松江出台《粮食家庭农场服务规范》以支持家庭农场的发展,其中明确指出,应在技术指导、农机服务、农资供应及管理上,向家庭农场提供方便、优惠,并根据家庭农场的经营特点,有针对性地进行技术培训和指导,以提高家庭农场的生产技术和管理水平,通过贷款贴息、农业保险等形式,帮助家庭农场降低经营风险,改善生产管理水平,为家庭农场发展提供有力保障。吉林延边在资金、政策、科技、金融、环保等方面对专业农场的建设和发展给予支持,颁布和实施了《延边朝鲜族自治州促进专业农场发展条例》,为促进当地家庭农业的可持续发展提供了有效的法律支撑。该州还出台多项支持政策,包括财政补贴、税收优惠、金融支持、农民入城等,大力发展家庭农场,进一步激活了土地要素,盘活了当地资源,增强了乡村发展的活力,释放了新的发展空间。实践表明,这些措施的实施都有效促进了本地区家庭农场的发展,构建一个健全的社会化、市场化和专业化的现代农业服务体系,是我国家庭农场健康发展所不可或缺的重要制度条件。

(三)我国的基本国情

目前,我国大力推行乡村振兴战略,小农生产模式已然无法满足农业生产需要,但企业化经营模式在我国农村地区尚不成熟。与前两者相比,家庭农场制度具有得天独厚的优势,适应我国基本国情。

我国国土面积广袤,各地区经济社会发展水平以及气候环境、自然资源等都相差巨大。特别是在劳动力素质、农机装备、农民收入、人均耕地面积等方面区别明显,使个体农户对家庭农场的制度诉求也不相同。相比于农业企业而言,家庭农场进入门槛相对较低,且自身具有社区属性和生产灵活性,家庭农场更能满足不同地域不同情况下农户对适度规模经营的需要。另外,在城镇化快速推进的背景下,大量农村劳动力脱离农业生产涌向城市工作,但无法脱离农村,原因在于城市收益的不稳定性以及对未来工作的不确定性。我国现阶段农村社会保障制度还不完善,农民对放弃土地后的发展还有所顾虑,大部分农民不仅不敢放弃土地,而且也不想把土地长期流转。更多的是采取在农村和城市间来回迁移的状态,还广泛存在回农村再次从事农业生产的主观意愿。相比起其他农业经营组织,家庭农场扎根于社区,与农民有着天然联系,能够充分发挥社区信任和信息共享的特点,使其能够长久地流入城镇有稳定收入的农户的土地。家庭农场不仅可以给市民化失败的农民留下一份保障,也可以给进城务工的农民提供更多的收入来源。实践证明,家庭农场是适合我国国情的新型农业经营制度,在广大农村地区得到越来越多农户的认同,截至2022年,我国家庭农场数量已经达到390万家。

【导读案例】

华祥家庭农场融资难题

"规模大、硬件设施好的农场,才有机会争取到政府的政策支持。可是要达到这样的水平,需要大量资金投入,但农户向银行贷款又很难。"武汉华祥家庭农场的程建华道出了大多数农场主的心声。

中央一号文件中首次提出发展"家庭农场"后,据统计,2010年至今,武汉市已有家庭农场167家。那么,这些家庭农场运营情况如何?

一、资金投入跟不上

华祥家庭农场位于新洲区偏远的凤凰镇三岔路村。"我现在流转了140亩土地,主要种甜玉米和迷你西瓜,还有少量葡萄。"身穿深蓝色中长呢子外套的程建华,很难让人想象他是个"农民"。

在成为农场主以前,他打过工、卖过早点,最近一次的创业是种野菜,那是2011年以前的事。当时,他利用自家的土地试种了3亩野生马齿苋和苋菜,每亩纯收入可达6 000元。当时,中百仓储还向他抛来橄榄枝,不过受产量所限,最终未能达成合作。

2011年,在新洲区经管站的推荐下,他通过村委会的帮助,以每年每亩300~400元不等的价格,从35户农户手里流转了140亩土地,注册成立家庭农场。最近几年甜玉米和迷你西瓜比较受欢迎,于是他选择了这两个品种进行种植。"仅基础设施、水电投入就花了六七十万元,园区内的道路还没整。"程建华透露,尽管2010年通过采摘、批发玉米和西瓜赚了30万元,但跟后期需要投入的资金相比,还有很大差距。

二、农场主普遍贷款难

程建华的家庭农场,政府一次性补贴3.4万元。他向银行申请了20万元的贷款,花了一年才批下来,一年以后就要连本带息还给银行。"多亏我是科技示范户,普通农户根本贷不到款。"程建华对记者说。"农业靠天收,产量难以把控。加上信息不对称,对市场供需的掌控能力弱,这些风险的存在,让银行对个体农户的放贷格外谨慎。"武汉市经管局土地科科长王文才说,农场主贷款难是眼下家庭农场经营中普遍遇到的问题。农场主筹集资金只能靠自己,不少人甚至不得不求助利息较高的民间借贷解燃眉之急。而农业部门能做的,就是免费对农场给予技术推广、疾病防害等方面的支持;以及指导农户多种植经济效益高的农产品。"家庭农场仅靠农户自身发展,还有个漫长的过程。"王文才表示,不过,可喜的是,目前武汉市的家庭农场基本属于良性发展。因为家庭农场的经营面积最多不超过300亩,农场主经营风险相对较小。另外,农产品有季节性,即便当季的作物出现亏损,下季可以改种其他品种。"这也吸引了不少农户加入其中,申报家庭农场的农户眼下接近500个。"

（资料来源:荆楚网）

第二节　家庭农场发展历程、现状及主要问题

一、中国家庭农场发展历程

中国家庭农场发展可分为三个阶段。

第一阶段为雏形阶段(1980—2000 年),家庭联产承包责任制的实施,为家庭农场的发展提供了有利的制度环境,同时随着户籍制度的松动和商品经济的发展也为家庭农场的发展奠定了基础。

第二阶段为探索发展阶段(2000—2013 年),2000—2007 年这一段时期受市场环境、国家政策的影响,家庭农场的发展遇到了一些阻力,但在 2008 年家庭农场又开始受到关注,在党的十七届三中全会报告上第一次将家庭农场作为农业规模经营主体之一提出,我国对家庭农场的试验和培育工作开始迈入正轨。

第三阶段为快速发展阶段(2013 年—至今),党的十八大以来,家庭农场发展取得扎实成效。2013 年"中央一号"文件首次提出要发展家庭农场。2014 年 3 月 5 日,时任国务院总理李克强在政府工作报告中,指出"坚持家庭经营基础性地位,培育专业大户、家庭农场、农民合作社、农业企业等新型农业经营主体,发展多种形式适度规模经营"。2014 年农业农村部发布《关于促进家庭农场发展的指导意见》。家庭农场的发展开始迈入快车道。随着工业化城镇化水平加快、相关制度建立及农业社会化服务体系的进一步完善,我国家庭农场发展开始由数量快速增长阶段向数质并重过渡,2019 年开始向数质提升方向迈进,2012—2022 年间我国家庭农场数量连年增长,2019 年后呈飞速发展模式,截至 2022 年,我国家庭农场数量已经达到 390 万家。

二、中国家庭农场发展现状

(一)经营效益总体较好,具备一定的市场竞争力

相比于小农经营,家庭农场经营的效益十分显著。2012 年全国家庭农场经营总收入为 1 620 亿元,平均每个家庭农场为 18.47 万元。2021 年,平均每个家庭农场经营收入为 30.5 万元,收入增长率为 61%。与此同期的是 2021 年全国城镇居民人均可支配收入为 4.74 万元。如果将家庭农场经营收入按家中人口数进行平均分配,家庭农场收入已与城镇居民收入相当。

(二)经营规模差异较大,经营品种多样化

家庭农场在发展的过程中,其规模逐渐扩大。根据《中国农场、牧场行业市场深度评估》显示家庭农场平均经营规模达到 200.2 亩,是全国承包农户平均经营耕地面积 7.5 亩的近 27

倍。但由于各地区资源禀赋和政府对家庭农场的扶持力度不同,我国家庭农场经营规模差异较大。总体上呈现出"东北大,西南小"的地域特点,东北地区地势平坦,适合大规模的机械化作业和规模化生产。而西南地区多山地,丘陵土地细碎化程度较高,经营规模相对较小。

家庭农场经营品种逐渐丰富,结构更加多元化。截至 2021 年年底,我国家庭农场中,从事种植业的有 261.1 万个,占家庭农场总量的 66.7%;从事畜牧业的有 70.6 万个,占家庭农场总数的 18%;其他类型的家庭农场还有从事种养结合、渔业、林业、农业服务业等方面的家庭农场。从粮经结合到种养结合,再到种养一体化,农业、工业、服务业融合发展,家庭农场的经营领域逐渐多样化,行业的分布越来越广。

(三)发展量质提升,区域间发展不平衡

2013 年,我国家庭农场数量 7.23 万家,到 2021 年我国家庭农场数量已经达到 390 万家,是 2013 年 54 倍。但数量在增长的同时,其区域分布也呈现出明显不平衡特征。这种差异不仅表现在区域内部,在区域外部表现更为突出。以江苏省为例,2021 年江苏省家庭农场的数量为 17.5 万家,但苏中、苏南、苏北三个地区家庭农场发展差异较大。区域外部以华东、西南、西北地区的家庭农场为例。2021 年华东地区江苏省家庭农场的数量为 17.5 万家,西南云南地区家庭农场为 7.67 万家,西北青海地区家庭农场数量仅为 1.9 万个,两者相差 9 倍多。区域不平衡现象十分显著。

(四)示范效应凸显,扶持力度加大

为了更好地发挥典型示范在家庭农场发展中的引领作用,探索家庭农场高质量发展之路。农业农村部坚持部、省、市、县四级协同推进,探索建立起三位一体的家庭农场示范创建体系。指导各地按照自愿申报、择优推荐、逐级审核、动态管理的原则,面向全国各省市县开展了家庭农场示范创建活动。截至 2020 年年底,全国家庭农场名录系统填报数量超过 300 万个,创建县级及以上示范家庭农场数量达 11.7 万个,家庭农场示范县 160 个。已选出 100 多个规模适中、生产高效、管理先进且取得显著效益的典型案例。

中央高度重视家庭农场的发展,在政策制度、财政金融方面给予了大力支持。党的十八大以来,中央先后出台了多项政策鼓励支持家庭农场发展。2014 年发布《关于促进家庭农场发展的指导意见》;2017 年中共中央办公厅、国务院办公厅印发了《关于加快构建政策体系培育新型农业经营主体的意见》;2019 年发布《关于促进小农户和现代农业发展有机衔接的意见》《关于实施家庭农场培育行动的实施意见》;2020 年发布《新型农业经营主体和服务主体高质量发展规划(2020—2022 年)》。从政策发布的频率我们可以感受到中央对家庭农场发展的关注,这也在政策层面上为家庭农场的发展打下了坚实的基础。在财政金融方面,中央财政高度重视支持家庭农场的发展,由于家庭农场规模较大,且融资难。从土地流转、农场基础设施建设、农业生产装备购买、后期经营管理等各个方面都需要大量资金。据公布,2021 年全国各级财政扶持家庭农场资金总额达到 315.9 亿元,获得财政扶持资金的家庭农场达到 11.4 万个。农业农村部组织开展的新型农业经营主体信贷直通车活动,重点支持

10万~300万元的适度规模经营贷款需求,已经成为家庭农场融资的重要渠道之一。这些资金被重点用于支持家庭农场改善生产条件、使用先进生产技术、提高集约化、规模化、专业化、绿色化生产能力,提高产品质量增强产品市场竞争力。

三、中国家庭农场基本情况

根据《全国家庭农场监测报告 2019》的调查数据。2018 年随机抽取我国 2 925 户家庭农场进行了调研,调研发现在 2 925 户家庭农场中种植类家庭农场有 1 831 户,占比 63%,其中,种植粮食的有 1 831 户;养殖类农场有 353 户,占比 12%;种养结合家庭农场 667 户,占比 23%;其他农场 74 户,占比 2%;这些农场从事规模经营最长年限是 26 年。经过多年的发展,我国家庭农场建设取得了一定的成就,经营种类更加丰富,经营模式更加多元化。

在对 2 950 户家庭农场工商部门登记注册类型进行调研发现,登记为个体工商户的比重为 63.21%;登记为个人独资企业的比重为 33.61%;登记为合伙企业的比重为 0.96%;登记为公司的比重为 0.42%;其他占比 1.8%。在 2 950 个有效监测样本中,77.25%的农场有比较完整的收支记录,其中种植类农场和粮食类农场分别为 76.30% 和 72.37%。分省来看,9 个省份中超九成的农场有比较完整的收支记录,分别是青海(96.74%)、浙江(95.83%)、安徽(95.45%)、甘肃(94.95%)、天津(94.87%)、四川(93.07%)、江西(93.00)、江苏(90.91%)和山东(90.43%)。较高的完整收支记录比例说明农场的内部经营管理能力较好。

(一)中国家庭农场生产经营者情况

1.农场主性别

家庭农场作为中国当前备受关注的新型农业经营主体,农场主性别这一指标要进行仔细考究。调查数据显示,中国家庭农场农场主性别呈现"男多女少"的特征,在家庭农场农场主性别中,男性占比 87.69%,女性占比 12.31%。在对 12 个省(自治区、直辖市)的家庭农场主性别调查时发现 90%为男性,女性农场主占比最高的三个地区分别是重庆、广东、天津。随着家庭农场的发展,女性农场主占比逐年小幅度增加。在家庭农场生产经营过程中,女性的能力也是不容忽视的,这一数据结果也表明,中国家庭农场是面向全体劳动者开放的。可以预见的是,随着家庭农场的逐步专业化、农民进一步职业化,这一差距也会逐步缩小。

2.农场主年龄

随着工业化、城镇化的发展,各国农业劳动力都出现老龄化现象,而农场主年龄对家庭农场发展水平有着重要影响。在中国许多农村地区农业劳动力出现严重"断层",被人形象地称为"3860 部队",在我国家庭农场作为重要的新型经营主体,其农场主年龄低于全国农业从业人员平均年龄。数据调查显示,我国农场主的平均年龄为 45.78 岁,在所有农场主中,50 岁以下的农场主占比 71.37%。其中海南农场主平均为 48.17 岁;陕西农场主平均为 43.44 岁。农场主年龄越低,其思维相比于老龄农场主思维更活跃,在农场创新发展方面推陈出新,更有利于家庭农场的健康发展。

3.农场主户籍

家庭农场扎根于农村社区,具有天然的社区性。在我国家庭农场主通常是以本地区村民为主。一方面,村民相互间都比较熟悉,在土地流转时,相比于外来村民,农户更愿意将自己的土地流转给知根知底的人。另一方面,在雇佣方面农场主也可以清楚地了解种地能手,从而雇佣到自己需要的人才。同时,在流转过程中也有对既定政策的顾虑。调查数据显示,我国农场主80.29%来自本村,91.13%来自本乡。随着要素市场发展和各方面政策制度的完善,户籍限制阻碍家庭农场发展的因素将逐步减少甚至消失。

4.受教育程度

当前,农村地区高素质劳动力流失严重,大部分受过高等教育的年轻人都不愿留在农村服务农业。我国家庭农场主受教育层次普遍较低,以初中和高中为主,两者占比72.37%;大专学历农场主占比12.89%,本科学历农场主仅占2.55%。地区发展不平衡,中部沿海发达地区农场主的学历高于中西部农场主的学历。与发达国家相比,美国1/4的农业生产从事者有大学或以上学历;日本农民中接受大学教育的比例也高达61.23%;荷兰90%的农民受过中等教育。相比而言,我国家庭农场主受教育程度普遍偏低,这就导致他们在接受新事物时,难免会受自身认知程度的局限,在一定程度上制约了家庭农场的发展。

(二)中国家庭农场土地经营情况

1.经营规模

农业农村部发布的数据显示,截至2021年年底,我国家庭农场数量达到390万家,平均经营规模为377.84亩。其中10~500亩的家庭农场占总数的80%,在我国主要地区中内蒙古、新疆和黑龙江土地经营面积最大。

2.细碎化程度

土地细碎化是制约家庭农场发展的一个难点,我国土地细碎化形成的主要原因是改革开放以来实行的以家庭联产承包责任制为核心的土地改革。在家庭联产承包责任制下进行土地均分,土地分配时需要兼顾土地土壤优劣、土地距离远近,也就形成了我国现在的土地细碎化格局。目前,我国每个家庭农场中平均拥有5块地,在湖南、贵州地区每户平均拥有37块和18块地,细碎化程度严重。在国家大力鼓励发展规模化的新型农业经营主体的背景下,土地细碎化问题亟待解决。

3.来源结构

在家庭农场的经营中自有土地很少,家庭农场想要扩大经营规模必须要流转土地,我国目前家庭农场经营的土地中93.75%是通过土地流转而来,其中41.18%来源于农户,58.82%的土地通过中介组织转入,仅有6.25%是自己承包地。在家庭农场发展中,需要逐步完善土地流转制度,畅通土地流转渠道。可以说,没有完善的土地流转制度,想要通过发展家庭农场来实现富农、强农目标是无法实现的。只有土地流转才能推动家庭农场向规模化方向发展。

4.租期租金

租期长短是关乎家庭农场能否稳定发展的一个重要因素之一,流转期限较短,家庭农场难以发展起来。在对我国家庭农场的统计调查发现,71%的种植类农场和86%的粮食类农场租期在10年及以下。在租金方面,我国家庭农场的平均租金是526元/亩,吉林省的家庭农场的租金最高达到904元/亩,内蒙古的家庭农场租金最低仅209元/亩。

(三)中国家庭农场生产经营行为

家庭农场的类型有很多,按照产品类型分类可分为大宗作物种植模式;"大棚蔬果+采摘园"模式;养殖模式;农业特种种养模式;循环农业模式。2018年中国监测报告数据显示,种植类家庭农场占比最高达到62.64%。在专业化经营上,种植类和养殖类农场的生产专业化程度较高,种植类农场平均种植作物种类1.87种,养殖类农场中,约94%的家庭农场饲养2种以内的畜禽;与小农户相比,家庭农场在生态保护方面更加自觉,在种植类家庭农场约85%的家庭农场亩均化肥施用量不高于周边农户;约83.88%进行地膜回收处理;约92%的家庭农场亩均农药使用量不高于周边农户;59%的种植类农场、68%的粮食类农场采用秸秆机械化还田的处理方式;约58%的种植类家庭农场采用了测土配方施肥技术;74.23%的家庭农场对作物进行灌溉;养殖类农场中,约80%的家庭农场对粪便进行了有机肥处理。这些措施的实行有利于农业绿色化发展。

与小农户相比家庭农场更注重与其他农业经营主体的合作,与小农户相比,家庭农场拥有更大的经营规模。因此,哪怕是单位土地面积成本的一点点降低,或是单位土地面积收益的一点点增加,都会对家庭农场的总收入产生很大的影响。从长期来看,与其他农业经营主体进行合作,将会为家庭农场带来更大的利益,因此,家庭农场对联合和合作有着很强的需求。以此来共同抵御市场风险,提高农业生产效率。在所有农场中,约36%的家庭农场加入了农民合作社,湖南和甘肃占比最高;约31%的家庭农场与农业产业化龙头企业建立紧密联系。

在农产品销售方式上,家庭农场生产的产品主要是以下几种销售渠道,分别为国家粮库、农产品商贩/经纪人、农产品加工公司、养殖企业或养殖户、超市、合作社、网络销售、自营出口、直接送到批发市场等。这些销售渠道主要通过农产品商贩/经纪人销售农产品,占比约68%。家庭农场在销售渠道上更加多元化,可以更好地满足市场多样化需求。

家庭农场在信息化网络化建设方面还存在差距,根据"互联网+农业"情况监测:全部农场中,约70%没有网上购买和销售行为,网上销售农产品占比仅17.66%。种养结合类农场通过网络购买或销售比重明显高于其他类型的家庭农场。网络化建设能够让农场主第一时间获取有用信息,更加精准迅速地了解客户的需求,相比于传统营销渠道,互联网销售能够减少流通成本,增加收益。在未来,家庭农场发展与互联网的联系将会愈来愈紧密。

(四)中国家庭农场农机装备与农机服务情况

农业生产现代化需要现代化的农机装备作为支撑,2021—2023年连续三年中央一号文件指出要强化农业装备和科技支撑,加快先进农机研发和推广。农机装备的现代化可以进一步提高家庭农场的生产效率,对我国建设农业强国起着举足轻重的作用。我国各种类型的家庭农场中,农机占比见表3.3。数据显示,中国家庭农场的拖拉机拥有率较高,平均拥有1.87台,烘干机拥有量最少,平均拥有量仅为0.32台。对外服务比例均达到30%以上,说明家庭农场服务小农的功能进一步增强。

表 3.3　中国家庭农场农机装备与农机服务情况

农机类型	拥有各类农机占比（%）	平均拥有量（台）	对外服务农场占比（%）
拖拉机	69.53	1.87	31.39
插秧机	18.95	0.33	39.78
联合收获机	30.24	0.49	40.63
烘干机	11.36	0.32	47.37

（五）中国家庭农场金融与财政补贴情况

1.财政补贴情况

家庭农场需要扩大再生产,在产前、产中、产后任何一个环节都需要资金作为支持。为了缓解新型农业经营主体融资难的问题,中央先后出台多项政策给予相关支持。2014 年人民银行出台了《关于做好家庭农场等新型农业经营主体金融服务的指导意见》;2021 年中央农办、农业农村部、人民银行等七部门印发《关于扩大农业农村有效投资　加快补上"三农"领域突出短板的意见》为推进农业适度规模经营和农业现代化提供了有效支持。在家庭农场的融资贷款中 100 万元以下占比 89.27%,10 万~50 万元贷款最受农场主青睐。在所有的家庭农场中有贷款的家庭农场占比 57.56%,其中种养结合类最高达到 73.59%;贷款资金主要用于农业生产经营;贷款渠道主要是农村信用社和邮储银行,分别占比 68.79% 和 24.38%;随着网络化发展,采用网上银行的家庭农场比重明显提高。当前,我国家庭农场的金融服务发展也还存在不足,其中增加自助设备、营业窗口、合理收费是家庭农场认为最需要改善的方面。

2.保险和补贴情况

农业具有天然的弱质性特征,受自然灾害和病虫害的影响较大,农业保险是农业风险管理的重要工具。在我国家庭农场中有保费支出的家庭农场占比 57.77%,平均保费支出 1.22 万元。保险类型中主要购买的是农作物自然灾害险,占比 66.33%;在购买保险后获得理赔的占比 40.69%,平均理赔额 1.84 万元;为了鼓励家庭农场发展政府各级财政也给予了相关补贴,其中有 44.58% 的家庭农场获得各类补贴,平均补贴金额为 7.45 万元。各类补贴对粮食类农场覆盖面最广,但金额偏低。目前,我国农业保险还存在金融产品单一、涉农机构单一、农业保险制度不健全等问题,日本在农业保险制度上有许多值得我们学习的地方,日本的农业保险不仅政府参与其中,民间机构也积极参与其中,同时加强与其他保险的合作,扩大农业保险范围,为农业发展提供多样的农业保险产品。

（六）中国家庭农场成本收益情况

对 2 950 个家庭农场(其中种植类家庭农场 1 848 家,粮食类家庭农场 1 081 家)进行调研发现,2 950 个家庭农场平均经营规模 377.84 亩,种植类家庭农场和粮食类家庭农场平均经营规模高于其他类型的家庭农场,分别是396.81亩和420.53亩;自有劳动力人数平均为3个人;全部农场的平均总收入为85.04万元,种植类家庭农场和粮食类家庭农场平均总收入低于其他类型的家庭农场分别是71.96万元和65.04万元;全部农场的平均总成本为67.44万元,种植类家庭农场和粮食类家庭农场平均总成本低于其他类型的家庭农场分别是54.746万元和49.05万元;全部农场的平均纯收入为17.61万元,种植类家庭农场和粮食类家庭农场平均总成本低于其他类型的家庭农场分别是17.22万元和15.99万元;全部农场的亩均纯收入为1 681元,种植类家庭农场和粮食类家庭农场亩均纯收入低于其他类型的家庭农场分别是1 083元和523元;全部农场的劳均纯收入为76 704元,种植类家庭农场和粮食类家庭农场劳均纯收入低于其他类型的家庭农场分别是72 918元和66 575元,见表3.4。通过数据可以看出,种植类的家庭农场和粮食类的家庭农场效益相比于其他农场更低,需要加大扶持力度和财政补贴力度。

家庭农场的规模并不是越大越好,而是要达到一个适度的规模才能实现规模效益,规模过大效益反而可能出现下降。

表 3.4　中国家庭农场经营效益情况

指标	全部家庭农场	种植类家庭农场	粮食类家庭农场
有效样本数(个)	2 950	1 848	1 081
平均经营面积(亩)	377.84	396.81	420.53
自有劳动力(个)	3.28	3.24	3.15
平均总收入(万元)	85.04	71.96	65.04
平均总成本(万元)	67.44	54.74	49.05
平均纯收入(万元)	17.61	17.22	15.99
亩均纯收入(元)	1 681	1 083	523
劳均纯收入(元)	76 704	72 918	66 575

四、中国家庭农场存在的主要问题

(一)外部环境

1.农场融资贷款困难

农业的特点决定了其在资金方面存在投资周期长、资金周转慢的缺陷。在农业生产过程中,受自然灾害、气候环境等影响较大,风险保障水平低,金融机构大都不愿意提供贷款给农民。尽管农村地区开始了金融体制改革,农村金融体系逐步建立起来,但还是无法满足快速发展的家庭农场的融资需求。尤其是对于经营初期的家庭农场,资金需求大,但多数家庭农场前期实力较弱,固定资产不多,多数投入不能以资产作为担保或其他形式得到银行的贷款,而金融机构也担心风险不愿意贷款给农场,或者是贷款手续复杂,融资渠道不畅通,即使有少量贷款资金也难以满足家庭农场的发展需求,制约了农场的规模化、专业化生产。这样使一些有意愿发展家庭农场的农户也由于资金困难,缺乏对基础设施和生产资料的长期投资的信心,而不得不放弃。

2.缺乏长期发展规划

目前,我国家庭一些农场在发展过程中没有明确的长远目标和战略规划。这使农场经营容易受到市场波动和外部环境变化的影响,难以持续发展。缺乏明确的规划和战略,家庭农场往往难以规避风险,可能面临销售不稳定、生产困难等经营上的问题。家庭农场的基础设施建设投入不足,如灌溉系统、设施农业建设、储存和加工设备等建设还有待加强。这些限制了家庭农场生产效率和产品质量的提升。在家庭农场发展过程中需要制订明确的长期发展规划,包括业务目标、市场定位、产品规划等,帮助农场把握发展方向。

3.信息渠道建设需要整合,补贴项目有待优化

家庭农场在发展中面临着获取有效信息的难题。信息渠道的整合是为了让家庭农场获得更准确、及时、全面的有关市场需求、政策法规、技术创新等方面的信息。目前,我国家庭农场信息渠道还比较分散,家庭农场信息来源五花八门。因此需要加强对信息渠道建设的整合。同时,需要对补贴项目进行优化。优化补贴项目设计,确保补贴分配的公平性,避免补贴过度集中于某些地区或企业,提高补贴使用的效率。补贴项目应与市场需求相匹配,鼓励家庭农场生产符合市场需求的农产品,提高农业产业链的竞争力。在项目设计时,需要综合考虑家庭农场的规模、地域、种植业态等因素,制定针对性的补贴政策。通过整合信息渠道和优化补贴项目,可以更好地支持中国家庭农场的发展,提高农村经济的竞争力和可持续发展水平。

4.培训分层不明确,农业基层管理环节薄弱

在家庭农场培训方面,由于缺乏明确的分层和分类指导,培训内容和形式可能无法充分适应不同家庭农场的实际需求。不同规模、不同经验水平和不同农业产业类型的家庭农场可能需要不同层次的培训和指导。在培训时要制订适合不同家庭农场的培训计划,根据农场规模和种植业态等因素划分不同层次的培训内容,提供量身定制的指导,鼓励家庭农场通过加入合作社或农民合作组织,共同学习和分享经验,促进共同发展。同时,面对农业基层管理环节薄弱问题,需要加强家庭农场基层组织建设,提高农民组织化程度,这样也有助于集中资源,提高管理效率。

5.农业保险模式需要创新

目前的农业保险模式在一些方面还不能完全适应家庭农场的需求。传统的农业保险模式可能主要针对大规模农业企业或特定农产品,而对于家庭农场来说,其规模较小、种植业态多样,因此需要更加灵活和个性化的保险方案。针对不同家庭农场的需求,保险公司可以为家庭农场设计定制化的保险计划,考虑到不同地区、作物、规模的差异,提供个性化的风险保障。加强与其他保险的合作,扩大农业保险范围,为农业发展提供多样的农业保险产品。

（二）自身问题

1.家庭农场主综合素质有待提高

与传统农户相比，家庭农场经营者需要有农业经营的产品意识、市场意识和竞争意识，通过新理念、新技术来实现农场的规模化、专业化、集约化经营。数据调查显示我国家庭农场主受教育层次普遍较低，大专及以上学历农场主仅占15%左右。较低的文化水平造成了农场主缺乏产品意识和市场意识，综合水平不高。这就使农场主在面对市场化风险和做出关键投资决策时往往存在滞后性和盲目性。同时，由于缺乏职业化的教育培训，大部分家庭农场专业化农业技术人员匮乏，无法满足现在农业生产需要。农场主的文化水平不足，已经无法与建设现代家庭农场的需求相匹配，这也是限制家庭农场提升竞争力，加速经营市场化的一个重要因素。

2.农场发展缺乏独特性

从当前我国家庭农场经营结构来看，大部分的家庭农场以传统种植业为主，部分家庭农场的产品种类相对单一，缺乏多样性。这导致了农产品的同质化竞争，难以满足消费者多样化的需求。家庭农场的发展需要融合共性与个性，共性为追求规范化管理，个性则打造独特特色。在这一理念指导下，家庭农场的经营不再局限于传统农业领域，而是允许其在农产品加工、科技服务、农业观光等更广阔的领域展开拓展。这样，家庭农场将在传承共性的基础上，获得更多的发展空间和创新机遇。促使我国家庭农场的经营呈现"百花齐放，百家争鸣"的局面。

3.产品品牌意识不强

相对来说，目前我国家庭农场主品牌意识普遍不高。缺乏品牌意识可能导致家庭农场的产品同质化竞争，无法在众多同类产品中脱颖而出。消费者很难区分不同农场的产品，这对家庭农场的长期发展不利。同时，由于缺乏品牌知名度，家庭农场在销售和推广产品时也可能面临困难，如在农产品销售时许多农场主只能将自己的产品直接售卖给商贩，这极大降低了农产品的附加值。据统计，2018年通过直销途径销售农产品的家庭农场占比高达68.24%；而通过网络销售、自营出口方式进行销售的分别占8.10%、4.95%。因此，家庭农场应该明确定位自己的产品特点和目标受众，找到自己的差异化竞争优势，并以此为基础进行品牌塑造。加大品牌宣传力度，可以通过线上线下渠道展示产品的独特性和优势，提高消费者对品牌的认知度。

4.联合合作程度不高

联合合作对于家庭农场的发展具有重要的意义，可以带来多方面的好处，如资源共享、规模效应、风险分担、技术交流等。然而，由于一些内外部因素，家庭农场之间的合作程度相对不高，主要有以下3个方面的原因。首先，受传统观念影响，部分农民习惯独立经营，传统观念认为自给自足或小规模经营是可行的，不太愿意与其他农户合作。其次，家庭农场之间合作时，利益分配往往是一个关键问题，不同农户对利益分配有不同看法，可能导致合作的矛盾和摩擦。最后，缺乏有效的合作机制和组织，使农户之间难以形成良好的合作关系。目前,我国大部分家庭农场都是"单打独斗",整体联合与合作意识不强。统计数据显示,全国粮食类家庭农场中加入合作社与龙头企业的分别为32.2%、27.8%,在辽宁、吉林等水稻主产区,加入合作社的家庭农场比例仅为14.86%、7.25%,黑龙江、吉林、重庆、上海四省(直辖市)粮食类家庭农场与龙头企业合作占比分别为7.89%、4.35%、8.33%、5.26%。因此,无论是在国家层面还是地方层面家庭农场的合作意识和市场思维还有待提高。

5.现代信息技术应用滞后

科学技术是第一生产力。现代信息技术的应用,有利于家庭农场生产效率和生产质量的提升,是促进其发展壮大的重要动力来源。目前,相对来说一些农场在信息技术应用方面落后于时代发展,一些家庭农场主对于现代信息技术的认识和了解相对有限,这也导致农场主对于应用现代技术的需求和优势的认知不足。以互联网发展和家庭农场发展都较好的江苏省为例,2018年,在对江苏9市270户家庭农场进行调查研究发现,采用互联网购买产前生产资料的占比55.93%,采用物联网进行产中精准控制的占比34.81%,采用电子商务进行产后销售的占比42.96%。由此可见,我国家庭农场现代信息化水平还有待提高。

【导读案例】

全国家庭农场典型案例

尚俊家庭农场成立于2018年,主要从事粮食生产和葡萄种植,是安徽省示范家庭农场、安徽省大学生返乡创业示范基地。农场主杜明杨是宿州市劳动模范、萧县十佳青年及青年农民科技致富带头人。农场流转土地1 550亩,种植小麦、玉米、大豆等粮食作物1 350亩,设施葡萄种植200亩。农场有家庭成员4人,聘用务工人员35名,其中高级农艺师1人、农艺师2人。农场建有保鲜库2 700立方米、仓储库房1 120平方米、办公场所及多媒体会议室270平方米,拥有农用机械20余台(套)。2021年,农场实现净利润162万元。

一、精细管理,节本增效

农场实行精细化管理,家庭成员明确分工,各司其职。农场主负责农业科技的示范、推广、应用以及农产品质量监管等工作,妻子负责基地财务务工人员考勤、生产物资采购,父亲负责基地生产、农业收购订单、农业机械管理维修,母亲负责后勤保障。农场在土地深松旋耕起垄、精量播种、肥料深施、粮食收获、秸秆还田等环节,全程采用农业机械化作业,不仅使家庭成员逐步从繁重的农田劳作中解脱出来,而且还能对外从事农事综合服务,每年可实现节本创收8万余元。

二、绿色种植,科学生产

农场大力推广生物防控技术,悬挂诱虫板、诱捕器,辅助实施高效、低毒、低残留农药开展病虫害绿色防控。农场生产的农产品通过了绿色食品认证,并实现了全程质量可追溯。2021年,农场建设数字农业物联网系统和视频监控智慧葡萄基地180亩,通过水肥一体化设施和土壤墒情传感器,实现了手机端远程控制灌溉施肥、通风,并远程诊断病虫害。通过科学种植和管理,农场葡萄亩产达1 415千克,平均每千克销售价格27元,总产值达687.69万元。

三、粮豆共作,高产创建

农场自2021年起带头开展大豆玉米带状复合种植,落实种植面积1 148亩,选用耐密紧凑型玉米品种、高产耐荫型大豆品种,推广缩株保密等关键技术,实行种肥同播,采用定向喷头加防护罩的方式进行化学除草,实现了"玉米基本不减产、增收一季大豆"的目标,亩均增收 480 元。农场加强与农业科研院所及当地农业农村部门合作,建设了 1 000 亩小麦绿色高产优质良种示范田和绿色种养循环高产创建示范田,2021 年和 2022 年示范田亩均单产分别达 758.5 千克、834.3 千克。

四、技术引领,示范带动

为配合做好大豆玉米带状复合种植模式推广工作,农场充分发挥技术引领和示范带动作用,在每年田管的关键时期,组织技术人员深入村组农户田间地头,开展手把手的技术服务,积极指导农户开展大豆玉米带状复合种植。2021—2022 年,农场累计举办大豆玉米带状复合种植讲座 65 次,培训种植户 1 200 人次。

五、订单生产,统一销售

农场与面粉加工企业合作,签订小麦供销订单,按照加工企业指定的品种开展种植,并以高于市场价 0.3 元/千克的价格统一出售,实现每亩增收 230 元。农场利用多年积累的渠道资源优势,依托当地面粉加工厂、面业公司、农产品批发市场等,与周边农户签订收购协议,建立直供或直采关系,提供产销对接服务。2021 年,农场与永烟镇窦庄村、马庄村、许岗村、王山窝村 4 个村的村民签订小麦收购订单 1.3 万亩、玉米订单 1 万亩、大豆订单 0.5 万亩、葡萄订单 0.4 万亩,签订订单的农户人均纯收入增加 430 元,有效带动了农民增收。

(资料来源:《全国家庭农场典型案例(2022 年)》)

第三节　家庭农场发展模式与典型案例分析

一、中国家庭农场发展模式

根据农业农村部发布的数据,截至 2022 年,我国共有家庭农场 390 万家,经过多年的摸索发展,在我国众多家庭农场中涌现出 5 种成功的发展模式,走出了一条符合中国实际情况的家庭农场发展之路。

(一)上海松江模式:统一土地流转

松江家庭农场模式是上海农业的一张亮丽的明信片。为了推进家庭农场发展、减少土地流转纠纷,并保持土地流转周期的稳定性,松江区政府采取了一系列举措,重点在规范土地流转方面。双方在土地流转过程中遵循"依法、自愿、有偿"的原则,并按照上海市农委发布的统一合同示范文本签订土地流转合同,明确双方权利与义务。为了增加双方的信任度,通常将村委会作为中间人或保证人。在规范土地流转的同时,松江区农委积极培育引导农民专业化,除了发展粮食类农场,还大力发展种养结合、机农一体等特色专业化的家庭农场,对发展良好的优质家庭农场政府鼓励延长土地承包期限。实际上,2004 年,松江区就开始积极鼓励农民将进行土地流转,通过农户和村委会签订统一的土地流转合同将土地流转给村集体,目前松江区农民土地承包合同签订率达到 99.9%。在土地流转后为了消除农民失地的后顾之忧,充分保障失地后农民的切身利益,松江区构建了完善的农村社会保障体系,2008 年,松江区正式推出了用"土地换保障"的方法,将失地农民全部纳入乡镇一级的社保体系。通过政府建立起来的社会保障制度,既减轻了农户对土地的依赖性,也解决了失地农户的生存问题,为家庭农场提供了充足的土地来源,加快了土地流转速度。

家庭农场是一种现代化的农业生产方式,要想让它充分发挥出自己的效用,就必须要有一个社会化服务体系,提供专业的服务。在松江区政府发布的相关政策的引导和激励下,社会化服务体系建设不断向前推进,农机服务、农场主培训服务、农业生产资料购买、农产品销售服务等配套服务逐渐完善。在推进社会化服务体系建设方面,松江区政府采取了一系列措施。针对农机服务问题,叶榭镇金家村和团结村的 30 户家庭农场成立了农业机械合作社,合作社遵循"大机互助化、小机家庭化"的原则,确保合作社成员之间共享农机服务。除了为社员提供服务,合作社还通过有偿的方式向其他家庭农场提供专业化的服务。在农业生产资料供应方面,松江区政府不断健全供销合作社的运行,各乡镇的供销合作社在家庭农场购买种子、化肥、农药等农业生产资料时要提供相应的配套服务。同时,在粮食流通过程中,松江区中储粮分公司积极主动对接农场,进行上门收购粮食,并免费为粮食提供烘干和晾晒服务。为提升家庭农场经营者的经营能力,松江区采取多种培训措施。农业函授学校不定期为家庭农场经营者提供技术培训,在农业科技人员、农业专家与农场主间建立结对帮扶制度,鼓励农业院校的专家、农业科研机构研究人员、农技推广人员深入乡镇,对家庭农场进行实地的农业科技培训与服务。此外,由于互联网信息技术的快速发展,松江区还专门组建了松江家庭农业网,利用网络平台展示了各种涉农资讯。该网络已作为政府部门、专家、投资者和农民沟通的主要载体工具,发挥着较强的知识传播功能。这一系列措施有力地促进了社会化服务体系的建立,为农村发展和农民的成长提供了全方位的保障。这一系列举措有力地推动了社会化服务体系的建设,为农业生产和农民的发展提供了全方位的支持。

为保证家庭农场的健康发展,保证财政对农业的支持得到落实,松江政府制定了一整套对家庭农场的管理办法,对家庭农场的准入条件、经营条件、退出条件、再承包条件等进行了详细的规定。从进入条件来看,松江家庭农场带有浓厚的本地色彩,农场对户口的要求非常严格,并且要求农场主具备一定的技术能力。另外,对劳动力来源和农业机械使用情况的规定也是必不可少的。然而,进入资质、经营资质只是资格限制,有了资质并不意味着就可以成立家庭农场,还要经过正规的审批。一般情况下,具有本村户籍的农户可提出申请,村委会对其进行初审,再由村民会议或村民代表会议民主表决,确定是否给予申办资格。最后获得进入资格的农户,需要与村委会签署一份家庭农场经营协议,对双方的权利和义务进行明确。在农业生产管理上,松江区还建立了农田管理、水利建设、农作物管理、粮食流通等六项指标的考评体系,一年考核三次,考评成绩与财政补助直接挂钩。对未按合同和有关规定开展农业生产经营,或将流转的土地再次转包给他人的农场经营者,将被吊销经营资格。除此之外,如果连续两年考核不合格、违反环保要求、在农业生产中不按照相关规章制度要求滥用农药、化肥、影响农产品安全或无故不缴纳土地流转费用的家庭农场经营者,在经过村民会议研究讨论后,也存在着被取消经营资格的可能。当然,如果家庭农场经营效益好,管理水平高,或者农民取得了某项资格证书,则可以在今后申请家庭农场时给予优先考虑。

经过十多年的发展,松江家庭农场生产经营模式日趋稳定,逐渐走向规模化、集约化、专业化、职业化发展道路。截至 2021 年,松江区共有家庭农场 844 户,总经营面积达到 13.4 万亩,户均经营面积达到 158 亩,其中机农一体 652 户。在松江家庭农场的示范带动下,上海其他各区也在大力推广家庭农场经营模式,截至 2021 年底,上海地区共有家庭农场 3 813 家,其中市级示范家庭农场 115 家,经济效益、社会效益、生态效益显著。通过党建引领,多年精心培育,探索出种养结合、机农结合的"松江模式",有效解决了谁来种地、如何产粮等问题,使松江区在现有生产条件下,实现了劳动力与耕地面积的合理分配,有效提高了劳动生产效率,农民实现了由兼业到职业化的转变,职业农民队伍逐渐扩大,家庭农场经营者综合素质得到大幅提升,培养产生了一批职业农民和种粮能手,促进了粮食生产向专业化方向发展。家庭农场也显著提高了农民的年收入,数据显示 2019 年松江区纯粮食家庭农场户均年收入 15.7 万元,农机一体家庭农场户均净收入 20 万元,种养结合家庭农场户均收入 30 万元。与松江区家庭农场刚发展时的 4.6 万元经营收入相比翻了 3 倍多。让农民也有了体面的收入,也使许多新生代的农民看到了农业发展的前景和希望。家庭农场的发展也使农业生态环境得到明显改善,促进了绿色农业的发展。在家庭农场发展过程中,通过农业技术人员下田普及农业知识和生产技术,提高了肥料的利用率,降低了化肥的使用量,有效改善了农业生态环境。

下一步,松江区推进家庭农场的重点工作主要是,要进一步完善家庭农场的经营机制,在当前土地流转年限的基础上,适当延长土地流转期限,为家庭农场健康稳定打下坚实基础,对家庭农场经营者实行资格认证和目标考核机制,将不适合家庭农场经营的及时淘汰,建立准入与退出机制,组织农业专家和农业技术人员,对家庭农场经营者开展针对性的培训和指导,提高家庭农场经营者农业生产技术和市场经营水平。

(二)浙江宁波模式:基金引导

2001 年 7 月 9 日,浙江省慈溪市出现了全省第一家经工商登记的家庭农场——慈溪市周港镇建鸿果蔬农场,农场投资 45 万元,经营面积 510 亩。这也成为浙江家庭农场的发源地之一。从这之后,该市不断从政策层面上完善和创新土地流转机制,在推进土地向合作社和龙头企业集中的过程中,鼓励农户通过承租、承包、有偿转让和出资入股等方式,把当地分散的土地集中起来,进行连片开发,发展家庭农场。这便是我国家庭农场发展的又一成功模式——浙江宁波模式。

宁波家庭农场取得较大发展主要有以下两个方面的因素,一方面宁波的家庭农场发展较早,形成了完备的经营模式。另一方面由于其走的是市场化道路,在市场机制引领下,实现了发展和壮大。在当地重商主义传统的影响下,浙江宁波的家庭农场采取了一种新的发展模式,依靠顽强的市场竞争和敏锐的市场意识,发展成了一种以市场为主导的家庭农场模式,成为中国家庭农场模式的重要组成部分。但也并不是说宁波家庭农场的发展完全不需要政府参与,只是说在发展过程中以市场为主导。事实上,宁波市政府也为家庭农场发展提供了大力支持,为支持家庭农场等农业主体的健康发展,宁波市从 2004 年起就设立了"中小农场发展基金",该市每年用于农业生产的财政补贴超过 1 亿元,对家庭农场的产业扶持资金占了 40% 以上,目前这些农场已成为当地农业的生产主体,并且经营效益显著,每千亩地的平均年利润可以达到 100 万元左右。

宁波在全国范围内率先推动土地流转、推进农业规模经营,这也开创了土地流转的"宁波探索"。为了促进家庭农场高效持续发展,宁波将土地流转与规模经营相结合,以流转促发展,用规模增效益,实现两者的良性互动,提高农业现代化水平。2008 年,宁波市政府出台了《关于做好农村土地承包经营权流转工作提高土地经营水平的意见》(甬党办〔2008〕5 号),意见明确指出要通过建立土地承包经营权流转的激励制度,来加速土地流转,完善进行土地流转后农民的社会保障,强调优先解决就业问题。政策出台后宁波市积极鼓励农户以土地经营权入股组建探索土地内股外租、作价入股等土地股份合作形式流转土地,形成"土地变股权、农户当股东、收益有分红"的较稳固的土地流转模式。宁波还通过财政补贴的方式,对进行土地流转的农户进行补助,按流转年限和流转面积给予不同层级的奖励,对流转或者入股土地在 500 亩以上且流转年限达到 10 年的农户,财政一次给予 10 万元的补助。在政策的激励下,农户也愿意将自己的土地进行流转。同时,该市还建立了专门用于土地流转的中介服务体系,搭建了市、区/县、镇三级土地流转信息服务平台,畅通土地流转信息渠道。宁波市是首批培育和发展家庭农场的地区,是我国家庭农场五大范本之一,截至 2018 年 6 月,宁波市农村土地流转面积达到 151.6 万亩,占农户家庭承包面积的 69.3%。

任何一种家庭农场模式,都离不开先进完善的社会化服务体系做保障。宁波这种大型化、市场化的农场对社会化服务体系有着更高的要求。为了降低家庭农场在生产经营中产生的成本,该市非常重视农业社会化服务体系建设,从融资、人才培养等多方面为家庭农场发展提供支持。从融资方面看,宁波市鼓励相关金融机构给家庭农场贷款提供便利,并由财政对贷款给予贴息补助。在家庭农场贷款担保形式上,明确可以用大型农业机械、流转的土地等进行质押担保。各级政府支持政策性农业担保机构为家庭农场的融资提供担保服务,激励金融机构放心大胆向家庭农场发放贷款,帮助家庭农场解决融资难的问题。在人才培养方面,该市还建立起了系统性的家庭农场生产经营人才培训体系,制定了相关培训方案和计划,鼓励支持退役军人、大学毕业生、农村经纪人等经营家庭农场,有效提升了家庭农场经营者的整体素质。

从实际效果来看,在商品化和市场化的大潮中,宁波市的家庭农场对整个农业的发展起到了很大的促进作用。具体来说,第一,推进了农业产业化及多元化发展。截至 2020 年年底,宁波市家庭农场总数达到 16 785 家,涵盖粮食种植、水产养殖、文旅观光、种养结合等多种模式的家庭农场。第二,提升了家庭农场经营者的市场意识与管理水平。宁波家庭农场大部分都已经到工商部门登记注册,具有独立的市场地位,因此需要家庭农场主具有敏锐的市场意识,才能在激烈的市场竞争中实现利润最大化,生产的产品也必须满足市场需求。为此,许多农场开始主动学习先进的生产技术和管理经验。可见,宁波家庭农场的市场化发展是富有成效的。第三,农户的收入得到了普遍的提升。宁波的种植类家庭农场种植面积大部分都在 50~500 亩,一些家庭农场的面积甚至超过了 3 000 亩;在养殖类家庭农场中,各类牲畜存栏量都在 3 000 头左右,比全国的平均水平都要高。正因为宁波的家庭农场规模较大,所以它的经营收益相比于其他地区农场也有了很大的提升,大多数家庭农场的年收益都在 50 万元~500 万元,一些家庭农场年收益达到了 2 000 多万元,净利润突破了 500 多万元。

宁波市在发展家庭农场过程中也开始暴露出一些问题。其一,土地流转费用上涨较快,当前土地流转费用已上涨至每亩 600~1 400 元,加重了家庭农场的经营成本。不利于提高农户发展家庭农场的积极性。其二,就是过度依赖雇工的生产经营影响家庭农场稳定,雇用临时工或季节性工人可能导致劳动力供应的不稳定性。这可能使在关键的农事阶段,无法获得足够的劳动力,影响农作物的种植、收割和销售,再者家庭农场也是社区的一部分,具有天然的社区性,与周边居民有着紧密的社会联系。过度依赖雇工可能导致与雇佣工人之间的关系取代了家庭和社区成员之间的关系,不利于农场的稳定发展。

(三)安徽郎溪模式:农民+政府+协会

近年来,安徽郎溪县在全国率先展开了家庭农场系列化的探索。不仅包括进行适度规模的生产和产业化经营,还涉及了融资机制、登记注册等多个方面的全方位实践。通过农民、政府、协会构建起三位一体的家庭农场发展模式,安徽省郎溪县农委主任包德平指出,正是以农民作为主体、加上政府的大力扶持以及协会的帮助,最终形成了郎溪家庭农场发展的"三驾马车",共同推动了家庭农场的蓬勃发展。目前,郎溪家庭农场发展模式也被列为全国家庭农场"五大样板模式"之一。

郎溪对家庭农场经营者的要求之一就是必须具有本村户籍的村民,但允许工商资本进入,这种做法与上海松江家庭农场的做法有点类似。即要求家庭农场的经营者继续具有本村户籍,或者是农村集体组织的一员,并且家庭成员必须是农场的主要劳动力,但目前大部分乡镇并没有限制工商资本进入。由于农民受知识水平、市场意识、实践经验等各方面的限制,在市场经济下不能及时获取市场信息,准确把握市场。而工商资本的进入能够在产前、产中、产后全过程为家庭农场提供方便。近些年来,郎溪县积极推动家庭农场与农业类企业对接,承接上海、南京等地农业企业的原料订单,将家庭农场作为企业的原料生产基地,大力发展订单农业。通过工商资本与家庭农场对接的方式,农场主不仅能学到先进的管理经验,还可以拓宽农产品的销售渠道。

与其他家庭农场模式一样,郎溪县也非常注重土地流转工作。为了推动规模化发展,加速土地流转。郎溪县政府出台了《关于促进家庭农场持续健康发展的意见》(郎发〔2013〕6 号)对流转的土地、林地按流转年限给予不同级别的补助,流转年限越长,补助越多。对于村级集体组织土地流转面积达到 10 万亩以上的,一次性给予 15 万元的补贴。在土地流转政策的激励下,截至 2021 年,郎溪县规模以上土地流转面积达 49.39 万亩,其中,耕地 26.09 万亩,流转率由 2012 年年底的 42%增长到 65%。

家庭农场协会是郎溪家庭农场发展过程中不可或缺的一部分,是家庭农场的利益组合和利益代言人。2009 年郎溪成立了第一个家庭农场协会,作为家庭农场的利益代言人,它的主要功能是为家庭农场的发展提供社会化服务,其中包含政策信息咨询,农业技术指导,融资沟通等内容。家庭农场协会是将政府与家庭农场联系在一起的桥梁,通过社会化服务,推动家庭农场向规范化、标准化方向发展。具体来说主要是从以下三个方面来开展工作。第一,为家庭农场经营者提供培训和指导,提高农场主生产经营能力。第二,再融资沟通方面,家庭农场协会在银行和家庭农场主间承担中间人的角色。与当地银行、信用合作社等金融机构积极沟通,促使金融机构推出支持家庭农场发展的信贷服务和信贷产品,偶尔为家庭农场融资提供担保。在一定程度上解决家庭农场融资难问题。第三,协助家庭农场做好登记注册工作。并对家庭农场的资格进行动态审查,每两年进行一次复审,对不符合要求的家庭农场及时进行整改,有利于家庭农场持续健康发展。

郎溪县家庭农场发展模式取得了良好的实际成效。首先,普遍提升了农户的家庭收入。按照郎溪县相关单位的统计,郎溪县家庭农场收入在 10 万元以上的农户占到了总数的88.7%,而同期的普通承包户年收入仅为 5 万元;再者从人均收入上看,郎溪县家庭农场人均纯收入为 3 万元,是同期普通农户人均纯收入的 4 倍,是郎溪县城镇居民人均纯收入的 2 倍。有效实现了务农收入高于务工收入的目标。其次,改善了农业生态环境。郎溪县自然资源丰富,气候环境良好,郎溪县家庭农场在发展过程中充分利用当地自然生态的优势鼓励在外务工返乡人员、种植大户创办家庭农场。政府部门整合相关资源,以生态为主题着力打造生态农场、生态旅游、生态种养等一批特色经营农场。带动了当地农业经济的发展。最后提升了家庭农场发展的自治度。家庭农场协会在郎溪家庭农场发展过程中发挥了重要的作用,家庭农场协会是家庭农场的自治组织,自协会 2009 年成立以来,积极主动做好家庭农场的服务工作,不仅为家庭农场的发展提供了各类市场信息,还推动家庭农场与市场的对接,引导和支持家庭农场不断发展壮大。家庭农场协会在运作的过程中完全没有政府参与,充分体现其高度自治性,提高了家庭农场抵御市场风险的能力。

郎溪县家庭农场在发展过程中也还存在一些问题,例如,土地流转周期较短,家庭农场经营刚开始步入正轨就面临着土地合同到期的情况,不利于家庭农场长期经营。另外部分农场主年龄偏大,缺乏新的经营管理理念,对农业新技术新品种认识不够,现代化经营管理能力欠缺,不利于持续发展。

(四)湖北武汉模式:细化扶持+引导

武汉市推进家庭农场发展的重点着重于引导,而不是盲目大规模发展。该市对于经营家庭农场的要求是必须具有武汉市农村户籍的居民且从事农业生产。同时,还需要市农业农村部颁发的"绿色证书"和 5 年以上农业种植养殖经验。该市对家庭农场生产经营有明确的规定要求,一是符合当地产业发展规划,二是流转土地年限在 10 年以上,三是蔬菜和粮油种植面积要分别达到 50 亩和 100 亩,四是具备一定的农田基础设施,五是农业机械化水平达到 60% 及以上并实行标准化生产。在武汉,家庭农场的布局还要服从于农业发展规划整体布局。武汉市在全市划分了家庭农场禁止发展区、家庭农场限制发展区、家庭农场适宜发展区。使其发展与城镇规划、农业布局、环境绿化等相适应。

武汉市发展家庭农场具体做法主要有以下四个方面。一是政府扶持,先建后补。武汉市对家庭农场采取先建后补的方式,即是在农场建立后对农场进行逐一抽查,对达标的农场授予家庭示范性农场,再自行拨付用于农场基础设施建设。这样既鼓励了农户主动参与农场建设,根据实际情况和自身需求进行合理规划,同时,先建后补的方式可以避免资源浪费。如果仅仅由政府投入大量资金先行建设,但农户没有真正的意愿和动力,最终可能导致项目失败,浪费了政府的财政资金。二是定期检测考核优保劣汰。对家庭农场经营质量和效益采取定期检测考核的方式是我国许多地区家庭农场都是实行的一项措施,对不达标的农场进行淘汰有利于行业的健康可持续发展,使用于支持家庭农场发展的资金,在最大程度上发挥效用,避免资金浪费。同时,也能更好地激励家庭农场主去创新生产经营方式,更新换代农机装备,从而提高农场的产量和收益。第三,注重农业人才培养,武汉市要求家庭农场经营者需要具有高中以上文化水平。家庭农场经营者整体文化水平不高也是制约我国家庭农场发展的一个重要因素之一。随着城镇化工业化的推进,大量有知识的年轻劳动力纷纷涌入城市,造成农村地区劳动力大量流失,农村空心化严重。而家庭农场作为一种现代化的农业生产经营方式,对生产经营者的综合能力具有很高的要求,加强对家庭农场经营人员的培养,提高家庭农场经营者的整体素质,有利于家庭农场品牌化、专业化发展。在市场经济活动中更好地抵御市场风险。第四,适当发展合作农场、公司+家庭农场+基地等模式,降低经营风险。外来工商资本的进入,能够给家庭农场带来先进的管理经验和生产方式,可以获得更多的经济、技术和市场资源,提高农业生产效率和竞争力。家庭农场与公司合作,可以通过企业的市场渠道和品牌影响力,将农产品推向更广阔的市场,提高销售量和收益。公司+家庭农场+基地的模式三也能各取所需,成为一个利益共同体。三者联合能够在市场经济活动中更好地抵御住市场风险,增加农场的可持续性和稳定性。

武汉市通过一系列政策的支持在家庭农场发展过程中也取得了丰硕的成果,首先,家庭农场数量呈现井喷式增长。2013 年,武汉家庭农场数量仅 167 家,根据数据统计到 2020 年年底,武汉市家庭农场数量达到 2.7 万家,增长近 160%。其次,农业、旅游、餐饮紧密结合,形成一条"以农助旅、以旅促农"的农文旅融合发展之路,有效带动了经济发展。最后,农户收入普遍增加。家庭农场人均纯收入普遍高于全市农民人均纯收入 10% 以上,家庭农场平均农业收入超过 20 万元。

武汉市家庭农场在发展过程中也存在一些问题,农业投入不足,农业基础设施相对落后,农场水、电、渠、路等基础设施不完善。农业金融发展滞后,科技支持乏力。融资难、融资贵、融资慢、融资期限与生产周期不匹配等问题在家庭农场生产中普遍存在。虽然政府也出台了相关资金扶持和补贴政策,但对初期发展的家庭农场无异于杯水车薪,给家庭农场经营者也带来了很大的经济压力。

(五)吉林延边模式:融资创新

经过多年发展,2021 年,吉林省延边家庭农场数量达到 4 363 家,规模经营土地面积达到 24.5 万公顷,占全州耕地面积的 64%。随着家庭农场不断发展壮大催生出土地收益保证贷款等新的融资模式。

延边家庭农场在发展的起始阶段,政府就会给予贷款贴息、财政补贴、农作物保险等七项优惠扶持政策。帮助家庭农场走好第一步,促进家庭农场快速成长。延边州地处边境地区在国内外常年务工人员数量庞大,农村劳动力大量外流。这也为大规模的土地流转创造了机会,为家庭农场发展创造了有利条件。对于农民进行土地流转后的生活,延边市从住房、医疗、养老、教育等方面推出了一系列保障措施,给予进城农民同等市民待遇。例如,一个流转土地后的农户他在进城之前已经了参加"新农保",那么后面他可以继续保留原来的保险关系,并且在进城之后享受与之相对应的养老保险待遇;如果之前没有参加"新农保",进城之后可以逐步纳入城镇职工基本养老保险或城镇居民社会养老保险范围,构建了完善的社会保障体系。为破解家庭农场的融资难题,从 2012 年起,延边州开始试行开展土地收益保证贷款的融资模式,在不改变土地所有权性质和农业用途的前提下,农户自愿将部分土地承包经营权转让给政府成立的公益性平台公司,并与其签订经营转让合同——该公司再将土地转包给农民经营,并向金融机构出具共同偿还借款的承诺——金融机构按照统一的贷款利率,向农民提供贷款。与传统融资模式相比,该模式不仅简单易操作、利率也很优惠,而且风险可控,服务也十分便捷。以利率为例,该模式保证贷款利率在人民银行同期限档次基准利率基础上,试点金融机构统一上浮 30%。

在延边州政府的大力支持下,延边的家庭农场得到快速发展,家庭农场主经营收入大幅提升,2021 年延边农民人均收入增加到 14 770 元,收入水平进一步提高;在延边州政府各项保障措施的实施下也使农户的生产积极性得到提高,返乡从事家庭农场生产经营的人员比例逐步提高。通过开展土地收益保证贷款的融资模式有效缓解了家庭农场融资难的问题,家庭农场建设能够获得更多资金支持,有利于家庭农场持续稳定地发展。

当前,延边家庭农场还存在以下两个方面的问题,一是相关制度不完善,人员管理水平亟待提高。二是生产成本较高,增收难度大。农药、化肥、种子、农机、土地流转费用等成本的增加不断提高了家庭农场的生产成本,使农户增加收入的难度增大。这些问题不利于家庭农场长期稳定发展,需要政府、农户、社会层面三方共同形成合力,达到利益的最大化。

二、中国家庭农场典型案例分布

为加快培育家庭农场等新型农业经营主体,深化农村改革、全面推进乡村振兴、加快农业农村现代化。农业农村部在全国范围内组织评选全国家庭农场典型案例,全国家庭农场典型案例是我国家庭农场评比工作的"最高荣誉",对推进家庭农场发展具有重要的意义。典型家庭农场可以作为行业的典范,向其他农户传递成功经验和最佳实践,引导更多农业从业者学习借鉴,提升整体农业水平。评选出的典型家庭农场通常在农业技术、管理方法等方面有一定的创新,通过评选可以促进这些创新技术和方法的推广和应用。截至 2021 年,中国家庭农场典型案例:共计三批 123 家,最多的是山东省 9 家、江苏省 7 家;最少的是海南省和西藏自治区各 1 家。

1.上海松江区李春风家庭农场

李春风家庭农场创建于 2008 年,坐落在上海市松江区泖港镇腰泾村,目前农场面积 430亩,是一个集品牌稻米绿色生产、生猪饲养、现代农机服务"三位一体"的集约型家庭农场。农场主李春风原先在松江一家企业工作,2008 年,李春风"弃工从农",开始创办家庭农场,刚开始农场经营面积为 117 亩。2011 年,他开始探索"种粮+养猪"相结合的经营模式,创新发展了种养结合生态循环家庭农场。2013 年,探索实践组建了农机互助点;2016 年,注册

"李春风"牌大米商标,其经营的家庭农场大米产品品质优良,被中国绿色食品发展中心认证为绿色食品 A 级。目前,农场大米年总产量在 2.4 万千克,净收入约 40 万元,生猪总出栏 1 500 余头,净收入约 12 万元,提供农机服务净收入约 5 万元,真正地走上了规模化、机械化、科技化的现代农业致富之路,促进了农业增效、农民增收。李春风家庭农场坚持规模化经营,种养结合,大力发展循环农业,延伸农业产业链条,打造品牌农产品,并且通过开展社会化服务工作来实现节本创收的思想,农场发展取得了丰硕的成果。

适度规模,充分利用农业机械实现合作共赢。这是李春风家庭农场成功的基础,李春风在接管农场后第一件事就是提高农业机械装备作业效率。农机驾驶都是由农场内部人员负责,水稻耕作技术也由农场内部人员掌握。这也为李春风实施规模化经营打下了坚实基础,也是其扩大农场规模的底气和信心。近些年,李春风紧跟政策导向,购置了现代化的农机装备,打造机农一体型农场。提高了农业生产效率,降低了生产成本,减轻了劳动强度。与此同时,李春风还与村里另外 4 个家庭农场主结成了农机服务互助合作伙伴,组成了一个农机互助小组,为村里 1 500 亩地提供农机服务,增加了农场自己的农机使用率,每年给农场增加五万元的纯收入。

实行种养结合,大力发展循环农业。2011 年,李春风开始探索"种植+养猪"相结合经营模式。把养猪场建在农田旁,配备现代化的通风、降温和粪尿收集利用设施。这样实现了猪粪便的有效利用,减轻了环境污染,经过处理后的粪便可以用作肥料,降低了化肥的使用量,长期下来农田土壤质量越变越好。李春风还在种植绿肥、深翻上下功夫。从 2015 年起,他在自己农场率先取消了二麦种植,冬闲时节全部用来种绿肥或深翻对土地进行"休养",保障土壤肥力。

加强品牌建设,延伸产业链提升农产品附加值。上海在发展绿色高效农业的过程中提出了"卖稻谷"向"卖大米"转变的思路。2014 年松江大米成功获批稻米类国家地理标志保护产品,而李春风家庭农场所在区域,恰好是松江大米的核心种植区和主产地。2015 年,李春风创办了上海万群粮食合作社,还与松江本地农业龙头企业合作,进行大米和稻谷的销售。随着李春风家庭农场的知名度逐步提升,越来越多的消费者主动来到农场咨询李春风种的大米,品牌效应开始凸显,为了让消费者吃到更多优质、健康大米。2018 年,李春风家庭农场开始全部种植特色优质品种,实现了"卖稻谷"到"卖大米"转型。早在 2016 年,李春风家庭农场注册了"李春风"牌大米商标,并按照国家绿色食品标准和相关申报要求,开始筹划申请绿色认证。2019 年 2 月,"李春风"牌大米被中国绿色食品发展中心认证为绿色食品 A 级。如今,李春风家庭农场品牌松江大米与之前相比每亩增收约 250 元。

2.武汉市新洲区曾向朋家庭农场

曾向朋是一名退伍军人,他退伍后开过餐馆、摆过地摊、做过保安但过得都不是很好。2009 年,他萌生了创业的想法,回到家乡承包鱼塘养鱼,开始了他的创业之路。刚开始,为了解决鱼塘周边杂草问题,他养殖了几头山羊,把杂草作为山羊饲料,眼看效果挺好。曾向朋便开始借款用于扩大山羊养殖规模。因为缺乏养殖技术和经验,那年过冬,曾向朋养殖的黑山羊所剩无几,净亏 30 多万元。

2012 年,通过战友的推荐,曾向朋来到新疆生产建设兵团找到一个牛羊养殖能手学习养羊技术,学习范围涵盖了羊圈环境、疾病预防到饲喂管理。经过 10 个月的学习,曾向朋信心倍增,开始重整旗鼓。将新疆所学的养羊技能开始用到新洲。目前曾向朋的家庭农场遵循绿色无公害与循环养殖模式,在他承包的田地里,水稻、鱼池、太空莲、草场各占三分之一,冬天卖羊,秋天卖鱼,形成草场养羊——羊粪肥田肥塘——水草喂鱼的循环经济链条。农场发展成了一个生态绿色种养的家庭农场。

经过十多年的发展,曾向朋的家庭农场也逐步走向现代农业的种智慧种养模式——在 5G 时代,智能手机也发展为现代化的新型农具。在曾向朋的家庭农场里,打开手机上不同的软件,他就可以知道鱼池各种机器的运行状况,也能清楚了解黑山羊的吃草进度。在销售渠道方面,同样依靠智能手机构建起来的网络。从农产品的配货、包装、存储,到产品在不同网络平台进行的直播销售都离不开互联网的支持。

2021 年,曾向朋家庭农场年毛利润达 380 万元,这比传统的单一养殖效益高出三倍多。经过 12 年的学习实践积累,曾向朋已是当地有名的山羊养殖能手,他还带动全村 70 余户群众一起发家致富。

3.宁波市镇海区开心家庭农场

镇海区开心家庭农场先后被评为浙江省高质量绿色科技示范基地、宁波市市级示范性青创农场,开心家庭农场一开始就放弃传统的种植和销售模式,采用现代化的农业设施和销售理念,在农旅融合发展道路上走出了一条独特的道路。

该农场成立于 2013 年,占地面积 100 余亩,农场内主要从事蓝莓、巴西树葡萄、草莓、火龙果、水果番茄等精品果蔬种植、加工和销售。2020 年农场投资新建了四季九龙——开心亲子农场,涵盖四季果蔬采摘园、开心亲子乐园、特色农家乐、乡村茶吧、会务培训等农旅融合项目。在果蔬采摘区,游客们可以见到无土栽培的瓜果,让游客和孩子感受到科技的奥秘;在亲子户外拓展区,通过亲子趣味互动活动,促进孩子和家长之间的密切配合,增进彼此的感情,让父母和孩子在游玩中都能得到放松。在亲子农事体验区,通过参与农耕,感受农趣。将农耕活动与农业文化、农业知识相结合,让游客在农耕文化中体验农业劳动生活的乐趣。

目前,开心农场把发展高效农业、生态观光农业,拓展现代农业发展空间作为新目标,努力打造一个集科技农业、亲子教育、旅游休闲为一体的特色农业旅游文化基地。

4.家庭农场发展相关政策及建议

作为新型农业经营主体,家庭农场具有集约化、规模化和商品化的生产特点,已经成为推动现代农业发展的重要力量。近年来,以家庭农场为代表的一批新型农业经营主体受到中央和地方的高度关注。2016 年两会期间,习近平总书记在参加湖南代表团审议时明确提出"要着力推进农业现代化,以家庭农场和农民合作社为抓手发展农业适度规模经营。《"十三五"规划纲要》明确提出要健全政策体系,扶持发展家庭农场。当前家庭农场等新型农业经营主体正值快速发展的关键时期,政府也从土地流转、科技装备、财税、信贷保险、人才支撑等方面予以了大力的扶持。"

第四节 相关政策解读

一、家庭农场相关政策

1984年中央一号文件中首次出现了"家庭农场"这个词汇,当时的背景是国营农场改革,文件支持国营农场应继续进行改革,实行联产承包责任制,办好家庭农场。当时的家庭农场是由国营农场为主体经营的。1983年9月《国营家庭职工农场章程(试行草案)》,这是从官方角度首次明确提出了家庭农场的概念,即大农场套小农场。随着农村经济体制改革的推进,家庭农场这名字又开始活跃起来,2008年《中共中央关于推进农村改革发展若干重大问题的决定》提出有条件的地方可以发展专业大户、家庭农场、农民专业合作社等规模经营主体。这时家庭农场概念拓展到农户家庭农场。2013年中央1号文件中提出从财政、土地、人才培养、政策法律等方面对家庭农场发展予以支持。从这以后,在2013—2022年连续10年的中央1号文件中都提到"家庭农场",由此可见,中央对发展家庭农场的重视程度。在我国农业发展的新形势下,家庭农场通过开展适度规模的经营,成为代表我国农业先进生产力的重要力量,肩负着推动农业现代化历史使命的重任。

(一)《新型农业经营主体和服务主体高质量规划(2020—2022年)》

为加快培育新型农业经营主体和服务主体高质量发展,2020年3月,农业农村部发布了《新型农业经营主体和服务主体高质量发展规划(2020—2022年)》。对家庭农场、农民合作社、农业社会化服务组织等新型农业经营主体和服务主体的高质量发展做出了具体规划。规划指出,到2022年,家庭农场、农民合作社、农业社会化服务组织等各类新型农业经营主体和服务主体蓬勃发展,现代农业经营体系初步构建,各类主体质量、效益进一步提升,竞争能力进一步增强。

1.完善家庭农场名录管理制度

完善家庭农场名录管理制度有利于更好服务所有实实在在从事农业生产经营的家庭农场,有利于促进家庭农场规范发展,有利于更好发挥家庭农场对现代农业的引领作用。完善管理制度的具体内容主要是:①以县(市、区)为重点抓紧建立健全家庭农场名录管理制度;②完善纳入名录的条件和程序,引导广大农民和各类人才创办家庭农场;③把符合家庭农场条件的种养大户和专业大户、已在市场监管部门登记的家庭农场纳入名录管理;④建立完整的家庭农场名录,实行动态管理,确保质量;⑤健全家庭农场管理名录,及时把名录管理的家庭农场纳入系统,实现随时填报、动态更新和精准服务。

2.加大家庭农场示范创建力度

家庭农场示范的引领作用可以推动农业生产方式的现代化,引入先进的农业技术、管理模式和科学方法,提高农业生产效率和产值,同时有助于提升农产品的质量和安全水平,增强市场竞争力。示范家庭农场还可以成为农村技术推广的典范,将先进的农业技术、管理经验传递给更多的农户,提高农业整体水平。加大家庭农场示范创建力度的具体内容主要是:①加大示范农场创建力度,加强示范引导探索系统推进家庭农场发展的政策体系和工作机制;②组织开展家庭农场典型案例征集活动,宣传推介一批家庭农场典型案例树立一批可看可学的家庭农场发展标杆和榜样。

3.强化家庭农场指导服务支持

家庭农场指导服务可以向农户传授现代农业技术、种植方法和农业管理经验,帮助农户优化生产流程,提高产量和效率。通过现代化的指导服务引入科学种植、施肥、病虫害防治等技术,提高作物品质,减少损失,增加收益。同时,指导服务有助于农户尝试新的农业经营模式,如农业生态观光、农产品加工等,拓展农村产业链,增加附加值。强化家庭农场指导服务支持的具体内容主要是:①积极协调在节本增效、绿色生态、改善设施、提高能力等方面探索一套符合家庭农场特点的支持政策,重点推动建立针对家庭农场的财政补助、信贷支持、保险保障等政策;②通过支持家庭农场优先承担涉农项目等式,引导家庭农场采用先进科技和生产手段,开展标准化生产;③加强家庭农场统计和监测。强化家庭农场示范培训,提高家庭农场经营管理水平和示范带动能力;④鼓励各地设计和推广家庭农场财务收支记录簿。

4.鼓励组建家庭农场协会或联盟

家庭农场协会或联盟可以促进成员之间的知识共享和技术交流,农户可以相互学习先进的农业技术、管理经验,提高生产效率。协会成员间共同进行农产品种植、养殖等,实现规模化经营,提高农业产值。在农资采购方面通过家庭农场协会可以联合进行农资采购,实现规模采购,从而降低生产成本。在产品销售方面协会或联盟可以协同开展农产品销售和市场拓展,增加农产品的知名度和市场份额,提高农场经营收入。鼓励组建家庭农场协会或联盟的具体内容主要是:①积极引导家庭农场开展联合与合作;②积极开展区域性家庭农场协会或联盟创建,根据种养品种和不同行业区域的需求;③有序组建一批带动能力突出、示范效应明显的家庭农场协会或联盟,逐步构建家庭农场协会或联盟体系。

(二)《农业农村部关于实施新型农业经营主体提升行动的通知》(农经发〔2022〕1号)

为加快推动新型农业经营主体高质量发展,2022年4月,农业农村部发布了《农业农村部关于实施新型农业经营主体提升行动的通知》(以下简称《通知》)。《通知》以习近平新时代中国特色社会主义思想为指导,以加快构建现代农业经营体系为主线,以内强素质、外强能力为重点,突出抓好农民合作社和家庭农场两类农业经营主体发展,着力完善基础制度、加强能力建设、深化对接服务、健全指导体系,推动由数量增长向量质并举转变,为全面推进乡村振兴、加快农业农村现代化提供有力支撑。

《通知》的发布对于加强农村产业结构调整、提高农产品质量、推动农村创业创新等方面具有积极影响。《通知》的出台,一方面可以帮助农村发展更多的新型农业经营主体,如家庭农场、合作社等,从而推动农村经济多元化和特色化。另一方面,通过提升这些新型农业经营主体的产业化水平,可以提高农产品的质量和标准,满足市场需求,提高农产品的附加值。此外,该《通知》也强调了农村金融支持、科技创新等方面的重要性,这将有助于为新型农业经营主体提供更好的资金支持和技术指导,推动农村农业朝着更现代化、科技化的方向发展。

《通知》明确了未来一段时间我国新型农业经营主体的发展目标,以及努力的方向与采取的措施。它涉及了农村农业的发展、农民收入增加、农产品质量提升以及农村经济的现代化等多个方面,对未来一段时间我国新型农业经营主体发展具有重要的意义。《通知》的出台将推动新型农业经营主体,如家庭农场、农民合作社等,更高效、有序参与农业生产经营,引导促进农业产业化、专业化、科学化发展,进一步推进农村经济的转型升级。同时,有利于提高农产品的质量和安全,《通知》强调要加强农产品质量监管,鼓励新型农业经营主体遵循科学种植、生产标准,推动农产品质量提升,增强消费者信心,加强农产品安全保障。《通知》鼓励新型农业经营主体进行农产品加工、销售等环节,推动农业产业链条的延伸,增加农产品附加值,促进农业产业升级,这样有利于延伸农业产业链。在新型农业经营主体多元化发展方面,《通知》鼓励新型农业经营主体开展农村旅游、农产品加工等创新业务,带动更多农村创业和创新,创造就业机会,促进农村经济多元发展。在科技和金融服务上,《通知》强调加强农村金融服务和科技创新支持,有助于解决新型农业经营主体的融资问题,推广现代农业技术,提高农业生产效率。在人才培养方面,有助于优化农村人才结构,《通知》鼓励新型农业经营主体的培育和发展,将有助于优化农村人才结构,吸引更多年轻人投身农村创业创新,促进农村人力资源的合理配置。

二、家庭农场规划背景

(一)培育意义重大

培育家庭农场是破解"谁来种地"问题的迫切需要,当前随着城镇化的快速推进,农村年轻劳动力涌入城市,农村大量土地被荒芜。农产品生产将受到严重威胁,从而影响食品供应链的稳定性。培育家庭农场可以有效将闲置土地集中起来进行耕种,从而保障粮食稳定。家庭农场的发展还能带动乡村产业的发展,乡村要振兴,产业必兴旺,只有有了旺盛发达的乡村产业才能带动居民走上致富道路。把家庭农场的培育与乡村振兴战略相契合,通过发展农业产业创造更多的农村就业机会,提升农村居民的收入水平,进而改善农村基础设施和社会福利,推动乡村全面振兴。发展家庭农场也是培育农业农村新动能的迫切需求,其在推动农村发展、实现农业可持续性、提升农民收入等方面具有重要作用。同时能够促进小农户和现代农业发展有机衔接,家庭农场的发展可以引入现代农业技术、数字化管理、精细化种植等,提升农业生产效率和质量,推动农业向现代化方向发展。

(二)培育成效初步显

经过多年的培育发展,我国家庭农场建设取得了一定的成效,整体数量快速增长,截至2021年9月底,全国家庭农场超过380万个,平均经营规模134.3亩。在数量快速增长的同时,质量也在不断提升,经过多年的摸索实践建立了一套行之有效的规范家庭农场发展的制度体系,在全国范围内组织评选家庭农场典型示范案例,有效促进了家庭农场发展质量的提升。家庭农场在示范引领方面的作用持续凸显,家庭农场通过创新发展方式,有效推动农村地区实现经济、社会和生态的协调发展。政府、社会各界和农户本身都应共同努力,为家庭农场的发展提供更好的支持和条件。

(三)短板制约依然突出

我国家庭农场发展虽然取得了一些进展,但仍然存在一些短板和制约因素,这些因素仍然在一定程度上影响着家庭农场的健康发展。首先,一些家庭农场在现代农业技术、管理方法等方面仍存在欠缺,导致生产效率和农产品质量无法得到有效提升。其次,就是区域发展不平衡,各地区农场发展存在很大差异。东部地区家庭农场发展水平要高于中西部地区的发展水平。最后,再融资方面,家庭农场在资金支持方面普遍面临困难,难以进行设备更新、技术创新等投资,影响了产业的升级和创新。而政府的政策扶持也还存在政策不具体,力度不够等问题。

(四)面临重要发展机遇

当前家庭农场面临着重要的发展机遇,从中央到地方都高度关注家庭农场发展情况。在乡村振兴战略大背景下,家庭农场作为农村发展的重要组成部分,将会得到更多的政策支持和优惠政策,为其提供更多的发展机会。农村金融改革和金融创新为家庭农场提供了融资和信贷支持,能够帮助其更好地发展和扩大规模。家庭农场是符合我国农业发展现实状况,是未来现代农业经营的重要方式和必然趋势。

三、家庭农场发展的对策建议

(一)积极落实配套扶持政策

家庭农场的高质量发展,离不开政府相关政策的大力支持。在我国的现代农业发展过程中,家庭农场可以更好适应家庭承包经营的制度基础,既不改变家庭经营的制度内涵,又不涉及或者较少涉及土地权属变更,以最小的制度变革成本实现经营方式的现代化。但由于家庭农场在我国发展的历史较短相关配套政策落实还不到位。从制度环境看,当前急需调整和健全与家庭农场发展相关的法律和政策,要以立法的形式明确家庭农场的法律地位和责任制度,促进家庭农场规范化发展。另外,要构建可持续的产业发展政策和家庭农场支持政策,农业产业在生产过程中不仅风险大,且投资回报率低,对于小规模的家庭农场而言,风险承担能力更差。为此需要完善财政、保险、科技、人才等各方面的措施并落到实处。

(二)创新整合家庭农场财政金融扶持

创新整合家庭农场的财政金融扶持,可以为其提供更多的发展机会和资源,有效破解家庭农场融资难的问题。金融机构可以开发针对家庭农场的金融创新产品,如农村信用贷款、农业保险、产业链融资等,满足其资金需求,降低融资成本。政府要及时完善金融政策,针对家庭农场的特点和需求,制定差异化的金融政策,鼓励金融机构加大对家庭农场的支持力度。在金融服务方面设立专门的金融扶持服务中心,为家庭农场提供一站式金融服务,协调各类金融资源,提高效率。家庭农场主可以加强与金融机构的合作,建立长期稳定的合作关系,以此来获得更多的金融服务和支持。积极引导社会资本有序投入家庭农场领域,提供资金和管理支持,促进家庭农场的规模扩大和业务多元化。

(三)制订长远发展规划

制订家庭农场长远发展规划,要明确发展目标、发展阶段、投资规模、市场定位、技术支持等。规划要具备可行性和可持续性,同时要考虑农业生产、生态环境和社会效益的平衡。农场在发展过程中,首先,进行市场调研,了解消费者需求、市场趋势以及竞争情况。根据调研结果,明确特色农产品和农业服务的定位,确定家庭农场的发展方向。其次,评估当地的自然资源、人文资源和产业基础,选择适合发展的特色农业项目和业态。最后,建立监测和评估机制,定期对家庭农场集群的发展进行评估,根据评估结果进行调整和优化,保持发展的持续性和稳定性。加强与当地企业、高校、科研机构等合作,促进资源共享和创新合作。

(四)引导家庭农场转变发展方式

推进家庭农场转变发展方式,是我国家庭农场发展过程中的重要任务之一。可以鼓励家庭农场实行循环农业模式,充分利用有机废弃物、农业残余材料和动植物残体等,进行堆肥、发酵等处理,生产有机肥料,减少资源浪费。引导家庭农场主种植多样化的作物,包括主食作物、果树、蔬菜、草药等,这样有利于减少病虫害发生,提高农田生态系统的稳定性。组织农技人员向家庭农场主推广有机农业技术,减少化肥、农药的使用,采用生物防治、轮作休耕等方式,保护土壤生态环境。政府也可以出台相关政策,给予生态循环农场税收减免、补贴等奖励,鼓励更多家庭农场转变生产发展方式。通过转变生产方式,建设家庭农场生态循环圈,实现农业生产与生态平衡的有机结合。

(五)推动家庭农场联合发展

相同种类的家庭农场可以联合起来组建家庭农场协会,这样家庭农场主间可以互相支持、合作和分享资源,从而提高他们的农业生产效率,增强应对挑战和抗风险能力。在产品销售方面可以充分发挥家庭农场协会的作用,制定统一的价格形成品牌效应。通过家庭农场协会组织培训、研讨会和知识共享活动,帮助家庭农场主们学习新的农业技术、了解市场趋势。在农资购买方面家庭农场主可以通过协会或联盟共同采购农业用品、设备和种子,以获得更好的价格和优惠,降低农场生产成本。

(六)加强土地流转服务

土地是家庭农场发展壮大的基础,需要进一步完善土地流转制度,简化土地流转程序,明确流转合同的权利义务,保障各方的合法权益。建立健全土地流转的监管体系,加强流转合同的履约监督,防止不合理流转和违规操作。政府或金融机构可以设立专项资金,支持农户进行土地流转,并提供流转贷款、担保等金融服务。在区域内建立土地流转信息平台,提供流转信息发布和查询服务,方便农户和企业了解土地流转的机会和条件。完善农村社会保障体系,让农户能够在进行土地流转后,能够有一定的生活保障。加强土地流转服务需要政府、农业部门、金融机构、农民等各方的合作,共同推动农村土地流转的有序发展。

(七) 健全家庭农场社会化服务体系

完善的社会化服务体系,是发展家庭农场必不可少的配套体系。能够有效解决家庭农场在农业生产的产前、产中、产后出现的机械设备不足、劳动力缺乏、运输困难等一系列问题。要加快构建以公共服务机构为依托、合作经济组织为基础、龙头企业为骨干、其他社会力量为补充,公益性服务和经营性服务相结合、专项服务和综合服务相协调的新型农业社会化服务体系。一方面,采取政府订购、定向委托、奖励补助、招投标等方式,引导经营性组织参与公益性服务,大力开展农技推广、农机作业、抗旱排涝、统防统治、产品营销、农资配送、信息提供等各项生产性服务,满足家庭农场对社会化服务的需求。另一方面,要积极引导和扶持家庭农场组建家庭农场协会和农民合作社,为家庭农场提供产前、产中、产后服务,使其成为家庭农场连接市场的纽带。大力培育农业产业化龙头企业,为家庭农场提供良种、农机、植保,以及农产品加工、储运、销售等一体化服务。

(八) 强化家庭农场规范化运营

强化家庭农场规范化运营是为了提高农业生产效益、保障农产品质量安全、推动家庭农场发展的重要举措。家庭农场要制订详细的操作规程,涵盖种植、养殖、管理、卫生等方面,确保生产过程规范有序。制订合理的生产计划,包括种植、养殖的时间、数量、品种等,合理分配资源,避免过度投入或浪费。建立完善的农产品质量管理体系和农产品追溯体系,记录生产全过程,追踪产品流向,确保产品符合国家标准和质量安全要求,提高市场竞争力,增强消费者的信赖度。

(九) 加强家庭农场人才建设

我国家庭农场主文化素质普遍偏低,缺乏专业的农业生产知识和市场经营知识。需要加大人才培养和引进力度,为家庭农场发展提供人才支撑。要按照现代农业发展的要求,根据现代农业发展的需要,积极构筑多元化、多层次、贯穿全过程的家庭农场教育培训体系,要把重点放在生产技术、经营管理、农业科技和市场推广等领域,以满足现代农业的需求和市场需求,通过培训和指导,努力让家庭农场经营者成为新型职业农民。同时,要建立完善的人才引进机制,积极鼓励引导大学生、返乡创业人员、种养能手等从事规模化农业经营,发展家庭农场。依托地方农林类高校,重点培养既懂经营管理又懂专业生产的新农人。

自测题

思考题

（1）家庭农场与普通农户和农业企业最本质的特征在哪，它们之间有哪些区别和联系？

（2）为什么说家庭农场是适合我国国情的一种农业生产经营制度？

（3）我国家庭农场发展还存在着哪些问题亟待解决？

（4）联系实际谈一些在乡村振兴战略大背景下可以采取何种措施解决家庭农场存在的问题？

（5）我国五种成功家庭农场模式分别有哪些优缺点？

（6）我国家庭农场典型案例分布存在什么特征？

（7）还有哪些措施可以促进家庭农场的发展？请谈谈你的看法。

第四章
农业合作社培育与发展

【学习目标】

通过本章的学习，读者应当了解农业合作社的基本概念、特征；掌握国内外农业合作社的发展模式；熟悉我国农业合作社的发展现状及当前制约我国农业合作社发展的主要问题；能够对国家政策进行综合解读，明晰农业合作社培育对乡村振兴的重要意义；通过借鉴典型案例，匹配本土的合作社发展之路。

【导读案例】

荷兰农业为何能创造奇迹？仅仅因为农业装备先进？

荷兰全国面积仅4万多平方千米，人口1 700万，人均耕地不足2亩，但却是仅次于美国的全球第二大农产品出口国，是典型的小国大农。荷兰之所以能成为全球发达农业的典范，除农业技术装备水平、经营管理水平、质量效益水平堪称世界一流外，发达的合作社体系发挥了极为重要的作用。从经营制度的角度评价，荷兰农业就是合作社农业，合作社是创造荷兰农业奇迹最有力的制度支撑。这对当前中国农业合作社的发展具有很强的借鉴作用。

一、荷兰农业合作社具有历史悠久的合作基因支撑

荷兰是全球合作社发展最早的国家之一，发展历史长达150年以上，而且稳定性强，对农业发展的支撑和引领作用持续增强。

一方面，荷兰农地实行单子继承制，家庭农场代际传承相对稳定，不仅扼制了土地细分，还更易产生对合作社的组织忠诚，从而保障了合作社运行的基本稳定。

另一方面，由于长期的市场经济制度运行，较强的契约意识使加入合作社的农场主较少产生短期性投机行为，很少不遵守与合作社的销售合约而私下出售农产品，由此更加密切了家庭农场与合作社的依存关系，促进了合作社的稳定发展。

相比而言，中国合作社的发展还处于初级阶段，农民合作精神和合作文化的培育还需要一个长期过程。但必须从现在起就对此予以足够的重视，对合作社发展的支持绝不能单纯注重硬件投入，直接给钱给物，同时要关注合作社的软件建设，高度重视培育合作社的合作意识、合作能力、诚信意识和契约精神。

二、荷兰农业合作社总体表现为全产业链发展

在荷兰农业合作社的全产业链发展中，全过程的利益分享机制有效增强了对农民参与合作社的经济激励。换言之,农民参与合作社不仅在技术服务、生产资料供给和农产品销售方面能够直接获益,而且可以通过与合作社的交易量的利润返还,分享分选、仓储、加工、包装等产业环节的价值增值。合作社的全产业链发展模式延长了产业链条,提升了附加价值,增强了市场竞争能力,更重要是强化了对农民的利益激励,加大了农民参与合作社的认同度和凝聚力。

中国的农民合作社目前普遍规模小、基础弱,短期内难以实现全产业链发展,绝大多数仍主要在生产环节发力。中国现阶段农产品生产的主要瓶颈不是供给能力不足,而是优质安全的农产品供给严重缺失。因此,中国的合作社应当首先在品种改良、技术提升、标准化种植、品控体系建设等重要方面实现实质性推动,通过成长为组织引领农民生产优质农产品的供应商来争取相应的价值增值,进而实现带动合作社社员收入增长的发展目标。从趋势上看,越来越多的合作社应当创造条件逐步向全产业链拓展,争取更大的盈利空间。

三、荷兰农业合作社具有极强的技术集成能力

荷兰农业合作社大多拥有覆盖全产业链的先进技术体系,表现出极强的技术集成能力。究其关键,并非仅仅是荷兰有全球一流的农业大学、种子公司、农业装备生产企业等,能够不断创新推出农业新技术和新装备满足合作社的发展需求。同样重要的是,荷兰农业合作社发展稳定,产业规模持续扩大,对农业新技术和新装备的需求十分旺盛。稳定和持续的有效需求,是荷兰农业合作社能够高水平地吸纳和集成各种先进农业技术及装备的关键所在。

中国绝大多数合作社是以小农户为主,短期内要让其具有自主吸纳和集成农业新技术、新装备的能力并不现实。这就意味着政府在推动农业技术进步中的作用至关重要,针对合作社现状以财政补贴方式促进农业技术输入不但十分紧迫,而且不可替代。不论是新品种、新技术,还是新设施、新装备,都需要政府给予更精准有效的政策支持。同时,农业企业的外部性带动也十分必要,通过建立利益共享机制,可以以合作方式有效提升相对弱小的合作社的技术吸纳和应用能力。

四、"家庭农场+合作社"是荷兰农业的精髓

荷兰农业的根基是数量众多的家庭农场和在此基础上联合发展的合作社,家庭农场以生产为基础,合作社以服务为引领,二者利益高度相关,互为依存,融为一体,表现出极强的内生动力和强盛的生命力,构成荷兰高度发达的现代农业体系中最坚实的微观制度支撑。

在中国的现实条件下,农业的基本经营形态表现为"小农户+合作社",总体上看,因为小农户与合作社的利益联结不紧密而内生动力不强,市场竞争力较弱,尚难以担负起完成从传统农业向现代农业转型发展的历史任务。因此,以更有效率的合作社改造实现小农户振兴,是当前中国现代农业发展中面临的一项紧要任务。

值得重视的是,由于中国的小农户总体上正处于分化过程中,一部分老龄农户或者自给型农户正在不可逆转地退出农业,因此小农户的振兴应当是有选择性的,政策支持的重点应是以农业为主要职业和以农业收入为主要收入来源的核心农户。核心农户的发展趋势是生产规模逐步扩大的家庭农场,而家庭农场的良性发展必然要求综合服务能力较强的合作社同步跟进。

因此,我国家庭农场与合作社同样具有内在的发展关联,不应成为此消彼长的分离式发

展过程,更不能以两套差异化政策体系分别加以支持。当前应当更加关注整体性政策优化和政策协同,在促进小农户稳步向家庭农场发展基础上,催生更有效率和带动力的合作社快速成长。

五、公司化发展是荷兰农业合作社提高竞争力的共同选择

荷兰农业合作社的公司化发展趋势十分明显,是其应对市场竞争不断加剧的共同选择。究其主要原因是传统合作社在市场竞争加剧条件下存在三方面局限性:一是为满足社员民主需求而导致决策效率相对较低;二是要求社员平等而导致聚集资源的能力较弱;三是社员主要为世代务农的农民而导致专业人才严重匮乏。

因此,日常决策交由效率更高的公司承担,可以有效弥补传统合作社低效率民主决策制度的不足,显著提高合作社的市场适应性和竞争力。

与此同时,公司化发展增大了合作社的开放性,不仅能够实现多元化发展资源的有效导入,而且专业经营管理团队的进入也可以很好弥补合作社发展中的人才短板。合作社的公司化发展代表着从传统合作社向现代合作社转型的基本趋势,是其竞争能力不断增强和发展水平不断提升的重要标志。

需指出的是,合作社的公司化发展只是适应现代市场经济的经营方式变革,并未改变合作社以农民为主体和主导,以及主要为社员服务的根本性质。

当前中国绝大多数合作社都面临资源和人才双重不足制约,决策效率不高的局限性也很突出,加快合作社的现代化改造的任务同样极为紧迫。但在短期内,中国多数合作社尚无推进公司化运营的基本条件,从传统合作社向现代合作社转型还需要一个较长的过渡时期。当务之急应当是做好强化现有合作社基本制度和治理能力建设等基础性工作,做到产权关系清晰、治理结构有效、分配制度完善,在此基础上渐进式推进合作社的公司化运营。

(资料来源:中国农网)

请思考:

(1)荷兰为什么能发展出小国大农?

(2)该案例对我国农业有何启示?

第一节　合作经济思想与农业合作社

一、合作经济思想的起源

15世纪开始,随着毛纺织业的快速发展以及羊毛产品市场的疯狂扩张,为了追求利益,英国的富有地主阶级和资本家们通过购买农田、强制驱逐农民佃户,将分散的农田合并成大规模的农场。这些大规模的农场通过引进新的农业技术和机械化设备,实现了农业生产的规模化和高效化。同时,农民们失去了自己的土地和生计,被迫成为无地农民,或者被迫迁移到城市从事工业劳动,这就是著名的"圈地运动"。

空想社会主义奠基人托马斯·莫尔(Thomas More)对英国当时的黑暗社会和国家制度进行了猛烈抨击和深刻的揭露,出版了《乌托邦》(1516)一书,设想出了一个消灭资本主义以及私有制的理想社会。之后,意大利文艺复兴时期空想社会主义者托马斯·康帕内拉(Thomas Campanella)出版了《黄金城》(1623)。在这些早期作品中,"乌托邦"和"太阳城"这样的理想社会,资本主义与私有制不再存在,所有的物质与精神财富归全体成员所有,按照不同的需要可以得到公平的分配,同时所有成员也都要参与义务劳动。尽管这些美好的空想社会主义设想充斥着不科学的假设,但其中的合作思想,依然对后来的合作经济运动产生了重大的影响。

到19世纪,随着工业革命带来的机械大生产产生的社会生产力全面高速发展,工人阶级的生活条件愈发困难,工作时间长,工资低,劳动环境恶劣,工人们开始意识到他们需要联合起来,通过合作来改善自己的生活状况。

沙尔·博立叶(Charles Fourier)、昂利·圣西门(Henri Saint-Simon)等空想社会主义者,面对这一社会现实,明确提出了一系列合作经济思想,构思了理想社会制度。其中,罗伯特·欧文(Robert Owen)目睹了血腥资本主义对工人阶级的残酷剥削后,主张要建立平等的爱心社会,于1817年印刷了建立合作组织传单,随后远赴美国印第安纳州沃巴什河畔购买下了哈莫尼(Harmony)小镇,并于1824年,在这片1 214公顷的土地上结合自己的合作思想开展了合作村(Village of Cooperation)试验。合作村中实行财产公有和按劳分配的制度,所有成员享有公平的权力,共同参与社员大会对合作村进行民主管理。虽然欧文的合作村实验在两年后因经济原因以失败告终,但它一度处在欧美社会的视线正中,并引起了极大的关注,欧文关于合作组织的一系列设想深远地影响了之后合作社的发展,欧文因此被推崇为"合作精神之父"。

二、合作社的产生

合作社是多种因素相互作用的产物,在产业革命初期伴随着资本主义压榨和空想社会主义思想的广泛传播,英国的工人首先开始联合起来创建合作社以摆脱资本的高利盘剥。到1830年,英国已经涌现了数百个合作社,但大多都走向了经营失败的结局。

直到1844年,一个真正具有现代合作社意义的合作经济组织出现了——罗奇代尔公平先锋社(Rochdale Society of Equitable Pioneers),1844年12月21日,查尔斯·豪沃斯(Charles Howarth)在英国曼彻斯特北部的棉纺织工业小镇罗奇代尔联合了28名纺织劳工,每人出资1英镑(相当于当时该地区多数工人约两个月的薪水),成立了这一日用品消费合作社以抵制资本商人对食不果腹的劳工所进行的剥削。

罗奇代尔先锋社致力于满足社员的日常用品需求,并努力保障他们的物质利益和社会地位。合作社借鉴了先前的经验,第一次提出了一套完善的组织机制和管理规范,以确保可持续的发展,被后世称为"罗奇代尔原则"。这些原则被广泛接受,并成为现代合作社运动的基石。

早期合作社的业务范畴主要集中在日用品消费领域,以罗奇代尔先锋社为例,其经营内容主要是乳制品、面粉以及茶叶烟草之类的日用消费品。1849年,该合作社又在原有体系上成立了罗奇代尔储蓄银行,开始向金融领域扩展延伸,但最后以失败告终。随后,罗奇代尔先锋社开始尝试发展生产型合作社,1850 年建立了罗奇代尔合作谷物工厂,并以此为契机进入了批发市场。到 1852 年,罗奇代尔先锋社又新增了靴子和鞋的制造部门,并于 1854 年成立了制造协会,以应对不断变化的市场需求。

罗奇代尔先锋社成立一百年以来,已经拥有了 3 万多名社员、上百家合作分社以及众多规模化的工厂和屠宰场,年营业额超过 200 万英镑。

合作社以其旺盛的生命力,萌芽于日用消费品交易,再逐渐步入农业、保险、金融、住房等一二三产业全领域。可以说,在现阶段只要有合作需求、条件且有利可图,就能够出现合作组织。众多的合作社实质上就是将弱小者组织联合起来形成合作的力量,以对抗强大外力挤压。

三、合作社的原则演化

合作社原则是在长期的合作社演化历程中由合作社制定的,并在实践中所遵守的、被证明行之有效的、可以用来指导合作社发展的一套行为准则。它体现了合作社经济的本质特征,规定了合作社运作的相关标准以及判断行为和决策的准则,虽然每个国家的背景、发展环境、合作运动类型有所不同,但作为全球性的经济运动,在 170 多年来的发展历程中诞生了独特的共同规律,即国际合作社运动的共同规律,共同的基本原则,并且随着合作社实践的发展,合作社的原则也在不断修订和调整。

(一)罗奇代尔原则

国际合作社联盟(International Cooperative Alliance,ICA)成立于 1895 年,将罗奇代尔先锋合作社的经营原则作为理念规范,所有加入成员,都必须以承认罗奇代尔先锋社的经营原则作为首要条件。1919 年开始,在罗奇代尔先锋合作社经营原则的基础上,国际合作社联盟整合了多种其他类型合作经济组织的组织原则,目的是拟定出一套具有普适性的、相对统一的并且行之有效的合作社原则。1921 年,经过国际合作社联盟第 10 次代表大会讨论通过,瑞士巴塞尔终于确立了第一个统一的合作社原则——罗奇代尔原则,包括销售质量保障商品;平等投票;独立资金经营,社员按投资支付股息;比例分配盈余等六条原则。建立统一的合作原则是各国合作组织达成的共识,也是国际合作社联盟成熟的重要标志。

(二)1937 年原则

1937 年,在"1921 原则"的基础上国际合作社联盟齐聚巴黎召开了第 15 届代表大会并对其进行了重新修订,修订过后的新的合作原则既体现了罗奇代尔的基本精神,同时也与新的国际形势相适应。该原则主要包括门户开放、民主管理、中立的政治宗教、交易额盈余分配、受限股本利息、促进成员教育在内的七项内容。此外,还有社员自愿入社、社员独占交易、实时市价交易三项附加原则。依照巴黎大会声明,上述十一项原则,只要实现前四项就可称为合作经济组织,如果均能遵守,就是一个理想的合作社。

(三)1995 年原则

20 世纪 70 年代,合作经济组织的生存和发展环境迎来了重大变化,各国合作组织为了在这种环境下实现合作组织实际运作中的调整、改革和创新。1995 年在英国曼彻斯特,国际合作社联盟召开了第 31 届会议,这次大会,既是庆祝联盟成立一百周年的代表大会,同时也通过了《关于合作社特征的宣言》。合作社的原则也做了相应的修改和调整。

修改后的原则包括以下内容。

①开放自愿。合作社是人民自愿结成的组织,向所有能够使用合作社服务并愿意承担会员义务的人开放。

②民主管理。合作社作为社员自己主持管理的民主组织,内部的政策和重大问题要由社员积极参与决定的。合作社的政策、重大决策和重要活动必须由社员会议讨论决定。

③社员的经济参与。社员要公平参股,民主管理合作社的资金。

④独立自主。合作社与政府等其他组织达成协议或者从其他来源筹集资金时,必须保证社员的民主管理,维护合作社的自主权。

⑤教育、培训、服务。合作社向成员、当选成员代表提供教育和培训,以便他们为合作社的发展作出贡献。

⑥合作社间的合作。合作社通过地方、国家、区域和国际合作社之间的合作,为成员提供有效的服务,促进合作社的发展。

⑦社区发展。合作社通过采用其成员所共同认同的政策为其经营所在社会的可持续发展作出贡献。

(四)新一代合作原则

20 世纪 80 年代以来,国际经济政治格局发生了巨大变化,很大一部分传统合作原则已经不能满足经济发展和社会进步的需要。

在此背景下,许多国家结合本国实际,对合作组织的经营战略和制度安排进行了大胆调整和创新。其中,最具代表性的是美国的"新一代合作社"。"新一代合作社"的制度特征大致可以概括为几点。①新一代合作社则以农产品附加值创造为重点。②会员购买的股份金额增加,且必须提前缴纳。另外,会费的数额通常与交付的农产品数量有关,每个会员必须购买与交付农产品数量相对应的会费。③总体上,合作社社员仍持有多数股份,但非社员资产却第一次拥有了一席之地,新的融资方式也应运而生。④社员入社资格不再自由公开。⑤组织内的社员股份可以进行交易。在新一代合作社中,由于股份可以流通,整个股本具有稳定性,这使银行能够以优惠条件提供贷款。⑥为了防止合作社被一名成员垄断,一些新生代合作社开始限制每个成员可以拥有的股份数量。⑦合作社与社员之间的商业交易趋势越来越明显,供货条件越来越严格。与此同时,与非会员及非会员企业的交易量有所增加。⑧利润以赞助折扣的形式分配给会员。⑨合作社最基本的经济理念倾向于"比例原则",合作社的权利和责任集中于交易额。合作投票权根据会员交易量,商户根据交易量认购股本,盈余根据成本管理分配给商户。⑩合作社可向社区出售有利率上限的优先股,且没有投票权。⑪除最基本的"一人有一票"外。传统的社员控制逐渐转向专业化管理控制,由社员中选举出理事会后实行专家管理。⑫合作协会作用趋于弱化。人们越来越重视垂直整合以及一些新型的合作企业结构。

四、合作经济思想的相关理论

(一)无政府合作经济组织理论

无政府主义于19世纪上半叶出现在欧洲,无政府主义者可分为两种典型。一类是个人主义者,他们主张不要社会组织(包括合作社),不要国家等一切权威机构、组织;而另一类是诸如蒲鲁东、鲁泡特金以及巴枯宁等人的集体主义者,也可称他们为无政府主义的共产主义者,后者一方面反对国家及类似的强制机构,同时又深信非强制性的合作制具有的优点。这种无政府合作经济组织理论指一种基于无政府主义原则的经济组织理论,旨在建立一个没有政府干预和控制的社会经济体系。该理论认为,政府的存在和干预会导致社会不平等、剥削和压迫,因此主张取消政府的权力,让人们以自由、平等和合作的方式组织和管理经济活动。

无政府合作经济组织理论的基本原则包括以下几点。①自主性,个体和社群有权自主决定和管理自己的经济活动,不受政府或其他权威机构的干预和控制;②无政府合作经济组织主张建立一种共同所有制的经济模式,即生产资料和资源由所有成员共同拥有和控制,而不是由个体或私人所有;③无政府合作经济组织认为,劳动是创造价值的唯一源泉,因此劳动应该是经济分配的基础。他们主张建立一种劳动价值论的分配机制,即按照个体的劳动时间或贡献来决定收入和资源分配;④无政府合作经济组织强调互助和合作的精神,成员之间应该相互支持、合作和分享资源,而不是竞争和争夺;⑤无政府合作经济组织主张建立一种基层民主的决策机制,即所有成员都有平等的参与和决策权,决策过程应该是透明和公正的。无政府合作经济组织理论的实践形式包括合作社、共产主义社区、自由市场社会主义等。

(二)马克思主义的合作经济组织理论

1.马克思、恩格斯的合作经济组织理论

马克思、恩格斯的合作经济思想建立在合作社是改造资本主义社会工具的早期空想社会主义思想之上,同时也吸收了其在资本主义社会运动实践中的合理部分。认为合作社作为一种组织形式,其最终目的是实现共产主义。

其基本内涵主要包括以下几点:①合作社的发展总是,也必须是建立在生产资料的公有制这一基础之上;②发展合作社必须坚持无产阶级的领导;③合作制度是推翻资本主义实现社会主义的一种社会力量,这种机构仅仅是为了达到社会主义这一最终目标的有效组织形式;④合作社要坚持工人、农民的主体地位、自愿互利以及按劳分配等原则,在其特定发展阶段,可以有限制地进行一定的股息分红,但最终为了避免其蜕化为资产阶级的股份公司,其中的所有工人和农民都应从收入中得到同样的份额。

2.列宁、斯大林的合作经济组织理论

列宁关于合作经济组织的看法集中地体现在《论合作社》中。其主要观点包括:合作社

的出现是资本主义发展的必然结果,它是工人农民为了抵御资本主义对他们的剥削而采取的一种自救措施;合作社能够通过规模经济和集体行动来降低生产成本提高生产效率,在一定程度上解决工人和农民的经济问题;合作社的发展有利于工人和农民阶级觉悟的提高,从而推动社会主义革命的发展;合作社应该注重民主管理,充分发挥每个成员的积极性和创造力,同时还应注重经济效益和社会效益的统一;合作社运动要和工人运动相结合,与工会和政党进行密切合作。

斯大林继承了列宁的合作思想,通过集体农庄制度,带领农民走上了社会主义道路。但其侧重生产合作而忽视了流通合作的模式虽然广受诟病,却仍对其他社会主义国家的农业合作化道路产生了深远的影响。

(三)新古典、新制度经济学的合作经济组织理论

合作经济组织与市场经济中的其他经济组织不同,它是由成员共同拥有和管理的经济实体,旨在满足成员的共同经济和社会需求,合作经济组织的目标不是追求利润最大化,而是为了提供成员所需的产品及服务,并促进成员的经济福利。在新古典、新制度经济学的框架下合作经济组织面对市场失灵、不完全竞争以及不完全契约和制度环境时,主要关注以下几个方面:①合作经济组织能够通过成员之间的密切合作以及信息共享来减少信息不对称性,通过成员的共同决策,分享知识和经验,从而提高组织的效率和竞争力;②合作经济组织以集中管理和资源共享的方式来降低交易成本,成员也可以通过组织内部的协商和合作来解决合作问题,减少市场交易所需的成本;③合作经济组织内部的共同决策和管理,可以确保资源利益的公平分配,避免利益集中和不公平竞争;④合作经济组织具有较长的生命周期和稳定的组织结构,成员间建立了长期的合作关系,共同承担风险与责任,促进了组织的可持续发展。

值得注意的是,从新古典主义和新制度经济学家的角度来看,合作经济组织要么保持规模较小,要么破产,要么转变为资本主义企业。

(四)社会改良学派的合作经济组织理论

社会改良学派强调通过改革和改良社会制度来实现社会公正和福利的提升。其观点可以概括为以下几点。

1.社会公正

合作经济组织强调通过共同拥有和管理的方式来实现社会公正。合作经济组织的目标不是追求个人利益最大化,而是追求成员的共同福利和社会公益。通过合作经济组织,成员可以共享资源、权益和决策权,实现社会资源的公平分配和社会福利的提升。

2.经济民主

合作经济组织强调经济民主的实现。成员在合作经济组织中拥有平等的权利和参与决策的机会。合作经济组织通过民主决策、共同管理和共享利益等制度安排,促进成员的参与和权益。这种经济民主的实践有助于提高成员的自主性和满意度,增强社会的公民参与和

社会凝聚力。

3.社会责任

合作经济组织注重社会责任和可持续发展。合作经济组织通过提供公共产品和服务，满足社会的经济和社会需求。合作经济组织还注重环境保护、社会公益和社会创新等方面的社会责任，推动社会的可持续发展和社会变革。

4.本土发展

合作经济组织理论强调本土发展和地方经济的重要性。合作经济组织通常是在本地社区或地区内发展起来的，与当地的经济和社会环境紧密相关。合作经济组织通过本土发展，促进地方经济的增长、就业的创造和社区的发展。

5.社会创新

合作经济组织鼓励社会创新和实验。合作经济组织可以尝试新的组织形式、经营模式和社会合作方式，推动社会制度和经济模式的创新。通过社会创新，合作经济组织可以为社会改良提供新的思路和实践经验。

(五)进化学派的合作经济组织理论

进化学派的合作经济组织理论强调合作经济组织的演化和适应性。这一理论认为，合作经济组织是在不断变化的环境中适应和演化的结果，通过适应环境和学习经验，合作经济组织可以提高效率、创新和适应能力。主要关注以下几个方面的问题。

1.适应性

合作经济组织需要适应不断变化的环境。合作经济组织需要根据市场需求、技术变革和社会变化等因素，不断调整和改进自身的组织结构、经营模式和战略。适应性是合作经济组织在竞争中生存和发展的关键。

2.学习和知识创造

合作经济组织需要不断学习和创造知识。进化学派认为，合作经济组织通过学习和知识创造，可以提高自身的创新能力和竞争力。合作经济组织需要建立学习机制、知识管理和知识共享的制度安排，促进组织内外的知识流动和创新。

3.合作与竞争

合作经济组织需要在合作和竞争之间找到平衡。合作经济组织可以通过与其他组织合作，共享资源和风险，提高效率和创新能力。同时，合作经济组织也需要在市场竞争中保持竞争力，通过创新和差异化来获得竞争优势。

4.制度环境

合作经济组织的演化和适应受制于制度环境。进化学派认为，合作经济组织的演化和适应需要有良好的制度环境支持，如法律保护、政策支持和社会认可等。制度环境对于合作经济组织的发展和创新具有重要影响。

进化学派的合作经济组织理论强调合作经济组织的演化和适应性，提供了一种理论框架来理解合作经济组织的变化和发展。这一理论对于推动合作经济的发展和提升合作经济组织的竞争力具有重要意义。

第二节 农业合作社概述

一、定义及相关概念

合作经济组织的出现使 20 世纪初期的商业模式得到了不断的创新,工人们通过组建合作社使生活水平得到了极大的改善。但在农业领域中,同样存在着资本主义大农业与小农的对立竞争,且小农生产始终处于弱势地位。因此,农业领域的合作经济组织成为了一种对抗大资本的有效方式。

根据 1995 年国际合作社联盟(ICA)第 31 届代表大会对合作社的定义,"合作社是人们为了满足共同的经济、社会及文化需要和愿望,通过民主方式联合所有受控制的企业而自愿组成的联盟。合作社内按照企业资本均等出资,风险与收益共同分担,成员积极参与企业民主的管理。"而农业合作社,顾名思义就是主要围绕农业生产各个环节而组建起来的合作社。

从我国来看,围绕农业生产组建的合作社的称谓有很多种,包括农民专业合作社、农业合作社以及农村合作社等。其中,"农民专业合作社"的称谓为我国所独有的。根据 2007 年 7 月施行的《中华人民共和国农民专业合作社法》第二条第一款就将其定义为"农民专业合作社,即在农村家庭承包经营基础上,同类农产品的生产经营者或者同类农业生产经营服务的提供者、利用者,自愿联合、民主管理的互助性经济组织。"

世界范围来看,荷兰将农业合作社定义为"从事长期经营活动的农民组织,组织成员们共同核算,分担风险,同时保持农业活动的独立性,并使相关经济活动尽可能有利可图。"在大多数欧美国家,农业合作社实际就是农民拥有和控制的公司。

从整个农业部门来看,其范围不仅包括生产环节(农业生产合作社),还包括购买环节(采购合作社)以及销售环节(农产品流通、销售和加工合作社)。因此,无论是基于主体身份的农民合作社,还是基于产业视角的农业合作社,抑或是基于地域视角的农村合作社以及组合称谓的农民专业合作社,从本书的研究角度来看都可以视为同义词,都是以农业生产及其产品为经营核心的合作社。此外,围绕现实中的农业合作可能还涉及内部消费合作、信用合作等,如果其经营核心是围绕农业生产,同样也可以将其视作农业合作社。

二、农业合作社的定位

农业合作社与其他合作经济组织相比具有显著的区别。

(一)相较于农村集体经济组织

①组建背景:农业合作社是农民根据自身发展需要,以经济为导向,自愿成立的互助组

织。农村集体经济组织则是以社区为基础、以公有制为基础的公有制经济组织。土地、农业结构及其公有制,以村庄为中心,按地区进行组织并含有一定的政治取向。

②产权归属:农业合作社从维护生产资料个人所有权的假设出发,承认个人物品的收益权。农村集体经济组织以取消其成员生产资料个人所有权为前提,强调生产资料的公有制,其中集体财产所有权的表现为不可分割。

③成员招募方式:合作社成员一般是同一农产品或相关农产品的生产经营者,实行入社自愿、退出自由、民主管理的原则,具有开放性的特点。农村集体经济组织一般以村为单位,根据户籍所属组建。

④功能:农业合作服务主要侧重于为农业生产提供技术、土地、资金、信息等服务。农村集体经济组织的主要职能则包括为全体社区成员的生产生活提供服务、经营管理集体资产、承包经营土地、维护公共安全、利益分配和公共社区建设等"社区"职能。

⑤分配方式:农业合作社成员根据其参与金额和与合作社的交易额获得盈余补偿。传统农村集体经济组织在按劳分配的基础上,实行趋于平均的收入分配。

⑥风险:农业合作社确定社员的股份占合作社总资产的份额,社员承担一部分资金风险。但农村集体经济组织的资产虽然归全体成员集体所有,但各成员的份额模糊,成员不承担任何财务风险。

(二)相较于公司企业

①企业的目的是营利。而合作社是一种经济互助组织,营利不是其主要目的。

②合作社的开办门槛比公司低得多。农业合作社可以选择是否投资,但公司有最低股本要求。

③对会员(股东)有不同的要求。合作社成员中,如农民专业合作社,农民应至少占成员总数的80%。公司仅要求股东人数,但不限制股东构成。

④公司企业股东不得抽回出资,合作社实行"自由退出"原则。但公司法规定股东在公司成立后不得随意提取出资,如果想要退出,只能对公司股份进行转让。合作社实行自由退出原则。

⑤注册要求不同。合作社只需向当地工商行政管理部门登记,并且不收取任何费用。公司注册则按注册资本总额比例收取服务费,最低50元。

(三)相较于农产品行业协会

①组织性质。农业合作社是企业法人;协会是企业法人,经民政部门登记注册,属于非营利组织。

②遵循原则。农业合作社实行入社自愿、退出自由、民主管理、盈余返还的原则;协会没有利润返还的原则。

③功能。农业合作社为社员的生产经营提供不以营利为目的的各种服务;行业协会的职责主要是协调和自律。

④人数限制。农业合作社成员一般为5名以上个体农户;协会的参与者都是个人会员,

一般在 50 人以上。

三、农业合作社的作用

农业合作社旨在通过集体经营、合作生产、联合销售等方式,提高农民的生产效率和经济收入。农业合作社的作用主要体现在以下几个方面。

①促进农业生产规模化、集约化。农业合作社通过集中农民的土地、资金、劳动力等资源,开展规模化经营,提高农业生产效率。合作社可统一采购农资、农机等投入品,降低采购成本;可以集中组织农业生产,提高生产效率;可共同投资农田水利设施以及农机资产设备,以提高农业生产技术水平。农业合作社通过集约化、规模化的经营方式,可以有效提高农民的生产能力和经济效益。

②有利于促进社会分工和生产专业化。农业合作社中的社员将不擅长或者无法从事的产业环节交给合作社经营,农户个体可以集中于某项产品或某个生产环节。

③减少农业生产的不确定性,减少成员的损失。农业合作社将外部市场内化,农民的商业行为内化在合作社中。农业合作社以社员盈利为目的,二者利益高度一致,合作社社员按照要求进行农产品生产,并保质保量将农产品销售给合作社,大大降低了农产品交易的不确定性。农产品大多易腐烂,农民往往因未能及时销售而造成巨大损失。因此,农民希望共同努力解决农产品不耐储存的问题,在农业合作社中,可以互助使用贮藏或运输生产资料。合作社的社员与合作社建立了长期的合作关系。农产品有可靠的去路,各类农业产权资产得以长期充分利用。

④推动农业科技的进步和创新。农业合作社可以组织农民进行农业科技的推广和应用,促进农业科技的进步和创新。合作社可以与科研机构、农业技术专家等合作,引进新的农业技术和品种,提高农业生产的科技含量;可以安排农民开展农业技术培训班,提高农民的技术水平和创新能力;推广先进经验和农业生产模式,帮助农民改进生产方式。通过这些措施,农业合作社可以促进农业进步以及农业科技创新,提高农业生产质量和效益。

⑤推动农村经济的发展和农民的脱贫致富。合作社可以组织农民进行农产品的统一销售,提高农产品的市场竞争力;可以组织农民进行农产品的品牌建设和营销推广,提高农产品的附加值;可以组织农民进行农村产业的发展和农业产业链的延伸,提高农村经济的综合效益;可以组织农民从事农业生产、农产品加工、农村旅游等就业形势,提供稳定的就业机会;可以组织农民进行农村旅游、农产品展销等活动,开拓农民的经济收入渠道。

四、农业合作社的特点

(一)自愿开放

自愿开放是自愿入社和自主退出相结合,农民自愿加入和退出合作社,不受外界干扰,在合作过程中有权选择退出合作社或加入新的合作社。

(二)劳资联合

农业合作社社员"劳资联合",共同组成互助合作组织。在合作社里,既有资本的投入,又有劳动的互助,投资者和劳动者合二为一。

(三)民主管理

合作社的民主管理本质是民主与集权的结合。农业合作社实行民主管理,其政策和重大问题由社员决定,社员的地位不因股本资金的多少而不同,而是按照民主监督的原则,会员大会的选举和投票实行"一人一票"制度,共同决定农业合作社的生产经营以及收入分配。

(四)经营目标具有两面性

合作社的经营目标既包括为社员服务也追求利润。合作社可以向社员提供有偿、低偿甚至免费的服务,力求最大限度地降低农户的运营成本,不以追求利润为目标。但合作社在与外界进行经济交往时,必须追求利润最大化。只有这样,合作社才得以生存、发展,更好地为社员进行服务。

(五)双层经营

双层经营,即统一与分散经营相结合的模式。农业合作社以个体经营农户为基础并为其提供有效的服务。一般而言,凡适合合作经营的生产、加工、储存、销售和服务商品,均由合作社统一管理;某些生产要素的使用和某些生产环节的协调也是由合作社统一组织的。但在非合作项目中,农户的家庭小单位经营仍保持独立性。

五、我国农业合作社发展及现状

(一)中国合作经济组织的发展历程

1949—1979 年是新中国农业合作化之路,前后大致历经了四个阶段,分别是农业生产互助组、初级农业生产合作社、高级农业生产合作社和农村人民公社。

1.农业生产互助组

农业生产互助组是一种建立在小农生产基础上的初级的互助合作组织形式,在互助组中,农民在生产资料私有制和个体独立经营的基础上实行互助劳动,所有产品归农民所有,生产资料和劳动力在生产过程中可以自愿交换和使用。农业生产互助组,提供共享的资源且能够分工合作,从而大幅提高农业生产效率。1952 年农村土地改革完成后,广大被解放农民拥有了自己的土地,但农业生产资料的缺失给农业生产的前景蒙上了一层阴霾。农业生产互助组的组织形式在这一时期被广泛推广开来,截至 1952 年年底,在全国范围内,建立了830 余万个农业劳动互助组,全国范围内参加互助组的农民达到 2 亿余人。

2.初级农业生产合作社

初级农业生产合作社简称"初级合作社",初级合作社较生产互助组更为先进,在生产互助组基础上发展形成。在初级合作社中,土地和大部分牲畜、农具等生产工具仍然属于私人拥有,但这些生产资料需要交给合作社统一使用,初级合作社的规模不是很大,少则十几户,多则几十户,初级合作社的合作分工比较明显和细化,农民可以在特定生产环节发挥专长。

另外,农户获得"分红"的方式转变为由土地的数量和质量所带来的补偿,包括用生产资料支付的补偿。从这个角度来看,初级社在分配制度的部分实行按劳分配原则。这一阶段农民仍然有土地的处分权和退股权,初级合作社,某种程度上改变了部分所有制,促进了生产力的发展,作为个体经济到集体经济的过渡形式。"半社会主义"是属于这一时期中国农村土地制度的崭新特性。

3.高级农业生产合作社

这一阶段,标志着农业合作的迅猛发展。在高级农业生产合作社中,农民的私有权利不再像之前的合作社形式那样得到承认,土地等生产资料属于集体所有,农民和合作社成员完全丧失了生产经营自主权,转而完全实行按劳分配。在高级合作社阶段,土地和牲畜不再分红,集体积累全部用于购买牲畜和公有农具。合作社作为高级社劳动生产的最基本组织单位,进行计划生产,获得的收入大部分用于扩大再生产,只有其中一小部分可供农民进行个人消费使用。

4.农村人民公社

1958 年开始,中国政府决定在全国农村广泛建立人民公社制度。虽然中国农村人民公社在推动农业现代化、基础设施建设和提供社会保障方面做出了一定贡献。但其过度集权、集体化过度、劳动力流动受限以及集体经济效益不佳等问题也带来了一系列弊病,限制了农民的发展和农村经济的进步。20 世纪 70 年代末,国家不得不解散人民公社,推行家庭联产承包责任制。

新中国成立以来的农业合作化运动带来了许多经验与教训。一是在合作化运动中违反了自愿互利的原则;二是否认了农业的家庭经营模式;三是农业合作化演化为了农业集体化。现实的经济实践证明,人民公社制不适合中国的国情。

(二)改革开放以来中国农业合作社的发展

1.萌芽阶段

在经历了人民公社的失败教训后,1978 年,党的十一届三中全会开始在全国范围内推行以家庭联产承包责任制为基础的各种农业经营方式,这一举措将农民的利益与土地的生产产出直接联系起来,极大地调动了农民的生产积极性,农业生产恢复了快速发展之路。同时,一些以农业生产大户和农村能人所组织起来的专业合作社雏形也慢慢显现出来,这些最初形态的专业合作社,以技术合作与交流为主,其合作领域还较为狭窄,规模也比较小,从全国来看其数量与层次也处于低级水平。

2.起步阶段

1993 年 2 月,国务院发布了《关于加快推进粮食流通体制改革的通知》,积极稳妥地推进粮食价格自由化和经营自由化,力争在 2~3 年内全面放开粮食价格,这标志着我国初步建立了农产品流通市场机制。这一时期政策环境明显改善,政府出台的多项扶持政策为农业专业合作社多元化发展提供了有利条件。多方主体组建的一大批农业合作经济组织涌现,合作范围逐步扩大,农业合作社的经营领域在原先基础上增加了许多服务内容。

3.发展深化阶段

2006 年,全国人民代表大会常务委员会表决通过了《中华人民共和国农民专业合作社法》。该法案的实施标志着中国的农业合作经济运动进入了有法可依的新时期。据统计,当时在工商部门正式登记注册的专业合作社约有 10 万家,无论是组织数量还是农户带动能力都取得了历史性进步。

进入"十二五"时期,在党中央的一系列政策引导下,我国农业合作社迎来了蓬勃发展,数量迅速增加,覆盖面进一步扩大。

进入中国特色社会主义新时代,中国的社会和农业发展同样面临着百年未有之大变局,国内和国外两个市场的竞争压力,加强了农业寻求组织化合作化发展的重要性和紧迫性。农业合作社发展进入了从追求数量增长到追求质量提升的新阶段。

(三)我国农业合作社发展现状

1.总体概况

农业合作社的发展,是我国改革开放 40 多年来,农业产业合作组织制度改革不断深化,党中央和广大农业从业者不断探索创新的成果。

截至 2022 年年底,我国存续的农业合作社数量达到了 224.36 万家,相较 2021 年增长 1.44 万家,增长率 0.65%;我国 2022 年新增农业合作社 12.21 万家,死亡合作社 10.71 万家。2013—2022 年我国农业合作社增长情况如图 4.1 所示。

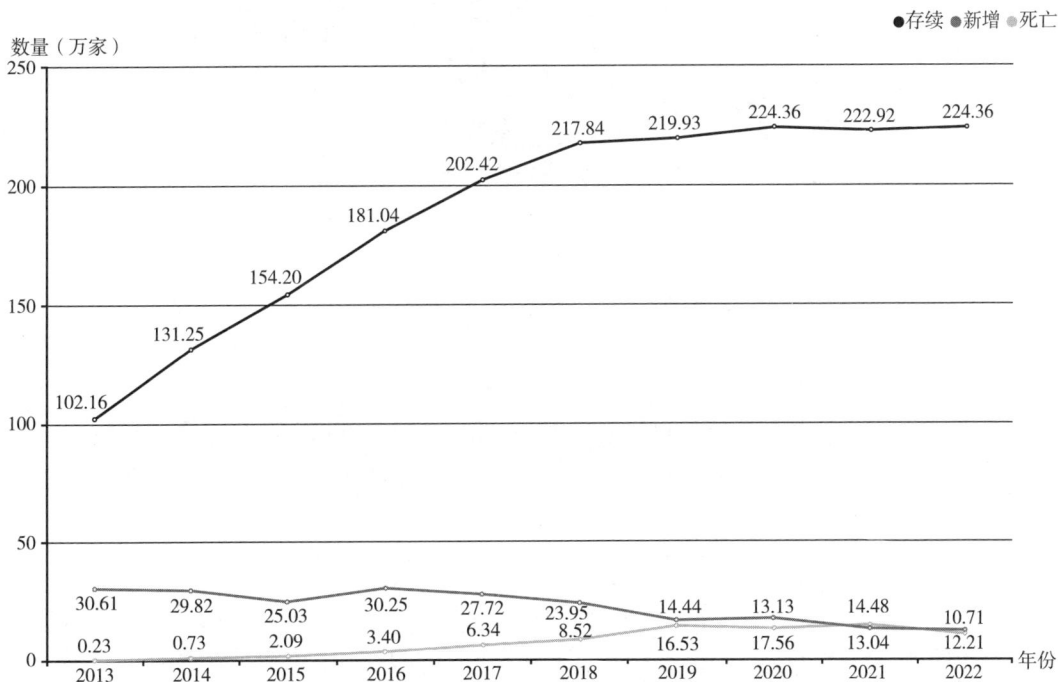

图 4.1　2013—2022 年我国农业合作社增长情况

数据来源:涉农研究数据库整理

全国农业合作社成员超过 6 700 万户,县市层面上平均有 703 家合作社,平均每个村委会有 4.3 家合作社,示范合作社数量已达 16 万家;从事休闲农业以及乡村旅游的合作社达到 1.3 万家;4 万多家农业合作社开展电子商务;合作社经营服务总值超 9 600 亿元人民币;合作社成员年均收比非社员农民高出三分之一。

空间分布与业务结构从空间分布来看,到 2022 年年底,全国存续状态的农业合作社主要分布在山东、河南、湖南、安徽等传统农业省份。数量超过 20 万家的仅有山东、河南两省。其中山东省存续农业合作社数量居全国首位,为 24.36 万家。

从结构分布状况来看,2022 年我国近 95% 的农业合作社分布在农、林、牧、渔业。进一步分析,分布在农、林、牧、渔的合作社又主要集中在农业,占比为 58.8%,其次是牧业占比达到 19.3%,各种辅助性活动以及其他行业的合作社仅占 15.6%。我国农业合作社结构分布如图 4.2 所示。

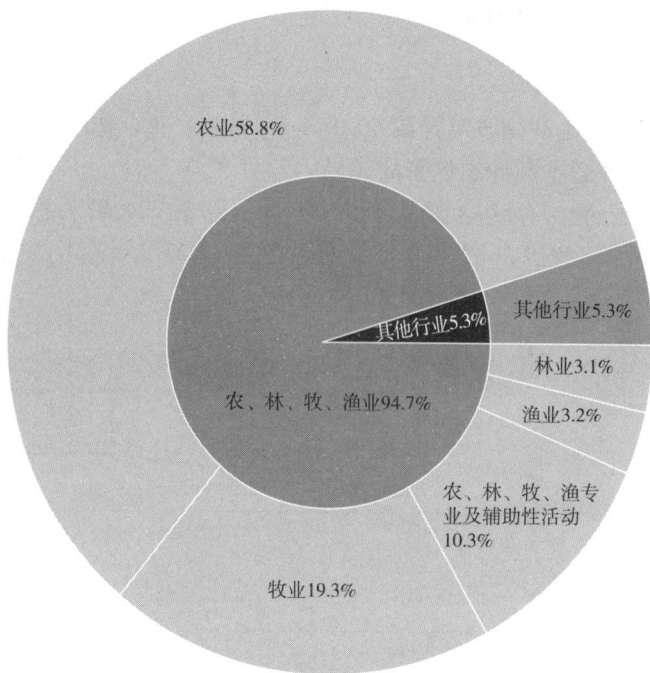

图 4.2　我国农业合作社结构分布

同时,农业合作社的行业分布也表现出很强的地域色彩。以青海、新疆和内蒙古三个地区为例,其农业合作社主要分布在畜牧业。甘肃、四川、内蒙古三个地区的畜牧业合作社数量位居全国前三。

2.营收能力与经济实力指标

2022 年,《农民日报》详尽考量了农业合作社的规范管理、带动农民受益能力、经营规模大小、诚信经营等四类指标,并以此为参考评价公布了 2022 年中国农业合作社 500 强。这些合作社拥有较高标准化水平,生产经营中集约化优势明显,产业化发展显著,对当地农户服务带动能力强,面对市场拥有较强竞争力,对抗各种层次风险能力强,成为了中国式农业农村现代化以及建设农业强国的重要"火车头"。

作为我国农民合作社的"领头雁",500强农业合作社以吸纳农户入社、壮大自身优势为重点,着力做大做强、提质升级,探索出了一条"星星之火,可以燎原"的发展道路。

2021年,全国500强农业合作社平均拥有在册社员人数为255人,较全国平均数据高出近500%,该数据在2019年为233人。其中东部地区农业合作社充分发挥联系市场、带动农户的桥梁纽带作用,引导农户从"各自为战"到"抱团拧绳",实现了规模化经营。其平均在册社员数量高达291人,超出了500强农业合作社平均水平约14%。2021年,500强农业合作社平均经营收入连续两年实现正增长,较2019年增长近22%,为2 822.6万元。其中,东部地区的500强农业合作社平均经营收入最高,达到32 332 000元人民币,较平均水平高出14.5个百分点,当中又以养殖类合作社平均经营收入能力最为突出,是500强农业合作社平均水平的2倍多——64 754 000元人民币。

从总资产体量来看,500强农民合作社的平均资产总额为20 678 000元人民币,2019—2021年均增长15.6%。500强农业合作社营收能力如图4.3所示。

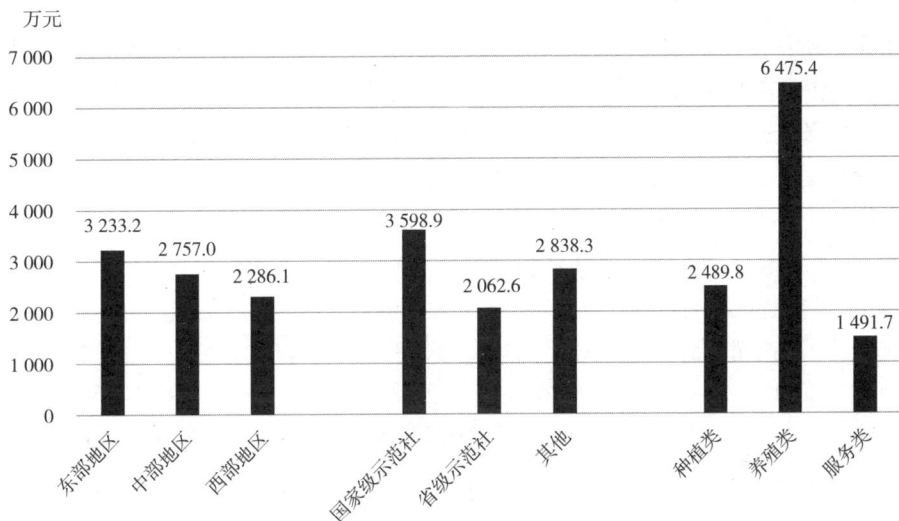

图4.3　500强农业合作社营收能力
数据来源:统计整理

2021年,农民专业合作社500强对农产品加工等企业投资221.3万元,比2020年增长22.7%,增长速度较2020年提高9.8%,东部地区500强合作社平均投资达259.3万元,比2019年增长近40%。更是通过多种方式主动升级,参与产业链下游的经营活动,最大化增值收益,有效地规避了农产品销售活动中自然、市场的双重风险。2021年,农业合作社500强平均农产品加工销售收入为1 203.3万元,比2019年增长34.6%,占营业收入总额的42.6%。中部地区销售收入最高——1 599.5万元,其次是西部地区,农产品加工销售社均收入为1 349.4万元。2019—2021年,500强农民合作社平均营收利润实现连续正增长,平均增长率超过11个百分点,其中西部地区"500强社"均营收利润率为全国最高。

销售额方面,500强农业合作社将各方资源进行协调整合,同时牵头与农业龙头协同,搭建生产销售平台,大力发展契约农业、合同农业,提高农业产业化管理水平,到2021年,500强农业合作社的农产品及相关服务平均订单销售额达到了1 793.2万元,较2019年增长超过22个百分点,占统销农产品及服务的79.3%。500强农业合作社经济指标见表4.1。

表4.1　500强农业合作社经济指标

指标	地区分布			年份		
	东部地区	中部地区	西部地区	2019	2020	2021
投资农产品加工等企业出资额(万元)	259.3	221.9	167.6	159.9	180.4	221.3
农产品加工销售收入(万元)	923.5	1 599.5	1 349.4	894.1	1 001.7	1 203.3
加工收入占经营收入比重(%)	28.6	58	59	38.2	40.9	42.6
订单农业销售额(万元)	1 992.5	1 783.2	1 519.3	1 467.3	1 527.8	1 793.2
营收利润率(%)	9	13.2	13.7	9.7	10.8	11.1

3.带动及服务农户能力

农业500强合作社服务始终坚持带动能力走在发展前列,坚持社员受益、服务社员的原则,不断提升服务能力和水平,截至2021年,每社平均带动及服务农户数量超2 000户,其中,东部地区"500强社"最多,服务带动能力社均高达3 251户。500强农业合作社在服务弱势群体特别是贫困农户方面也发挥了重要作用,带动服务一批又一批贫困、脱贫户,其中,西部地区社均带动贫困、脱贫户超170户,数量最多。

此外,围绕当地特色主导产业和优势产品,"500强社"还将农民组织起来进行专业化、规模化的生产与经营,将合作社"蛋糕"不断做大,同时在分享"蛋糕"过程中,通过生产资料采购和农产品销售中的价格补贴以及二次返利等手段把农户收益放在首位,极大地促进农民增产增收。2021年,500强农业合作社平均采购农业生产资料720.9万元,统销农产品2 262.4万元,社员年均收入4.1万元人民币,较同村非社员农村居民收入高26%。拥有了产业链全环节的服务与支持,社员参与农业合作的积极性得到了极大地激发,社员间的利益联系也愈加紧密。500强农业合作社农户带动能力见表4.2。

表4.2　500强农业合作社农户带动能力

指标	2021均值	地区分布			业务类型		
		东部	中部	西部	种植类	养殖类	服务类
成员年均收入(万元)	4.1	4.2	3.9	3.8	4	3.7	4.3
均收领先比例(%)	26	24.4	26.1	28.3	25	32.7	25.4
服务农户数(户)	2 201	3 251	986	1 484	2 129	1 820	2 772
脱贫数(个)	160	154	156	172	110	223	377
统购农资额(万元)	720.9	734.3	867.2	610.7	451.8	2 966.3	251.9
农产品统销额(万元)	2 262.4	2 614.1	2 235.2	1 785	1 956.7	5 830.3	857.2
统销占总产出(%)	78.4	80.8	81.9	72.9	81.5	87.3	53.2
组织培训次数(次)	9	9	7	10	9	14	8

4.引领创新能力

创新是发展的原动力,500强农业合作社积极探索土地合作;旅游合作;养老合作;金融互助合作等新的合作形式,同时不断创新农业经营形式和内容,着力专利和商标申请,进行绿色、有机产品认证,发展电子商务等,多角度多层次地激发了农业生产的内生动力和发展活力,对我国农产品质量安全发展影响深远。自2019年来,500强农民合作社中共有264家获得了绿色或有机产品认证,其中,近60%的种植类农业合作社获得了绿色或有机认证,养殖类农民合作社中这一认证占比为45.8%。从地区分布来看,东部地区获得绿色、有机等认证农业合作社111家,西部地区为85家,东部地区为68家。500强农业合作社绿色有机认证概况如图4.4所示。

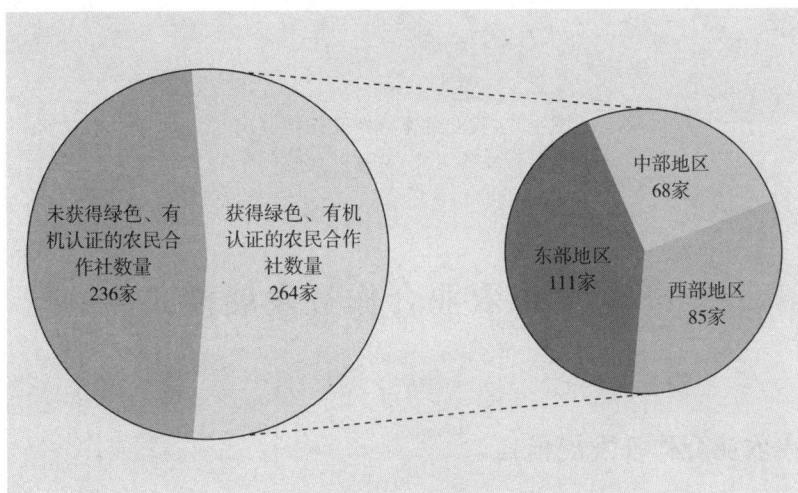

图4.4　500强农业合作社绿色有机认证概况

资料来源:数据整理

5.政府大力支持

中国政府高度重视农业合作社的高质量发展,政府在宏观上不断推出支持政策,通过法律支持、优惠税收以及人才培训和规章制度建设在内的多种措施,引导农业合作社增强内在素质。2021年,500强农业合作社中有48.4%获得财政扶持资金,平均获得财政扶持资金28.4万元人民币,较2019年增长11.8个百分点。其中,西部地区较其他地区财政扶持力度最大,平均对500强农业合作社进行财政扶持资金近47万元人民币;从示范等级来看,国家级示范社平均获得的财政扶持资金为423 000元,远远高出省级示范社以及其他合作社;不同生产经营类型的农业合作社的平均财政支持金额相对持平。农业合作社财政扶持概况如图4.5所示。

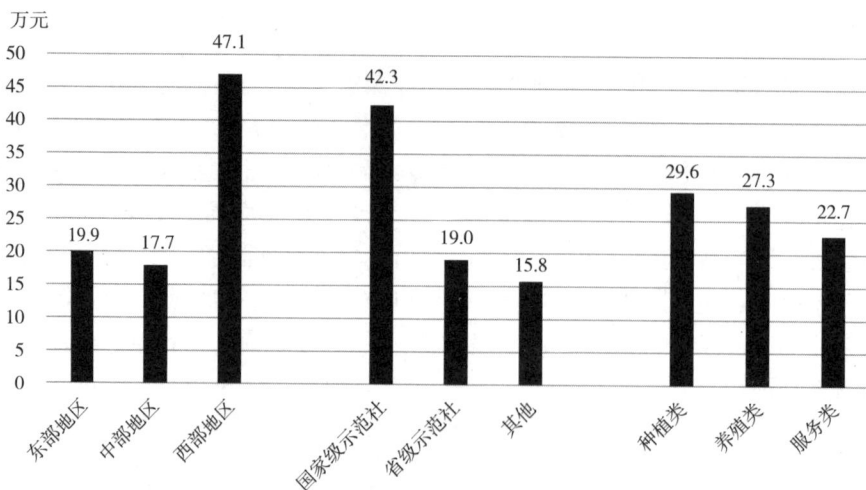

图 4.5 农业合作社财政扶持概况

资料来源：数据整理

第三节 农业合作社发展模式

一、国内农业合作社发展模式

改革开放以来，农业合作事业在发展过程中历经了多种模式的组织方式、培育途径的探索。

（一）从组织主体划分

1.民间自发产生的农业合作社

这种合作社类型是我国存量最多，也最基础的一种。它通常由一个或几个专业技术能手或专业生产大户牵头发起，联合若干专业户共同组成。这种农业合作社能够影响和带动邻近地域的农户形成专业化的生产，并通过扩大联合范围逐渐形成农业生产的专业村、专业乡、专业县以及相应的专业市场。

2.政府或职能部门牵头组建的农业合作社

此类农业合作社通常自上而下形成，由当地政府依据自身行政力量在所辖区域搭建起专业合作组织框架，之后邀请、吸纳农业专业大户为理事。职能部门牵头组建型则是依托农业技术推广站、农业、牧业局等职能部门以及各种国有企业、国有农场的经济实体，在其扶植下组建农业合作社。合作实行民主管理，凡是符合社员条件的农民和相关从业人员通过自愿申请即可被吸纳成为合作社成员。

3.社区牵头组建的农业合作社

这种农业合作社依托于基层乡村社区组织,且具有相当的地域特性,通常以本社区农业从业者作为会员主体,其领导机构与社区领导机构偶有重叠。

4.农业经济实体牵头组建

农业合作社是以国有集体企业或其他龙头经营主体为主导,从事农产品加工、供销、流通及相关服务的骨干型农业合作社,其主要特点是其经营活动围绕一个或一类产品的生产、经营服务展开的,合作社成员自主经营、自负盈亏,合作社内部关系较为密切。

(二)按出资类型划分

1.出资成立型农业合作组织

这种模式中社员加入合作组织必须出资入股,合作组织服务费用由经营收益承担,盈余部分按股分红。

2.非出资成立型农业合作组织

这一模式社员加入合作社不用投入股金,但合作社提供服务的费用由社员分担。

(三)新时代模式

进入新时代以来,我国农业合作事业在各项配套法律法规和政策的保障下进入蓬勃发展期,农民和各类经济主体合作意愿不断增强,农业合作社已成为服务小农、激活乡村发展要素、保障农民权利、提高农民地位的主力军,在中国式现代化建设中发挥着重要作用。

为全面贯彻落实党的二十大精神和习近平总书记对农业发展的重要指示精神,总结推广农业合作社规范经营、创新发展的生动实践和先进经验,引领农业合作社发展,为推动全国农业合作社高质量发展,农业农村部推介了新时代农业合作社9种模式。

1.党支部领办类农业合作社

党统领一切协调各方是我国独有的政治资源,通过党的领导,中国人民打赢了脱贫攻坚战,全面建成小康社会。要在新时代实现培育发展农业合作社,推动农村产业振兴,就要充分发挥党组织的引领作用,通过村党带领农业合作社发展农村产业,进行我国农业合作社的特色实践。村党支部引领农业合作社,打造产业链支部,充分发挥基层党组织凝聚人心、整合资源的作用,推动农业合作社做大做强、引领农村农民脱贫致富,党建与产业齐飞。

2.粮食规模经营类农业合作社

目前,粮食类农民合作社约占农业合作社总数的五分之一。粮食类农业合作社的发展壮大事关我国粮食安全,要大力推动该类型农业合作社建设及增收,将饭碗牢牢握在中国人自己手上。

3.农产品加工销售类农业合作社

发展农产品加工业、拓展销售渠道,是农业合作社增加农民收入、引领农民致富的重要手段。目前,全国一半以上的农业合作社从事提供农业生产、加工、销售在内的一体化服务。

4.三产融合类农业合作社

三产融合类农业合作社,即一二三产业融合发展的农业合作社,这种类型的农业合作社极大地延伸了农业生产的价值链,大力发展三产融合类农业合作社使农业生产拥有更大的发展潜力和增值空间,同时也是优化我国农业生产结构的重要途径。

5.农机服务类农业合作社

农机服务类农业合作社,即专门从事农机服务的农业合作社,农机服务类农业合作社以农民为主体,以服务社员为宗旨,引领小农户和现代农业发展有机衔接,是传统农业迈向现代农业的坚实桥梁。

6.品牌果蔬经营类农业合作社

品牌果蔬经营类农业合作社,即从事果蔬生产经营,重视品牌效应,充分利用现代化营销理论与商业模式的农业合作社。

7.“三位一体”类农业合作社

“三位一体”类农业合作社,即生产、供销、信用“三位一体”的综合型合作社。

8.“三变”类农业合作社

“三变”即“资源变成资产,资本变成股份,农民变成股东”,这类农业合作社担负着“三变”的责任,是实现“三变”的重要组织承载者,极大地激发了农村资源活力,促进了乡村振兴、农民收入增加、农村集体经济发展壮大。

9.农民合作社联合社类

这类合作社指的是农民合作社按照相关法律法规自愿组建联合社,并建立被行业所遵守的标准,统一开展服务,旨在实现农业产业和服务的规模化、现代化。

二、国外农业合作社发展模式

从全球范围的实践经验来看,农业合作社的发展对于一个国家的农业现代化发挥着不可忽视的重要作用。在世界合作社170余年的发展历程中,各个国家(地区)因其迥异的政治、经济、社会文化背景形成了各自独具特色的合作社发展轨迹。在当前农业产业化、农业竞争国际化不断发展的宏观环境下,学习借鉴国外农业合作社的经验,不断因地制宜探索适合我国国情的农业合作社发展之道显得尤为重要。在已经完成农业现代化的发达国家中,特别是以欧美、日韩等国家为首的农业合作社,其农业合作社的运营模式、组织架构以及分配方式等对我国均具有积极的启示意义。

(一)美国模式

美国,作为当今最大的资本主义国家,也代表了最发达的现代农业。合作经济在美国国民经济体系中发挥着不可替代的重要作用。美国的农业合作社规模较大,特别是在乳制品、水果和蔬菜领域,美国约30%的农产品通过3 400家合作社销售,其中实力最强的30家合作社年销售额高达10亿美元,北美500强企业中更是拥有14家农业合作社。

众所周知,美国农业的最基本生产单位是拥有一定规模的农场,美国的农业合作社正是在农场主之间的"产、供、销"伙伴关系中得以迅速发展。然而,其早期的发展受到了反托拉斯法对"行业协会"的限制。直到1922年,美国才意识到了限制农业合作社发展是完全错误的,并通过了《卡帕-沃尔斯坦德法案》全面确立了农业合作社的法律地位,至此,美国的合作社运动才得以真正蓬勃。

20世纪90年代,北达科他州和明尼苏达州出现了一种以股份形式确立社员的权利和义务,坚决反对个别人控制股份的合作社形式,被称为"新一代合作社"。其拥有以下一些特征。

①"不自由,不民主"。几乎大部分具有一定规模的合作社都遵循着"合作社原则",允许社员自由入退,农场主们只需要依照目标合作社的章程,仅缴纳少量的会费就可以加入该合作社(如密苏里州农场主协会会费为100美元)。对于新一代合作社来说,只有向合作社销售产品的"新人"才有资格成为合作社成员。社员加入合作社伊始,就要与合作社签订供货合同,这些"投名状"中对于产品的种类、数量以及质量都作了详细的规定。此外,不同于普通合作社自愿投资的股本,新一代合作社的入社投资额度往往由订货合同中产品与新一代合作社的交易额来决定,交易额越高,社员所需缴纳的股金也就越高。退会时,社员同样也不能够按照自身意愿直接从合作社赎买股份,只能像企业一般,将自身股金进行转让。虽然"一人一票"制仍在美国的合作社模式中保有一席之地,但个别"新一代合作社"已经摒弃了这一原则,转而以股金所占比例对合作社的管理权进行分割,在一些合作社中,理事会成员甚至并不是合作社的社员。

②代理控制。美国农业合作社的治理结构呈现出"代理管理"的特点,社员通过选举成立的代表大会虽然仍是组织内部的最高权力机构,但选举产生的决策层——理事会,往往并不能直接参与合作社的运营和管理,这些理事会通常雇佣职业经理人负责合作社的运营和管理。

③合并扩展。美国合作社的发展与扩展,往往通过合并这一形式得以实现。如大一些的合作社将许多规模较小的合作社收购、重组,完成自身的发展壮大与革新。在一轮轮的合并过程中,合作社的业务范围也随着吸纳的小规模合作社的业务内容不断增加而扩展。最终实现农业全产业链覆盖,乃至农业金融信托业务。

④利益分配。大部分美国的传统合作社往往按照营业数额对社员进行利益分配,但社员通常只等得到这部分利润的两成到三成作为返现款,剩余的部分虽然仍归社员自身所有,但必须经过一定年限才能对这部分资金进行支取(类似于养老金、公积金),而新一代合作社这部分返现盈余一般不会成为公共累计,依照社员占股比例直接对其进行分配。当合作社需要扩大经营规模时,新一代合作社则要求社员按其交易量增加投资。

(二)欧洲模式

专业性强,有完善的法律规范的欧洲模式同样是农业现代化的优秀模板。其中又以法国、荷兰等国家为典范。

法国,不仅是欧盟中最大的农业国,同时还是世界上仅次于美国的第二大农产品出口国。法国的农业合作社发展历史悠久、组织完善。主要有围绕农业生产三环节的合作社、农业保险和农业金融信贷合作社几种类型。

同时法国农业合作社也具有一些鲜明的特征。

①入退社自由。社员通过缴纳股金入社，并遵守合作社的各项原则。

②营业获利。社员按照交易额数量进行分红。

③民主管理。通过"一人一票"民主管理合作社。

④排他性。合作社与社员间的交易具有单向性，除非经营困难，否则交易只在组织内部发生，且对外交易一般也不超过总额的20%。

⑤农业社会化服务体系完善。合作社服务范畴几乎涵盖一二三产业全领域。

⑥具有一定的公益性。

荷兰的农业合作社与其他国家相比，具有专业且单一的特性，其往往只提供某一种或一类服务、专注于一种农产品的"产、供、销"。此外，荷兰农业合作社还具有以下几个方面的特征。

①所有权。荷兰农业合作社以围绕社员服务为基本原则，主张维护社员利益、确认社员所有权以及强调社员对合作社的管理和控制。荷兰的合作社在内部决策过程中，与大多数国家一样采取"一人一票"制，但偶有一些合作社采取"一人多票"或"差额比例票"，即一些社员的票数权重可以通过其他方式（如股本数量、交易额等）改变。

②治理结构。荷兰的农业合作社与大多数合作社一样拥有社员大会、决策层以及管理层。在实际中，一些大型合作社往往存在监事决策层与实际合作社公司分离的情况，合作社公司演变成类似有限责任公司的形式，并由分离出来的监事会进行控股。此外还有一些合作社理事会已经不再由社员担任，而是类似由美国模式的职业经理担任，并通过职业代理人实现对合作社公司的管理和控制。

③运营。荷兰农业合作社不以营利为目的，而是围绕一些抽象的经营理念与管理哲学，多个同类型合作社组成的行业环境形成了荷兰农业合作社所独有的规则体系。这种运营目的使荷兰的合作社在保障农产品质量方面发挥着重要作用，如合作社弗里斯兰坎皮纳尔（Friesland Campina）就通过其运营形成了一套乳制品行业的规定——行业内从业者出现一次严重的质量违规，合作社对其做出相当于生产单位全年营业额的三个百分点的罚款和赔偿；第二次严重质量违规，将被终止合作社成员资格，然后被彻底逐出这一行业。

④利益分配。荷兰农业合作社主要通过营业额盈利并按照股本进行比例返利，但这部分利润不会全额分发到合作社社员手中，大部分的荷兰农业合作社都会其留存，用于防控风险和扩大再生产投资。

⑤内部关系。荷兰农业合作社与社员双方各负其责，并通过产权纽带和市场契约将两者联结起来。

（三）日本模式

日本，国土面积37.8万平方千米，人口约1.24亿（2023年8月），人口密度大，自然资源匮乏，山地丘陵占据了国土面积的80%，人均耕地面积不足世界平均水平的1/10却有近

30%的农业从业人员。日本农业是典型的小农生产,分散、细小的家庭农户是日本农业生产经营的最基本单位。

第二次世界大战过后日本的国民经济一度陷入崩溃,却在几十年的发展后完成了农业现代化,甚至一跃成为全世界农业最发达的国家(地区)之一。这完全得益于日本的特色农业合作经济组织——日本农业协会(即日本的农业合作社)的快速发展和运作。日本农协被公认为是世界上最成功的农村合作经济组织形式之一,日本农协依据1947年颁布实施的《农业协同组合法》建立,既像具有特殊性质的企业,同时又富有浓厚的农村社区色彩。

①组织结构方面。日本农协分为中央、都道府县、市町村三级。其中,市町村农协是日本农协的基层组织,其会员联合会由普通小农户组成,基层农协的监事、理事也都是由基层农民民主选举产生的。中层为道府县一级,联合会以基层农业协会为会员。中央一级以县级联合会为会员,组成全国性联合会。其中,上级农业协会监事会、理事会成员由基层农业协会民主选举产生,并指导下级农业协会的组织、业务和运作,各级农业协会,上下联系紧密、组织运作高效。三级农业协会各负其责,全国农协中央协会主要负责农协的组织、培育和政策协调。并行的还有中央农林库和共济会联合会,对农协进行指导,其经营范畴中的信贷业务、联合保险业务与基层农协垂直对接,使日本农协成为功能齐全的综合性服务组织,能够更好地满足农民的各种需求。目前,日本有700多家基层农业协会,共有会员969万,几乎覆盖了所有农民,由于具有公司的特点,其业务及经营管理也是按照公司法进行规范运营,日本农协采用社员入股筹集资金的方式,董事会由股东选举产生,再由董事会选拔适合经营企业的人才。合作社管理人员通过招聘产生,工资由农协支付。

②运营方面。日本农协的经营不以营利为目的,而是通过其所拥有的农业生产物质基础以及从事的经营活动实现对社员的服务,提高农业的生产率,实现国民经济的增长。

③民主及分配制度。在农业合作社的组织中,无论社员股本大小,均实行"一人一票",农协盈余将根据合作社的交易额和规模进行比例返还。

④业务范围方面。日本农协的主要业务包括农产品流通、农业生产指导、农业金融保险信贷、农民教育等四大板块,涉及一二三产业的几乎所有环节。

此外,与世界其他农业合作经济组织不同的是,日本农协对于农村社区的建设和发展起到了相当重要的作用。

日本的基层农协往往形成于行政村,具有浓郁的地域特色。通过县级联合会和中央协会的多层次网络,将全国农民组织起来。农协不仅为农村农民提供指导,同时也是国家政策的执行者,并代表农民获得政府的各种支持,也是政府和农民之间的联络人,管理日本的农村。

日本的乡村振兴战略包括互助制度,强调集体主义,倡导消除基层农民的孤立感,号召农民融入集体,形成生产、生活、交往等方面的互助网络,鼓励农民区域乡村发展,与乡村横向、纵向联动发展。

可以说,日本的农业协会发展模式对于有相似文化背景以及自然资源禀赋的中国农业合作化发展具有重要的启示意义。

三、典型合作社案例

2022 年 9 月农业农村部办公厅印发了《关于征集第四批新型农业经营主体典型案例的通知》,为了充分发挥典型案例的示范引领作用,以引导各地各农业经营主体因地制宜地探索发展模式,在全国遴选了一系列聚焦主题、深入翔实的农业合作社典型案例。在此节选了三个案例进行分享。

(一)湖南省宁乡县流沙河牲猪养殖专业合作社

湖南省宁乡县流沙河牲猪养殖专业合作社立足于加强宁乡花猪种质资源保护,建立标准化生产技术规程,有效提高了养殖和繁育水平。合作社规范社务管理,创新"五统一"运行模式,让成员共享合作社发展效益;合作社加强品牌建设,拓宽营销渠道,充分发挥"生产在家,服务在社"组织优势,紧密联结周边养殖户,形成联农带农机制。

湖南省宁乡县流沙河牲猪养殖专业合作社位于长沙市宁乡市流沙河镇流沙河社区,创建于 2007 年,成员出资总额 1 288 万元,入社农户 163 户,主导产业为宁乡花猪养殖。合作社年出栏生猪 3.5 万头,年产值达 8 600 万元。合作社下设宁乡花猪原生态养殖基地、产品营销中心、宁乡花猪养殖连锁基地,2022 年固定资产达 2 200 余万元。经过 10 年发展,先后获评长沙市先进农民专业合作社、湖南省为民办实事合作社示范社、国家农民合作社示范社。

该合作社围绕规范管理、优化模式、夯实发展基础,打造了一整套完善的框架。一是规范社务管理。合作社建立健全规章管理制度,依法制定成员代表大会、理事会、监事会、生产管理、财务管理等一系列规章制度。按照章程规定,合作社制定了年终盈余分配制度。2021年合作社营业收入 8 673 万元,盈余 846 万元,提取公积金后可分配盈余 677 万元,按交易量返还成员红利 440 万元,按出资额比例分红 137 万元,剩余 100 万元经成员代表大会决议作为未分配盈余,用于下一年度生产经营经费。二是优化养殖模式。合作社实施统一供种、统一饲料、统一技术、统一防疫、统一保底价回收的"五统一"运行管理模式。按照"绿色环保、安全优质"理念,采用"配合饲料+青绿饲料+本地资源(米糠、碎米、红薯)+适度放牧"的养殖模式。通过分离宁乡花猪养殖产前、产中、产后三个环节,合作社全面推进宁乡花猪养殖的分工分业,结成"合作社+基地+养殖户"的连锁经营实体。三是拓宽营销渠道。合作社打造"门店专卖、超市专柜、酒店专供、礼品团购"的营销模式,提高产品市场份额。合作社将市场拓展主要锁定在城市生鲜超市、宾馆酒楼、品牌专卖,开设了 22 家宁乡花猪风味冷鲜肉专卖店,为 200 多家酒店和大型连锁超市专供产品。合作社销售收入从 2009 年的 300 万元提升到 2021 年的 8 670 万元。

合作社高度重视科技创新,不断加强科技服务,为宁乡花猪产业发展插上科技的翅膀。

一是加强技术攻关。在湖南省畜牧兽医研究所的技术支持下,合作社开展了以"宁乡花猪"为母本与外来品种杂交、提高宁乡花猪瘦肉率的试验。根据宁乡花猪种质特性设计养殖模式,制定了宁乡花猪及其杂一代商品猪标准化饲养技术,保障成员养殖生产安全。宁乡花猪的养殖和繁育的标准化水平得到很大提高,养殖效益增加了 10% ~ 15%。二是加强科技服务。合作社通过"开班授课+现场指导"推广宁乡花猪养殖模式,引导成员实行青饲料种植与日粮调制,提升绿色养殖技能,使宁乡花猪从"散小乱"逐步走向"规模化、标准化、安全化"。三是加强信息服务。建成宁乡花猪特色农业网站,设置专家系统和信息交流系统,建立数据库平台,及时、准确地发布供求信息和市场动态,推广宣传宁乡花猪绿色生产技术规程。合作社开通移动短信平台,每月定时向成员发送关于生猪行情、养殖技术、疫病情报及合作社内部动态等方面的信息,加强与成员之间的沟通联系。

合作社还重视品牌打造,加强联结,为合作社增添发展动力。合作社以高端、生态、绿色、健康为定位,致力于将宁乡花猪打造成为全国高端生态鲜肉第一品牌。

一是加强品牌建设。合作社每年在品牌建设方面投入 200 万元以上,制定了 CIS 企业识别系统,设计了宁乡花猪整体广告宣传方案,拍摄了花猪宣传片,建成花猪运营网站。同时,运用广播、电视、报纸、杂志、网络新媒体等广泛宣传合作社产品,扩大宁乡花猪流沙河品牌的市场知名度。二是加强宣传推介。积极参加农业博览会、畜牧业博览会等国内外展销会,向外界展示"流沙河"花猪品牌的价值内涵。开设专卖店,进驻大型超市、连锁酒店等市场窗口,传播"流沙河"宁乡花猪品牌形象,提升品牌知晓度,培育消费者的品牌忠诚度,"流沙河"宁乡花猪肉被评为中国驰名商标。三是加强利益联结。合作社按照"自愿平等、互利双赢"的原则,通过金融担保、养殖加盟、委托代养等多种方式,与农户建立利益纽带。2021年合作社带动农户数达 5 004 户,与普通农户年纯收入 18 780 元、人均收入 6 260 元相比,合作社成员养殖农户纯收入达 74 460 元,人均收入 24 820 元。四是加强扶贫协作。脱贫攻坚期间,合作社积极参与产业扶贫事业,通过实施"政府引导支持+贫困农户自愿申请+合作社保底收购+养殖风险化解为零"的精准扶贫新模式,合作社以 200 元的价格(市场价 1 200元)向贫困户提供种猪,与贫困户签订保底收购协议,以高于市场价 10%的价位回收商品猪,累计帮扶建档立卡户 200 余户如期实现脱贫。

(二)福建省武平县百家姓农民专业合作社联合社

福建省武平县百家姓农民专业合作社联合社探索"支部+联合社+成员社+基地+农户"的合作发展新模式,以党建为引领推动"村社共建",强化产销对接、技术推广和品牌创建,构建了多元综合服务平台,出资创立公司主营加工营销,健全规范管理制度,走出了支部有作为、党员起作用、群众得实惠、集体能增收的合作共赢之路。福建省武平县百家姓农民专业合作社联合社成立于 2011 年 8 月,现有成员社 23 家,包括国家示范社 3 家、省级示范社 13家,共涉及农户 2 656 人。2021 年,联合社带动农户实现增收 755 万元,获评全国农村创业园区(基地)、全国文明服务示范单位、国家农民合作示范社等。

1.强化党建引领,开展村社共建,显现先锋模范作用

(1)坚持党建引领

联合社于 2011 年 10 月成立联合社党总支,下设种植产业、渔业产业、服务中心 3 个党支部,注重把党员培养成业务骨干,把业务骨干发展成党员。党总支现有党员 129 名,其中大学生党员 31 名,农民党员 37 名。党总支先后被评为福建省创先争优先进基层党组织、福建省先进基层党组织、市级"不忘初心、牢记使命"主题教学基地等。

（2）坚持党员示范

联合社党总支创办农村党员创业就业培训学校，设立 12 个"田间课堂"和实训基地，以邀请"土专家""田秀才"集中授课和现场实训的方式，普及推广高效、高产种养技术。联合社共举办技术培训班 168 期，开展田间地头现场技术指导 65 次，培训技术骨干和农民 2 万多人次，受益群众 3 万多人次。联合社创建了"红土先锋党员工作室"，设立党员先锋岗，组织党员认领岗位、开展服务，帮助群众解决种养技术、产品销售、农机服务等难题。联合社党员与贫困户结成帮扶对子 181 对，带动 93 户贫困户 412 人实现脱贫。

（3）坚持村社共建

联合社引领成员社与中山镇太平村、阳民村、老城村、新城村等 11 个村合作，采取资产租赁、有偿服务等方式，开展"村社共建"活动，共建 3 500 平方米百香果（黄金果）网货中心，打造"村社共建"种植示范基地 11 个，辐射带动周边群众种植百香果 1 600 亩，实行百香果套种竹荪、玉米套种桑葚、木瓜套种桑葚等综合种植模式，农户在家门口就可以获得政府补贴、土地租金、联合社基地上班工资三份收入。联合社还与共建村协同推进基础设施建设，帮助共建村实施道路硬化近 4 000 米，整修灌溉水渠 5 条，新建灌溉水池 9 个，为村庄发展注入了"源头活水"。

2.强化产销对接，推进品牌创建，提升农产品竞争力

（1）注重产销精准对接

联合社聚焦"聚共识、强服务、选路子"的产销思路，全力做好产销精准"三对接"，让农产品种得好卖得俏。一是思路精准对接。为了凝聚人心、实现"众赢"，联合社引导成员社制定惠农措施。例如，绿露仙草专业合作社以化肥优惠 2%、农药优惠 5% 的价格供应仙草种植户；鲤龙渔业专业合作社优惠供应鱼苗、鱼药、渔具、鱼饲料等，并投入 15 万余元引进 6 种新鱼苗品种，免费供农户成员试养；心连心农机专业合作社农机服务队以低于市场价 20% 的优惠耕作费为成员户提供服务。二是服务精准对接。联合社充分利用农资连锁店、村级综合服务社、庄稼医院、农家店等农资供应服务网络，为成员社提供优质、高效、安全、价廉的农资商品；设立联合社服务窗口和服务电话，积极做好产前、产中、产后技术和信息服务。三是销路精准对接。联合社与 40 多家企业、超市、经销商、批发市场等实行"产销对接"和"农超对接"，发展订单农业，对内与成员社的 356 户农户签订产品收购合同，对外与 36 家销售商签订产品销售合同，为畅通农产品销售渠道提供便利。2021 年，联合社帮助销售农产品 2 520 吨，销售额达 2 600 万元。

（2）注重新兴技术推广

联合社带领成员社利用多种形式宣传推广农业生产新技术。例如，帮助仙草专业合作社引进仙草新品种 5 种，推广仙草专用肥和黑地膜种植技术，使仙草亩产量从 100 多千克提高到 500 多千克；帮助农欣果蔬专业合作社引进果蔬新品种 10 余个，新品试种面积达 260 亩；指导心连心农机专业合作社建立 285 亩烟后稻机械化作业示范基地、1 000 亩早晚水稻全程机械化作业示范基地，以及工厂化育秧中心。

（3）注重打造品牌影响力

联合社把品牌塑造当作合作社提升发展优势、获取溢价收益的有力武器，积极引导成员

社提升产品档次,打造特色品牌。联合社成员共获得绿色食品认证 1 个、有机产品认证 5 个、农产品地理标志认证 3 个、注册农副产品商标 63 个,其中"崇山家鱼"、"可馨绿"仙草、"森鲜园"果蔬、"百姓苑"脐橙商标成为福建省著名商标。

3.强化联合合作,创新经营模式,构建紧密利益共同体

(1)构建多元综合服务平台

联合社充分发挥联合合作平台优势,积极整合和承接各种涉农资源,建成上下贯通、层层联动的惠农综合服务平台,将社会化服务、综合维修、会计代理、品牌代理、文印、培训及日用消费品销售、快递物流配送等综合服务打包纳入惠农服务中心,开展会计、税务、项目、品牌、注册、注销、培训 7 个代理业务,实现了服务"一张网"、事项全覆盖。

(2)创办农业公司

2018 年 11 月,联合社投资 200 万元创办了武平县田甜百香果发展有限公司,联合社占股 32.79%。公司主要从事百香果果汁(果浆)、果脯的加工和营销。公司与联合社成员社建立了利益联结机制,签订"公司+联合社+农户"三方合作协议,以"保底价收购+市场溢价返还"的模式回购农户种植的产品。公司 2021 年回收农产品 3 250 吨,销售收入 3 050.3 万元,助农增收 700 多万元。

(3)健全规范管理制度体系

联合社实行理事会统一领导、监事会民主监督、重大事项民主决策的运行机制。内部设立财务部、市场营销部和生产管理服务部等部门,健全完善的组织机构、财务管理、基地建设、品牌创建、学习培训等 10 项管理制度,在联合社办公区建立社务公开专栏,对服务流程、章程修订及涉及成员利益事项等及时公示,保障成员社有效参与联合社运营。

(三)湖南省涟源市特色水果种植专业合作社

湖南省涟源市特色水果种植专业合作社是一家集综合种植、品牌养殖、农副产品销售、新技术推广及应用为一体的国家示范社。合作社秉承"绿色、健康、环保"的理念,积极探索产业融合,实现"一地多用、一地多收、一户多业"的特色生态种养结合模式,有效实现了矿区复垦复耕。在海拔 400 多米山峦上,一群群"珠梅土鸡"穿梭在果林间树下,山林间混杂着鸡和布谷鸟的鸣声,五排现代化的标准鸡舍厂房掩映在林间。偌大的果林,看不见污水,闻不到臭味。这就是湖南省涟源市特色水果种植专业合作社的生产环境。合作社成立于 2008 年 3 月,共流转旱地 3 900 亩、水田 600 余亩,有入社成员 118 人,脱贫攻坚期间带动 56 户贫困成员实现脱贫。合作社现有资产总额 1 221.5 万元,其中固定资产 989.4 万元,2021 年实现营业收入 2 949.5 万元,盈余 337 万元。在合作社的带动下,周边近 400 户农户开展了特色水果种植和林下养殖。合作社获得湖南省"千企帮村万社联户"产业扶贫突出贡献合作社、湖南省先进农村科普示范基地、娄底市科技示范户等荣誉。

1.综合种植,复耕矿山

涟源市安平镇过去以煤矿开采为主业,产业单一,大多数村民选择外出务工,村中大量土地闲置,随着煤炭资源的日益枯竭,村民增收困难。为谋求新的出路,在涟源市农业农村

部门的指导下,村民共同筹集 200 万元启动资金,成立了涟源市特色水果种植专业合作社。在安平镇人民政府的大力支持下,合作社流转了唐家村、青山村矿区 1 900 亩荒山,通过人工改造、机械化施工,将荒山推平,重构地形地貌,栽树种草复原生态,并打井、引水、修路,让荒地重新具备了耕种条件。第一年,合作社种植了 200 亩麒麟西瓜,种植周期短,从栽苗到收瓜只需 60 天左右,亩产达到 1 500 千克,通过订单方式销往娄底市的大型商超和特色高端水果店,短短几个月,合作社创造利润近 90 万元。初尝甜头后,合作社趁热打铁,结合当地的土壤和气候条件,于 2009 年引进黄金梨栽种,建成 900 亩梨园基地,还聘请了湖南大学教授担任合作社技术顾问。为进一步盘活荒山资源和闲置土地,合作社鼓励农户以土地入社,采取统一订单收购的方式,通过"合作社+基地+农户"带动发展了特色水果种植 3 900 亩,其中柑橘 800 亩、红心柚 1 000 亩、黄金梨 900 亩,霞玉梨、杨梅、板栗等共 1 200 亩,壮大了产业规模。近年来,合作社引进了分级选果和包装设备,建设了 300 多平方米的仓储车间和容量 600 立方米的高标准冷库。合作社还复垦了 600 亩水田种植双季稻,年产粮食 480 多吨。

2.品牌养殖,创增收益

为保持生态有机种植方式,同时治理林下杂草丛生的问题,合作社在多方取经后,尝试发展林下经济,探索"一地多用、一地多收、一户多业"的经验模式。自 2014 年起,合作社投放了 2 万羽"珠梅土鸡",按照科学养殖标准,采取区域轮养的方式,每亩控制养鸡数量不超过 200 羽。果林杂草虫蚁多,人工除草占到生产成本三成以上,林下养鸡可以除草、治虫,并为果树提供有机肥,年可节约果林除草成本 25 元/亩,节约虫害防治成本 80 元/亩,每只鸡每年可积有机肥 50~60 千克。土鸡养殖让合作社走上了"林—草—禽"共生发展道路。合作社与多家餐饮店签订了收购协议,以 46 元/千克的价格出售"珠梅土鸡",2 万羽土鸡共创收 184 万元合作社与农户织牢利益联结,着力发展"订单农业",实施保护价格收购,对成员农户种植的特色水果以及林下养殖的"珠梅土鸡"提供"产购兜底"服务,入社农户实现人均年增收 9 000 元以上。

3.健全机构,规范管理

依法建立健全社员代表大会、理事会、监事会等组织机构。执行财务会计制度,设置会计账簿,建立会计档案,规范会计核算,披露财务报告。依法建立社员账户,加强内部审计监督。依照法律法规制订盈余分配方案,可分配的盈余按照成员与农民专业合作社之间交易额的比例返还。

4.科技支撑,行稳致远

合作社与湖南农业大学合作,发明并获得了"畜牧散养鸡饮水装置"专利。该装置通过计量管连接到水箱,通过水箱连接水管自动加水,实现智能化调适不同鸡龄阶段的饮水高度,提高养鸡的有效饮水量,解决了现有同类饮水槽无法跟随鸡龄增长而不断提高水位的缺陷,有效降低了因饮水不足而引发的病症率上升问题。合作社帮助成员推广使用此项发明专利,大大降低了养殖死伤损耗。合作社依托现代信息技术,完善农产品营销渠道。目前合作社已与兴盛优选、美团等电商平台建立了合作关系,采用"以销定产"的模式,大力发展订单农业,打破传统的"以产定销",减少了中间环节,实现了农产品从基地直达餐桌,提高了利润空间。合作社还在抖音、快手等平台注册了营销账号，通过这些大平台的引流，发展物联网认养销售模式。目前该模式发展良好，平台注册用户达 5 万个以上，合作社互联网电商销售占整体销售额的 65% 以上。

第四节　农业合作社发展政策及对策建议

一、农业合作社相关政策与解读

我国的农业政策是指党和政府为了实现一定的社会、经济及农业发展目标，对农业发展过程中的重要方面及环节所采取的一系列有计划的措施和行为的总和，农业政策的主体从属于一般经济政策，属于部门经济政策，是公共政策的一个重要组成部分。

农业由于其自身的弱质性，其发展离不开国家政策的支持。

(一) 中央一号文件

1949 年 10 月 1 日，中华人民共和国中央人民政府开始发布《第一号文件》。现在已成为中共中央、国务院重视农村问题的专有名词。2004—2023 年又连续 20 年发布以"三农"（农业、农村、农民）为主题的中央一号文件，强调了"三农"问题在中国特色社会主义现代化时期"重中之重"的地位。

中央一号文件的发布为"三农"问题的具体工作提供了发展路径与前进方向。2014—2022 年，农业合作社被多次提及。2014—2022 年中央一号文件中的农业合作社内容见表 4.3。

表 4.3　2014—2022 年中央一号文件中的农业合作社内容

中央一号文件	内　　容
2014 中央一号文件	发展新型农村合作金融组织。在管理民主、运行规范、带动力强的农民合作社和供销合作社的基础上，培育发展农村合作金融，不断丰富农村地区金融机构类型
2016 中央一号文件	完善农业产业链与农民的利益联结机制……支持供销合作社创办领办农民合作社，引领农民参与农村产业融合发展、分享产业链收益
2017 中央一号文件	积极发展适度规模经营……加强农民合作社规范化建设，积极发展生产、供销、信用"三位一体"综合合作
2018 中央一号文件	实施新型农业经营主体培育工程，培育发展家庭农场、合作社、龙头企业、社会化服务组织和农业产业化联合体，发展多种形式适度规模经营
2019 中央一号文件	巩固和完善农村基本经营制度。坚持家庭经营基础性地位，赋予双层经营体制新的内涵。突出抓好家庭农场和农民合作社两类新型农业经营主体，启动家庭农场培育计划，开展农民合作社规范提升行动，深入推进示范合作社建设，建立健全支持家庭农场、农民合作社发展的政策体系和管理制度。落实扶持小农户和现代农业发展有机衔接政策，完善"农户+合作社""农户+公司"利益联结机制

续表

中央一号文件	内　　容
2020 中央一号文件	重点培育家庭农场、农民合作社等新型农业经营主体,培育农业产业化联合体,通过订单农业、入股分红、托管服务等方式,将小农户融入农业产业链
2021 中央一号文件	突出抓好家庭农场和农民合作社两类经营主体,鼓励发展多种形式适度规模经营。实施家庭农场培育计划,把农业规模经营户培育成有活力的家庭农场
2022 中央一号文件	支持家庭农场、农民合作社、农业产业化头企业多种粮、种好粮

(二)新型农业经营主体和服务主体高质量发展规划

实施乡村振兴战略,必须深化农业供给侧结构性改革,走质量兴农之路。只有坚持质量第一、效益优先,才能提高农业综合效益和竞争力,而促进新型农业经营主体和服务主体高质量发展是题中应有之义。农业农村部印发《新型农业经营主体和服务主体高质量发展规划(2020—2022 年)》,为包括农民合作社在内的各类新型农业经营主体和服务主体培育发展工作指明了路径和方向。其中,对于农业合作社的发展提出了如下政策措施。

1.提升农民合作社规范化水平

加强合作社档案管理,落实组织内部问题信息公开;依据法律法规,制定和完善会员(代表)理事会、理事会、监事会等组织架构;引入财务会计制度、建立合作社会计账簿、维护会计档案、实行会计标准化、财务报告披露;依法建立社员账户,加强内部审计监督;根据法律、法规制订盈余分配方案,可分配的盈余按照社员与农业合作社之间的交易额(金额)比例返还。

2.增强农民合作社服务带动能力

鼓励农业合作社利用当地资源,发展规模化生产、孵化品牌、发展优势特色产业;鼓励农业合作社加强农产品经营关键环节能力建设;鼓励农业合作社延伸产业链、拓展服务领域;农业合作社应当建设、经营农业废弃物、农村厕所粪便、生活垃圾处理设施和资源化利用设施,参与农村公共基础设施建设、运营和维护,参与农村文化建设。

3.促进农民合作社联合与合作

推动同行业、同业联系密切的农业合作社之间自愿兼并重组和资源整合,发展具有较强竞争力的个体农业合作集团;支持农业合作社依法自愿组合并扩大合作规模,提高合作水平,增强市场竞争力和风险承受能力。

4.加强试点示范引领

深入实施提高全县农民合作社质量、培育壮大个体农民合作社、培育发展农民合作社、完善区级指导支持服务等试点;继续开展示范社评价,建立示范合作社名录,推动国家、省、市、县四级共创示范合作社建设和推广;认真总结了各县区推动农民合作社质量提升和示范合作社创建的经验做法,呈现制度健全、运作规范的农民合作社典型事例,并予以推广。

(三)政策解读

政策解读,重点在于"解"字,农业政策相关从业者应能向人们较为详细地解释新出台的农业政策的具体内容和精神,使人们对相关政策有较为清晰的理性认识,以利于各级党政机关对政策的落实制定具体的措施。

习近平总书记指出"要做好党中央重大决策部署的宣传解读,准确领会政策要点和要领"。要践行以人民为中心的发展思想,通过政策解读,架起人民政府与群众沟通理解的桥梁。

1.《新型农业经营主体和服务主体高质量发展规划(2020—2022年)》解读

以《新型农业经营主体和服务主体高质量发展规划(2020—2022年)》(下称《规划》)为例。从以往的经验来看,农业合作社发展的速度和规模不是问题,关键是如何规范和完善农业合作社,促进健康发展,牢牢把握质量和效益的生命线。要从战略高度和长远角度思考完善农民合作社规范问题,坚持规范与创新并存、质量与效率并重,推动农业体系规范。推动合作社系统性、综合性、整体性的高质量发展,促进规范的发展激励和约束,以及多边兼容的政策支持,实现构建体系的协调。对于规划中描述的目标可以有以下一些解读。

一是提高农业合作社标准化水平。这是农业合作社高质量发展的前提和基础,也是现在和今后一个时期最紧迫的问题。加强相关法律法规制定,指导农业合作社根据自身特点拟定规则,充分发挥规则在农业合作社依法运作中的基础性作用,针对我国众多农民合作社规范架构中的短板,协调和完善调整章程管理和法人治理结构之间的冲突,使农民会员积极参与合作社企业管理,积极参与和建立健全会员理事会、理事会、监事会等组织架构,合作社内实行民主监督和监督。

二是要注重财务监管。落实盈余资金的二次分配,在各类试验示范试点中聚焦于农业合作社财务管理规定,引导农业合作社落实农业合作社财务管理规定,建立起诚信财务会计制度。此外,还要整合合作社社员账户,理顺农业合作社产权关系,通过合作社社员账户管理实现农业合作社良性治理。

三是提高农业合作社的服务能力。这是农业合作社高质量发展的出发点和落脚点,也是农业合作社帮农、富农的真实体现。乡村振兴,归根结底就是小农的振兴,中国农业用地少农业从业者多的特殊国情决定了大量小农将长期存在。农业合作社作为一种制度化的合作组织,农业合作社既是经济实体,又是社会组织和乡村治理的重要载体的结合,在产业发展、乡村建设、生态保护、文化传承、脱贫攻坚等诸多方面发挥着重要作用,多维度推动农业合作社高质量发展,顺应产业发展逐步交叉渗透的变化趋势,立足自然风貌、乡村风貌、风土人情等优势,引导农业合作社由单一经营业务向多种生产经营业务拓展。从加工到销售、从生产到生活生态的深度融合改造,深入探索农业多功能性,提高综合服务带动能力。当然,农业合作社的功能分化又必须以市场需求为驱动,要符合农业合作社发展阶段的特点,应实事求是,不能忽视,也不能人为扩大。

四是推动农业合作社联合合作。这是发展高质量农业合作社的必然要求,也代表了转型提升、提质增效的发展趋势。实践表明,大多数个体农业合作社规模普遍较小,经济实力不足,发展能力较弱,难以有效应对激烈的市场竞争,亟须加强联盟合作。《规划》还提出鼓励同业以及密切相关业的农业合作社,通过自愿兼并进行组织重组的方式进行资源整合,壮大一批具有较强竞争力的个体农业合作社。此外,新修订的农业专业合作社法赋予了联合合作社法人地位,依法解决了合作社联盟法人资格问题。尽管近年来农业合作社联合协会的发展取得了良好进展,但与公司等市场法人相比,仍存在联盟弱、管理松、品牌弱等问题。鼓励农业合作社通过并购重组进行组织重组、资源整合,为农业合作社增强实力提供了新途径。

五是加强示范试点指导。试点是改革的重要任务,示范是推进改革的重要手段。试点示范能否发挥引领作用,直接关系到高质量发展目标的有效性。实现农业合作社质量提升区域层面推进是推动农业合作社高质量发展的重要举措,也是完成上述三项任务的重要保障。两年多来,农业农村部已批准两批县级试点,这些试点单位坚持"数量与质量并举,把质量放在第一位"的原则,不断创新工作,积极引入社会力量,有效促进农业合作社的质量提升。农业合作示范社是农业合作社高质量发展的先进代表,在农业合作社创新实践中发挥着重要引领作用。方案提出,继续开展示范企业评价,建立示范企业名单,推动国家、省、市、县四级联合创建示范企业。可见,《规划》对如何在全国范围内推广试点、如何设立和运营示范公司提出了明确的目标和要求。下一阶段,建议继续做好这项工作,加强试点示范的引领作用,聚合要素资源,完善支持政策,推动规划实施。

2.农业农村部《关于实施新型农业经营主体提升行动的通知》解读

2020年农业农村部印发《新型农业经营主体和服务主体高质量发展规划(2020—2022年)》,明确新型农业经营主体是未来现代农业经营的必然趋势,必须大力推动农业高质量发展,新型农业经营主体从高速发展转变为高质量发展。为适应阶段性转变,2022年农业农村部发布《关于实施新型农业经营主体提升行动的通知》(下称《通知》),决定实施新型农业经营主体的提升行动,由新型农业经营主体的数量增长转向量质并举。其中对于合作社相关政策内容可做以下解读。

(1)构建规范化农民合作社管理机制

农民合作社是联结小农户与现代农业的必要纽带,然而现实中存在着大量"空壳社""僵尸社",真正运营良好的合作社少之又少,因此农民合作社的规范管理问题成了工作重点。《通知》指出要建立合作社的规范化管理机制。第一,突显章程作用,强化合作社章程自治功能;第二,健全合作社的治理结构,形成有效发挥"三会"职能的治理模式;第三,建立合理的利益分配制度,保障成员收益权,搭建收益权救济通道;第四,完善市场管理制度,遵循市场主体登记管理的统一规范对合作社进行管理,合理化合作社的退出管理制度。第五,防范非法集资假借合作社"下乡进村",加强监测预警能力和普法宣传教育。

(2)健全农民合作社财会制度

随着新型农业经营主体的规模扩大化和高质量发展,财会制度的建立对农民合作社的生产运营管理愈加重要。《通知》提出要健全农民合作社的财务和会计制度。首先,规范合作社的财会基础工作,加强内部合规控制,防范政府补助资金使用不当、贪污浪费等现象;其次,基于数字技术,推进财会制度的信息化建设;最后,鼓励缺乏财会职能的合作社依法依规委托中介机构代理记账,使其将经营重点及精力放在提高效益上。

（3）构建指导服务体系

现实中新型农业经营主体在农业、技术、经营等知识上的匮乏,与应然层面对这些知识把握的脱钩,易致农业生产计划不切实际、运营管理不规范等问题。《通知》指出要推动新型农业经营主体指导服务体系建设。在尊重市场规律、避免政府过度干预的前提下,充分发挥辅导员和服务中心的积极作用。同时,兼顾各地发展不平衡的问题,在坚持因地制宜的原则下,采取针对性指导服务。

（4）推进主体带头人的培育工作

全面推进乡村振兴,实现农村的三产融合,势必需要一定的人才支撑,然而人才短缺却是当前农村地区所面临的突出问题,这也将导致新型农业经营主体的现代化发展举步维艰。《通知》强调要加强对新型农业经营主体带头人的培育。首先,加强人才培训,每年培育3.5万名带头人,通过扶持计划提高带头人的素质能力,发挥带头人的辐射和示范引领作用。其次,坚持针对性、创造性地开展培育工作,分级建立人才库,加大对青年农场主的支持。最后,鼓励农民合作社的创办,引入职业经理人等现代经营管理体系,完善合作社内部治理,实现决策权与经营权分离,避免"内部人控制"问题。

（5）促进主体多元融合发展

推动新型农业经营主体多元融合发展。小农户通常以生产方式单一的分散经营为主,农业生产集约化程度低,导致市场竞争优势较弱,农户利益难以保障。为此《通知》指出要促进主体融合发展,构建利益衔接、功能互补、梯度推进的现代农业产业组织体系。首先,鼓励规模和质量的提升发展,推动家庭农场、农民合作社的建立,促进生产经营服务的统一开展;其次,在发展较为滞后的地区,充分发挥基层党组织的战斗堡垒作用,鼓励村党支部领办农民合作社;最后,鼓励建立家庭农场联盟、农民合作社联合社及产业协会、联盟等加强交流与联合,通过紧密的利益联结和组织机制,增强市场竞争力。

（6）引导农民合作办公司

农业合作社虽能取得一定规模效益,但在现代市场竞争中仍存在决策效率、融资困境以及联动合作等方面不足的问题。为此,《通知》鼓励农民合作社办公司,以适应市场竞争。首先,鼓励农民合作社根据自身需要,采取独立或合作的方式办公司,形成健全的企业化经营管理机制以解决效率、融资以及合作等方面的问题;其次,规范农民合作社所办公司的组织架构,明晰财产权责,确保合作社与公司进行独立核算,协调利益分配机制,实现运行机制市场化、经营方式自主化。最后,加强对农民合作社办公司的研究,推广先进经验,发挥示范引领作用。

（7）进一步扩大社企对接范围

进入全面推进乡村振兴的新时代,"三农"问题所面临的任务更艰巨、形势更复杂,更需要用好社企对接这一有力抓手、有效平台,促进小农户和现代农业发展有机衔接,推进乡村产业振兴。《通知》指出要扩大社企对接范围。一是促进双向合作,鼓励各类优质企业下乡,为新型农业经营主体提供信贷保险、技术服务、产销对接等服务,实现优势互补。二是推进数据资源开放共享,创新培育引导方式,提升社企对接效能。

同时,遴选社企对接重点县。在粮食主产省及大豆油料扩种地区确定一批社企对接推进的重点县。为了回应提升大豆自给率的现实需求,助力大豆油料扩种专项工作的展开,《通知》指出,要遴选150个社企对接重点县。聚焦农民合作社、家庭农场扩种大豆油料的共性需求,在产销渠道、物流仓储、品控技术、融资渠道等方面提供配套服务指导和支持。

二、我国农业合作社存在的主要问题及发展对策

近年来,我国农业合作事业发展步入了快车道,发展数量和发展质量明显提升,引领作用日益明显,在促进农民群众持续增收,保障国家粮食安全、端好中国人的饭碗,实现脱贫攻坚与乡村振兴有效衔接,加快农业农村现代化等方面发挥了积极作用。但不可忽视的是,我国农民合作社发展仍面临诸多挑战。

(一)我国农业合作社当前主要制约因素

1.规模小、辐射弱,高质量发展困难重重

从市场整体来看,首先,我国农业合作社还处于数量相对少、规模比较小、覆盖层次低的局面,使农业合作社在与其他市场主体的竞争中处于弱势地位,难以发挥应有的辐射带动作用。在实践中,出现了许多"空壳社""僵尸社"。地区发展不平衡,在经济发展比较落后的中西部地区,农业合作社的发展明显滞后于经济比较发达的东部沿海地区。

2.运作缺乏规范,体制机制亟待革新

虽然自《农民专业合作社法》颁布以来,我国农业合作社经历了多年的发展,但在运行机制和相关法律法规等方面仍面临诸多挑战。一是成立门槛低,合作社注册无资本审核、无税收、无年检,催生了大量合作社,但不少合作社成立后就无法正常运营,"一人社""空客社"问题突出;二是管理和分配制度纠纷凸显,大多数农业合作社都制订了合作社章程,设立了社员大会和监事会等机构。但在实际生产中,不少合作社流于形式,民主管理成为空谈,从不或很少召开相关会议,决策层权力太大;此外根据规定,合作社的利润分配包括初次分配(按注册资本分配)和二次分配(按交易量分配),但在实践中,大多数农民专业合作社只向成员进行一次分配,不进行二次分配,这不仅使双方难以形成利益共同点,也严重打击了农民加入合作社的积极性;三是相关法律法规不健全,如现行农村土地划定制度中,容易造成产权申报不明确,损害农民权益,引发土地征用纠纷,与此同时,农村土地流转不畅、利用率低等问题也严重限制了农业合作社的发展壮大。

3.人才流失,缺乏核心竞争力

经济落后的农村地区不可避免地形成了人才、劳动力向城市的单向流动局面,田间生产的一线人力、基础农业技术人员和经济管理人员严重短缺。目前,农村劳动力短缺问题严重,农业合作社更是存在主要管理人才知识水平较低,技术能力相对薄弱,管理人员小农意识过多,市场运作意识不强,管理技能存在偏差等问题。据统计,合作社成员的文化程度大多不高于高中水平,只有26.66%的成员具有学士及以上学历,成员年龄构成、结构不合理,成员年龄大多在40岁以上。大多数合作社的发展和运作完全基于大农户的私营产业或当

地传统的工作经验,而不是建立在市场化的人力、财力、物力的合理配置、人才选拔和执行机制上。

在现代农业日益强调产业链整合的今天,农业合作社往往只在连接原材料生产方面具有一定的优势,而在加工、流通等产业链最关键的环节普遍存在短板。首先,合作社普遍缺乏市场需求分析、营销策划等市场开拓技能,农民专业合作社大多依赖企业的营销渠道。客户、品牌等资源来自企业,不参与产业经营的核心业务。其次,农民专业合作社先天缺乏深加工、仓储、运输、配送、技术服务等关键环节,缺乏延伸产业链的能力,难以分享更多的二三产业。最后,具有独立商业活动能力的农业合作社比例较小,大多数企业主导的农民专业合作社仅起中介作用,该组织的存在只是负责协调企业和农民之间的贸易关系。

4.融资能力弱

作为一个非营利性的服务组织,合作社的资金主要来自合作社的利润、社员的股本、金融机构的贷款以及政府支持的资金。虽然政府鼓励为农业合作社提供金融支持,但出于风险控制的考虑,正规金融机构无论是信用贷款还是资产支持贷款,都对合作社这类融资对象提出了相对严格的要求,精心制定了控制程序。缺乏实体项目支持,合作社难以及时从正规金融机构获得融资,由于发展资金不足,农民专业合作社的进一步扩大和发展明显受到限制。

(二)对策及建议

1.多方合力,创新组织形式

解决农业合作社辐射力和带动力不足的问题,要扩大规模、增强实力,增强其凝聚力和对成员的吸引力。在这方面,一些地方已经积累了比较成熟的经验。例如,在浙江、湖北、山东等省,农民专业合作社之间相互合并,不仅扩大了农民专业合作社的范围,而且提高了市场竞争力,降低了运营成本。要加强对这些成功案例的宣传,打造示范点,为其他地区提供有益的借鉴。同时合作社的发展也要改变原有的趋势,一是由原来的大规模普遍支持转向对大型农民专业合作社重点支持;二是注重数量支持,鼓励农民专业合作社规模化发展;三是从单纯的财政支持、税收减免等硬件支持转向智力支持、技术培训、优化发展环境等软件支持。

其中,以党支部为主导的合作社尤其值得推广。党支部领导的合作社比普通农民组建合作社更有公信力,更能赢得农民和社会的信任。党员作为先进农村农民的代表,具有更强的领导力和执行力。党支部在农民心中具有较高的地位,对农民的行为具有较强的引导力和约束力。因此,党支部领导的合作社可以增强合作社的公信力、领导力和约束力。解决合作社不受企业和农民信任的问题,解决合作社对农民没有约束的问题,解决农民盲目生产的问题。党支部领导的合作社的另一个重要优势是可以充分利用党支部的组织力量,使农业合作社获得更多的社会支持。党支部主导的合作社组织成本低于普通农民组建合作社。将党支部的政治优势、组织优势与农业合作社的经济优势结合起来,可以降低农业合作社的集体决策成本和风险承担成本,实现合作化、有组织但不被束缚,充分激发农业合作社活力,使其有更多的发展和选择空间。这样,有了党支部的公信力、领导力和约束力,农业合作社对接市场就拥有了更多选择,可以采取"公司+合作社+农户"或"合作社+公司"的模式。

即合作社主动推动企业与农户合作,或者合作社设立公司与农户合作。

2.完善各项制度及相关法律法规

抓住合作社制度核心,创新合作社制度设置。一是严格按照《农民专业合作社章程模式》要求,抓好制度建设,提供保障。二是明确农民专业合作社内部机构职权范围,在农民专业合作社中,社员大会是最高权力机构,对最重要的事务行使决策权;董事会是管理机构,负责执行大会的决议;董事会和大会监事会由社员大会产生,对社员大会负责,同时落实民主决策机制,完善"一人一票"制度,在此可以借鉴"一人一票""一股一票"相结合的原则,实行"三分之二"规则,即会员大会讨论通过主要事项,同意票数应超过总投票权的三分之二,同时出席会员大会的人数必须超过会员总数的三分之二,以充分体现公平、公正的原则。三是规范利益分配机制。追求成员利益最大化,不仅是农民专业合作社发展的重要基础,也是吸引更多成员加入和投资的重要基础。因此,农民专业合作社必须严格执行利润分配机制,不仅对成员进行一次利润分配,而且要进行两次分配。

同时,要明确农村土地权属关系,保障农民承包地使用权,规范承包地经营权流转,建立健全与现代化相适应的农村土地权属制度。此外,要注重政治和监管体系建设,制定合作社基本法,统一和规范各类合作社的问题,用基本法指导农业合作社发展。对于特殊行业,要有针对性地制定《保险合作法》《供销合作社法》等具体法律,形成全方位、多层次的农业合作社法律法规体系。

3.内外兼修为合作社发展"补钙"

首先,要改善合作的物质技术条件,加强水利农田建设,提高农业机械化服务水平,加快技术改造和自主创新步伐,要充分利用生产要素和资源。其次,从需求出发,适应合作组织的需求,完善农业社会化服务体系,不断创新服务内容。最后,还要制定长期稳定的人力资源发展规划,考虑建立政府主导、行业团体和社会各层面广泛参与、多元投入、协作配合的人力资源开发体系。鼓励优秀农民工返乡发展合作社,创新内部用工机制,实行公开竞聘面向社会招录急需的人力资源、各类科研人员、农业技术推广人员,大学毕业生到农业合作社工作或兼职,完善合作经济人员资格制度,对从事农业工作多年的农业科技人才、大专院校毕业生给予必要的资格,建立合作经济人才资格制度,创造人才成长的组织环境。

对内,合作社的生产经营必须尊重市场发展规律。首先,改变经营管理方式,利用农业合作社集合分散的土地资源和劳动力,构建现代农业规模化生产经营模式,并在此基础上发挥产业优势,提高质量。其次,要创新产品渠道。与"先生产、后销售"的传统销售模式相比,"按订单生产"正逐渐成为主流。尊重市场发展规律定点销售、定量销售,把农产品营销和合作社发展置于市场经济体制轨道上。同时,在市场的引导下拓展了自身的销售渠道,扩大了产品业务范围,获得新的利润增长点。最后,是产业结构的调整,随着供给侧结构性改革的推进,二三产业在农业经济中的比重稳步提升,产业间的相互支撑和融合不断深化打造绿色农业产业链,调整苗木品种和种植结构,踏上全面做强的农业品牌营销之路。以有机农产品产业和网络营销平台为重点,优化产业内部结构,促进合作经济健康发展。

4.拓宽融资渠道

要解决农业合作社资金匮乏的问题,一是拓宽融资渠道,提高融资能力。农村合作金融机构,如村级金融互助小组或互助金融服务机构可以设立以农民为股东的专业合作社,为农民专业人士提供专业化金融服务。二是建立法定公积金制度。三是建立财政保障基金制度。改变对专业合作社的支持方式,比如设立基金,解决农业合作社融资难的问题,为专业合作社提供更多的资金。四是创新农村土地承包经营权制度,吸引金融机构向农业专业合作社提供贷款。为此,要提高农业合作社的借贷抵押能力,应创新农村土地出让制度,建议实现农村土地委托经营权从不抵押到允许抵押的转变。

自测题

思考题

(1)什么是农业合作社,我国的农业合作社有何特点?

(2)请简述国外典型农业合作社的发展模式。

(3)我国典型农业合作社案例中,有哪些共同点?

(4)通过本章学习,你认为我国的农业合作社未来应该如何发展?

案例题

甘肃省金昌市永昌县新城子镇农林场村位于新城子镇东北部,距镇政府驻地20公里,全村辖1个社、109户329人,现有人均耕地面积8亩,总计2 681亩,建有6万立方米蓄水池、万吨蔬菜恒温库各1座,是典型的高海拔冷凉河灌区,生产的高原蔬菜品质好、产量高、洁净、安全、无公害,是发展高原夏菜的理想之地。但是受经营模式传统单一、集体资产资源盘活难度大等影响,群众增收渠道窄、收入低,农业抗风险能力弱,村集体经济"空壳"等问题成为农林场村推动农业增效、农民增收的重要制约因素。

问题:

1.请根据本章所学内容以及案例陈述,对该地的农业合作经济制约因素进行分析。

2.请根据本章所学内容,为该地农业合作经济设计一个可行的发展模式。

第五章
农业产业化龙头企业培育发展与政策解读

【学习目标】

通过本章的学习,读者应当掌握以下内容。了解农业产业化龙头企业的定义、特点和作用;学会分析和评估农业产业化龙头企业培育发展过程中的主要问题,并会分析相应解决对策;熟悉农业产业化龙头企业培育发展的政策支持。

【导读案例】

茶陵县万樟园林有限公司:舞活龙头企业联农带农链条紧密

茶陵县万樟园林有限公司,10多年来陆续投入资金20多亿元,致力于发展名贵花卉及珍贵树种产业、油茶产业、茶叶产业、优质水果产业、旅游观光产业,建设集红旅、农旅、文旅、茶旅、康旅于一体的"红色+绿色"融合发展的综合旅游景区。在公司负责人刘祖治的带动下,当地群众纷纷以山地资源、人力入股等形式参与进来。

如今,万樟园林每年向农民支付土地流转资金400万元,安排当地农民就近就业4 000多人,支付农民劳务工资5 000余万元,务工农民年均增收1万余元。更有一些农户在刘祖治的带动下,加入万樟园林苗木专业合作社,办起了脐橙园、花卉苗木基地,自己当上了老板。

2020年5月,株洲市加强与相邻市县合作,积极推进"湘赣红"品牌宣传推介、授权认定、展示展销、专店专柜设置等工作,支持一批农产品品牌树形象、扩影响。

如今,株洲市共有36家企业获授权使用"湘赣红"区域公用品牌,主要包括茶叶、茶油、蔬菜、水果、粮食、畜牧、中药材、加工制品8个品类。株洲市还按照省"1+N"品牌建设思路,依托"湘赣红"区域公用品牌母品牌,在4个县市分别打造了1个"湘赣红+一县一特"特色农产品子品牌。

政策护航,新型农业经营主体从高原走向高峰。株洲红茶整合资源,打好文化牌,实现优势互补,在短短数年间具备了"去市场掰手腕"的实力。目前,全市累计培育农业企业4 033家、农民专业合作社7 123家、家庭农场4 751家,其中市级以上农业产业化龙头企业264家,包括2家国家级龙头企业。

资金变股金,农民变股东,农企利益链更加紧密。变"单打独斗"为"抱团取暖",从"单一生产"到"多元发展",产业新格局活力显现,打通产业振兴"任督二脉"的豪迈手笔,必将为株洲"三农"答卷增添华丽篇章。

第一节　农业产业化龙头企业相关概述与理论分析

一、农业产业化龙头企业概述

(一)基本概念

农业产业化龙头企业是一种农业企业,其主要业务涵盖农产品的生产、加工和销售。这些企业通过多种利益联结机制,如合作、合同和股份合作,与农户建立紧密的联系。这种联系有助于将农产品的生产、加工和销售有机地整合在一起,并确保企业在规模和经营方面达到一定的标准。

(二)主要特征

1.规模化经营

农业产业化龙头企业具有较大的规模,能够集中资源进行农业生产和经营管理。通过规模化经营,企业可以优化资源配置,在很大程度上实现了农业产业的规模化发展。

2.垂直整合

农业产业化龙头企业往往通过垂直整合的方式,对农产品从种植到销售等多个环节进行全产业链的管控。通过整合上下游环节,企业可以实现资源共享、降低成本、提高产品质量和品牌竞争力。

3.技术创新

农业产业化龙头企业通过引进先进的农业生产技术,在很大程度上提高了农业生产效率。企业还会投入大量研发资金,开展新品种选育、农业机械化改造等创新活动,推动农业产业的现代化发展。

4.社会责任

农业产业化龙头企业承担着社会责任,注重环境保护、资源节约和农民收入增加等方面的工作。企业会积极参与农村扶贫、农产品质量安全监管等社会事务,推动农业可持续发展。

(三)龙头企业类型

1.农产品加工企业

农产品加工企业是指对粮棉油薯、肉禽蛋奶、果蔬茶菌、水产品、林产品和特色农产品等农产品进行深加工的企业的总称。

2.农产品流通企业

农产品流通企业是指专门从农田到消费者之间进行农产品流通的企业。这些企业扮演着连接农民和消费者的重要角色,通过采购、加工、储存、运输和销售等环节,将农产品从生产地运送到各个销售终端,满足消费者对农产品的需求。

农产品流通企业的主要职责是保障农产品的品质和安全。企业会对农产品进行严格的质量检测和安全检验,确保农产品符合相关的标准和规定,以便消费者能够购买到健康、安全的农产品。

3.专业批发市场

农业产业化龙头企业专业批发市场是一个专门为农业产业化龙头企业提供批发服务的市场。这个市场的主要目标是促进农业产业化的发展,提供高质量的农产品和农业服务。该市场设有专门的批发区域,为农业产业化龙头企业提供了一个集中采购的平台。这些企业可以在这里购买大量的农产品,以满足其生产和销售的需求。同时,批发市场还提供了一系列的农业服务,如农业技术咨询、农产品质量检测等,以帮助企业提高生产效率和产品质量。此外,批发市场还提供了一系列的配套设施和服务,如物流配送、仓储服务等,以便于农产品的运输和储存。这些设施和服务的提供,能够大大提高农业产业化龙头企业的运营效率,降低其物流和仓储成本。

4.合作经济组织

合作经济组织是指由专业协会、专业合作社等合作经济组织,通过组织、管理、服务,将分散的小农户与千变万化的大市场联结起来。

(四)龙头企业的界定

1.农业产业化国家重点龙头企业的认定标准

"农业产业化国家重点龙头企业"的认定是由中华人民共和国农业农村部、中华人民共和国国家发展和改革委员会、中华人民共和国财政部、中华人民共和国国家税务总局、中华人民共和国商务部、中国人民银行、中国证券监督管理委员会、中华全国供销合作总社8个部门共同认定,并且根据全国农业产业化联席会议制定的《农业产业化国家重点龙头企业认定和运行监测管理办法》,这些企业经过申报、各地推荐、专家评审、部门审核、媒体公示等环节,达到标准,最终授权。主要认定标准有以下几个。

(1)企业组织形式

依法设立的以农产品生产、加工或流通为主业、具有独立法人资格的企业。包括依照《公司法》设立的公司,其他形式的国有、集体、私营企业以及中外合资经营、中外合作经营、外商独资企业,直接在工商行政管理部门注册登记的农产品专业批发市场等。

(2)企业经营的产品

农业产业化企业中的农产品生产、加工、流通的销售收入占总销售收入的70%以上。

(3)加工、流通企业规模

我国不同地区加工、流通企业规模见表5.1。

表 5.1　我国不同地区加工、流通企业规模

—	东部地区	中部地区	西部地区
总资产规模	1.5 亿元以上	1 亿元以上	5 000 万元以上
固定资产规模	5 000 万元以上	3 000 万元以上	2 000 万元以上
年销售收入	2 亿元以上	1.3 亿元以上	6 000 万元以上

（4）农产品专业批发市场年交易规模

东部地区的交易规模达到 15 亿元以上，中部地区的交易规模达到 10 亿元以上，西部地区的交易规模达到 8 亿元以上。

（5）企业效益

农业产业化总资产负债率应高于现行一年期限的银行贷款基准利率；企业不应拖欠工资、不拖欠社会保险金，不拖欠折旧，无重大涉税违法行为，产销率能够达到 93% 以上。

（6）企业负债与信用

农业产业化企业的资产负债率一般应低于 60%；若企业有银行贷款，则企业近两年内不得有不良信用记录。

（7）企业带动能力

农业产业化龙头企业通过建立合同、合作、股份合作等利益联结方式带动农户的数量一般应当达到：东部地区 4 000 户以上，中部地区 3 500 户以上，西部地区 1 500 以上。

企业在从事生产、加工、流通的过程中，通过合同、合作、股份合作的形式从农民、合作社或者自建基地直接采购等方式采购的原料以及购进的货物占所需原料量或者所销售的货物量的 70% 以上。

（8）企业产品竞争力

在同行业中企业的产品质量、产品科技含量、新产品开发能力处于领先水平，企业有注册商标和品牌。产品符合国家产业政策、环保政策和绿色发展要求，并获得相关质量管理标准体系认证，企业近两年内没有发生产品质量安全事件。

（9）申报企业原则

原则上是农业产业化省级重点龙头企业。

（10）可申请企业

符合第 1、2、3、5、6、7、8、9 条要求的生产、加工、流通企业可以申报作为国家重点龙头企业。

符合第 1、2、4、5、6、8、9 条要求的农产品专业批发市场可以申报作为国家重点龙头企业。

符合第 1、2、6、8、9 条要求，以及第 5 条中"企业诚信守法经营，应按时发放工资、按时缴纳社会保险、按月计提固定资产折旧，无重大涉税违法行为，产销率达 93% 以上"要求的；且企业成立 3 年以上，年销售收入 10 亿元以上，以互联网方式销售农产品收入占农产品销售收入之比达到 60% 以上，从农民、新型农业经营主体、自建基地或省级以上一村一品示范村镇直接采购的农产品占所销售农产品总量的比例达到 50% 以上，带动农户数量 3 500 户以

上农产品电商企业。

具有自主知识产权、科技创新能力强、资源优势明显、产业增值效益大、自觉履行社会责任并紧密带动农户的农业企业。

促进农村一二三产业融合发展、推进农业供给侧结构性改革、参与乡村振兴以及发展农业产业化联合体、创建农业产业化示范基地的农业企业。

为保证国家重点龙头企业的质量和水平,八个部门组成的全国农业产业化联席对国家重点龙头企业实行动态管理,建立竞争淘汰机制,做到有出有进、等额递补,并且每两年对企业进行一次动态监测评估。对主营业务脱离农业、带动能力不足、产品质量出现重大问题等不合格的农业产业化企业,取消其国家重点龙头企业的资格。

2.省级龙头企业认定标准——以湖南省为例

(1)组织形式

依法设立的以农产品加工、流通为主业,具有独立法人资格的企业。包括依照《公司法》设立的公司,其他形式的国有、集体、私营企业以及中外合资经营、中外合作经营、外商独资企业,以及直接在工商行政管理部门登记开办的农产品专业批发市场等。

(2)经营产品

企业从事农产品加工、流通的增加值占总增加值的70%以上。

(3)经营规模

加工、流通企业年销售收入7 000万元以上,注册资金500万元以上,总资产5 000万元以上,固定资产2 000万元以上;农产品专业批发市场年交易额8亿元以上,注册资金2 000万元以上,总资产1亿元以上,固定资产5 000万元以上。

(4)经济效益

企业的总资产报酬率应高于同期银行贷款利率;企业应不欠税、不欠工资、不欠社会保障金、不欠折旧、不亏损。

(5)负债与费用

企业的资产负债率低于60%,企业银行信用等级在A级以上。

(6)带动能力

企业应具有与其生产规模相当的生产基地,通过建立可靠的、稳定的利益联结机制带动农户3 000户以上。餐饮企业吸纳农村劳动力占职工人数50%以上,原辅材料60%源自湖南本省。

(7)产品竞争力

在省内同行业企业竞争中,产品质量、产品科技含量、新产品开发能力居于领先水平,主营产品符合我省产业政策、环保政策和质量管理标准体系。

(8)其他

对农产品专业批发市场,上述6、7条不做要求。

二、农业产业化龙头企业发展的理论分析

(一)农业产业化龙头企业的产生原因及作用

1.产生原因

(1)土地分散,无法形成规模经济

我国的农业生产较为分散,在一定程度上不利于规模经济的形成。从另一个角度来说,传统的经营方式限制了土地使用权的流转和集中,不利于农户进行规模经营。

(2)传统生产技术落后,农产品质量要求提高

以家庭为单位的传统农业生产技术落后,生产结构较为单一,产业链较短,农产品质量达不到所要求的质量。

(3)信息资源匮乏,传统农业生产具有盲目性

由于信息资源匮乏和存在严重的信息不对称的情况,农民无法及时把握市场需求变化,农业生产具有盲目性,在一定程度上会导致市场供需结构不平衡。

2.农业产业化龙头企业作用

(1)产生规模经济效益

农业产业化龙头企业具有基础设施、产业服务、资源供应和市场信息等方面的集聚优势,进行一定规模的养殖或生产,开展多种形式的适度规模经营,可以降低生产成本,产生外部经济效益,带动农业生产规模化发展,提升农业机械化水平。

(2)促进技术上的进步

龙头企业利用自身有利条件,不断地进行技术创新,通过这种技术创新,农业产业化龙头企业关注客户的需求与对产品的体验感,通过积极开发旅游业、数字农业、休闲农业等多种农业模式,推进农产品市场和加工业、旅游业市场的对接,提升了企业农产品的附加值,促进了农产品产业链升级,提高农户收入。

(3)促进农村剩余劳动力的转移

农业产业化企业直接参与农业产业化的生产经营,促进农业产业链条的延伸,促进了新兴的产业链条的形成,增加了农村就业岗位。在很大程度上解决了农村剩余劳动力问题,促进农村劳动力向农村工业、城镇化以及服务业进行转移,促进企业间、城乡间生产要素的有序合理配置,从而加速了城乡一体化的进程,极大程度地促进了农村二三产业的发展。

(二)龙头企业与农户的利益联结机制

1.利益关系

龙头企业与农户的利益关系是农业供应链中的一个重要环节。龙头企业通常是在农业产业链中具有较大规模和较强实力的企业,他们在农产品种植、养殖、加工、销售等环节中起着主导作用。

一方面,龙头企业与农户的合作可以为农户提供稳定的销售渠道和市场。由于龙头企

业在市场中具有较大的份额和影响力,农户通过与龙头企业合作,可以获得更好的销售渠道和更高的市场价格。这对于农户来说是非常重要的,可以保障他们的收入和生计。另一方面,龙头企业可以通过与农户合作,稳定农产品的供应和质量。龙头企业通常会与农户签订长期合作协议,要求用户按照市场需求进行生产,确保产品的品质和供应的稳定性。这对于龙头企业来说也是非常重要的,可以保证他们能够满足市场需求,提升企业的竞争力。

在龙头企业与农户的利益关系中,双方的合作是基于互利互惠的原则。龙头企业通过提供技术指导、农资支持、市场渠道等方面的帮助,提升了农户的生产效益和收入水平。农户也会获得更好的销售渠道,并且在一定程度上增加了销售收入。

尽管龙头企业与农户的合作对双方都有利,但也存在一些潜在的问题。比如,龙头企业的市场支配地位可能会导致对农户的价格压榨,或者对农户要求过高,增加了农户的经营风险。因此,建立公平、透明的合作机制,加强政府监管,保护农户的权益是非常重要的。

2.利益联结机制

(1)买断式利益联结机制

买断式利益联结机制是指龙头企业对农产品进行一次性收购,双方不签订收购合同,价格随行就市。这在一定程度上解决了农产品"卖难"的问题,促进了农产品的生产,也使农民能够保持稳定收入。

(2)合同式利益联结机制

合同式利益联结机制是一种契约关系,通常是指参与农业产业化经营的龙头企业与农户之间按照签订的合同来承担各自的权责利。合同主要包括购销关系、技术指导关系、返利关系。在一定程度上可以降低农业生产和经营的不确定性,降低用于搜寻市场信息的费用。

(3)股份合作式利益联结机制

股份合作式利益联结机制是农民以资金、土地、设备、技术等要素入股,在龙头企业中拥有股份,并且参与经营管理和监督,双方签订合同明确农户提供农产品的数量、质量、价格以及股利分配办法,如图 5.1 所示。

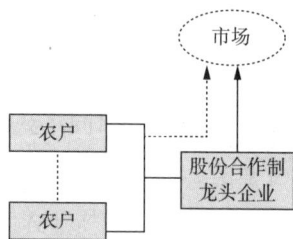

图 5.1　股份合作式利益联结机制图

(三)龙头企业发展的相关理论

1.农业产业化龙头企业基础理论

(1)分工理论

分工理论最早由亚当·斯密提出,他认为通过分工,每个人可以专注于自己擅长的工作,提高生产效率。分工理论强调了组织内部合作和协调的重要性。在一个组织中,不同的岗位和角色需要相互配合和协作,才能实现整体目标。例如,在一个企业中,销售部门需要与生产部门密切合作,及时了解市场需求并调整生产计划,以确保产品能够及时交付给客户。

（2）分工、专业化-龙头企业产生的经济基础

根据杨小凯的"消费-生产者"模型:假设有四个人 A1、A2、A3、A4 以及四种产品 1、2、3、4;从 A 到 B 再到 C,表示从自给自足到局部分工,再到完全分工的演进过程。该消费模型认为分工的加深和专业化水平的提升是相辅相成的。农业产业化龙头企业会从专业化水平提升过程中内生出来,如图 5.2 所示。

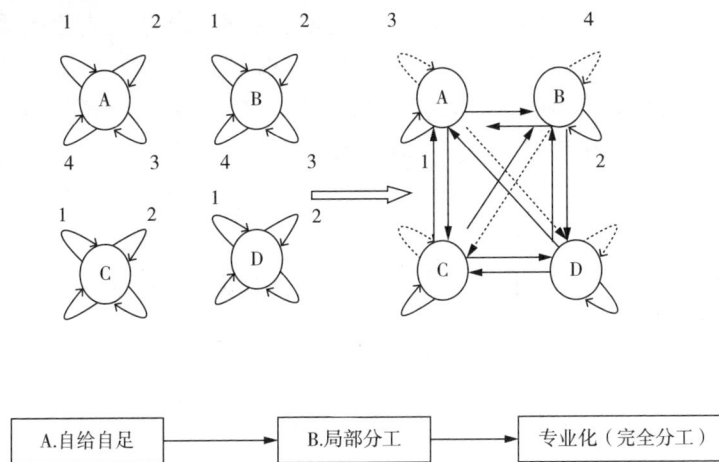

图 5.2　分工与专业化的演化次序示意图

（3）交易成本理论

交易成本理论的核心论点在于解释企业的本质。由于经济体系中企业的专业分工与市场价格机制的运作,产生了专业分工的现象。然而,利用市场价格机制进行交易常常伴随着相对较高的成本。因此,企业机制的出现可以被视为人类为追求经济效率而形成的一种组织体制。

2.农业产业化龙头企业的契约制度

（1）古典契约理论

古典契约理论是指企业在市场进行竞争时,个别农产品收购的交易行为或者农户进行农产品随机市场交易的行为。古典契约理论的特点在于该行为通常不受任何外来力量的影响,是个别的、不连续的,具有即时性。

（2）新古典契约理论

新古典契约理论与新古典经济学理论密切相关,其主要内容是揭示市场运行机制。这一理论在边际革命的影响下崭露头角,提出了理想化的竞争理论模型,认为市场能够持续达到均衡状态。同时,新古典契约理论的出现也引发了契约理论的重新审视,强调了契约的持续性,认为随着外部环境的变化,交易双方可以根据新情况重新调整契约内容。

该理论强调了市场中信息不完全和不确定性的重要性,以及人们如何在这种环境下建立和调整契约关系,以适应市场变化。

瓦尔拉斯的卖者喊价模型是西方经济学中的一个思想试验。根据这个故事,瓦尔拉斯是一位拍卖者,通过拍卖的方式喊出商品的价格。在这个过程中,来自台下的"买者"和"卖者"分别向他报出购买或出售的数量。当买方需求超过卖方供应时,竞拍价格上升,导致购买量减少和销售量增加,人们将再次报出新的购买或销售数量。反之,如果卖方供应超过买方需求,竞拍价格下降,导致购买量增加和销售量减少,人们也会再次报出新的购买或销售数量。几轮之后,当买卖双方的数量相等时,意味着在某个价格水平上达到了市场均衡。这种情况下,每种商品都实现了供需平衡,这就是所谓的"一般均衡"。

然而,令经济学家们意外的是,这一理论模型同时也强调了另一个结论:要实现市场均衡,信息必须是完全充分的。在某种程度上说,瓦尔拉斯的拍卖者具有上帝视角,他是全知全能的,不需要薪水,人们从他那里获取价格信息时,不需要支付费用,也不会花费时间,还不会存在信息欺诈的情况。因此,在早期经济学家的理念中,没有考虑信息的使用费用,他们认为市场经济可以自动配置资源,实现均衡,而不需要考虑成本。

第二节　农业产业化龙头企业的发展现状

一、历年农业产业化国家重点龙头企业列示

(一)第一批农业产业化国家重点龙头企业

北京顺鑫农业股份有限公司	北京市丰台区新发地农副产品批发市场	寿光市蔬菜批发市场有限责任公司
北京三元食品有限公司	北京资源亚太饲料科技有限公司	得利斯集团公司
中国蓝田总公司	中国水产(集团)总公司	东中鲁果汁有限公司
中法合营王朝葡萄酿酒有限公司	天津北方生猪批发交易市场	山东凤祥集团总公司
石家庄三鹿乳业集团	冀东果菜批发市场	潍坊乐港食品有限公司
河北保定龙飞集团有限公司	衡水京安集团有限公司	山东九发食用菌股份有限公司
露露集团有限责任公司	三河五丰福成食品有限公司	河南省漯河市双汇实业集团有限责任公司
山西陈醋集团股份有限公司	山西穗穗甜玉米(集团)有限公司	河南华英禽业集团股份有限公司
山西省新绛县蔬菜批发市场	山西古城乳业集团有限公司	河南众品食业股份有限公司
内蒙古草原兴发股份有限公司	内蒙古伊利实业集团股份有限公司	湖北龙发集团公司
包头懋菲蒙奶业股份有限公司	内蒙古奈伦集团公司	湖北健康(集团)股份有限公司

辽宁东亚种子集团公司	北方绿色食品股份有限公司	湖北天荣现代农业股份有限公司
沈阳隆迪高科技粮食制品股份有限公司	锦州华顺企业公司	湖南湘大集团有限公司
大连础明实业发展公司	大连华农集团有限责任公司	湖南省棉麻总公司
吉林省德大有限公司	长春大成实业集团有限公司	湖南正虹饲料股份有限公司
长春新月实业有限公司	柳河华龙实业有限公司	湘潭市先锋企业集团公司
吉林省长春皓月清真肉业股份有限公司	黑龙江省大庆市吉泰实业集团有限公司	深圳市农产品股份有限公司
齐齐哈尔天鹅食品有限责任公司	绿都集团	广东省农科集团
哈尔滨金星乳业集团公司	黑龙江天菊集团	顺德市陈村花卉世界有限公司
克山金鼎亚麻纺织有限责任公司	黑龙江金玉集团有限公司	广西黑五类食品集团有限责任公司
黑龙江省完达山企业集团乳品有限公司	黑龙江省九三油脂有限责任公司	海南诚利集团有限公司
上海光明乳业有限公司	上海新成食品有限公司	重庆嘉顿实业股份有限公司
上海孙桥现代农业联合发展有限公司	南京奶业(集团)公司	重庆海浪科技实业(集团)有限公司
南京雨润肉食品有限公司	海门市京海肉鸡集团公司	重庆荣达农业发展有限责任公司
江苏海安茧丝绸集团股份有限公司	江苏高邮鸭集团	四川际天时股份有限公司
江苏金田集团	杭州灯塔养殖总场	四川永丰纸业股份有限公司
横店集团草业有限公司	浙江海通食品集团有限公司	四川光友薯业有限公司
浙江新昌丰岛物产有限公司	舟山水产品中心批发市场有限责任公司	遵义天阳食品有限公司
温州虹丰粮油集团公司	温州安达集团有限公司	贵阳众诚农村资源开发有限公司
浙江欧诗漫集团公司	黄山山华集团	云南邓川蝶泉乳品有限责任公司
芜湖金田集团有限公司	安徽芜湖东源集团有限公司	云南金泰得制药总公司
合肥丰乐种业股份有限公司	安徽霞珍集团	咸阳富安果汁有限公司
安徽省庆发湖工艺品有限公司	福建锦溪集团有限公司	宝鸡惠民乳品公司
福建省安溪茶厂	福建省晋江福源食品有限公司	甘肃荣华实业(集团)股份有限公司
泉州华洲水产市场联合发展公司	福建三华股份有限公司	甘肃农垦啤酒股份有限公司
厦门如意食品有限公司	江西昌顺(集团)有限公司	夏进乳品饮料有限公司
飞环酒业股份有限公司	江西德宇集团	新疆库尔勒香梨股份有限公司
江西苎麻纺织集团有限公司	山东诸城市对外贸易集团公司	新疆天康技术发展公司

（二）第二批农业产业化国家重点龙头企业

北京顺鑫农业股份有限公司	北京市丰台区新发地农副产品批发市场	寿光市蔬菜批发市场有限责任公司
北京三元食品有限公司	北京资源亚太饲料科技有限公司	得利斯集团公司
中国蓝田总公司	中国水产（集团）总公司	东中鲁果汁有限公司
中法合营王朝葡萄酿酒有限公司	天津北方生猪批发交易市场	山东凤祥集团总公司
石家庄三鹿乳业集团	冀东果菜批发市场	潍坊乐港食品有限公司
河北保定龙飞集团有限公司	衡水京安集团有限公司	山东九发食用菌股份有限公司
露露集团有限责任公司	三河五丰福成食品有限公司	河南省漯河市双汇实业集团有限责任公司
山西陈醋集团股份有限公司	山西穗穗甜玉米（集团）有限公司	河南华英禽业集团股份有限公司
山西省新绛县蔬菜批发市场	山西古城乳业集团有限公司	河南众品食业股份有限公司
内蒙古草原兴发股份有限公司	内蒙古伊利实业集团股份有限公司	湖北龙发集团公司
包头懋菲蒙奶业股份有限公司	内蒙古奈伦集团公司	湖北健康（集团）股份有限公司
辽宁东亚种子集团公司	北方绿色食品股份有限公司	湖北天荣现代农业股份有限公司
沈阳隆迪高科技粮食制品股份有限公司	锦州华顺企业公司	湖南湘大集团有限公司
北京汇源饮料食品集团有限公司	北京御香苑畜牧有限公司	湖北天种畜牧股份有限公司
北京锦绣大地农业股份有限公司	北京华都集团有限责任公司	湖北天颐科技股份有限公司
北京大发正大有限公司	北京大北农饲料科技有限责任公司	湖北全鑫工贸股份有限公司
北京八里桥农产品中心批发市场有限公司	天津挂月集团有限公司	中商湖北麻城农业开发有限公司
天津科润农业科技股份有限公司	康地万达（天津）有限公司	袁隆平农业高科技股份有限公司
天津海河乳业有限公司	天津市金钟农副产品有限公司	湖南洞庭水殖股份有限公司
河北裕丰实业股份有限公司	三河汇福粮油食品制作有限公司	湖南油中王实业股份有限公司
河北华龙食品集团有限公司	唐山天申贸易企业（集团）公司	长沙红星农副产品大市场
秦皇岛骊骅淀粉股份有限公司	秦皇岛正大有限公司	湖南新五丰股份有限公司
中国长城葡萄酒有限公司	邯郸市（馆陶）金凤禽蛋农贸批发市场	广东民昌果业有限公司
山西屯玉种业科技股份有限公司	山西恒康乳业科技股份有限公司	广州从玉菜业发展有限公司
山西粟海集团有限公司	山西忠民集团有限公司	潮州市华海集团有限公司
太原六味斋实业有限公司	内蒙古金河实业集团有限公司	广东康辉集团有限公司

包头华资实业股份有限公司	内蒙古蒙牛乳业股份有限公司	广州花卉博览园有限公司
内蒙古盘古集团有限责任公司	内蒙古塞飞亚集团有限责任公司	广西美通食品有限公司
内蒙古鹿王羊绒(集团)公司	内蒙古呱呱叫实业(集团)有限公司	贵港扬翔饲料有限公司
内蒙古科尔沁牛业股份有限公司	沈阳副食集团公司	海南神农大丰种业科技股份有限公司
辽宁鲁冰花集团有限公司	辽宁省大连海洋渔业集团公司	海南裕泰科技饲料有限公司
辽宁亚洲红企业集团	辽宁富虹油品集团有限公司	重庆市涪陵榨菜(集团)有限公司
营口大正(集团)有限公司	吉林省吉发实业集团有限公司	重庆市天友乳业有限公司
通化葡萄酒股份有限公司	吉林敖东药业集团股份有限公司	重庆大正畜牧科技有限公司
吉林吉农高新技术发展股份有限公司	吉林华正农牧业开发股份有限公司	重庆市开县星星建材有限责任公司
长春苗苗豆乳(集团)有限公司	吉林天景食品有限公司	四川新希望集团有限公司
黄龙食品工业有限公司	吉林粮食集团有限公司	四川迪康产业控股集团股份有限公司
黑龙江农垦九三制粉有限公司	黑龙江省北大荒米业有限公司	四川峨眉山竹叶青茶业有限公司
哈慈望奎绿色实业有限公司	大庆市银螺乳业有限公司	绵阳市游仙茧丝绸有限公司
黑龙江省穆棱富邦集团有限公司	黑龙江红星集团股份有限公司	四川禾嘉股份有限公司
黑龙江省桦南白瓜籽集团公司	黑龙江省金秋企业集团有限责任公司	四川隆生集团有限公司
黑龙江龙凤玉米开发有限公司	黑龙江华润酒精有限公司	领先食品股份有限公司
牡丹江绿特食品批发市场有限公司	上海高榕食品有限公司	贵州贵宝(集团)股份有限公司
上海海丰米业有限公司	上海曹安菜篮子股份有限公司	贵阳三联乳业有限公司
上海农工商超市有限公司	南京老山药业股份有限公司	昆明雪兰牛奶有限责任公司
江苏宝宝集团公司	江苏恒顺醋业股份有限公司	云南龙城农产品经营股份有限公司
江苏玖久丝绸股份有限公司	江苏富安茧丝绸股份有限公司	陕西海升果业发展股份有限公司
江苏民康油脂有限公司	江苏晨风集团股份有限公司	西安银桥股份有限公司
徐州维维食品饮料股份有限公司	江苏荷仙食品集团	陕西恒兴果汁饮料有限公司
无锡朝阳股份有限公司	浙江金大地生物工程股份有限公司	兰州好为尔生物科技股份有限公司
浙江花神丝绸(集团)公司	浙江黄岩罐头食品厂	甘肃省敦煌种业股份有限公司

（三）第三批农业产业化国家重点龙头企业

北京天惠药业股份有限公司	北京市水产总公司	安徽济人药业有限公司
北京方圆平安食品开发有限公司	北京市华都峪口禽业有限责任公司	森宝（龙岩）实业有限公司
中地种业有限公司	天津市宁河原种猪场	福州百洋海味食品有限公司
天津中敖畜牧集团有限公司	天津市水产供销有限公司	宁德市南阳实业有限公司
河北明慧养猪集团有限公司	河北怡达食品集团有限公司	江西赣南果业股份有限公司
河北五得利面粉集团有限公司	石家庄华牧牧业有限责任公司	江西省德兴市百勤异 VC 纳有限公司
遵化栗源食品有限公司	河北省冀州市华林板业有限责任公司	江西国鸿实业有限公司
河北中旺食品集团有限公司	河北梅花味精集团有限公司	济南佳宝乳业有限公司
山西宏明养殖有限公司	芮城县丰润实业有限公司	山东益生种畜禽有限公司
山西厦普赛尔食品饮料股份有限公司	山西天元种业有限公司	山东昱合食品集团有限公司
北京鹭峰科技开发股份有限公司	内蒙古鄂尔多斯羊绒集团有限责任公司	山东德州扒鸡集团有限公司
内蒙古亿利科技实业股份有限公司	维信（临河）羊绒实业有限公司	山东银香伟业集团有限公司
扎兰屯淳江油脂有限责任公司	呼和浩特市东瓦窑农副产品批发市场有限责任公司	山东东方海洋科技股份有限公司
内蒙古海德实业集团有限公司	辽宁禾丰牧业股份有限公司	商丘市福源食品有限公司
东港黄海大市场有限公司	辽宁东亚种业有限公司	河南大用实业有限公司
沈阳乳业有限责任公司	辽宁金实集团有限公司	新乡市长远实业集团绿色食品发展有限公司
海城市富有植物油厂	沈阳华美畜禽有限公司	河南省宛西制药股份有限公司
四平红嘴农业高新技术开发有限公司	吉林江山实业集团有限公司	河南斯美特食品有限公司
吉林省乳业集团广泽有限公司	吉林省西洋参集团有限公司	湖北日月油脂股份有限公司
吉林省吉禾豆品科技开发集团有限公司	吉林紫鑫药业股份有限公司	武汉小蜜蜂食品有限公司
黑龙江富华集团总公司	黑龙江成福食品集团有限公司	湖北金华麦面集团有限公司
七台河市大自然油脂有限公司	哈尔滨大众肉联集团有限公司	湖北汈汊湖绿色水产股份有限公司
佳木斯希波集团有限公司	黑龙江北大荒麦芽有限公司	湖南省茶叶总公司

上海大山合集团有限公司	上海瀛生实业有限公司	湖南省怀其皮革集团制革有限公司
上海鲜花港企业发展有限公司	上海市都市农商社股份有限公司	湖南资兴东江鱼集团有限公司
江苏凌家塘农副产品批发市场	江苏三零面粉集团公司	湖南临武舜华鸭业发展有限责任公司
江苏梁丰食品集团有限公司	江苏大宏纺织集团有限公司	东进农牧(惠东)有限公司
江苏海隆国际贸易有限公司	江苏兴云毛绒集团有限公司	广东省中山食品水产进出口集团有限公司
徐州中天棉业集团有限公司	大亚科技集团有限公司	汕头市粮丰集团有限公司
江苏长寿集团	无锡天鹏集团公司	广东燕塘乳业有限公司
江苏银都集团有限公司	江苏野生植物科技产业有限公司	广西梧州松脂股份有限公司
浙江新市油脂股份有限公司	浙江李子园牛奶食品有限公司	北海洪恩水产有限公司
浙江江山恒亮蜂产品有限公司	农夫山泉股份有限公司	广西农垦糖业集团有限公司
浙江中大新迪进出口有限公司	浙江省农村发展投资集团公司	椰树集团有限公司
浙江千足珍珠股份有限公司	浙江省茶叶进出口有限公司	海南农垦电子商务交易中心
浙江爱斯曼食品有限公司	安徽益益乳业有限公司	重庆金凤丝绸有限公司
安徽太阳禽业有限公司	安徽省临泉山羊集团公司	重庆市钱江食品有限责任公司
合肥华泰食品有限责任公司	蚌埠市花园油脂有限责任公司	四川省资阳市四海发展实业有限公司
哈慈望奎绿色实业有限公司	大庆市银螺乳业有限公司	绵阳市游仙茧丝绸有限公司
黑龙江省穆棱富邦集团有限公司	黑龙江红星集团股份有限公司	四川禾嘉股份有限公司
黑龙江省桦南白瓜籽集团公司	黑龙江省金秋企业集团有限责任公司	四川隆生集团有限公司
黑龙江龙凤玉米开发有限公司	黑龙江华润酒精有限公司	领先食品股份有限公司
牡丹江绿特食品批发市场有限公司	上海高榕食品有限公司	贵州贵宝(集团)股份有限公司
上海海丰米业有限公司	上海曹安菜篮子股份有限公司	贵阳三联乳业有限公司
上海农工商超市有限公司	南京老山药业股份有限公司	昆明雪兰牛奶有限责任公司
江苏宝宝集团公司	江苏恒顺醋业股份有限公司	云南龙城农产品经营股份有限公司
江苏玖久丝绸股份有限公司	江苏富安茧丝绸股份有限公司	陕西海升果业发展有限公司
江苏民康油脂有限公司	江苏晨风集团股份有限公司	西安银桥股份有限公司
徐州维维食品饮料股份有限公司	江苏荷仙食品集团	陕西恒兴果汁饮料有限公司
无锡朝阳股份有限公司	浙江金大地生物工程股份有限公司	兰州好为尔生物科技股份有限公司
浙江花神丝绸(集团)公司	浙江黄岩罐头食品厂	甘肃省敦煌种业股份有限公司

（四）第四批农业产业化国家重点龙头企业

北京金色农华种业科技有限公司	北京红螺食品有限公司	庆安鑫利达米业有限公司
北京三元集团有限责任公司	北京牧洋园生物科技有限公司	黑龙江北大荒马铃薯产业有限公司
北京二商集团有限责任公司	北京卓宸畜牧有限公司	万向德农股份有限公司
天津利金粮油股份有限公司	天津梦得集团有限公司	上海科立特农科（集团）有限公司
天津津河乳业有限公司	天津完达山乳品有限公司	上海五丰上食食品有限公司
小洋人生物乳业集团有限公司	河北天露糖业有限公司	徐州黎明食品有限公司
河北东方绿树食品有限公司	河北顶大食品集团有限公司	江苏省食品集团有限公司
河北省晋州市长城经贸有限公司	河北美客多食品集团有限公司	常州市武进夏溪花木市场发展有限公司
河北华裕家禽育种有限公司	药都制药集团股份有限公司	江苏九寿堂生物制品有限公司
承德避暑山庄企业集团有限责任公司	河北国宾食品有限公司	淮安天参农牧水产有限公司
河间市国欣农村技术服务总会	山西省平遥牛肉集团有限公司	江苏阳光生态农林开发有限公司
山西威特食品有限公司	山西汇福科技发展有限公司	丹阳市正大油脂有限公司
山西省平遥县龙海实业有限公司	山西维之王食品有限公司	浙江省粮油食品进出口股份有限公司
山西旭美薯业有限公司	山西世龙食品有限公司	淳安县茧丝绸总公司
山西嘉利科技股份有限公司	太原市河西农产品有限公司	温州菜篮子集团有限公司
内蒙古小尾羊餐饮连锁有限公司	内蒙古恒丰食品工业（集团）股份有限公司	浙江中维丝绸集团有限公司
内蒙古汉昇葡萄酒业有限公司	内蒙古清谷新禾有机食品有限责任公司	舟山兴业有限公司
内蒙古东达蒙古王集团有限公司	内蒙古食全食美股份有限公司	浙江中味酿造有限公司
内蒙古东方万旗肉牛产业有限公司	内蒙古蒙佳粮油工业集团有限公司	武义县更香有机茶业开发有限公司
内蒙古草原万旗畜牧饲料有限公司	锡林郭勒乌珠穆沁羊业有限责任公司	安徽新锦丰企业投资集团有限公司
通辽市维尔肉鸡有限责任公司	营口富达果菜保鲜有限公司	合肥金润米业有限公司
阜新市美中鹅业工贸有限责任公司	辽宁优格生物科技股份有限公司	安徽五星养殖（集团）有限责任公司
辽宁博丰集团	大连玉璘海洋珍品股份有限公司	明光市永言水产（集团）有限公司

大连龙城食品集团有限公司	大连理想食品有限公司	马鞍山市黄池食品(集团)有限公司
鲁洲生物科技(辽宁)有限公司	北镇市五峰米业加工有限公司	安徽华卫集团禽业有限公司
开原市赢德肉禽有限责任公司	北票市宏发食品有限公司	福建省厨师食品集团有限公司
大连壹桥企业集团有限公司	沈阳蒲兴禽业集团有限公司	福建腾新食品股份有限公司
吉林裕丰米业股份有限公司	吉林省禾丰米业有限责任公司	森美(福建)食品有限公司
洮南市北方金塔实业有限责任公司	罗赛洛(大安)明胶有限公司	莆田市东南香米业发展有限公司
吉林卓越实业股份有限公司	吉林省阿满食品有限公司	星愿(中国)茶业有限公司
东北虎药业股份有限公司	辽源市迪康药业有限责任公司	福建省永安林业(集团)股份有限公司
延边朝鲜族自治州畜牧开发总公司	通化万通药业股份有限公司	江西远泉实业集团有限公司
天成玉米开发有限公司	梅河口市阜康酒精有限责任公司	中粮(江西)米业有限公司
吉林福源馆食品集团有限责任公司	黑龙江金泉粮油贸易集团有限公司	仁和(集团)发展有限公司
长春大明辐照灭菌(集团)	环宇集团黑龙江格林粮食开发有限公司	双胞胎集团
黑龙江泰丰粮油食品有限公司	黑龙江大森林食品集团有限公司	罗宾有限公司
齐齐哈尔市永裕肉禽有限责任公司	黑龙江省兴汇粮食加工有限公司	萍乡市安源春蕾农副产品发展有限公司
海伦市东源制油厂	肇东大庄园肉业有限公司	山东莱阳春雪食品有限公司
哈慈望奎绿色实业有限公司	大庆市银螺乳业有限公司	绵阳市游仙茧丝绸有限公司
黑龙江省穆棱富邦集团有限公司	黑龙江红星集团股份有限公司	四川禾嘉股份有限公司
黑龙江省桦南白瓜籽集团公司	黑龙江省金秋企业集团有限责任公司	四川隆生集团有限公司
黑龙江龙凤玉米开发有限公司	黑龙江华润酒精有限公司	领先食品股份有限公司
牡丹江绿特食品批发市场有限公司	上海高榕食品有限公司	贵州贵宝(集团)股份有限公司
上海海丰米业有限公司	上海曹安菜篮子股份有限公司	贵阳三联乳业有限公司
上海农工商超市有限公司	南京老山药业股份有限公司	昆明雪兰牛奶有限责任公司
江苏宝宝集团公司	江苏恒顺醋业股份有限公司	云南龙城农产品经营股份有限公司
江苏玖久丝绸股份有限公司	江苏富安茧丝绸股份有限公司	陕西海升果业发展股份有限公司
江苏民康油脂有限公司	江苏晨风集团股份有限公司	西安银桥股份有限公司

续表

徐州维维食品饮料股份有限公司	江苏荷仙食品集团	陕西恒兴果汁饮料有限公司
无锡朝阳股份有限公司	浙江金大地生物工程股份有限公司	兰州好为尔生物科技股份有限公司
浙江花神丝绸(集团)公司	浙江黄岩罐头食品厂	甘肃省敦煌种业股份有限公司

(五)第五批农业产业化国家重点龙头企业

北京御食园食品股份有限公司	北京粮食集团有限责任公司	黑龙江盛昌农产品加工有限公司
金果园老农(北京)食品有限公司	北京中地种畜有限公司	黑龙江翔宇实业有限责任公司
北京旗舰食品集团有限公司	北京市恒慧通肉类食品有限公司	哈尔滨高泰食品有限责任公司
北京千喜鹤食品有限公司	天津市傲绿农副产品集团有限公司	黑龙江北大仓集团有限公司
天津市红旗农贸综合批发市场有限公司	天津市月坛学生营养餐配送有限公司	海林市北味天然食品有限公司
天津市富贵食品有限公司	天津市宝坻区粮食购销有限公司	肇源县文国冷冻食品有限公司
石家庄君乐宝乳业有限公司	中兴农牧有限责任公司	上海正义园艺有限公司
河北仓盛兴粮油工贸有限公司	河北宏润新型面料有限公司	上海元盛食品有限公司
张家口弘基农业科技开发有限责任公司	唐山金路通商贸有限公司	上海牛奶(集团)有限公司
中粮华夏长城葡萄酒有限公司	廊坊占祥粮油食品有限公司	江苏省淮安新丰面粉有限公司
河北省景县津龙良种猪养殖有限公司	玉锋实业集团有限公司	江苏悦达农业发展有限公司
河北栗源食品有限公司	河北兴龙粮食生化有限公司	江苏中东集团有限公司
河北万雉园农牧科技有限公司	河北兴达饲料集团有限公司	南京远望富硒农产品有限责任公司
山西紫林食品有限公司	山西华晟果蔬饮品有限公司	江苏省粮油食品进出口集团股份有限公司
山西天鹏农牧有限公司	山西瑞盛种植有限公司	沭阳县苏北花卉有限公司
山西太谷通宝醋业有限公司	汾州裕源土特产品有限公司	江苏三维园艺有限公司
长治市太行紫团饮业有限公司	翼城县大众饲料有限公司	南京农副产品物流配送中心有限公司
山西晋龙集团饲料有限公司	山西大寨饮品有限公司	江苏泗洪县金水集团
通辽余粮畜业开发有限公司	内蒙古蒙都羊业食品有限公司	勿忘农集团有限公司
东乌珠穆沁旗草原东方肉业有限责任公司	鄂尔多斯市四季青农业开发有限公司	宁波恒康食品有限公司

扎兰屯市蒙东牲畜交易市场有限责任公司	内蒙古民丰薯业有限公司	湖州上跃龟鳖特种养殖有限公司
乌兰浩特市金谷粮油米业加工有限公司	内蒙古富川饲料科技股份有限公司	浙江中大饲料集团有限公司
内蒙古通辽岳泰股份有限公司	辽宁丹玉种业科技股份有限公司	海力生集团有限公司
辽宁中稻股份有限公司	大连佐源集团有限公司	浙江滕头园林股份有限公司
锦州百通食品集团有限公司	沈阳雄洲食品工业有限公司	浙江万象花卉有限公司
辽宁唐人神曙光农牧集团有限公司	大连成达食品集团有限公司	安徽燕之坊食品有限公司
大连雪龙产业集团有限公司	辽宁鑫枫牧业科技发展有限公司	安徽宝迪肉类食品有限公司
大连上品堂海洋生物有限公司	大连海洋岛水产集团有限公司	安徽良夫面粉集团
海城市三星生态农业有限公司	本溪龙宝(集团)参茸有限公司	安徽宿州科技食品有限公司
阜新振隆土特产有限公司	盘锦鼎翔米业有限公司	安徽凯源粮贸集团有限公司
辽宁宏达牛业发展有限公司	吉林丰盛米业有限公司	安徽龙华竹业有限公司
吉林德翔牧业有限公司	长春市佳龙农牧食品发展有限公司	安徽富煌三珍食品集团有限公司
吉林康大食品有限公司	伊通满族自治县吉云鹿业发展有限公司	安徽同福食品有限责任公司
吉林省博来德工贸集团有限公司	吉林省良友集团有限公司	宣城市立大禽业有限公司
吉林市东福实业有限责任公司	吉林省新天龙酒业有限公司	安徽天方茶业(集团)有限公司
康美新开河(吉林)药业有限公司	吉林华康药业股份有限公司	安徽乐健绿色食品有限公司
吉林市汇宇食品有限责任公司	长春东北亚物流有限公司	黄山市松萝有机茶叶开发有限公司
黑龙江省万源粮油食品有限公司	伊春市丰园森林食品有限公司	现代牧业(集团)有限公司

（六）第六批农业产业化国家重点龙头企业

北京嘉博文生物科技有限公司	鞍山市九股河食品有限责任公司	江苏安惠生物科技有限公司
北京航天恒丰科技股份有限公司	辽宁沟帮子熏鸡集团有限公司	江苏裕灌现代农业科技有限公司
北京九州大地生物技术集团股份有限公司	开原胜利牧业有限公司	江苏沃田集团股份有限公司
中国农业发展集团有限公司	大连佛伦德农业科技有限公司	江苏华石农业集团股份有限公司
天津尔康动物食品有限公司	辽宁全康生物科技集团有限责任公司	盐城市怡美食品有限公司

续表

生源（天津）生物工程有限公司	盘锦光合蟹业有限公司	江苏宏健粮油科技发展有限公司
河北新发地农副产品有限公司	梅河口冠林土特产品有限公司	江苏江南生物科技有限公司
昌黎县嘉诚实业集团有限公司	延边佳禾米业有限公司	江苏骥洋食品有限公司
承德神栗食品股份有限公司	吉林市老爷岭农业发展有限公司	江苏华绿生物科技股份有限公司
河北鹏达食品有限公司	舒兰市永丰米业有限责任公司	江苏鸿轩生态农业有限公司
固安县参花面粉有限公司	吉林省吉运农牧业股份有限公司	杭州郝姆斯食品有限公司
河北乐寿鸭业有限责任公司	东丰县华粮生化有限公司	嘉兴市水果市场有限公司
鸡泽县湘君府味业有限责任公司	松原粮食集团有限公司	浙江永裕竹业股份有限公司
河北千喜鹤肉类产业有限公司	吉林省鸿翔农业集团鸿翔种业有限公司	浙江双枪竹木有限公司
唐山海都水产食品有限公司	黑龙江盛龙实业有限公司	舟山中海粮油工业有限公司
石家庄市惠康食品有限公司	黑龙江省和粮农业有限公司	浙江振通宏茶业有限公司
承德森源绿色食品有限公司	谷实农牧集团股份有限公司	佩蒂动物营养科技股份有限公司
河北乾信牧业股份有限公司	齐齐哈尔龙江阜丰生物科技有限公司	浙江华茗园茶业有限公司
河北宏都实业集团有限公司	黑龙江鹏程生化有限公司	宁波黄古林工艺品有限公司
中红三融集团有限公司	黑龙江红星集团食品有限公司	安徽荃银高科种业股份有限公司
秦皇岛金海食品工业有限公司	黑龙江益华米业有限公司	安徽正宇面粉有限公司
山西振东制药股份有限公司	黑龙江元态农业科技有限公司	宿州市皖神面制品有限公司
山西诚信种业有限公司	黑龙江雪那红米业有限公司	安徽金玉米农业科技开发有限公司
清徐县美特好农产品配送物流有限公司	肇源县鲶鱼沟万基谷物加工有限责任公司	安徽省天麒面业科技股份有限公司
亚宝药业集团股份有限公司	鹤岗市海宇米业有限公司	蚌埠市江淮粮油有限公司
山西凯永养殖有限公司	中商艾享生态科技股份有限公司	安徽省阜阳市海泉粮油工业股份有限公司
孝义新希望六和食品有限公司	庆安东禾金谷粮食储备有限公司	安徽京九丝绸股份公司
通辽梅花生物科技有限公司	黑龙江省青冈长林肉类食品有限公司	安徽八公山豆制品有限公司
内蒙古正大有限公司	上海丰科生物科技股份有限公司	安徽牧马湖农业开发集团有限公司
三瑞农业科技股份有限公司	上海森蜂园蜂业有限公司	六安市海洋羽毛有限公司
内蒙古金沟农业发展有限公司	上海新农饲料股份有限公司	安徽博亚竹木制品有限公司
龙鼎（内蒙古）农业股份有限公司	上海松林食品(集团)有限公司	安徽省龙成生态农业有限公司

内蒙古伊赫塔拉牧业股份有限公司	南京远望富硒农产品有限责任公司	闽榕茶业有限公司
内蒙古中加农业生物科技有限公司	江苏明天种业科技股份有限公司	厦门茶叶进出口有限公司
内蒙古田丰农牧有限责任公司	伽力森主食企业（无锡）股份有限公司	福建武夷山国家级自然保护区正山茶业有限公司
沈阳耘垦牧业有限公司	江苏华升面粉有限公司	福建旭禾米业有限公司
大连毅都集团有限公司	江苏立华牧业股份有限公司	福建省海新集团有限公司
大连铭川食品有限公司	江苏张家港酿酒有限公司	立兴集团有限公司
哈慈望奎绿色实业有限公司	大庆市银螺乳业有限公司	绵阳市游仙茧丝绸有限公司
黑龙江省穆棱富邦集团有限公司	黑龙江红星集团股份有限公司	四川禾嘉股份有限公司
黑龙江省桦南白瓜籽集团公司	黑龙江省金秋企业集团有限责任公司	四川隆生集团有限公司
黑龙江龙凤玉米开发有限公司	黑龙江华润酒精有限公司	领先食品股份有限公司
牡丹江绿特食品批发市场有限公司	上海高榕食品有限公司	贵州贵宝（集团）股份有限公司
上海海丰米业有限公司	上海曹安菜篮子股份有限公司	贵阳三联乳业有限公司
上海农工商超市有限公司	南京老山药业股份有限公司	昆明雪兰牛奶有限责任公司
江苏宝宝集团公司	江苏恒顺醋业股份有限公司	云南龙城农产品经营股份有限公司
江苏玖久丝绸股份有限公司	江苏富安茧丝绸股份有限公司	陕西海升果业发展股份有限公司
江苏民康油脂有限公司	江苏晨风集团股份有限公司	西安银桥股份有限公司
徐州维维食品饮料股份有限公司	江苏荷仙食品集团	陕西恒兴果汁饮料有限公司
无锡朝阳股份有限公司	浙江金大地生物工程股份有限公司	兰州好为尔生物科技股份有限公司
浙江花神丝绸（集团）公司	浙江黄岩罐头食品厂	甘肃省敦煌种业股份有限公司

（七）第七批农业产业化国家重点龙头企业

北京臻味坊食品有限公司	内蒙古玉王生物科技有限公司	中粮米业（绥化）有限公司
北京中农富通园艺有限公司	林西县恒丰粮油加工有限责任公司	五常市彩桥米业有限公司
北京沃德辰龙生物科技股份有限公司	五原县大丰粮油食品有限责任公司	巴彦万润肉类加工有限公司

续表

天津食品集团有限公司	内蒙古燕谷坊生态农业科技(集团)股份有限公司	依安东方瑞雪糖业有限责任公司
天津港强集团有限公司	内蒙古赛诺种羊科技有限公司	黑龙江省博林鑫农业集团有限责任公司
天津瑞普生物技术股份有限公司	内蒙古奈曼牧原农牧有限公司	黑龙江春华秋实粮油有限公司
天津碧城农产品批发市场	内蒙古蒙清农业科技开发有限责任公司	方正县盛军米业有限公司
益海(石家庄)粮油工业有限公司	锡林郭勒盟威远畜产品有限责任公司	黑龙江省五常金禾米业有限责任公司
石家庄洛杉奇食品有限公司	内蒙古正大食品有限公司	东方集团肇源米业有限公司
河北兴柏农业科技有限公司	辽宁千喜鹤食品有限公司	上海老杜农业发展股份有限公司
河北玖兴农牧发展有限公司	丹东零点食品有限公司	上海农好饲料股份有限公司
河北新希望天香乳业有限公司	大连雨丰食品有限公司	南京金色庄园农产品有限公司
河北方田饲料有限公司	辽宁仁泰食品集团有限公司	南京樱桃鸭业有限公司
河北巡天农业科技有限公司	行天健药业集团有限公司	无锡市博大竹木业有限公司
承德亚欧果仁有限公司	沈阳德氏企业集团有限公司	宜兴市百粮农业科技有限公司
昌黎佳朋商贸集团有限公司	大连天正实业有限公司	徐州市张场米业有限公司
唐山鼎晨食品有限公司	营口瑞丰科技有限公司	江苏鑫瑞源食品有限公司
唐山广野食品集团有限公司	大连金砣水产食品有限公司	江苏南顺食品有限公司
廊坊利珠粮油食品有限公司	沈阳波音饲料有限公司	苏州健飞肠衣有限公司
沧州市华海顺达粮油调料有限公司	辽宁格兰生态农业开发有限公司	苏州市南环桥市场发展股份有限公司
唇动食品有限公司	营口供销农产品物流有限公司	江苏天成科技集团有限公司
河北喜和圣面业有限公司	吉林通榆牧原农牧有限公司	连云港银丰食用菌科技有限公司
根力多生物科技股份有限公司	中钢新元现代农业科技(吉林)有限公司	江苏百斯特鲜食有限公司
华兴宠物食品有限公司	吉林省铠绎农牧业发展有限公司	江苏射阳大米集团有限公司
河北美临多维粮油贸易有限公司	磐石市众合食品有限公司	江苏乾宝牧业有限公司
河北康远清真食品股份有限公司	吉林省参威人参产品科技股份有限公司	扬州市宏大饲料有限公司
河北鼎康粮油有限公司	松原敬亿农副产品批发市场有限公司	江苏包天下食品有限公司
山西沁州黄小米(集团)有限公司	珲春华瑞参业生物工程股份有限公司	江苏万家福米业有限公司
沁水县恒泰农牧科技有限公司	佐丹力健康产业集团(吉林)有限公司	江苏光明天成米业有限公司

太原市鸿新农产品有限公司	长春奢爱农业科技发展有限公司	江苏绿港现代农业发展股份有限公司
山西广誉远国药有限公司	黑龙江象屿农业物产有限公司	江苏锦家农业发展有限公司
山西琪尔康翅果生物制品有限公司	黑龙江新和成生物科技有限公司	金太阳粮油股份有限公司
山西长荣农业科技股份有限公司	北大荒垦丰种业股份有限公司	江苏中江种业股份有限公司
山西郭氏食品工业有限公司	九三食品股份有限公司	杭州宏盛粮油贸易有限公司
锡林郭勒盟羊羊牧业股份有限公司	七台河万通内陆港综合物流有限公司	宁波梁桥米业有限公司
内蒙古李牛牛食品科技股份有限公司	中粮建三江米业有限公司	百川生物科技有限公司
内蒙古阴山优麦食品有限公司	中粮米业(虎林)有限公司	老娘舅餐饮股份有限公司
内蒙古安达牧业有限公司	杜尔伯特伊利乳业有限责任公司	嘉兴市真真老老食品有限公司
哈慈望奎绿色实业有限公司	大庆市银螺乳业有限公司	绵阳市游仙茧丝绸有限公司
黑龙江省穆棱富邦集团有限公司	黑龙江红星集团股份有限公司	四川禾嘉股份有限公司
黑龙江省桦南白瓜籽集团公司	黑龙江省金秋企业集团有限责任公司	四川隆生集团有限公司
黑龙江龙凤玉米开发有限公司	黑龙江华润酒精有限公司	领先食品股份有限公司
牡丹江绿特食品批发市场有限公司	上海高榕食品有限公司	贵州贵宝(集团)股份有限公司
上海海丰米业有限公司	上海曹安菜篮子股份有限公司	贵阳三联乳业有限公司
上海农工商超市有限公司	南京老山药业股份有限公司	昆明雪兰牛奶有限责任公司
江苏宝宝集团公司	江苏恒顺醋业股份有限公司	云南龙城农产品经营股份有限公司
江苏玖久丝绸股份有限公司	江苏富安茧丝绸股份有限公司	陕西海升果业发展股份有限公司
江苏民康油脂有限公司	江苏晨风集团股份有限公司	西安银桥股份有限公司
徐州维维食品饮料股份有限公司	江苏荷仙食品集团	陕西恒兴果汁饮料有限公司
无锡朝阳股份有限公司	浙江金大地生物工程股份有限公司	兰州好为尔生物科技股份有限公司
浙江花神丝绸(集团)公司	浙江黄岩罐头食品厂	甘肃省敦煌种业股份有限公司

二、龙头企业发展概况

(一)农业产业化经营的"火车头"

1.龙头企业的发展进入快车道

数据显示,截至2019年,中国的农业产业化龙头企业共带动了 20 362.3 万户农户,支持了 478.9 万个家庭农场以及 317.8 万个农民合作社。这表明了农业产业化联合体的多样性，包括分散的小农户和有组织的主体，如农民专业合作社和家庭农场。

具体来看，各省份的情况如下。在带动农户数量方面，排名前三的省份分别是山东、河北和江苏，它们分别占全国带动农户数量的 13.58%、11.99% 和 8.52%。而在带动农民合作社数量方面，山东、江苏和湖南位居前三，它们的农民合作社数量分别占全国总量的 33.46%、23.92% 和 8.31%。这些数据反映了中国各地农业产业化发展的差异，以及不同地区在支持农业现代化方面的贡献。

2. 利益联结方式多样化，利润分享特征突出

根据监测数据，2019 年中国的农业产业化龙头企业通过土地租金、工资福利、分红以及原材料收购等方式向联合体支出的总额约为 2 万亿元。具体来看，各省份中对农户、家庭农场和农民合作社的支出总额排名前三的省份分别是山东 11.35%、湖南 8.91% 和河北 7.77%。对各省份带动农户数量和对农户支出总额进行相关性分析，结果显示两者之间的相关系数达到了 0.902（p 值<0.000），并在 1% 的显著水平上具有显著性。这表明中国的农业产业化龙头企业的带动能力与支出总额之间存在着强烈的正相关关系。这意味着企业带动的农户数量增加，通常伴随着对农户的支出总额的增加，反映了这些企业在支持农村经济和农业现代化方面的积极贡献。

3. 农业产业化龙头企业能力较强，产业链专业化分工，形成龙头企业加工、储藏、运输和社会服务，农户、合作社和家庭农场生产的一体化发展格局

根据监测数据，2019 年中国农业产业化龙头企业的农产品加工总量达到 49 978 万吨，占全国粮食总产量的 76%。此外，它们拥有储藏能力 63 220 吨，运输能力达到 759 150.5 吨，社会化服务的农户数量达到 7 372.8 户。这些企业还通过订单生产基地采购向农户、合作社以及家庭农场提供服务，订单生产基地的总面积达到 43 542.7 万亩。

具体来看，各省份的情况如下。在为农户提供服务的土地面积方面，排名前三的省份分别是湖北、四川和湖南。它们的服务土地面积分别占全国总量的 7.83%、7.51% 和 6.86%。而在服务农户数量方面，山东、四川和湖南排名前三，它们的服务农户数量分别占全国总量的 9.86%、8.28% 和 8.27%。这些数据反映了中国各省份在农业产业化龙头企业的支持下，农产品加工和服务领域的差异，以及不同地区在农业现代化发展中的贡献。

4. 电子商务持续发展，与"互联网+"深度融合，实现业态创新

根据监测数据，2019 年中国的农业产业化龙头企业通过电子商务实现的销售收入达到 5 794.1 亿元，同比增长 26.5%。具体来看，通过电子商务实现的销售收入排名前三的省份分别是河南、湖南和广东。它们的销售收入分别占全国总额的 13.5%、12.67% 和 12.35%。

5. 经营效益稳步提高

根据监测数据，2019 年中国的农业产业化龙头企业实现的净利润达到了 9 190.3 亿元，同比增长 3.3%，这一增速高于规模以上工业企业的净利润增长率，后者同样为 3.3%。

(二)其他特征

1.地区差异化发展

农业产业龙头企业在地理分布上呈现出明显的特征,主要表现在以下几个方面。在数量上,东部和中部地区拥有较多的龙头企业,而北部地区相对较少;在行业分类和业态门类上,出现了地区之间的差异化发展;规模分布特征显示北部地区的企业营收规模较大,而南部地区的企业则规模相对较小;在登记类型分布方面,西部地区以国有企业和控股企业为主,而东部地区则以民营企业和外资投资为主要类型。这些特点反映了地区差异化的发展趋势。

2.科技创能不断提升

农业产业化龙头企业在科技创新方面取得了显著的进展。其科研投入达到990.7亿元,研发经费投入占比高达0.72%。此外,企业内部拥有高比例的技术人员,占比为5.92%。对于国际技术和装备的引进也有不小的投入,总额达到179亿元,占科技研发投入的18%。这些努力产生了显著的成果,包括获得的省级以上科技奖励或荣誉数量达到25 361个,专利数量高达103 523个。此外,这些企业还建立了数量众多的国家级研发机构,总数达到6 754个。

3.注重产品质量安全与品牌形象

农业产业化龙头企业对产品质量和品牌形象的重视体现在多个方面。首先,它们建立了大规模的绿色食品和有机农产品原料基地,总面积达到9 794.4万亩。其次,这些企业的产品获得了"绿色食品""有机农产品"以及"农产品地理标志"等认证,累计数量达到71 685个。最后最重要的是,它们拥有大量的注册商标,总数高达400 600个。

4.积极入驻产业园发展势态好

农业产业化龙头企业积极参与产业园区发展,具体表现在以下几个方面。一方面,产业园区内设有的农业产业化龙头企业数量达到14 320家,占所有农业产业化龙头企业总数的24.3%。另一方面,这些在产业园区内运营的农业产业化龙头企业实现了令人瞩目的业绩增长,其营业收入同比增长率高达5.6%。

三、农业产业化龙头企业主要问题及解决对策

(一)主要问题

1.龙头企业的产业链条短

由于加工业龙头企业数量较少,中国的大部分农副产品仅经历了初加工和粗加工阶段,加工工艺的科技含量相对较低,专用产品和深加工产品的开发较为有限。此外,流通类龙头企业和生产性服务业龙头企业的数量也相对稀缺。

2.龙头企业融资渠道窄

融资渠道较为单一,中国农业产业化龙头企业主要依赖银行贷款来融资。由于农业企

业面临高风险并且缺乏足够的抵押担保品,这导致它们的信用评级较低,存在天然的不利因素,难以获得金融机构的融资支持。

3.龙头企业管理运营思路落后

目前,中国的农业产业化龙头企业主要由民营企业和控股企业主导,其占比高达84.7%。这些龙头企业在管理方式上主要采用家族式或家长式管理,会导致企业管理效率低下,同时也制约了人才的流动,难以形成科学健康的企业文化,并且难以根据市场需求生产符合要求的农副产品以及制定相应的营销战略。

(二)解决对策

1.完善全产业链

(1)建立良好的农产品供应链管理系统

通过建立农产品供应链管理系统,企业可以跟踪和管理从农田到餐桌的全过程。这包括农业生产、采购、加工、物流和销售等方面的信息记录与管理,以确保产品的质量、安全和可追溯性。

(2)加强农业科技创新

龙头企业应加大对农业科技创新的投入,通过引进和研发先进的农业技术和设备,提高农产品的产量和质量。同时,加强与科研机构和高校的合作,开展农业科技创新项目,提高农业产业化的技术含量。

(3)建立农产品品牌和营销渠道

龙头企业可以通过建立自己的农产品品牌,提高产品的知名度和竞争力。同时,积极开发多元化的销售渠道,包括线上销售、超市合作、直营店等,以满足不同消费者的需求,并提高产品的市场占有率。

(4)加强与农户的合作关系

农业产业化龙头企业应与农户建立长期稳定的合作关系,通过签订合作协议、提供技术支持和培训等方式,帮助农户提高农产品的质量和产量。

(5)推动农业产业链的绿色发展

龙头企业应积极推动农业产业链的绿色发展,采取环保的农业生产方式,减少化肥农药的使用,提倡有机农业和生态农业。

2.拓宽融资渠道

(1)采取多元化融资渠道

除了传统的银行贷款,可以积极寻找其他融资渠道,如发行债券、引入战略投资者、与金融机构合作等。

(2)探索农业金融创新

针对农业产业化特点,可以探索农业金融创新,如发展农业保险、农业信贷担保等金融产品,满足农业企业的融资需求。

（3）发展农产品金融市场

通过建立农产品金融市场,将农产品作为标的物进行金融交易,提供融资、投资、风险管理等服务,吸引更多资金进入农业产业。

3.提高研发水平

（1）加强研发团队建设

建立稳定的研发团队,引进农业相关的人才,推进研发团队人才队伍建设。同时,建立人才培养和激励机制,提供良好的研发环境和福利待遇,吸引更多高水平人才加入。

（2）拓展合作与交流

加强与国内顶尖农业科研机构、高校等的合作和交流,共享研发成果和资源。组织专家学者等进行技术交流、学术讲座等活动,促进知识共享和技术创新。

（3）建立研发创新平台

建设农业科技创新中心或实验室,配备先进的科研设备和试验场地,提供研发测试平台。同时,与农民合作社、农业大户等建立合作关系,共同开展试验示范,验证研发成果的实际应用效果。

4.优化管理团队

（1）注重人才的引进与培养

企业可以通过引进高级管理人才和技术专家来提升管理团队的整体素质。同时,建立完善的培训体系,针对不同层次的管理人员进行系统培训,提升其管理能力和专业技能。

（2）注重团队的协作与沟通

加强团队协作能力最关键的就是建立有效的沟通渠道,通过定期组织团队会议、工作交流等活动,促进管理团队之间的交流与合作,提高工作效率。

（3）建立合作伙伴关系

与相关科研机构、高校、农业企业等建立合作伙伴关系,共同开展研发合作、技术交流等活动,借助外部资源和专业知识,提升管理团队的能力和水平。

第三节　农业产业化龙头企业五种联农带农模式

一、龙头企业在带动农户发展中的作用

（一）企业带动农户转型升级

龙头企业通过引领技术创新和生产管理的先进经验,提高了农户的生产效率和产品质量。例如,在农业领域,龙头企业可以提供种植技术、肥料、农药等先进的生产要素,帮助农户提高产量和产品质量。

龙头企业通过建立稳定的市场渠道,为农户提供销售保障。龙头企业通常拥有庞大的销售网络和品牌影响力,能够将农产品推向更广阔的市场。农户与龙头企业合作,能够获得更稳定的销售渠道,减少了销售风险,提高了收入。

龙头企业还能够提供金融支持和技术培训,帮助农户提升管理能力和创新意识。他们能够为农户提供贷款和融资服务,帮助农户购买先进的农业设备和技术。

(二)推动农业产业发展的供给侧结构性改革

龙头企业在农业产业链的上游发挥着引领作用。他们积极投入研发和科技创新,推动了农业生产方式的转变。他们还通过引进先进的农业技术和设备,提高了农业生产效率,降低生产成本,提高农产品的质量和安全标准。

龙头企业在农业产业链的中游发挥着整合和协调作用。他们通过与农民合作社等基层组织合作,整合了农业资源。同时,他们还通过与农产品加工企业、物流企业等环节的合作,优化了农产品的流通环节,提高了农产品的市场竞争力。

龙头企业在农业产业链的下游发挥着市场引领作用。他们通过品牌建设和营销推广,提升了农产品的附加值和市场占有率。龙头企业的发展也带动了农业相关产业的发展,促进了农业供给侧结构性改革的全面推进。

(三)推动创新发展模式

龙头企业在创新发展模式方面的积极探索,为其他企业树立了榜样。他们不断加大对科技创新的投入,通过与高校、科研机构的合作,共同研发高新技术产品。

龙头企业在推动创新发展模式方面注重合作共赢。他们积极与供应商、合作伙伴开展合作,共同开拓市场,分享资源和技术。通过合作,龙头企业能够更好地整合各方优势,实现优势互补,从而提高产业链的整体效益。

龙头企业还注重人才培养和创新文化的建设。他们不仅重视员工的创新能力培养,还注重营造积极向上、鼓励创新的企业文化氛围,为员工提供良好的创新环境。

(四)促进农业产业集群的发展

由于其技术实力和研发能力强,龙头企业能够引领行业发展方向,推动农业产业集群的技术升级和创新。通过引进先进的生产技术和设备,龙头企业可以提高农产品的质量和产量,推动整个产业链的升级。

龙头企业在市场开拓方面具有独特优势。由于其品牌影响力和市场渗透能力强,龙头企业能够帮助农业产业集群拓展市场,提高产品销售额。通过建立品牌形象和销售渠道,龙头企业可以帮助农户将农产品推向更广阔的市场,提高产品的附加值和竞争力。

龙头企业在供应链管理方面也具备优势。由于其规模大、资源丰富,龙头企业能够与农民建立稳定的合作关系,提供种植、养殖等方面的技术指导和支持。通过与农户建立长期合作关系,龙头企业可以确保农产品的稳定供应和质量控制,提高供应链的效率和可靠性。

二、5种龙头企业联农带农模式

农业产业化龙头企业扮演着农业全产业链的关键角色,构筑着现代乡村产业体系的坚实支柱,是促进农民就业增收的重要力量。每一家龙头企业都为一个完整产业注入了活力。近年来,越来越多的农民分享到了农业产业化所带来的增值益处,他们的经营性收入稳步增长,龙头企业为农村带来的利益不断凸显。2022年2月,农业农村部总结了5种龙头企业联农带农模式,为农业产业化龙头企业发展提供启示。

(一)统一服务带动标准化经营联结模式

龙头企业通过在生产等领域创设一批标准化的作业标准、操作规范和工艺流程,发挥全产业链的组织优势、规模优势、成本优势、分工优势。龙头企业通过技术培训、农机作业、农资供应等方式的社会化服务,帮助农户采取标准化生产模式,有助于实现标准化种养、规模化经营、产业化分工。这种统一服务确保了合理有序的产业分工和供应链完整闭合,促进农民便利生产、便捷就业、多元增收。

(二)股份合作共享发展成果联结模式

农民通过将生产生活设施、劳动力以及自有资金等要素和资产纳入股份,成为龙头企业、农业产业化联合体或园区基地的股东,参与农业全产业链经营,分享相应的分红收益,实现成果与收益的共同分享。

农民借助要素资产入股企业,推动资金变股金、资源变资产、农民变股民,实现经营就业多选性、收入来源多元化。

龙头企业通过要素入股将农民带入产业环节、引入产业链条、融入产业融合,将资源整合产业之中,将要素注入产业发展,将收益让渡给农民,实现小农户与现代农业有机衔接的方式多元化、渠道多样化、收益共享化、联结深度化,在要素收益共享中实现产业增效和农民增收。

(三)金融创新支持高质量发展联结模式

龙头企业利用现代化的数字、信息技术,构建完整的信用体系和风险防控体系。积极对接银行、保险、担保等金融机构,共同为农户提供资金担保、设立发展基金、发放信用贷款,帮助农户扩大融资渠道、创新融资方式。

对于农户来说,农户获得了更加顺畅的产品销售、资金变现和交易结算方式,能够有效规避价格波动对收入造成的不利影响。通过龙头企业带动,金融机构与农户建立了更加密切的联系,使运营成本和经营风险更加可控。农户的信用记录更加健全、融资渠道更加多元,扩大生产规模、创新经营模式面临的融资难、融资贵等问题能够得到有效缓解,帮助农户以更灵活、更多样的形式参与现代农业发展。

粮食银行将金融理念引入粮食购销环节,让农民对产品变现有更多价格选择,也解决了粮食收购、存储、销售、加工过程中的货物调配、兑付时差、以粮易物、财物结算等问题,提高了企业购销货源、农户财物兑换的便利性,缓解了产品和现金交割压力,减少了贷款利息支出,做大了农户与企业的共有"蛋糕"。

(四)村企协同共促脱贫致富联结模式

在这一模式中,龙头企业和村集体直接合作,村集体通过整合村组土地、设施、环境、生态等资源,将生产要素融入企业的经营活动中。企业借助资源整合的优势,有效节约了规模经营所需的要素搜寻成本,加速了要素的整合过程,实现了企业经营的要素集约、成本节约以及合作关系的优化。

农户不必依靠亲自经营即可分享农业产业化发展的红利,节省出来的时间和劳动力可以外出务工,获取工资性收入。这一模式通过开发村集体资源要素、提升集体资源资产价值,切实保障了农民合法享受联合收益的权利。

部分企业负责人还担任村书记或村致富带头人,一边发展企业,一边联结村集体,帮助村集体通过开发资源要素价值,培育特色产业,带动农户借势村企协同发展,融入现代农业。

(五)业态创新引领就业创业联结模式

龙头企业通过在生产、加工、流通、电商、观光、文化、生产性服务业、生活性服务业等领域的创新发展,引领基地周边农户积极参与产业链条的延伸和配套服务,从而实现创业和就业机会的提供。这一模式鼓励农户逐渐成长为乡村新业态和新模式的创业者和从业者,为乡村特色产业的发展注入了新的生力军。

龙头企业通过搭建平台、示范带动、技术培训、创业孵化等,使农民的管理能力和经营水平迅速提高,创业能力显著增强,有能力围绕产业链发展初加工、物流运输、门店加盟、直播销售、农家乐以及民宿等,加快农民致富步伐。

第四节　农业产业化龙头企业典型案例及对策建议

一、湖南省农业产业化龙头企业典型案例

湖南省吉娃米业有限公司是一家综合性的省级农业产业化龙头企业,涵盖了粮食种植、收购、储备、加工、销售以及物流配送等全产业链环节。公司占地面积超过 2.8 万平方米,总资产达到 5 252.03 万元。其年加工能力达到 12 万吨,2021 年还新增了一条 5G 年产 10 万吨智能加工生产线,以及一条能源循环生物质颗粒生产线,月产能达到 450 吨,此外,公司还拥有两条稻谷烘干生产线以及 5 万吨的仓储能力。吉娃米业有限公司积极推进机械化生产,已购置了 28 台不同类型的农业机械,包括耕地、插秧、收割、植保等,总动力超过 900 千瓦。这些举措使公司基本实现了水稻生产、大米加工以及农作物秸秆循环利用的全程机械化。

公司获得"全国放心粮油加工示范企业""湖南省省级农业产业化龙头企业""国家高新

技术企业""全国军粮统筹供应单位""湖南省国防动员成员单位""湖南省粮食安全宣传教育基地""中国米业质量信用 AAA 级企业"等称号,同时也是 2022 年粮食进口关税配额"一般贸易"业务成员单位。公司生产的产品获得有机食品、绿色食品认证,被国家粮食和物资储备局评为"中国好粮油产品"。

(一)主要成效

聚焦企业扶贫。积极参与市、县两级组织的"千企帮千村"产业扶贫行动,受到市、县两级"千企帮村"活动组织的好评。

聚焦抱团发展。在创业精英团队的策划和指导下,于 2019 年,全县 14 家龙头企业、专业合作社和家庭农场共同成立吉娃米业优质绿色粮食产业化联合体。该联合体成功地将优质合作社、合作联社、家庭农场以及农户纳入建设过程中,充分发挥农业产业化龙头企业的引领作用。这一模式于 2020 年 12 月被列为湖南省农业产业化省级示范联合体。

聚焦生态生产。首创"稻鸭共作"绿色生态种植模式,制订了"稻鸭共作"技术指南。该模式不仅实现优质稻的绿色生态种植,减少了农药化肥的使用,还降低了种植成本,提升了种粮经济效益,实现了增产增收。聚焦订单推进。以订单生态为抓手,带动农民增产增收,截至 2022 年,公司通过土地流转优质大米原料生产基地 7 040 亩,发展订单面积 80 000 多亩,为"吉娃湖田"系列优质大米加工提供有力的保障,同时带动优质稻种植农户户均增收 2 100~2 600 元。

(二)基本做法

承担产业扶贫主体责任。公司积极履行抗贫产业扶贫的主体责任,采用直接帮扶或委托帮扶的方式,支持了鲇鱼须镇高山村、松树村、宋市村、麦地村的 174 户建档立卡贫困户,共 383 人。公司向这些农户提供农药、化肥、种子等农业生产必需品,并提供种植技术培训与指导,帮助他们发展优质稻米生产。同时,公司高价收购这些农户种植的优质稻米,以提高他们的收入。此外,公司也为贫困户提供了长期就业机会,得到了受益群众的高度评价。

推进联合发展。在 2019 年,经吉娃米业创业精英团队的策划与指导,全县 14 家初始成员单位,包括龙头企业、专业合作社和家庭农场等,共同创立了吉娃米业优质绿色粮食产业化联合体,旨在共同推动农村粮食生产的发展。这一联合体的主要特点包括两点。一是内部利益共享。为促进订单履约,制定了最低收购保护价,最大程度确保该联合体中每个成员都从中受益。二是特色经营。推广"稻鸭共养"绿色生态种植模式。在 2020 年,该公司在洞庭湖区首次创新了这种模式,将稻田划分成小网格,使鸭子在限定区域内运动和生长。这样的设计有助于鸭子充分发挥其除虫和除草的能力,从而将农药和化肥的使用量降至最低。鸭子在吃足够的虫和杂草的同时,每天充分运动,因此鸭肉的口感变得特别鲜美。通过"稻鸭共养"模式,鸭子在水稻栽培过程中参与了多个生产环节,这一创新的方法有助于生产的多样化和生态友好发展。

另外,企业在发展壮大中,不断履行企业的社会责任,把实现农业增值、农民增收作为企业发展的战略思路和方向。企业采用"公司+农户+基地+家庭农场"订单合作模式,提高农户的种植积极性,通过建立利益紧密的合作关系,既可以保障优质绿色原料供应,打造核心原料区,又实现农民增产增收。一是与农户签订土地流转合同,发展优质稻种植基地。二是与农户签订关于种植优质稻的合同。按高出20%~30%市场价格收购优质稻,提高农民种植优质稻积极性,达到农民增收、企业增效的双赢效果,把特色增收、良种繁育、品种择优、原粮生产、保底收购、精制加工贯穿起来,从而实现"订单农业"的长效机制。目前,签订优质稻订单种植面积高达8万多亩,有效带动农户7 379户,农户户均增收2 100~2 600元。三是与合作社合作。采取生产经营联运、利益共享、特色经营等方式发展优质稻种植,合作社效益也提高了30%以上。

(三)主要经营

秉承品牌发展理念。公司以现有的软硬实力为基础,致力于品牌建设,从优选品种、基地建设、产品质量管理、品牌包装设计、品牌宣传推广到销售网络建设,全面提升企业的品牌实力,创造出品牌溢价效应。

二、案例对策建议

首先,公司应当坚持联合发展模式。通过实行"公司+基地+农户+家庭农场"的订单生产方式,积极推广优质稻种,确保原粮质量,提升华容稻大米品牌影响力。

其次,公司应当坚持共享利益。公司应当根据当年农产品市场的需求,结合各成员所联合的面积,制订合适的生产计划,实现资源的统一调配。联合体内部应制定最低的收购保护价,鼓励订单的履行,确保每位成员都能分享到联合发展的成果,实现共赢。

最后,推动特色经营模式。龙头企业通过引入创新的农业经营模式,如"稻鸭共养"绿色生态种植,减少化肥农药的使用,提高生产效率,增强农产品的市场竞争力,促进农民实现更多的增收。

第五节　农业产业化龙头企业发展政策

一、农业产业化龙头企业发展政策及解读

(一)中央一号文件

农业农村部发布《关于实施新型农业经营主体提升行动的通知》(2022年3月)。

1.主要内容

突出抓好农民合作社和家庭农场两类农业经营主体发展,着力完善基础制度、加强能力建设、深化对接服务、健全指导体系,推动由数量增长向量质并举转变,从而促进发展质量效益稳步提升。该《通知》对新型农业经营主体的总体发展要求如下:

①管理服务制度更加健全。

②五方面能力全面提升(融合发展、稳粮扩油、参与乡村建设、带头人素质和合作社办公司)。

③三项指导服务机制全面建立(辅导员队伍建设、服务中心创建、试点示范)。

④发展质量效益稳步提升、服务带动效应显著增强。

2.促进主体融合发展,加强联合合作

①引导以家庭农场为主要成员联合组建农民合作社,进行统一的生产经营。

②鼓励产业基础薄弱、主体发育滞后、农民组织化程度低的地区的村党支部领办农民合作社,聚集人才、资源优势发展特色产业。

③支持农民合作社依法自愿兼并、合并或组建联合社。

④鼓励农民合作社根据发展需要,采取出资新设、收购或入股等形式办公司,以所办公司为平台整合资源要素、延长产业链条、提升经营效益。

3.参与乡村发展和乡村建设

①鼓励新型农业经营主体发展新产业新业态,由种养业向产加销一体化拓展。

②支持符合条件的新型农业经营主体参与乡村建设,承担促进农业产业化发展的项目实施和农村基础设施运行维护。

4.深化社企对接,激发主体发展活力

①扩大对接合作范围。

鼓励各地引入多领域的优质企业,包括信贷、保险、科技、物流、网络零售、农产品加工等,为新型农业经营主体提供全产业链的服务和产品支持,实现互补优势,共同合作,实现共赢。

推动经营主体间的数据资源共享,鼓励企业在试验示范园区、技术推广中心、直采供应基地等领域建设项目,使其更多地服务于新型农业经营主体,促进社企对接服务下沉,更好地满足基层需求。

②遴选150个左右社企对接重点县,跟进配套指导服务。

向粮油类农民合作社和家庭农场提供产销渠道支持、寄递资费优惠加大授信、品种筛选、数字农业、烘干仓储、品控溯源等综合服务。

(二)龙头企业发展规划

农业农村部《关于促进农业产业化龙头企业做大做强的意见》(2021年10月)。

1.政策背景

贯彻落实中央一号文件要求,加强对农业产业化龙头企业的支持、引导与服务,更好发挥龙头企业的引领带动作用。

2.政策意义

该政策不仅有助于推动龙头企业实现高质量发展,提升它们在农村地区的领导和带动作用,构建一个多层次的龙头企业发展体系,还有助于改善龙头企业的发展环境。该政策为促进龙头企业的壮大、增强竞争力以及实现创新发展提供了重要的指导。这份政策文件在以下三个方面尤为突出:高质量、创新性、精细化。

(三)政策解读及发展对策建议

到 2025 年,我们的总体目标是确保农业产业化龙头企业队伍不断壮大,规模和实力持续提升,培育出更多的农业产业化国家重点龙头企业和农业产业化联合体。我们将致力于提高科技创新能力,明显提高产品质量和安全水平,扩大品牌影响力,促进新产业和新业态的蓬勃发展。我们将更加积极地推动全产业链的建设,提高产业集聚度,进一步完善联农带农机制,以更好地发挥保障国家粮食安全和重要农产品供给的关键作用。

二、农业化龙头企业发展对策建议

(一)熟悉申报书

严格按照《农业产业化国家重点龙头企业认定和运行监测管理办法》的规定,积极淘汰不合格的企业,同时递补那些具有良好成长潜力和带动力的企业。对于在粮油和种业领域从事经营的企业,以及注册地位于县域的企业,将获得优先递补的机会,并在递补企业建议名单中明确标注。严格按照等额递补的原则,不允许超报,任何超报情况将被退回并要求重新报送,逾期提交的申请将不再受理。这一动态管理模式将确保龙头企业队伍的质量和实力不断提高,以更好地支持农村产业的高质量发展。

(二)创新农业产业化发展业态

1.智慧农业

智慧农业就是将物联网技术运用到传统农业中,运用传感器和软件通过移动平台或者电脑平台对农业生产进行控制。目前,智慧农业还在萌芽阶段,大多在试点地区进行示范,想要扩大规模发展还需要时间研究和完善。

2.农业大数据

农业大数据的使用融合了农业地域性、季节性、多样性、周期性等自身特征,数据来源广泛、类型多样、具有很大的潜在价值,比如大型的电商平台,他们积累了大量的用户数据,能够根据每个人的喜好进行相应的推荐。

(三)打造全产业链,完善标准化管理

1.打造全产业链

(1)培育主导产业

根据龙头企业所在地区的区域资源优势以及产业基础等优势,有选择地培育和发展适合该地区的产业,赢得竞争优势。

（2）延伸产业链

龙头企业主要以种（养）植为基础，延伸龙头企业的产业链供应链，发展连锁餐饮以及文化创意等多种业态。

（3）科学建立利益机制

农业产业化经营的核心问题，就是建立龙头企业和基地农户之间的"利益共享、风险共担"的经营机制和利益分配机制。公司可与农户签订利益风险共担的合约，设置担保制度和风险基金，在一定程度上能够促进农民增收。

2.完善标准化管理

（1）抓好农民专业合作组织的标准化管理

龙头企业标准化要走"公司+协会+基地+标准"的发展模式，将农民合作组织纳入标准化管理范围，传递先进管理经验，提升生产效率，同时还可以牵头成立行业协会，带领农业合作组织进行标准化生产经营。

（2）广泛开展标准化宣传与培训工作

实施标准化是一项系统工程，培训对象既应包含企业内的基层员工、技术人员和管理人员，更要加大对农户的统一培训，强化整条产业链的标准化意识。

（四）注重品牌培育，加大宣传力度

1.严格把控产品质量

企业应建立自己的养殖基地和培育基地，加大品种改良投入力度，为各生产环节制定严格的科学管理制度。

2.重视品牌创建

企业应设立品牌 Logo 和可视化形象，使品牌更加具体化，并通过新媒体途径扩大影响力。

3.发掘品牌文化

企业除了在产品标识和形象设计上体现品牌文化，还可以通过多样化的、与消费者更亲近的形式的品牌文化，比如种植业企业可以打造农业公园，养殖业可以开展博览会。

（五）结合各省农业发展实际，紧跟重点和热点

《"十四五"全国种植业发展规划》提出了明确的目标：到 2025 年，我们将努力实现大豆的种植面积达到约 1.6 亿亩，预期产量达到约 2 300 万吨，以推动提高大豆的自给率。2021 年底召开的中央经济工作会议在去年底明确指出，我们必须高度重视初级产品供应中存在的严重缺口问题，密切关注、深入分析，并做好充分准备，确保粮食安全不出现问题。2021 年 12 月底举行的中央农村工作会议中，强调了扩大大豆和油料的生产。2022 年中央一号文件提出"大力实施大豆和油料产能提升工程"，2023 年中央一号文件提出"加力扩种大豆油料"，2024 年中央一号文件提出"巩固大豆扩种成果，支持发展高油高产品种"。这些政策和计划的出台表明了政府对于解决初级产品供应问题，特别是大豆和油料的重视程度。

(六)注重社会效益,连带农村发展

①在申报材料中,需要明确说明利益联结方式、带动农户数量以及带动农户增收情况等相关信息。

②鼓励探索和实践多样化的联农带农模式,这些模式应以农业为基础,依托农村资源,回馈农民和农村。

③针对社会需求,应构建符合现代化、绿色、健康等消费需求的产业链,引领行业向绿色可持续发展方向迈进。

④注重社会效益,主动承担社会责任。作为农业产业的龙头企业,应深刻认识到企业不仅仅是经济实体,更应充当经济和社会的参与者,主动承担社会责任,为社会作出积极的贡献。

自测题

思考题

(1)你认为龙头企业如何发挥自身的引领作用?

(2)你认为制约龙头企业发展的因素有哪些?

第六章
提升乡村产业竞争力

【学习目标】

通过学习本章,读者应当掌握以下内容。首先,学习乡村产业的内涵与特征。能够掌握乡村产业的各类形态,并且理解其各类基本要素。其次,了解乡村产业发展的困境与作用。把握当前乡村产业发展过程中出现的多种多样的问题,有助于更深入地分析面临的挑战以及潜在的机遇。此外,应当掌握提升乡村产业竞争力的实现路径,能够解读乡村产业发展的相关政策。最后,通过案例分析和可行模式的学习,能够更好地理解乡村产业的发展,并从中获得启示和借鉴。通过学习本章内容,读者应当全面掌握提升乡村产业竞争力的知识,具备服务乡村产业发展的基本知识、基本能力和基本素质。

【导读案例】

江苏计家墩:乡村振兴下的"理想"村

计家墩村地处江苏省昆山市锦溪镇东南部,由2个自然村组成,辖区1.7平方千米,共12个村民小组,总人口1 097人。村党总支下辖3个党支部,党员50人。

计家墩原本是一个"城乡统筹规划的搬迁村",开发前,村里很多年轻人都外出务工,留守老人居多,村容村貌落后。2015年,计家墩自然村以美丽乡村建设为契机,引入乡伴文旅集团,以民宿集群为载体,广聚人才、汇集资源,在保存村落原生肌理风貌的基础上,规划实施计家墩理想村项目,成立了国内第一个"乡村生活共创集群",2020年,获评"中国美丽休闲乡村"。

一、"加"宽视野,绘就共富"新图景"

一是通过凝聚各方力量,搭建众创平台,积极引入资本,融入新乡村设计理念,整合再利用乡村集体资产,植入乡村旅游配套产业,计家墩村成功探索了"政府+社会资本"的乡村旅游发展新模式,构建了"1+X"文旅乡村业态模型。二是坚持"党建搭台,人才唱戏,村民受益"的理念,实施"党建联盟·富民强村"项目,充分发挥党建引领乡村振兴的作用,加大资源导入,以民宿集群为特色品牌,聚焦规模化培育,串联起整个村落的产业形态。在党建引领下,计家墩村已初步形成了民宿集群、特色餐饮、展览文化、手工体验等业态集聚的乡村旅游综合体,绘就了"一村一品一业"的乡村共富"新图景"。

二、"减"去束缚,释放共富"新动能"

为进一步发展壮大乡村旅游,促进农文旅融合,计家墩村以美丽乡村建设和农村环境综合治理为契机,对影响环境美观的点位"做减法",积极推动村庄"美颜工程"。一是把农村人居环境的提升与美化和乡村旅游品牌的打造与亮化有机结合,通过采取党员干部带头干的方式,调动广大群众在农村环境整治中的参与积极性,形成"干部带头、党员示范、群众参与"的良好氛围。二是紧扣"用户思维",加快推进内部道路系统、污水管网等基础设施建设及乡野滨水景观提升,高标准完成河道清淤、河岸整治、农田整治等工作,搭建"美丽菜园",评选"最美庭院",努力实现乡村风貌整治,做到"内外兼修"。三是以制度为保障,以干群协同共进为方法,以考评监督为抓手,让别具一格的民宿集群与舒适自然的人居环境交相辉映,打造村庄颜值新高度,释放出乡村环境共富"新动能"。

三、"乘"聚力量,汇集共富"新大脑"

乡村的可持续发展,归根结底是人的可持续发展。吸引人才、留住人才、用好人才,最关键的是要营造让人才"大展身手"的创业环境。一是积极打造众创空间,优化创业环境,通过邀请创客和艺术家进村、搭建文创交流平台、探索与高校合作建立实训基地等形式汇集乡村振兴"新大脑"。二是实行"原住民回乡计划",通过打通政企合作渠道,整合水乡生态、民俗文化,进行环境整治、老宅修缮、引入新业态等举措为创业青年提供机会,激发计家墩发展活力。目前,计家墩村吸引了建筑设计师、手工艺爱好者、企业高管、高校毕业生等100余位返乡人才,为计家墩村带来了文化、技能、产业和个性化IP,计家墩村逐渐成为"人才返乡创业的聚集地"。三是注重对本土人才的挖掘,摸底调查本村的退休乡贤,以"乡土乡情乡愁"为纽带,引导和调动有发展能力、有发展思路的退休高干人才参与乡村建设和治理,切实发挥本土人才的重要价值。

四、"除"障破难,激发共富"新活力"

"新乡村"与"旧村落"如何实现融合、"新村民"与"原住民"如何实现共富是计家墩"除"障破难的重要方向。一是尊重乡村田园肌理,整合村庄周边闲散资源,打造景观农田、休闲庭院、美丽菜园、垂钓鱼塘,实现田园风光与民宿屋社的完美融合。二是保留和利用乡村特色元素,将乡村废弃的传统船只等具有乡村特色的物件利用起来,打造成乡村景观,形成乡村标识的一部分。三是推出休闲农场、农事耕种、趣味采摘等乡村生活体验项目。四是通过嫁接民宿流量资源,在手工创作中赋予本土农产品、水产品、传统手工艺品新生命。五是通过挖掘乡村传统产业,鼓励村民自产自销农产品,开办乡村集市,给村民提供便利的销售途径。六是畅通就业渠道,在民宿和村民之间搭建信息沟通桥梁,为村民开辟就业空间。

计家墩村通过不断探索文化和旅游产业开发的有效路径和模式,实现了联动发展,让"理想"变成了现实,激发了乡村共富"新活力"。

开发方式:轻资产租赁、民宿集群。

主营业态:主题民宿、餐饮、会晤空间、书店、市集、手作工坊、亲子乐园。

发展理念:打造乡村生活示范区"乡村+X"模式,七大功能板块联动,共同创造。

新田园生活;保留传统文化,传递新美学观;挖掘乡村多元价值。

第一节　乡村产业

一、乡村产业的内涵

随着经济社会发展水平的提升,全球各国农业产值所占比例逐渐下降。然而,农业在国民经济中的地位并未削弱,反而承担了更多功能。现代农业不仅是生产食物和其他农产品的经济活动,还具备了更多社会、文化和环境等非经济的功能。这种农业多重功能的转变,拓宽了农业产业的边界,形成了乡村产业的概念。

现代农业不仅关注经济效益,也致力于社会责任、文化传承和环境保护等方面的义务。它为社会提供健康食品,保护生态环境,促进可持续发展,并为乡村经济的发展带来重要机遇。这种农业模式被称为生态农业或宜农城镇发展,通过技术、资金和人才的引进,推动农民就业增长、提高农业收入和社会财富。尽管农业的经济比重有所下降,但它仍然是全球最重要的产业之一。农业对于保障全球食品供应、减少贫困、促进可持续发展等方面起着重要作用,对于实现粮食安全和社会稳定具有重大意义。乡村产业是指在农村地区兴起并具备一定规模、技术含量和经济效益的各类产业形态。它与城市产业相比,有着一些独特的内涵和特点。

(一)农业产业

乡村产业的核心是农业产业,包括传统的农作物种植、养殖业、水产养殖等。随着农业现代化的推进,农业产业也逐渐引入了现代农业技术、智慧农业等,以提高农产品的产量和质量。

(二)农副产品加工业

乡村产业还涵盖了对农产品的初加工和深加工。通过农副产品加工,可以将农产品加工成具有更高附加值的产品,如农产品加工食品、食用油、纺织品、草编产品等。

(三)休闲农业与农家乐业

随着人们生活水平的提高和休闲需求的增加,乡村产业中的休闲农业和农家乐业逐渐兴起。这些产业将农村优美的自然环境和乡土文化与休闲、度假、文化体验等相结合,吸引游客进行观光、休闲和体验式旅游。

(四)生态农业与有机农业

在乡村产业中,越来越受到重视的是生态农业和有机农业。这些产业注重生态环境保护和农产品的绿色、安全、无公害生产,以满足消费者对健康、环保农产品的需求。

（五）农村新兴产业

乡村产业还涵盖了一系列新兴的产业形态,如乡村电商、农业科技创新、特色农产品销售等。这些产业借助互联网、科技创新等手段,推动农村产业的升级和发展。

乡村产业的内涵正不断丰富和拓展,旨在促进农村经济发展、农民增收致富,并实现农村与城市的协调发展。同时,乡村产业也为保护农村生态环境、传承乡土文化、改善农民生活质量等发挥着重要作用。

乡村产业是一种建立在现代农业基础上的多元产业深度融合而形成的新型乡村形态,包括多元化的参与主体、现代化的产业结构、内生化的动力势能、品牌化的特色产业、外向化的社会联结等基本要素。

一是多元化的参与主体。乡村产业的构建离不开具有异质特性的多元主体的深度参与。首先,需要党的坚强领导。乡村振兴与党建引领之间存在强关联性,增强乡村发展的内生动力,推动乡村转型和结构升级,其基本前提是加强党的领导。通过强化执政党在乡村产业系统运行中的引领功能,发挥"谋大局、把方向"的作用,有效整合由于利益冲突和价值偏好所导致的乡村社会公共意志弱化和利益碎片化状态。其次,需要高素质的乡村干部队伍。乡村是产业发展所需要的各类要素的重要来源和基本载体,对于乡村基层干部而言,学会经营村庄已然成为一门必修学问。现代乡村干部,不仅要有高度的政治自觉,还需要懂乡村发展政策和市场经济运行规律。建设乡村产业过程中,产品的市场化、品牌化建设和产业结构升级等多个环节,都需要基层干部善谋善为。再次,需要符合乡村实际的市场主体。在所有的市场主体中,中小型企业以投资少、见效快、转型易的特点,成为推动乡村产业发展的重要力量,也是乡村产业发展中最具活力的主体。政策的普惠性使国家资源更多地向乡村扩散,中小型企业成为乡村经济增长、农民增收的重要途径。作为一种重要的乡村经济组织形式,其能够将资源充分调动,破除乡村经济的狭隘性发展。乡村社会中小型企业的迅速扩张,既是国家实施乡村振兴战略的政治成果,也是乡村转型和产业集聚的必然结果。最后,需要具备现代理念的新型农民群体。乡村产业发展将会打破原有村庄的经济结构与治理基础,村民的响应、配合以及支持力度也将对乡村产业的构建产生重要影响。村民是乡村产业建设的主体和受益主体,只有不断增强其对产业发展的认同性、在场性与参与性,才能有效整合趋于"原子化"的村民个体,让他们以有组织的方式来更大比例享受产业型村庄发展的红利。

二是现代化的产业结构。产业结构现代化是指以产业结构合理化为前提,使产业系统效益逐渐提高的过程。就其本质而言,产业结构现代化的过程就是产业逐次转移的过程。具体而言,就是指第一产业不断向二三产业转化,由初级产品向中间产品和最终成品演进,实现向高附加值、高集约化、深度加工化的嬗变,由此推动乡村产业价值不断提升。产业结构经过长期的演进与革新,使不同产业体系之间形成有机整体。在产业结构现代化过程中,乡村社会第一产业比重不断下降,第二产业和第三产业比重不断提升,这也是产业自身发展规律使然。就农业发展而言,乡村产业中的农业正在朝着更具整合性、交融性的方向调整,村民也从传统小农自觉融入社会化分工体系之中,与社会生产要素进行有效链接,成长为适应农业现代化的社会化小农,将土地使用权租赁出去以形成规模效应,将农民从繁重的农业体力劳动中解放出来,并将富余劳动力资源运用到更高附加值的创造活动之中。就工业发展而言,乡村产业不再单纯依靠农业种植养殖和初级农产品销售获取经济收入,而是进行二次加工,形成中间产品或者成品,通过延长产业链来吸纳整合农村闲置资源,防止因乡村资源向城市空间的单向流出而导致的乡村发展空心化和疲软化。产业结构的现代化发展需要系统地统筹与安排,从顶层设计到演进的各个环节,都需要相关主体各尽其能、共同发力。

三是内生化的动力势能。势能是指积淀在一个系统中且可以转化为其他形式的内生性能量。产业发展势能是指产业集聚过程中,各生产要素不断组合发酵而生发出来的内在驱动力量。随着乡村产业的发展,基础设施逐步完善,多元主体的参与意愿逐渐提高,在主产业平台基础上衍生出来的新要素不断涌现,现代化产业取代传统农业的趋势愈加明显,产业发展的活力不断激发出来并展示出不可忽视的经济价值。产业发展势能是生产要素禀赋、产业转移和产业政策相互作用的结果。对于乡村产业而言,生产要素禀赋势能主要体现在农村富余劳动力资源被充分挖掘,以及产业集聚带来人才、资金和技术回流,使产业发展所需要的各种要素逐渐丰富起来。同时,随着产业竞争优势的彰显,原先沉淀的乡村资本和技术也会被重新激活,并被赋予新的价值作用和产业定位。产业转移势能主要伴随着乡村产业结构的现代化水平不断提升而不断显现。在此过程中,乡村社会不断与外界进行物质、能量、信息等互动与交换,乡村产业与市场之间搭建起"供需落差"的正向循环,从而产生推动乡村产业发展的强大力量。产业政策势能主要来自党和国家出台的一系列惠农助农政策。围绕乡村振兴战略出台的一系列法律法规和政策文件,为乡村产业发展创造良好的社会环境和提供强大的政治支持,使乡村产业能够最大程度地吸收政策势能激活的发展因子,并将其转化为推动乡村产业发展的内源性动力。

四是品牌化的特色产业。特色产业和自主品牌是乡村产业构成要素中的重要内容。王瑞峰、李爽两位学者通过全国乡村产业发展十大典型案例,总结出乡村产业的品牌因素是激发乡村高质量发展的主要动力,品牌的培育与推广应该作为乡村产业发展的首要任务。特色产业往往依赖于当地特色的文化资源、特色的区位条件、特殊的资源优势等因素发展。现阶段,在塑造乡村特色品牌方面可以选择的发展路径包括:发展乡村旅游业,实现旅游产业集群化;发展现代农业,如塑料大棚、无土栽培等,促成某种作物的规模化、优质化种植;承接大城市产业转移,如电子装配、服装等轻工业,凭借丰富的劳动力资源和超低的土地厂房租金等廉价成本形成产业竞争优势。这些产业类型在广阔的乡村空间里成为乡村发展的重要平台和载体,是乡村产业发展的重要依托。特色产业是实现乡村特色产品品牌化的基础,对于乡村产业而言,乡村社会中的特色产业需要以品牌化建设为发展目标,融合多种产业形态,形成特色产业聚集群,实现乡村产业的产业优势与市场竞争优势。同时,特色产业品牌是乡村产业的一大卖点,是村民创收增收的关键抓手,有助于塑造良好的乡村形象和凝聚强大的发展力量。乡村产业的特色品牌具有很强的辐射带动作用,能够带动乡村产业中活力不强、动力不足的发展要素,调用可利用、可挖掘的新资源,继而形成产业的融合与集聚效应。在龙头品牌产业带动下,可以有效打通产业上下游联通的壁垒,进而加速乡村产业建设。

五是外向化的社会联结。受专制统治、小农经济、儒家思想、交通落后、信息闭塞等多种因素的影响,传统乡村社会具有内向性的特征。绝大多数村民都是生于斯、长于斯、葬于斯,由此形成相对封闭的熟人社会。乡村产业作为市场经济和工业化的产物,更多地具有开放性的特征。乡村产业作为社会大系统中的一个子系统,能够与外界系统之间进行持续的能量、信息、要素的双向交换,即乡村产业的社会联结性。乡村产业是开放的而非封闭的,它与社会系统的联结是主动的而非被动的。它以产业为载体,将附着乡村底色的产业因子置于整个社会大系统中,由此形成乡村产业社会的外向型联结性。乡村产业的对外联结程度,主要由以下三种要素决定:其一,乡村产业社会联结的长度,即乡村产业发展效能所及的空间范围;其二,乡村产业社会联结的宽度,即乡村产业与社会全向度的互动与联系;其三,乡村产业社会联结的密度,即乡村产业与社会互动的长期性和持续性。这三个要素的发展状况能够推动乡村产业走出原子化发展趋势,主动拉近村民与社会和国家的情感联系和经济联系。

二、乡村产业的特征

从中国的国情和农情看,乡村产业具有以下鲜明特征。

(一)阶段性

乡村产业发展是在经济社会发展不同阶段下的产物。随着经济的发展,农村不再只依赖单一的农业生产功能,而是通过乡镇企业发展、农业观光休闲产业、"互联网+"等新产业、新业态的出现,展现出产品供给、文化传承、生态维护等经济和非经济功能的多元化。

(二)多元性

中国地形、气候、资源等具有丰富的多样性。不同地区根据自身的资源禀赋,发展出不同的乡村产业模式。有些地区重点发展农产品产出,有些地区则侧重于生态环境保护;有些产业需要规模化生产,而有些则强调集约化经营。这些不同点突显了乡村产业的多元性特点。

(三)功能性

在不同阶段,乡村产业的功能会有所调整和变化。早期乡村产业主要起到为工业化提供要素积累的功能。而在现阶段,除了强调产品产出的功能,还要求扩大文化传承和生态维护等非生产功能。

(四)融合性

乡村产业发展与乡村建设、乡村治理密切相关,相互融合共生。乡村产业发展是乡村建设和乡村治理的前提,而乡村建设和乡村治理则是乡村产业发展的保障。此外,工业化、城镇化、信息化和农业现代化的同步发展,需要进行城乡产业分工协作、合理规划城乡发展空间,同时,注重土地、资金、技术、信息、人才等要素的融合互动,调整工农、城乡关系,推动城乡融合发展。

总体看来,保障农产品充分供给、实现农民充分就业、增加农民收入、维护乡村生态环境、促进产业发展、拓展农业多种功能、挖掘乡村多元价值,构成了具有中国特色的乡村产业的深刻内涵,也是发展乡村产业的基本着力点和方向。

三、乡村产业发展的困境

(一)产业链条较短

乡村产业链短,增值能力有限。2020年中央一号文件指出,地方要依托特色资源打造独特农业产业链,推动农村一二三产业融合发展。现实问题表明,在乡村产业链中,第一产业延伸不足、第二产业扩展不够、第三产业发展不完全,导致乡村产业价值增值能力有限。第一产业延伸不足主要体现在农产品供应链不完整,从产地到消费者的流通环节不畅。因此,初级产品的价值较低,且乡村产业链中增加的价值难以有效挖掘。第二产业扩展不够主要表现在农产品缺乏精深加工,大部分乡村产业只进行基本的分级和包装,副产物综合利用程度低,产品附加值提升难度大。第三产业发展不全主要表现在农村社会化服务无法有效带动小农户进入现代农业发展轨道,乡村产业的服务能力不强。

(二)融合层次较浅

乡村产业融合程度低,经营主体利益联结呈现短期性特点。乡村产业发展中,经营主体之间的利益联结程度较低,可持续性差。这是乡村产业融合程度不深的主要表现,也是导致农民在乡村产业增值中受益较少的重要原因。首先,合作剩余分配不合理,导致合作关系难以持续发展。如果合作关系中合作剩余收益的分配不合理,农民无法获得更多的产业增值收益,合作关系可能变成劳动雇佣关系,难以持续。其次,小农户的行为引发信任危机,使他们与新型农业经营主体的合作变得困难。最后,小农户在乡村产业中的地位相对较低,缺乏影响力,使新型农业经营主体获得更多的利益,同时挤压了小农户的利润空间和发展空间。

(三)要素活力不足

乡村产业要素活力不足,资源配置效率低。乡村产业中生产要素之间流动自由度不高,城乡要素错配严重,导致乡村产业的要素配置效率低下。首先,土地流转制约了多要素的组合生产力。合理的土地配置是实现其他生产要素合理配置的基础和前提,但缺乏合理的土地配置会影响其他生产要素的配置。其次,劳动要素的整体边际产出降低。农村的经济活动较少,提供的就业机会有限,导致劳动要素难以合理分配。最后,农业生产性服务市场的发展缓慢,小农户在现代农业发展中面临许多实际限制,无法通过外包服务实现现代农业的发展。

四、乡村产业的作用

发展乡村产业是全面推进乡村振兴的重要抓手,对坚持稳中求进工作总基调,应对复杂多变的外部环境和实现可持续发展意义重大。

(一)发展乡村产业是实现稳中求进的需要

当前,国际形势复杂多变,不稳定、不确定性明显增强。国内经济发展环境的复杂性、严峻性、不确定性上升,稳增长、稳就业、稳物价面临新的挑战。特别是随着工业化、城镇化持续推进,城乡居民消费持续升级,粮食等重要农产品供需平衡压力增加。发展乡村产业,有利于满足城乡居民多元化需求,促进农民在乡村充分就业,增加农民收入,巩固拓展脱贫攻坚成果,稳住农业基本盘,对切实保障和改善民生至关重要。

(二)发展乡村产业是实现农业高质量发展的需要

高质量发展是农业供给侧结构性改革的内在要求,也是构建以国内大循环为主体、国内国际双循环相互促进的新发展格局的必然选择。发展乡村产业要服务于农业产业安全,保障农产品充分供给。同时,应谋划乡村产业布局,调整产业结构,发展新产业、新业态,促进农业转型升级,与农业农村发展的内外部环境变化相协调,与我国全面构建现代化经济体系相适应。乡村产业的发展,为拓展农业多元功能、挖掘乡村多元价值提供了机遇,既能满足城乡居民获得充分而多元的农产品的需要,又可以对农业资源环境、生态安全和文化生活产生积极影响,还有利于为提升农业的国际竞争力寻求突破口。

发展乡村产业是促进农民就业增收的需要。乡村产业既涉及农林牧渔等产业,又涵盖乡村旅游、休闲康养、农村电商等新产业、新业态,既可增进乡村发展的效益,也可实现富民增收。特别是当前经济面临下行压力,外部环境不稳定、不确定性明显增强,稳就业、促增收,需要把发展乡村产业放到更加突出的位置。

(三)发展乡村产业是巩固拓展脱贫攻坚成果的需要

产业可持续发展是防止返贫与巩固拓展脱贫攻坚成果的重要前提。只有大力推进乡村产业发展,脱贫地区的农民才能有更多的就业机会和收入保障。因地制宜多元化培育、发展乡村产业,让脱贫群众分享更多产业增值收益,有利于推动巩固拓展脱贫攻坚成果同乡村振兴有效衔接,让脱贫基础更加稳固、成果更可持续,夯实区域平衡发展的基础。

(四)发展乡村产业是体现乡村价值的需要

乡村产业发展有利于促进生态振兴和文化振兴,发挥乡村的文化传承和生态维护两大功能。从农事节气到村庄布局,无不体现中国独特的文化元素,可通过发展乡村休闲产业等多种方式,传承发展农耕文明,推动乡村文化振兴。坚持人与自然和谐共生,坚持生态优先、绿色发展,能够实现保护与开发并举、生产与生态并重,促进乡村可持续发展。

总之,乡村产业的发展,有利于强化乡村产品供给功能,调整农业要素贡献功能,增强产业对农民的收入贡献,凸显乡村对传统农耕文化和生态环境的保障功能,真正让农业成为有奔头的产业,让农民成为有吸引力的职业,让农村成为安居乐业的美丽家园。

第二节　壮大乡村特色产业

一、乡村特色产业的内涵

把握乡村特色产业的内涵,关键是要把握其"特色"。特色是一个事物或一种事物显著区别于其他事物的风格和形式,是由事物赖以产生和发展的特定的、具体的环境因素所决定的,是其所属事物独有的。乡村特色产业的特色,反映的是乡村特色产业本有的特色,是其基本的规定性及发展的属性。

把握乡村特色产业的本质属性,要从以下三个维度、四个环节来把握。

一是乡村产业的区域维度。一个地区乡村的自然与人文资源、乡村地域性特征等因素决定着乡村产业的特色。区域特色是特色产业的基础,同时,乡村产业特色成为乡村区域特色的重要内容。

二是乡村产业的资源维度。乡村特色资源形成的乡村特色产业,决定乡村产业发展的经营方式、产业业态、产品特点及服务方式,形成特色产业发展的重要元素,表现产业发展的特点。

三是乡村产业的需求维度。乡村特色产业是依据特色的市场需求发展而成的,旨在满足特殊人群或者社会大众的功能化需求,如文化体验、休闲养生,降低三高等,相对其他产业而言具有鲜明的时代特征。

一个完整的产业有四个发展环节,把握这四个环节的特点,就是了解乡村产业的特色。

一是把握乡村产业的资源环节。乡村特色产业是由乡村特色资源形成的产业。资源的性质、特色、区位、种类决定乡村产业特色。

二是把握乡村产业的形态特色。具体产业特色的表现形式,由融合方式、手段、业界等决定一个产业所呈现的产业特点。

三是把握乡村特色产业的产品特色。特色产业要实现产业价值,需要形成多元的特色产品,满足人们生理需求与精神文化需求,实现体验消费与物质消费的有机结合。产品特色是产业特色最直接、最核心的形式。

四是把握产品功能与市场需求。一个产业特色是与一个特定的目标人群价值需求相关联的,了解一个产业的特色,往往可以从一个特定的人群及其特殊的需要出发来把握。

二、乡村特色产业的特征

(一)乡村产业具有独特特色

乡村产业的特色是与其他产业相比凸显出来的,具备四个基本要素。首先,乡村产业以独特资源为基础进行发展,包括自然、文化和产业多功能性等方面的资源。例如,特色农业将区域内独特的农业资源转化为特色农产品,实现现代化农业生产。其次,乡村产业发展与区域特色紧密相连,形成地方特色,同时乡村产业特色也构成对区域特色的认知。再次,乡村产业的特色产品具有独特的品质和功能,获得一定的知名度。最后,乡村产业的特色定位针对特定的消费市场,满足特定人群或市场用户的需求,具备市场前景和规模优势。

(二)乡村产业具有独特的地域属性

乡村产业的独特之处在于其空间属性为乡村,是在乡村资源优势基础上创建的产业。乡村特色产业主要基于乡村资源禀赋和丰富的历史文化资源,根植于农业农村,由当地农民主办,彰显地域特色和乡村价值。例如,特色粮油、特色果蔬、茶叶咖啡、食用菌、中药材、特色畜禽、特色水产、棉麻蚕桑、林特花卉等特色种养业和乡村食品、酿造、纺织、竹编、草编、剪纸、风筝、陶艺、木雕、木工等特色手工业。此外,乡村元素也成为融合发展的重要条件,创新新型产业如休闲旅游和现代康养产业。

(三)乡村产业是农民的主要经营领域

乡村特色产业是农民创业和致富的重要产业。乡村特色产业的发展目标是为社会提供乡村特色产品,同时为农民创造就业机会。农民积极探索各种方式,如订单收购、分红制度等,推动乡村特色产业的发展。通过合作形式,形成农业产业化联合体,实现分工合作、优势互补、风险共担、利益共享,引导社会资源向农村流动,推动乡村振兴。

(四)乡村产业具有相对的发展优势

相对优势是指乡村特色产业相对于其他相关产业具有较强的发展能力。乡村特色产业的相对优势主要由其特点所决定。乡村特色产业发展依托独特的区位和资源条件,一些地区具有发展特色农产品的传统和技术成熟的优势,拥有较大的市场占有份额和市场半径,有利于形成知名品牌和区域特色农产品产业体系。乡村特色产业还具有良好的产业集群能力,有助于形成区域品牌,有利于发挥比较优势,形成优势互补的区域发展格局。

三、乡村特色产业的阶段特点

随着乡村振兴的深入推进,乡村特色产业呈现高速发展的态势,产业布局不断优化,区域特色基本形成;产业化市场化水平不断提升,品牌化趋势明显;经营主体多元化发展,合作模式多样化,已经成为乡村振兴的重要产业支撑。除此之外,还具有以下特点。

(一)发展不平衡

一是地区发展不平衡。城市周边地区的发展速度快于边远地区,东部地区发展速度快于中西部地区。经济作物集中地区的发展速度快于以传统粮食为主地区的发展速度。在每个县市,各个乡村的发展也存在不平衡。一些地方实施了"一村一品""一乡一业""一县一特"的政策,创立了一些独特的特色产品品牌,增加了农产品的品牌收益。

二是农业产业化水平高的地区发展较快,而传统农业区域的发展较慢。各个产业之间的发展也不平衡,健康功能化产业和乡村旅游产业发展较快。在大部分地区,"农村卖原料、城市搞加工"的产业链空间布局还没有从根本上改变。

三是利益分享机制有待完善。虽然推进了土地三权分置改革等举措,鼓励农民以土地经营权参股,分享产业化的收益,但在具体的操作环节上仍存在一些难度。

四是产业链各环节发展不平衡。农产品产业链中存在着"粮头食尾""农头工尾"的问题,需要加强对农产品加工的支持。特色农产品的初精加工需要技术支持和创意策划。此外,乡村产业的发展还面临着基地面积不够、企业发展能力有待提升、市场容量较小、产业链条不健全、粗加工不足等问题,需要进一步解决。

(二)全而不精

特色农业产业虽然种类繁多,且大多小有名气,但真正能在全省乃至全国占据主导地位、有影响力的特色农业产业尚未形成,尤其是各类特色产业均为其他地方也有发展的低技术门槛类产业,比较优势并不明显,同时,由于特色产业种类过于繁多,政府部门在引导支持时力量较为分散,没能将项目、资金集中于优势项目中,呈现出"撒胡椒面"的支持状态,扶持效果不算显著,发展质量效益不高。多数乡村企业科技创新能力不强,特别是农产品加工创新能力不足,工艺水平落后于发达国家。产品供给仍以大路货为主,优质绿色农产品占比较低,休闲旅游普遍存在同质化现象,缺乏小众类、精准化、中高端产品和服务,品牌溢价有限。乡村产业聚集度较低,仅有28%的乡村产业集中在各类园区。

(三)小而不大

一是基地面积不够。如有的县发展最多的猕猴桃、魔芋等产业,实际面积仅为六七万亩,茶叶经过近年的恢复性发展,总面积也不超过3万亩。

二是企业发展能力有待提升。大多数茶叶、药材、特色食品等产业的加工、销售企业年销售规模均不超过1 000万元。由于龙头企业的块头小、规模较小,难以起到示范带动作用,不能通过市场化的手段带动相应产业发展,在产业发展中仍然存在政府主导的现象,同市场运行规律有所冲突。

三是市场容量较小。农产品职业经理人的销售人才群体缺乏,市场低层次的供求矛盾始终没有缓解。"一产就多,一多就乱,一乱就弃"的发展规律还没有从根本上解决。生产规模始终存在发展的瓶颈,因为销售市场有限,而不敢盲目扩大产业规模。

(四)粗而不细

产业链条仍然较短。总体情况是,一产向后延伸不充分,多以供应原料为主,从产地到餐桌的链条不健全。二产连两头不紧密,农产品精深加工不足,副产物综合利用程度低,产品加工转化率仅为65%,比发达国家低20个百分点。三产发育不足,农村生产生活服务能力不强。产业融合层次低,乡村价值功能开发不充分,农户和企业间的利益联结还不紧密。大多数特色农业产业仍然停留在提供初级产品的阶段,缺乏深加工产品,如药材、高山蔬菜、猕猴桃、土鸡、速生丰产林等产业,深加工龙头企业少,导致产品附加值低,农民收入也大幅度受限制。比如,由于缺乏深加工龙头企业,猕猴桃企业无法在保质期内完成干鲜果销售,导致大量猕猴桃积压变质,给种植户和经销商带来了严重损失。产业链不完善,在有些地区,没有一个产业具备完整的产业链条,包装、广告设计、产品检验、物流运输等方面都存在较大制约。

(五)产业要素活力不足

乡村特色产业稳定的资金投入机制尚未建立,金融服务仍明显不足,土地出让金用于农业农村比例偏低。农村资源变资产的渠道尚未打通,阻碍了金融资本和社会资本进入乡村产业。农村土地空闲、低效、粗放利用和新产业新业态发展用地供给不足并存。融合发展的体制机制有待建立。农村人才缺乏,科技、经营等各类人才服务乡村产业的激励保障机制尚不健全。

(六)缺乏科技与创意支撑

一是缺乏科研院所。小产品的产业,由于普遍规模小,科研项目少,找不到合作伙伴,难以实现真正的科技支撑。行情高涨时,农户笑逐颜开,赚个盆满钵满。行情低落时,大家愁眉不展,毫无办法,赔个精光,任其自生自灭。

二是能工巧匠水平有待提高。有些有特色产业的村里没有技术人员,产业的背后更没有技术团队及科研人员的支撑,村民们自认为抱了个"金饭碗",也不外出学习考察掌握新品种、新技术,跳不出自己的小圈子。

三是乡村特色新产业的发展,创新支撑严重不足,缺乏创意支撑。在发展休闲旅游时,模仿多,真正具有市场价值的创意活动比较少,缺乏依据市场需要的持续的创意技术作为支撑。

(七)利益联结机制有待完善

大部分特色产业农户依靠的仍然是单打独斗式经营,只顾埋头拉车,行情好时盲目增加面积,一窝蜂地扩大生产,常规的农产品多数时候是买方市场,生产过剩,产品滞销。另外农户与市场主体的利益联结也不稳定,在小农为主体的特色农产品发展过程中,始终受两个规律的支配:市场好了,农户自干;市场差了,农户找企业,找政府。不大的范围内,大家争相生产,抢占市场,而且各自为战。行情一好就扩大,一扩大就滞销,一滞销就放弃,一放弃又上涨,周而复始。小农生产的行为是依据周边区域性的或者是人人相传的"行情"来决定的,由此,分散的农户就会在市场行情的"引诱"下,加快生产,短期内形成宏大的未来生产供给,造成低水平的滞销,反之又会造成短缺。这是小农永远摆脱不了的农产品供求规律。发展特色产业迫切需要提高农户的组织化程度,需要组织农民一起组团购买种子、化肥、农药等农资,一起选用优良品种、先进技术、降低生产成本,一起共享市场信息,一起抵御市场风险,保证农户持续增收致富。

(八)基础设施仍然是发展的主要短板

一些农村供水、供电、供气条件差,道路、网络通信、仓储物流等设施未实现全覆盖。农村垃圾集收运和污水处理能力有限,先进技术要素向乡村扩散渗透力不强。乡村产业发展的环境保护条件和能力较弱,工业"三废"和城市生活垃圾等污染扩散等问题仍然突出。西部地区的特色农业基础设施普遍相当落后,如贵州省水城县营盘村的茶产业、猕猴桃产业、蔬菜产业等特色农业产业已经成为农民增收致富的支柱产业。但是,猕猴桃和茶叶种植园区的田间道路、灌溉等都非常缺乏。云南省昭阳区、鲁甸县、永善县分别有68%、75%、80%的果园不通路,68%、88%、90%的果园不通水,缺水问题严重,果园间道路状况差,灾害性天气频繁,抵御自然灾害能力十分脆弱。智能化与数字化特色产业需要发展。产地批发市场、产销对接、鲜活农产品直销网点等设施相对落后,物流经营成本较高。

四、乡村特色产业的当代价值

乡村特色产业的基本功能是产业功能,表现为以大众喜爱的优质产品满足市场需要。乡村特色产业除具有一般的产业功能之外,还具有以下功能。

(一)乡村振兴的产业支撑

特色产业生产经营对农民增收带动作用明显,是增加农民收入的重要来源,是富民产业。发展特色农业可以促进土地、资金等要素的合理流动,特色农业既能容纳本地的一部分劳动力就业,又能接收部分外来劳动力就业。大力发展乡村特色产业,挖掘特色农业潜力,有利于促进适度规模经营、加强全产业链建设、推动产业融合发展,有利于创造新产品、催生新业态、发展新模式、拓展新领域,有利于完善利益分享机制,拓宽农民增收渠道。特色产业的创新发展,能打造一批"土字号""乡字号"特色产品品牌。创新发展具有民族和地域特色的乡村手工业,大力挖掘农村能工巧匠,培育一批家庭工场、手工作坊、乡村车间,由此推动乡村生态文明建设与乡村文化传承,构成乡村产业兴旺、乡风文明、生态宜居的新型产业平台。乡村特色产业兴旺发达,让乡村更加宜居,乡风更文明,实现乡村有效治理,带动农民生活更加富裕。

(二)推动融合发展的重要路径

融合是创新乡村新型特色产业的手段,其路径与目标是乡村特色产业。多产业、多元素跨界融合,为乡村特色产业创新新型资源。乡村新型产业及其新业态创新,通过多产业相"+",推动文体、农业、旅游的有机结合而得以创新发展。比如乡村康养、文化体验与休闲、乡村旅游产业就是多产融合创新的结果。融合,在城市与乡村之间构筑要素互通、环境共享、联系稳定、良性互动的有机整体,实现城乡统筹发展,为社会资源流向乡村提供通道。

(三)供给侧结构性改革具体抓手

乡村特色产业是面向市场的,是市场导向性产业。乡村特色产业的创新成为推动传统农业由生产导向向市场导向转型,由规模导向向提质导向转型的重要推手。一个地方特色蔬菜、特色果品、特色粮油、特色饮料、特色花卉、特色纤维、道地中药材、特色草食畜、特色猪禽蜂、特色水产等发展,将成为加快推动一个地区农业产业调整与结构优化的重要内容。乡村特色产业也是效益产业,是适应消费结构升级,居民消费由吃得饱转向吃得好、吃得营养健康,消费呈现多元化、个性化发展趋势的重要产业,推动乡村产业高质量发展。

(四)推进生态优化的新型产业载体

特色农业具有气体调节、水源涵养、土壤保育、废物处理、生物多样性保护等生态价值。可以创造良好的自然资源和环境,在某种程度上,使自然资源系统得到修复和强化,实现生态环境资源的服务和供给价值。其生产要素本身就是构成生态环境的主体因子,对促进经济的持续发展、生存环境的改善、保持生物多样性、防治自然灾害,为二三产业的正常运行和分解消化其排放物产生的外部负效用等,具有积极的、重大的正效用。乡村特色新型产业如康养、乡村休闲旅游等需要配置生态景观资源,提升传统乡村的景观化水平。通过对湖、田、林、村、水、山、路进行综合整治,促进"山美、水美、人美、田美、路美、村美"的美丽生态田园形成。特色农业对优化区域生态系统起重要作用。以云南哈尼梯田、湖南紫鹊界梯田为代表的南方稻作梯田系统,具有森林-村寨-梯田-水系"四素同构"的系统特征,形成自流灌溉农业生产体系,紫鹊界梯田一带素有"天下大旱,此地有收"的说法。地处黄土高原腹地的陕西佳县,干旱少雨,生态脆弱,枣树不仅是当地农民的重要生计来源,也在生态保护方面发挥了重要作用。安徽省砀山县立足酥梨产业,以生态立县推进新农村建设,初步走出了一条新路子。砀山县是全国生态试点县、国家级生态示范区,境内环境优美,全县村庄绿化率达85%以上,森林覆盖率76%以上,水果种植面积逾70万亩,被吉尼斯纪录认定为世界上最大的连片果园产业区。

(五)乡村文化传承与创新

一是传承农耕文化。乡村特色产业需要配置乡村特色文化资源,在农业文化遗产地表现更为明显,其具体表现方式除了文字记载外,还有歌曲、故事、谚语、仪式等形式。截至2018年2月,中国列入全球重要农业文化遗产保护名录的遗产地总数为15处。为了加强国内重要农业文化遗产管理,促进农业文化传承、农业生态保护和农业可持续发展,我国从2013起开始认定"中国重要文化遗产",截至目前已经认定了91处。

二是保护文化的多样性。对91处中国重要文化遗产进行大致分类发现,除了稻作、梯田、农田水利等比较传统的农业文化外,茶、水果、干果、中草药等特色农业也很有文化内涵。如云南元阳哈尼梯田稻田养鱼、孟连神鱼节文化、江川开鱼节、勐腊弩弓水下射鱼等渔业文化,彰显了特色农业文化价值的魅力,丰富了特色农业的价值内涵。云南普洱、福州茉莉花、湖北砖茶、安溪铁观音、西湖龙井、福鼎白茶、黄山太平猴魁等不仅是国内外知名茶种,而且形成了各种茶文化。一些地区的枣、梨、葡萄、杨梅、核桃、荔枝、樱桃、柑橘等水果干果种植历史悠久,文化底蕴深厚。当归、辛夷花、枸杞、玫瑰、黄连、银杏等中药保健作物种植更具中国文化特色。

三是提供教育和审美。特色农业生产在传承、维护和创造地域文化、民族文化等方面的作用不可替代。特色农业蕴藏着丰富的文化资源,对人们的价值观、世界观和人生观的形成有积极作用。

四是推动文化产业的发展。各地以乡村文化元素为资源,通过"文化+""+文化"等多种形式,创新多姿多彩的文化产业。

(六)满足社会新需求

据不完全统计,我国各类特色农产品产值达到 5 万亿元左右,约占我国农业总产值的50%,占据我国农业的"半壁江山"。特色农业如干鲜果品、蔬菜、食用菌、中药材等特色农业发展迅速,极大满足了社会对健康养生的新需求。生态农业园以休闲农业带动特色农业发展。利用特色农业的景观资源发展旅游、观光、休闲业,让游客享受观光、采摘、体验生产、了解农民生活、感受乡土情趣。目前,一些特色农业经营主体开发具有观光、旅游价值的农业资源和农产品,将游憩休闲与科普教育有效结合,促进现代社会的人们与大自然紧密接触,把农业生产、科技应用、艺术创作、农产品加工和游客参加农事活动等融为一体,供游客领略在其他风景名胜地欣赏不到的大自然情趣。

五、乡村特色产业的发展趋势

(一)响应社会新需求的新产业

社会新需求正在加快向纵深发展。社会新需求表现为现实的新需求与未来潜在需求向现实新需求转化的新需求。新时代的新需求是当代社会生活整体变革所引起的。总体来看,主要表现为三个方面。

1.社会生活新需求需要满足

从未来乡村的功能需要来看,未来乡村是生态涵养之地,是中华民族传统文化传承与创新的策源地,是人们精神家园的归宿,是区域社会经济发展的重要支撑与有机组成部分。从人们对乡村产业的市场需求来看,人们对乡村产品的需求已经由本土向区域,由中低端向中高端,由单一向多元化,由大众向个性化,由满足温饱向功能营养方向发展。需求结构正在由单一的物质产品需求向文化体验、健康营养、生态休闲、养生养老综合性高质量需求转变。

2.新时代新关系需要构建

重构新型关系,需要着力构建工农产业融合、相互协调、共同发展的工农关系;着力构建城乡互助、区域一体的城乡关系与村镇关系;着力构建国民经济与农业发展的新关系。需要加快拓展农业的多功能性,充分发挥其新基础性地位,构建乡村产业促进国民经济发展的新关系。

3.乡村发展的新动能需要创建

从历史上看,我国农村变革的动力,一般来源于农民对生活资料特别是土地的再分配的要求。当代,我国农业基本的经营制度已经确立,推动乡村发展的新动能取决于三个方面创新。一是发展机制的创新。必须紧紧依靠市场需求,创建市场决定产业发展的机制,推动乡村产业发展;二是发展手段的创新,必须推动多元与多业融合,通过实现融合创新来实现乡村发展;三是转型升级的创新,必须紧跟市场变化,紧紧依靠资源创新、科技创新、运营创新来实现乡村发展。

（二）正在成为农民有效创新创业平台

1.农村创新创业日渐活跃

据了解，全国各地围绕乡村振兴，制定并落实支持返乡下乡人员创新创业政策，吸引农民工、大中专毕业生、退役军人、科技人员等到乡村创新创业。一是人数增加。截至2018年，各类返乡下乡创新创业人员累计达780万，"田秀才""土专家""乡创客"等本乡创新创业人员达3 100多万。二是领域不断拓宽，由种养向纵向延伸、横向拓展，创办的实体87%在乡镇以下，80%以上发展产业融合项目。三是层次不断提升，返乡下乡人员50%以上利用信息技术创新创业，近90%是联合创业。四是载体不断增多，认定的农村创新创业园区和实训孵化基地达1 096个，益农信息社覆盖1/3以上行政村。

2.特色产业扶贫扎实推进

据了解，2018年，结合发展优势特色产业，在贫困地区培育农业产业化龙头企业1.4万家、农民合作社61万个，有力带动建档立卡贫困户脱贫致富。除此之外，一批特色产业集群正在兴起。比如，目前已经建成甘肃定西马铃薯、江西赣南脐橙、陕西洛川苹果、湖北潜江小龙虾、重庆涪陵榨菜等。市场供求日益活跃，2018年农业农村部举办的各类产销对接活动，带动贫困地区销售农产品超过500亿元，促成签约项目300亿元。科技人才支撑有力，在22个脱贫任务重的省份实施农技推广服务特聘计划，组建科技服务团，培训带头人和大学生村官2万余人。

3.创新合作模式

围绕创建可持续发展的乡村特色产业，多元化利益联结机制逐步构建。各地发展企农契约型合作模式，已有1亿农户与农业产业化龙头企业签订订单，签约农户经营收入超过未签约农户50%以上。推广利益分红型模式，通过"订单收购+分红""保底收益+按股分红""土地租金+务工工资+返利分红"等方式，促进农民持续增收。探索股份合作型模式，形成分工明确、优势互补、风险共担、利益共享的农业产业化联合体。

4.推动农民劳动与生产方式的转型

智能化时代，新型消费方式正在加快推动传统农业组织方式向现代产业组织方式转型。传统的生产导向型农业向市场导向型农业产业转型。单一产业向多样化集群式发展转型。本土性市场向区域化全球市场转型。分散的小农向集体主导的混合经济体转型。低端供给向高质量高效益产业转型。传统的"化学农业"向生态循环式农业发展方式转型。自产自销向产销分离，销地市场向销地与产地相结合转型。农民自身单一农业生产劳作正向自主创业经营转型。

（三）实践创新推动特色产业发展

1.创建"一村一品、一乡一业、一县一特"

全国认定"一村一品"示范村镇2 400个。乡村特色产业快速发展，形成一批特色鲜明的小宗类、多样化乡土产业,创响特色品牌约 10 万余个。各地依托乡村资源,发掘农业与乡村新功能新价值,培育新产业新业态,县、乡(镇)、村特色产业综合体不断显现。

2.传统农业产业不断升级

全国建设国家现代农业产业园 62 个、国家农业科技园 32 个、农产品加工园 1 600 个,创建农村产业融合示范园 148 个、农业产业强镇 254 个。融合载体呈现丰富多样的发展态势。农产品加工深入推进,引导加工产能向粮食等主产区布局,促进就地加工转化。特色农产品加工不断创新,特色产品品牌不断创建。据有关资料,2018 年规模以上农产品加工企业 7.9 万家、营业收入 14.9 万亿元。

3.乡村新产业不断创新发展

休闲农业和乡村旅游精品工程的实施,推动各地建设休闲观光、乡村民宿、健康养生等园区景点,休闲农业和乡村旅游蓬勃发展。据有关资料,2018 年接待游客 30 亿人次,营业收入超过 8 000 亿元。2018 年农村生产性服务业营业收入超过 2 000 亿元,农村网络销售额突破 1.3 万亿元,其中农产品网络销售额达 3 000 亿元。乡村新型服务业创新发展呈快速发展态势。

4.乡村产业形态不断丰富

跨界配置农业和现代产业要素,促进产业深度交叉融合,形成"农业+""文化+""旅游+"等多业态发展态势。农业文化、农业教育、农业旅游、乡村康养、乡村电子商务等产业快速发展,推动中央厨房、直供直销等延伸型农业、综合种养等循环型农业如稻渔综合种养快速发展。新型经营主体不断发展壮大,农业产业化龙头企业 8.7 万家,其中国家重点龙头企业 1 243 家。注册登记农民合作社 217 万家,家庭农场 60 万个。

第三节　培育提升农业品牌

一、农业品牌的内涵

农业品牌是指在农业领域中建立起的商业标识和声誉。农业品牌通常代表着一家农业企业或产品的识别和价值,包括其产品质量、可持续性、信誉、可靠性和创新性等方面。农业品牌的成功建立可以使企业或产品在竞争激烈的市场中脱颖而出,并与消费者建立起长期的联系。

农业品牌也涵盖了农产品的溯源和品质认证。随着消费者对食品安全和环境可持续性的关注日益增加,农业品牌需要通过透明度和认证来证明其产品的质量和可靠性。这些认证可以包括有机认证、可持续农业认证、地理标志认证等,以确保产品的可信度,并提供给消费者可选择的农产品。此外,农业品牌还可以代表一种价值观和使命。一些农业品牌致力于推动可持续农业实践、保护自然资源、支持农民和农业社区的发展,以及提供健康和营养的食品。这些品牌通过传递其使命和价值观,与消费者建立起共鸣,并在市场中取得竞争优势。

二、农业品牌的价值

(一)增加农产品附加值

一个有影响力的农业品牌可以通过品牌形象和信誉带动产品的溢价销售,从而增加农产品的附加值。这将使农民能够以更高的价格销售其产品,提高经济效益。

(二)提升市场竞争力

在竞争激烈的市场中,一个独特的农业品牌可以帮助农产品与其他竞争对手区分开来。通过品牌的差异化定位和市场营销策略,农业品牌可以吸引更多消费者,扩大市场份额。

(三)建立信任和认可度

一个良好的农业品牌能够帮助消费者建立对农产品的信任度和认可度。消费者更倾向于购买知名品牌的产品,因为它们通常具有一定的质量保证和食品安全标准。这有助于农民获得稳定的市场需求。

(四)推动农业可持续发展

一个强大的农业品牌可以成为推动农业可持续发展的力量。通过强调环保和社会责任,品牌可以促进可持续农业生产实践的采用,包括有机农业、土壤保护和水资源管理。这有助于减少农业对环境的负面影响,确保农业的长期可持续性。

(五)扩大市场机会

一个强大的农业品牌能够帮助农民进入国内和国际市场。通过品牌的宣传和推广,农产品可以更容易地进入超市、餐饮业和出口市场,为农民打开更多的销售渠道和机会。

(六)增加产品认知度

农业品牌的存在可以提高消费者对农产品的认知度。品牌可以通过广告、营销活动和社交媒体等渠道来宣传农产品的特点、营养价值和独特之处。这有助于消费者更好地了解农产品,增加购买意愿。

(七)保护地方特色和文化遗产

每个地区都有自己独特的农产品和农业传统。通过培育农业品牌,可以帮助保护和传承地方特色和文化遗产。品牌可以强调农产品的地域性和传统制作方法,增加其独特性和吸引力。

（八）提供消费者更多选择

一个多样化的农业品牌市场可以提供给消费者更多的选择。不同类型的农业品牌可以满足不同消费者的需求和偏好，比如有机农产品、无饲料添加剂的农产品等。消费者可以根据自己的价值观、健康需求和口味选择适合的农产品品牌。

（九）吸引年轻一代投身农业

培育有吸引力的农业品牌可以激发年轻一代对农业的兴趣和投入。创新的品牌策略和市场营销手段可以吸引更多年轻人加入农业行业，并推动农业的现代化和发展。

三、农业品牌的突出问题

（一）农业品牌战略理念尚未普及

随着我国经济参与全球竞争之中，农业品牌战略是我国参与全球农业竞争的国家战略，但是由于农业领域深受传统农耕文化的影响，农业品牌战略理念尚未在全国普及，缺乏农业品牌战略的地区难以有培育农业品牌的意识和行动。

（二）农业品牌创建主体不明确

由于农业生产者比较分散，无法有效地创建农业品牌，随着农村新型经济组织产生，扩大了农业生产的规模化，提高了农业的集约化水平，有利于农业品牌培育，但是新型经济组织实力和规模不一，对于农业品牌创建能力有限，在农业领域内，农业品牌创建主体还不是很明确。

（三）农业生产产业化经营水平不高

我国大部分地区的农业生产产业化经营水平不高，大部分地区依旧沿用过去粗放式的生产方式，农户比较分散，生产效率不高，农业生产的集约化水平不高。即使建立了农村合作组织，也缺乏现代化的企业管理思维，缺乏长远发展规划，难以保障我国农业品牌培育方面一系列工作的完成。

（四）农产品质量与安全亟须加强保障

我国农产品质量与安全有待提高，农产品质量安全认证没有完全纳入法律范畴，缺乏农产品质量与安全的相关统一性标准，农产品质量与安全方面爆发的一些恶性事件，也给消费者留下了很多不良的印象。

（五）农产品缺乏系统的市场营销

农产品缺乏系统的市场营销，涉农企业经营观念落后，缺乏鲜明的营销理念，农产品初级产品过程，精而优质的特色深加工产品供应量不高，致使农产品的市场营销存在结构性矛盾。农产品生产者的品牌意识不强，不注重将自己生产的农产品区别于其他竞争者，农产品的营销体系难以形成。

（六）缺乏农业品牌培育的服务体系

农业品牌培育是一项繁复的工作，需要完善的服务体系来支持。由于各方面的原因，我国不少地区缺乏农业品牌培育的服务体系，信息化建设和物流系统建设比较落后，信息服务不到位。品牌保护意识不够，政府知识产权保护机制和农业品牌培育的激励机制不健全。相关的政策支持和资金扶持比较少，难以培育农业大品牌。

四、农业品牌的发展对策

（一）加强顶层设计与制度安排

一是加紧编制农业品牌发展规划。借鉴浙江、山东等地经验，结合农产品区域布局和农业品牌资源，研究编制省级农业品牌发展规划，加强统筹谋划，统一指导和协调全省农业品牌发展。二是建立农业品牌协调推进机制。建议成立农业品牌发展战略领导小组，整合相关部门资源，增强协同能力，解决农业品牌各环节管理中可能出现的多头管理、监管缺位、重复管理问题。三是完善农业品牌政策支持体系。逐步建立覆盖区县的品牌指导站，搭建农业品牌公共服务平台；设立农业品牌发展专项资金，对创建优势农业品牌的经营主体给予重点倾斜；支持企业依法以驰名商标质押获得贷款，以商标权等无形资产作价出资设立企业；鼓励扶持出口农产品在境外商标注册，加快 HACCP 体系等相关国际认证；健全品牌发展法治保障，严厉打击侵犯知识产权和制假售假行为，加强信用信息运用和失信惩戒，构建品牌维权发展机制。

（二）培育壮大农业品牌经营主体

一是扶持农业企业集团。鼓励龙头企业利用品牌资源进行扩张和延伸，建立农产品产业园区和原料基地，提高产业集中度；支持农产品加工企业以品牌为纽带进行整合，做大做强；通过设立海外发展基金、境外注册商标等方式，培育农业出口品牌，支持有条件的企业"走出去"。

二是培育新型农业经营组织联盟。以农业产业化企业为龙头、以合作社为纽带、以家庭农场和专业大户为基础，培育集生产、加工和服务为一体的新型农业经营组织联盟。通过促进要素集聚、服务集约扩大规模经营，实现专业化、标准化生产，保障农产品质量安全，打造农产品品牌。

三是推进农业集群发展。依托各类园区、市场，培育壮大一批具有地方特色和比较优势、技术含量高的农业生产集群、加工集群、流通集群、科技集群，加快农产品区域品牌和商标的注册与管理，推进农产品地理标志的建设与保护。

（三）加大科技创新与支持力度

一是加大科技投入。增加省市县财政资金投入水平，设立相应的创新专项基金，在绿色农业、有机农业及其产品加工发展的关键技术、技术基础以及公共性技术研究等方面形成持续稳定的投入,并通过专项资金投入引导各类社会投资机构介入农业和农产品加工相关技术研发。

二是加强产学研联合。以技术创新需求为导向,整合全省、借助全国的科研力量,加快组建农业品牌技术创新联盟,重点开发具有高技术、高附加值的农产品和精深加工产品,延长农业品牌产业链条,促进产业升级,强化科技对品牌价值的提升作用,增强农产品品牌的生机和活力。

三是健全科技服务体系。加快形成科技成果示范推广和快速转化机制,有效增强品牌生成全过程的科技含量。鼓励运用"互联网+"、大数据等新一代信息技术,提升质量在线监测、在线控制和产品全生命周期质量追溯能力。

(四)构筑三级联动的农业品牌新格局

一是打造农业区域形象品牌。发挥农业资源优势和生态环境优势,制定农业整体形象宣传方案,设立"农业日",加强公益宣传推介;深度开发农业观光体验游,深入挖掘农业文化内涵,努力打造"安全、优质、生态"的农业区域形象品牌。

二是提升农产品公用品牌影响力。以地理标志、产业品牌为支撑,深入挖掘农业品牌文化特征;引导成立专门机构(如行业协会、产业联盟、联合社等)或依托核心企业作为区域公共品牌的经营主体,组织吸纳区域内更多的农产品生产企业、生产基地、农户、涉农机构加入进来,加强资源整合监管、强化统一标准标识、建立合理进出机制,不断提升农产品区域公用品牌的知名度、公信力、影响力。

三是鼓励经营主体创建产品品牌。以农产品区域公用品牌为母品牌,鼓励经营主体创建知名产品品牌作为子品牌,通过严格准入、溯源监管等措施,降低生产主体进入市场的成本,实现子品牌产品溢价,带动企业品牌、产品品牌迅速成长,增强供给侧对农产品需求变化的适应性和灵活性。

(五)建立快速有效的品牌保护机制

推进农业品牌发展,不仅要加快新品牌的创建,还要加强老品牌的保护,要高度重视"互联网+"背景下品牌的危机处理。

一是建立农业品牌预警应急机制。对国内外农业品牌发展状况,尤其是知识产权政策或制度变化的调整进行及时跟踪;对可能发生的涉及面广且影响大的商标抢注、农产品质量安全问题、知识产权纠纷等突发事件制订应急预案,研究制定相关应急处置规范,健全快速反应处置联动机制。

二是强化快速反应的条件保障。加强农业品牌应急防范专业化队伍建设,尽快建立起信息畅通的应急处置网络,强化应急条件保障,确保能够快速反应和有效应对农业品牌突发事件,从而有效预防和控制危机的发生和扩散,最大限度地降低危机事件造成的损害。

第四节　数字乡村产业赋能

一、数字化赋能乡村产业的内在逻辑

(一)数字化通过创造新业态、带动就业促进乡村产业发展

数字信息化是以数字信息和数字技术为软硬件,嵌入到农业生产、流通、服务、管理等环节,形成新产业、新业态、新模式。第一,以互联网为载体的新业态,催生了网络直播等新兴产业,创造了大量的就业机会,使劳动者选择工作的方式更加灵活,就有可能产生职业化农民和兼业化农民,进而促进乡村产业发展。第二,以电商为载体的新业态,极大地带动了快递、仓储和包装等细分领域,不仅可以直接提供新的就业机会,还有可能提供间接就业岗位,促进农村非农就业的转移,且该效应在偏远地区的作用更为明显。第三,以物联网为载体的新业态,通过传感器感知等物联网技术显著提升劳动生产效率,节约劳动力雇佣成本,有助于推动企业扩大生产规模,为农民非农就业提供了更多的就业岗位,进而促进乡村产业发展。

(二)数字化通过降低交易成本,提高获利空间进而促进乡村产业发展

传统的农业产业模式由于地域限制,参与主体众多,往往存在收购价格和销售价格差距大,极大损害了农户和消费者的利益。在数字信息化背景下,新一代信息技术逐渐被应用到农业领域。第一,去除了冗长的中间商。在数字信息化背景下,买卖双方可以突破时空限制,产品供求信息的实时流动有助于提高农产品流通效率,大幅度降低交易成本。第二,引导生产,以销定产。通过互联网平台提高了网商整合和利用信息的能力,有利于农户密切关注市场需求和产品动态,提升生产策略调整的灵活性,提高生产效益。第三,扩大消费者群体,增加销售量。数字信息化下,信息的搜寻成本降低,消费者可以更好地了解产品信息及更方便购买商品,有助于扩大农产品的交易范围,还有助于打造品牌效应,提高消费者对产品的信任度,进而提高获利空间,在潜移默化中有效驱动乡村产业深度转型,实现"造血式"致富。

(三)数字化通过提升人力资本,吸引返乡创业进而促进乡村产业发展

数字信息化时代以数据为主要生产要素,这就对劳动者素质提出了一定的要求。第一,劳动者为适应数字经济就业的需要,会通过网上的学习和系统的培训,不断提高自身劳动技能,使高技能劳动力占比快速上升,低技能劳动力稳中有升,有助于吸引年轻人返乡创业,赋能乡村产业发展。第二,数字化带来了创业机遇,有助于促进信息传播与扩散,减少投资者和创业者之间的信息不对称,增强风险控制能力;也有助于降低融资门槛,提高共享金融的包容性;更有助于促进劳动者社交网络的积累,提高社会资本。

二、数字化赋能乡村产业的内在动力

(一)提升乡村产业的生产经营效率

一是通过数字信息技术使农业生产实现精准化、智慧化和自动化。数字化可凭借"蒲公英效应",将数据要素广泛渗透到农业生产过程,增强生产端的信息技术支撑,促进农业生产的数字化和智能化发展。例如,借助北斗"天空地"数字信息决策系统,可以收集和挖掘海量涉农数据,经大数据系统的精准分析与可视化处理再传输给农户,帮助农户进行精准作业、土地休耕轮作、无人机飞防、动植物疫病远程诊断、产量预估和销量预测等方面的科学决策,降低传统农业生产中人为因素导致的不确定性,最大限度地提高农业生产的决策效率。例如,2020年上线的湖北洪湖农业智能化生产管理系统,通过智能技术获取的实时生产数据并经智能分析后,及时提供给小龙虾养殖户,极大提升了小龙虾的养殖效率和品质。

二是通过构建农业经营主体生产、加工、科研、服务等全产业的数字化支持体系,打破乡村产业上下游主体在商流、资金流、信息流等领域的信息割裂,实现资源和信息的高效对接和整合,促进各环节主体组织结构的重塑,使产业上下游的联系和分工更加密切,合作成本更低,进而促进生产效率的提升。

三是农村电商技术、农村智慧物流配送体系和农产品集散中心的快速发展,使农村地区构建起了较为完善的农产品上行和工业品下行系统,显著提升了农产品和生产资料的流通效率与供需匹配效率。

四是快速发展的乡村数字普惠金融以其普惠性、便捷性和低成本的优势,克服了传统农村金融交易成本高、信息不对称的痛点,极大缓解了农村弱势群体的融资难题,已成为解决农村地区"贷款难、贷款贵"问题的有效途径。农户在手机银行发起数字信贷产品业务申请,即可实时通过后台系统进行智能审查审批,非常贴合小农户"短、小、频、急"的资金需求特点。

五是数字技术有助于提升农业社会化服务组织的运营效率。随着数字经济的快速发展,农业社会化服务组织也从原来统一管理、统一标准的服务模式转向定制化、个性化服务模式,从而为小农户提供更便捷高效的信息咨询、植保和代耕代种等定制化服务。

(二)改善乡村产业的生产经营效益

一是降低农业生产的投入成本、管理成本和交易成本。在农产品种养基地安装智能控制终端,通过收集环境监测数据实现对种养设备的无线远程智能控制,实现农产品种养基地的智能化、自动化、精准化管理模式,降低农业生产中的生产资料损耗,减少人力成本和管理成本。依靠大数据技术可以缓解市场信息不对称问题,提升农产品供需匹配效率,降低农产品交易中的信息搜寻、谈判、签约、监督等交易成本。

二是降低农业生产中和市场销售中的风险。通过在农产品种养基地安装环境监测终端、摄像头和智能小型气象站,实现气象、土壤墒情、动物疫病等数据的视频监控、实时采集和智能预警,帮助农户科学分析和预测自然灾害和生物灾害,提升其防灾减灾能力,大大减少风险造成的经济损失。依靠大数据系统实现对消费市场的科学研判,加速农产品价格机制的形成,动态调整农事生产,灵活制定营销策略,有效规避潜在的市场风险。

三是提高农产品销售溢价。运用智能设备和大数据平台的农业智慧生产系统,可以使农产品生产流程标准化,以此保障农产品品质,实现优质优价。基于物联网、云计算和区块链的农产品全程可视化溯源系统,能保证数据信息的真实客观和不可篡改。在农业生产端实时采集气象、土壤、图像、GPS等信息,农产品生长、加工、运输、销售过程的数据均可实时记录,以可视化的方式呈现给消费者、农场主和农业监管者,倒逼生产者在生产端重视农产品标准化、绿色化生产,为构建绿色、健康、高品质的农产品品牌奠定基础,从而带来农产品销售溢价。社交媒体、移动终端和电商平台为地方名特优农产品构建并传播其品牌提供了前所未有的机遇,低成本地形成了一大批具有全国影响力的农产品品牌,实现了比以往更高的农产品市场溢价,如涪陵榨菜、五常大米、洛川苹果、阳澄湖大闸蟹、定西土豆、呼伦贝尔羊肉等。

(三)优化乡村产业结构

产业结构的协调化和高级化是农业高质量发展的重要特征之一。技术进步是促进产业结构升级的核心动力。在数字经济背景下,数字技术成为推动乡村产业结构升级的强大动能。

一是在数字经济环境下,农业全要素得以数字化再造升级,涉农数据信息的流动将更加畅通,为政府部门和产业主体进行农业供给侧调节提供决策参考,借此提升农业要素投入与产出的协调性。

二是随着农业数字技术的深入应用,数据作为一种技术密集型生产要素可以逐步替代劳动力等价格相对更高的生产要素,使融合了更多数字技术的农业细分领域逐步提高,进而相对优势较为明显的农业细分领域将不断占据竞争优势地位,培育壮大了高效率、高产量、高技术、高品质的现代农业,使农业产业结构向高级化趋势发展。

三是数字技术和数据要素的引入,可以实现产业链各类主体的有效衔接,推动产业结构向纵向化、多样化发展。比如,通过电商引流的地方特色主导产业,可以打造集特色购物、特色餐饮、特色旅游一体的新型产业链,使传统特色主导产业的价值链得以延伸,乡村产业结构得以优化升级。

四是智慧农业、农村电商的发展有助于传统农业那种单一的生产、销售和盈利模式向农业价值链中高端延伸,农业生产经营的附加值得以提升,并吸引更多的要素和资源不断流向这些领域,逐步使乡村产业结构更加高级化。同时,5G、云计算、大数据、物联网等新技术与生物技术的深度融合可以促进智慧育种的发展,助力种业科技创新,不断培育出高产、优质、高抗的农产品,促进农业产业结构优化升级。

(四)促进乡村产业创新变革

由于信息不对称等因素,我国农业产业链创新能力一直较弱,使农业产业链延伸不足,但随着新一代信息技术在农业领域的加速普及应用,这种情况得到较大改善。数字经济基于数字技术扩散和网络外部性带来的溢出效应,能够打破地域和时间上的限制,促进农业产业链各创新要素、创新主体、创新环节之间快速有效衔接而形成协同效应,激励产业创新投入并提高其创新效率,催生出一系列新产品、新产业、新业态和新模式。在数字经济背景下,传统农业加速了与农机制造、食品加工、电商、康养、旅游、文化和生态创意等产业之间的跨界互动融合,使农业产业向二三产业延伸,衍生形成了智慧农机制造、农产品精深加工、智慧农(牧)场、定制农业、众筹农业、在线旅游、服装家饰、创意民宿、休闲农业等新产业和新业态,以及直播电商、短视频电商、店仓一体化、社区团购、门店到家等"数商兴农"新模式。例如,在乡村旅游中智慧旅游服务不断强化,乡村旅游景点、观光园区、农家乐等发展出了网络预订、旅游产品网络展示平台、数字创意漫游、景区 VR 展示系统、沉浸式游览等智能互动系统,衍生出集创意农业、农事体验、休闲农业于一体的田园综合体;在农村环保领域,利用遥感装置、云计算、物联网、数控系统等信息技术监测评估土壤、水源、空气等,对养殖物粪便、作物秸秆等农业资源进行最大化利用,推动农村绿色产业发展。数据要素的嵌入也推动农村服务业由线下转到线上,由区域发展到全国。此外,这一过程中所涉及的农业科技研发、农业技术咨询、农机制造、农产品电商服务等领域不断拓宽,逐步形成"智慧种养基地-农产品深加工-智能仓储管理-互联网平台营销"体系,培育了一批农业龙头企业、农民合作社、家庭农场等新型农业经营主体,他们应用数字信息技术的意识和能力更强,在进一步推动农业数字化转型中发挥着重要作用。

三、数字化赋能乡村产业的典型案例

(一)"农业+"路径:山东寿光蔬菜农业全产业链数字化发展

"农业+"路径以新生产方式促进农业生产效率提升,即以农业为出发点,借助数字技术对农业产前、产中、产后"赋能",从而提高农业生产效率、农产品质量和效益。数字技术借助农村电商、大数据、物联网等设施和手段构建起集农业研发、生产、加工、储运、销售等环节为有机整体。产前,针对土地类型、土地利用方式、自然资源分布情况等构建农业农村大数据,使农业生产与土壤监测、病虫害预警大数据紧密对接;产中,为农业生产提供信息遥感技术、智能检测服务、无人驾驶农机、智能采摘机器人等技术和设备,解放大部分劳动力的同时,运用大数据分析为农作物品种优化、精准施肥等提供数据信息指导,切实保障农作物质量;产后,农业生产主体通过对接农产品加工企业,对接食品安全管理系统,对接电商销售平台,加强生产、加工、销售的密切合作,并根据大数据信息进行生产决策和管理。

近年来,山东寿光发挥蔬菜产业优势,深入实施"数字+农业"工程,以工业互联网思维和技术对农业产业链进行全方位重塑,打造了寿光市"1+2+N"的蔬菜智慧管理服务平台。一方面,积极推进农业各环节的数字化。在种收环节,平台以大数据平台及物联网平台为依托,部署大型水肥一体机、智能温控、自动补光、蔬菜自动化分等分级、机械化分装和信息化储运等"智慧农场"应用和设备,帮助菜农进行一体化的生产管理和园区管理。在交易环节,借助农村淘宝县级运营服务中心、菜博会、种博会等线上线下同步运营的模式,实现了 5 200 多个品种的线上销售,2020 年线上销售额突破 4.6 亿元。在监管追溯环节,借助"智慧秤"和

"蔬菜交易终端系统",建立了集智慧监管、智慧服务、智慧评价于一体的全链条实时农资交易信息监管服务体系。另一方面,深入推进技术推广、技术研发和标准制定,不断提高特色农业的现代化水平。研制推广了立体栽培、无土栽培、椰糠栽培等30多种新模式和大棚滴灌、臭氧抑菌等300多项国内外新技术,研发了包含120多项专利技术的智能玻璃温室;依托一批国字号平台,借助物联网手段推动分子育种筛选、智能精量播种、种子自动分拣;全面集成研发了126项国家、行业和地方标准,番茄、黄瓜、辣椒、茄子、西葫芦5项全产业链行业标准获农业农村部发布实施,标准化的指南拓宽了职业农民的发展道路。目前,寿光蔬菜种子市场占有率已由2010年的54%提升到70%以上,其中,黄瓜、圆茄、丝瓜、苦瓜、豆类、西葫芦、甜瓜等作物的国产种子市场占比达到90%以上。山东寿光的数字化特色产业发展,数字技术全方位深入农业各个环节,促进上下游产业链联动发展,实现优质农产品降本增效,极大推动了农业生产的高度专业化和规模化,拓展了市场空间,促使优势产品成为拳头产品。

(二)"数字+"路径:河南濮阳县海通乡数字技术促进乡村产业融合发展

"数字+"路径是通过新经济模式提高农业供给质量、促进产业结构升级,从纵向和横向实现产业融合发展。具体而言,数字技术借助物联网、大数据、社交传媒等方式,提高乡村农产品供给质量,推动乡村产业融合。一方面,物联网、数字分拣、农产品质量安全追溯、电子商务等数字技术融入农业全产业链、全价值链,使农业产业链各环节实现了智能数据化与服务精准化,延伸了农业产业链。另一方面,以数字传媒展示乡村生活图景、挖掘农业的多功能性,催生乡村新产业、新业态、新模式,实现农业与生态、旅游、文化、教育、康养等其他产业融合发展。

河南濮阳县海通乡依托丰富的水资源优势,以万亩荷花带为依托发展特色旅游,延长荷花产业链,打造康庄稻米、锦鲤养殖、核桃种植、莲藕种植等多个特色产业,利用短视频、网红直播、旅游攻略等推介模式,打造出集"旅游+电商+特色产业"融合发展的现代农业经营模式,实现以农带旅、以旅促农、农旅结合发展。海通乡数字技术促进乡村产业融合发展有两条路径。一是数字产业化发展,让融合更有精度。海通乡立足当地优势,发展特色旅游,以万亩荷花带为依托,流转土地1 000余亩,在水产养殖、杂果采摘、经济林木培育基础上大力开发现代旅游观光农业,打造"文信荷园"休闲旅游基地;以电商与特色旅游产业深度融合为主线,健全"东森电商+文信荷园"的发展规划,构建市场共拓、资源共享、产业共同优化升级的特色旅游产业发展格局;强化数字平台建设,依托东森产业园,打造出涵盖网红孵化、电商运营、展销、培训等内容的电商基地,形成集咨询、展示、预订、交易于一体的综合服务平台。海通乡以乡情、乡愁为纽带,引导返乡人员抱团发展、集群创业,多渠道、多形式开展农村电商技能培训,传授电商知识、销售技巧,指导他们经营网店、直播带货。东森电商基地目前拥有专职技术直播人员80余人,对接电商专业服务机构34个,并与网红主播、带货达人开展深度合作,展示海通乡文信荷园、锦鲤小镇的独特自然风光,让乡村美景为天下所知。二是筑牢产业发展基础,让融合更有深度。依托特色产业示范带建设廊道,擦亮"大美海通"公共品牌,大力开发康庄稻米、锦鲤养殖、核桃种植、莲藕种植等多个特色农业系列产品,优化产品供应链,拓宽产品营销渠道,强化传统和新兴媒体线上线下的大力推广,通过直播带货、拍摄短视频和发布旅游攻略等进行多方位立体式宣传。海通乡为农户提供技术扶持,调整优化种植区域布局,指导农户摒弃大肥大水大药的传统种植习惯,采用绿色技术模式种植,推广轮作间作模式,集成推广生物防治、理化诱控、科学用药等绿色防控技术,切实提高农产品质量安全水平,让"舌尖上的安全"更有保障。

(三)数字产业协同路径:陕西宜君县数字产业化产业数字化协同发展路径

数字产业协同路径利用新的连接途径,提升要素效率,改善资源配置。数字产业化借助产业招商、数字赋能、创新孵化等手段,在吸引就业、促进人力资源多层次开发、创新创业等有重要作用,解决了群众就近就业创业和本土数字化人才培育问题,促进了县域经济发展,增强了城镇化效应。农业产业的数字化,则是借助物联网、大数据、数字分拣、农业电商、智慧物流等方式推动了农业全产业链现代化发展。数字产业化和产业数字化形成了产业延伸、人力资本积累的双向促进。

陕西省宜君县数字乡村建设的创新实践中,通过数字产业化和产业数字化协同发展,盘活乡村生产要素、激活乡村人口活力,提升乡村发展环境,实现产业发展和人口集聚的良性循环。宜君县是农业大县,但地处丘陵、交通不便,为弥补农产品物流发展短板,与阿里巴巴集团合作设立了"菜鸟乡村农产品上行和供配中心综合体"的智慧物流体系,依托当地文化资源和文化符号,对三大特色农产品外包装进行重新设计和数字化改造,与知名网红主播的公益带货合作,进一步拓宽了特色农产品销路。与龙头企业合作打造万亩有机苹果示范基地,从生产种植、包装加工、现代物流等环节入手着力强链补链,提高全产业链现代化水平。此外,引入数据标注、假发社区工厂项目等劳动密集型企业,为人才回流和乡村产业的良性发展奠定了基础。宜君县在乡村产业发展中对乡土人才资源的回流利用、开发留守群体人力资源潜能等方面做了很多有益的探索。一是宜君县与互联网企业合作中提供的"数据标注师"或"人工智能训练师"的岗位,能够兼顾就业与家庭,不仅吸引留住了青年人才,而且夯实了乡村数字人才基础;二是宜君县重视和扶持农村电商发展,不断完善当地涉农电商产业链,激活生产要素,打破青壮年乡村向城市的单向流动过程,为吸引青年人才返乡就业创造条件;三是宜君县的假发社区工厂聚焦农村留守妇女,发挥她们手工技能优势,充分利用乡村闲置的土地房屋、农闲零碎时间等资源,形成"1个县城总厂+5个乡镇分厂+N个村级网点"的社区假发产业布局,让留守妇女更好平衡工作与家庭,释放农村女性人口红利。

四、数字化赋能乡村产业的现实问题

(一)乡村数字基础设施不足

城乡之间存在突出的"数字鸿沟"现象。尤其在西部偏远农村地区,智慧农业基础设施、现代物流仓储和农村信息服务软件建设更显不足。其原因是:一方面,农村地区数字基础设施建设相对于城镇而言,其投入和维护成本较高而回报率较低;另一方面,大多数农民数字应用意识弱、能力差,数字技术下沉乡村地区缺乏相应的生态环境,导致农村互联网基础设施建设与智能化终端的布设不足、数字技术应用的场景建设与发掘不充分、针对性数字产品服务供给不足以及数字业务开展的难度加大,进而使涉农数据的收集、整理和应用面临重重障碍,严重阻碍了乡村产业的数字化转型。此外,乡村产业发展数据获取机制欠缺,多数地区缺乏成熟的涉农数据获取途径,也尚未建成统一的基层数据信息共建共享机制,使一些数据资源的潜在价值未得到充分发挥,智慧农业的应用场景严重受限。

(二)农业科创体系发展滞后

农业科技可以支撑引领现代农业发展,然而我国涉农企业科技创新能力不足、创新体系建设滞后问题依然存在,难以为数字乡村建设提供强大基础。一是涉农高新技术企业数量明显偏少。企业主导的农业科技创新模式发展尚未成熟,使乡村产业数字化转型缺乏相应的引领主体。二是数字农业领域的基础研发落后于发达国家。自动化、智能化农业机械研发水平处于国际落后水平,农机装备专用传感器、农机导航以及自动作业、精准作业的农机智能运维管理等方面自主研发不足,性能优化难度大;物联网、卫星遥感技术、云计算等信息技术在农业精准作业、土壤墒情监控、病虫害防控、疫病监测和电商物流等方面的应用广度与深度仍处在初级水平,手机等移动终端的农业应用开发滞后于市场需求,使乡村产业数字化转型缺乏物质装备支撑。

(三)农业数据要素市场体系不成熟

水、土壤、气象、光热以及农业生产经营等方面的涉农数据是赋能乡村产业发展的关键要素,我国虽然已构建了区域性数据交易市场,但其发展仍不够成熟,影响了数据要素赋能乡村产业发展的效果。一是缺乏常态化的涉农数据采集机制。由于农村地区数据采集基础设施和智能装备的投入不足,以及农户数字素养较低等原因,农村地区普遍缺乏涉农数据的常态化采集机制,有关管理平台的功能单一,数据来源不足成为乡村数字产业发展的瓶颈。二是涉农数据标准化程度较低。农业生产经营、农民生活、农村生态环境等方面的数据分类、存储、传输和交易的标准体系尚未规范化,使数据口径不一、兼容度较差、碎片化程度严重,数据不能形成有效联通和高效整合,直接影响农业数据的流动交易效率。三是涉农数据的深加工处理不足。数据有效应用的重要前提是对原始数据的深加工处理,然而由于在原始涉农数据的清洗、分析和加工等方面的操作不足,使市场上交易的涉农数据主要是未经加工的原始碎片化数据,难以发挥这些农业数据的真正价值。四是数据的开放共享激励机制缺失。由于政府部门及农户、企业等系统相对独立,分隔运转,在尚未构建数据开放共享激励机制的条件下,各系统出于保护隐私或营利动机而不愿开展涉农数据的开放共享,制约了涉农数据跨行业、跨区域和跨部门的互联互通,由此形成"信息孤岛"困境,无法快速敏捷地响应和满足产业发展需求。另外,阿里系、百度系、腾讯系和头条系等互联网头部企业都有独立的大数据系统,但这些系统之间存在严重的行业壁垒,很难实现互联互通,使数据资源难以转化为资源优势,不利于乡村产业的数字化转型。

(四)数字乡村建设的复合型人才缺乏

乡村数字化转型不仅仅是科技研发和应用的事情,更重要的是复合型数字人才的储备。

乡村数字经济发展生态中最核心的要素和驱动力是复合型数字人才,乡村数字产业化和产业数字化发展,迫切需要一大批掌握数据挖掘、数据建模、数据规划、需求整合和质量管控等方面的复合人才,然而人才缺乏正成为制约乡村数字化转型的主要障碍。近十年来,我国城乡网民规模整体稳健增长,但相对于城镇,农村网民增长速度仍然较慢,且随着农村劳动力的持续大量外流,乡村地区多为大龄妇女、留守儿童、年迈老人等不善经营、不懂管理、数字素养较低的劳动力,他们受教育程度低、学习能力和意愿不足、互联网技能和意识缺乏,且提升难度大,导致农村互联网普及率难以提升,城乡信息分化现象得不到有效的转变,极大影响数字技术赋能乡村产业发展。此外,由于当前农村地区在数字人才的孵化培育、吸引与激励等方面存在客观难题,乡村数字人才建设存在培养难、引进难、留不住等问题,使乡村全面数字化转型严重缺乏数字复合型人才储备。

五、数字化赋能乡村产业的探索路径

(一)加强数字基础设施建设,优化数字乡村发展环境

乡村数字基础设施是乡村产业发展的数字底座,要从农业农村产业的实际业务需求出发,按照循序渐进、集约共享的原则,有序推进农村地区的"双千兆"建设,持续开展铁塔、杆路、管道及配套设施的共建共享,加大农村信息服务站点和资源整合力度,"急用先行"实施传统基础设施数字化改造升级。在建设内容上,聚焦宽带通信、数字电视、物联网等关键节点,持续加大乡村网络设施和新基建建设力度,提升农村网络覆盖质量,对农田水利、供水供电等传统基础设施进行数字化改造,不断提升农产品加工和乡村物流的数字化水平,加快农业大数据平台建设,做好网络安全监管,打造专业化涉农大数据平台,汇集、整合各类资源,为乡村产业发展提供有效数据服务。在制度安排上,应从"顶层设计、统筹规划、激励机制"三方面,完善市场主体之间、政府与市场之间的数据流动机制,推动形成城乡间数据交易市场;适度超前统筹规划,做好乡村数字基础设施和传统基础设施的归口管理,建立城乡利益联结和分享机制;加大各级财政投入力度,健全市场化投融资机制,鼓励具备数字技术能力和实体运营经验的社会资本通过 PPP、公建民营、自主投资等方式参与建设和运营,不断拓宽资金来源渠道、提升农村网络基础设施供给能力。

(二)加快技术研发创新,拓展数字乡村应用场景

关键核心技术研发是提升乡村信息化的重要支撑保障。一方面,要重视数字技术服务供给与乡村发展的适配性。通过加大支持力度、设立研发专项计划、实施创新能力提升工程等方式,强化城乡资源对接和协同创新,鼓励和支持基础性、通用性、"卡脖子"数字技术的研发和创新,不断突破关键核心技术、装备和集成系统,研发出适合我国小农经济特点的智慧农业装备技术。另一方面,要积极推动数字技术在乡村产业的融入、渗透与运用。在遵循规律和总结经验基础上,着眼于典型地区、典型品种的成熟模式,做好推广应用,推动数字技术向乡村全产业链、全品种渗透。加强区块链、物联网、大数据、人工智能等现代信息技术在乡村各领域的集成应用,抓好试点示范,增强应用场景适配性。

（三）提升农业数据要素流动共享效率

我国涉农数据采集难度大、标准化程度低、深加工处理不足和开放共享激励机制缺失等问题导致涉农数据资源未能发挥其潜在价值，直接制约了数字技术对乡村产业发展的赋能效应。为此，有3个方面的要求：一要建立涉农数据采集和监测预警系统。通过构建农业资源与环境、农业生产、宅基地、农产品市场、极端天气、地质灾害等领域的数据采集和监测预警系统，做好涉农数据的采集统计，为高效处理、快速传送和深入应用涉农数据资源奠定基础。二要加大涉农数据开放共享的顶层设计。在保障安全的前提下，加大涉农数据开放共享的顶层设计，找准数据信息开放共享的痛点和难点，科学制定数据信息开放共享的总体机制、实施方案和分阶段目标。三要强化原始数据的前期处理。利用人工智能等数字技术对涉农数据资源进行分类分级，统一数据统计、分类、存储、传输等方面的标准，完善涉农数字服务的软硬件端口，提高数字资源的整合力度，完善数据交易的前期处理，为数据有序流动奠定技术和制度基础。四要构建涉农数据的开放共建共享机制。打通已有条块分割的涉农信息体系，建立涉农数据的市场化定价机制，依法合规地开展数据交易和共享，提高涉农数据要素的资源配置效率，明确涉农数据主体在收集挖掘、加工处理、交易共享等环节的利益分配关系，维护各主体的数据权益。

（四）提高农民数字素养，培育数字化人才队伍

数字技术赋能乡村产业振兴的关键在人。数字素养直接关系到村民在"触网"之后持续使用数字资源的意愿和能力。第一，要保障农村居民掌握基本数字技能，提高农村居民数字参与度。提升农村居民使用社交软件、网络媒体、获取城乡公共服务等基本数字技能，加速数字技术适老化改造，提高农民参与智慧农业、农村电商、智慧旅游、数字金融等产业数字应用技能。第二，要构建多方参与的数字乡村技能培育体系。搭建以政府为主导，产业组织、企业、公益组织等积极参与的数字技能培训联盟，推动覆盖全面、突出重点的数字技能体系建设；面对农村及欠发达地区不同群体的差异化需求，开展多层次、多样化的数字技能培训。第三，要强化产业数字化与人才培育融合发展。以培育新型农业生产经营主体和产业化联合体为目标，加大应用实践型人才的培育力度。强化"乡村网红"培育计划、农村电商培训等项目的财政经费保障，提高农村居民智能设备应用能力；加大柔性引才力度，鼓励和吸引企业、科研院所、社会团体共同参与乡村数字化进程；选拔优秀青年职业农民农闲时期定期通过互联网进行经验分享和交流学习，提升数字金融素养及风险防范意识。

自测题

1.选择题

(1)乡村振兴的基本内涵是(　　　　)。

    A.产业振兴

    B.农民生活富裕

    C.实现传统乡村发展方式的转型升级与可持续性

    D.乡村人才振兴

(2)目前世界上申报全球农业文化遗产最多的国家是(　　　　)。

    A.日本　　　　　　B.美国　　　　　　C.意大利　　　　　D.中国

(3)社区营造就是充分利用农村社区的(　　　　),激发农村社区居民的主动性和积极性,采用自下而上的方式,以"营造农村社区"为基础,实现基层政府、党员组织、社区协会和农村居民在"共建、共治、共享"社会治理新格局中的多元互动。

    A.政治资本　　　　B.社会资本　　　　C.人口结构　　　　D.社会组织关系

2.填空题

(1)乡村振兴战略的基本思路是"_____,全面推进乡村振兴"。

(2)乡村振兴的经济支撑主要是发展_____。

(3)乡村振兴的人才支撑主要是培养_____。

(4)乡村振兴的政策支撑主要是_____。

(5)乡村振兴战略的目标是到____年,基本实现农业农村现代化。

第七章
推动农村产业深度融合

【学习目标】

通过本章的学习,理解农村产业深度融合的概念,介绍农村产业深度融合的定义和重要性,明确学习的目标和意义;掌握农村产业深度融合的关键要素,介绍农村产业深度融合的关键要素,如农业生产、农村经济、农民素质等方面的因素;理解农村产业深度融合的模式和路径,探讨不同地区和行业的农村产业深度融合模式和路径,包括政府引导、企业参与、农民合作等方面的实践案例;分析农村产业深度融合的影响和挑战,评估农村产业深度融合对农村经济、农民收入、农业可持续发展等方面的影响,并探讨在推动过程中可能面临的挑战和解决方案。

【导读案例】

小明是一个生活在农村的年轻人,他的家人在农田里种植水稻已有多年。然而,由于传统种植方式的限制,他们的农田产量逐渐下降,生活变得越来越困难。在一次农村发展研讨会上,小明了解到农村产业深度融合的概念,并意识到这可能是解决困境的方法。

小明开始探索如何将农村产业深度融合应用到他们的农田中。他学习了现代农业技术和管理方法,如精准农业、智能化设备和数据分析。他还与当地农业合作社和专家进行了交流,了解到农村产业深度融合需要农民之间的合作和资源共享。

最终,小明成功地将农村产业深度融合的理念应用到他们的农田中。他们与周边农户合作,共同投资购买了现代化农业设备,并利用数据分析优化农田管理。通过农田的产量和效益的提升,小明的家庭逐渐摆脱了贫困,并成为当地农村产业深度融合的典范。

第一节　农村产业融合发展的源起

一、农村产业融合发展的背景

推进农村产业融合发展,是实现农业现代化的有效途径,当前我国农业发展面临诸多突出问题。一是农村经济结构开始慢慢转型,传统的农业经济模式已经难以满足农村发展的需求,随着新型城镇化进程的推进和人口流动,农村经济结构逐渐从传统农业为主向农业、工业、服务业融合发展转变,农村产业融合发展是适应这一转型趋势的重要举措。二是农村资源禀赋存在差异,农村发展环境有待改善,不同地区的农村有着不同的资源禀赋,包括土地、气候、水资源等,这是农村自身资源条件的差异,发展的外部环境也大相径庭,各地农村的基础设施和公共服务的不对称,这一系列的短板在一定程度上限制了我国农业快速发展,通过农村产业融合发展,可以充分利用和整合各类资源,实现资源的优化配置和高效利用,例如,某地区土地资源丰富,可发展种植业;另一地区水资源丰富,可发展水产养殖业。产业融合可以使不同产业相互融合,形成产业链和价值链,提高资源利用效率。三是农村竞争力不足,一方面,体现在我国农业投入成本高、财政补贴压力大,农产品品质偏低,农产品的国际竞争力不足导致的农产品贸易逆差在短时间内很难扭转,另一方面,大量的农村劳动力外溢,农民工不再务农,而是外出务工或转行他业,农村劳动力过剩和就业压力问题日益突出,这些都反映出农业竞争力不足,农村产业融合发展可以创造更多的就业机会,提供农民在家门口就业的机会,减轻农村就业压力。四是农业自身生产周期较长,农业生产成本提高,农业生产风险较大,农产品价格居高不下,农业比较利益下降,拓展供应链、延长产业链、提高价值链,维护农业产业安全风险大。在此背景下,自2015年开始,国家高度关注农村产业融合,并不断出台相关政策支持农村产业融合发展,在提高农民收入的同时发展现代化农业。

　　2015年中央1号文件首次提出通过推进农村产业融合发展来促进农民增收,推动农业现代化发展,文件提出要因地制宜,发展特色农业;要创新驱动,拓展农业产业多功能;要双管齐下,振兴乡村产业,增加农民收入。2016年中央1号文件再次强调,促进拓展农村供应链、整合产业链和提升价值链,才能有效实现兴乡村产业、增农民收入。2017年中央1号文件开启了农村产业融合的新布局,鼓励培育新业态,壮大新产业、发展新模式,同年,党的十九大指出,实现乡村产业兴旺最重要的途径之一就是推动农村产业融合。2018年中央1号文件要求各地逐渐形成农村产业融合的发展体系,并确立了明确的目标。2019年中央1号文件强调产业融合的增值收益,要让农户切实共享产业融合发展的成果。2020年中央1号文件再次突出强调发展富民乡村产业的重点是农村产业融合。2021年中央1号文件进一步细化了对农村产业融合的要求,提出在构建现代乡村产业体系过程中,要"推进农村一二三产业融合发展示范园和科技示范园区建设",依托乡村特色优势资源,打造农业全产业链,让农民更多分享产业增值收益。2022年中央1号文件表明聚焦产业促进乡村发展,持续推进农村一二三产业融合发展。鼓励各地拓展农业多种功能、挖掘乡村多元价值,重点发展农产品加工、乡村休闲旅游、农村电商等产业。支持农业大县聚焦农产品加工业,引导企业到产地发展粮油加工、食品制造。推进现代农业产业园和农业产业强镇建设,培育优势特色产业集群,继续支持创建一批国家农村产业融合发展示范园。实施乡村休闲旅游提升计划。推进电子商务进乡村,促进农副产品直播带货规范健康发展。开展农业品种培优、品质提升、品牌打造和标准化生产提升行动,推进食用农产品承诺达标合格证制度,完善全产业链质量安全追溯体系。加快落实保障和规范农村一二三产业融合发展用地政策。

　　由此不难看出,未来我国将持续在制度和政策上保证农业产业更深层次的融合发展,国家高度关注农村产业融合,农村产业融合发展的提出是中央结合我国自身宏观经济发展大势及农业自身发展态势提出的一项重要战略决策,符合我国农业发展国情,表明我国农业已经达到了推动农村产业融合的条件,开启农业现代化建设道路。

二、农村产业融合发展的意义

(一)推动农村产业融合是实现我国城乡一体化发展的重要途径

伴随着我国国民经济的飞速发展和城市化水平不断提高,我国城乡收入差距不断拉大,我国的农村剩余劳动力大规模地向城市和非农业生产部门涌入,虽然促进了城市经济和工业化的发展,但是从另一方面导致了农村经济发展缓慢,这就是传统的刘易斯城乡二元经济结构模式。过去的几十年我们都在推动城市的发展,也创造出了一些特大城市、城市圈等,这就导致大量的资源向城市集中,城市的基础设施和公共服务更加完善,城市的各项福利制度也加剧了我国城乡之间的矛盾。随着党中央新农村建设和乡村振兴战略的提出,越来越多的资源向农村地区倾斜,无论是基础建设还是相关福利待遇都得到了改善,农村居住环境、生活品质有了翻天覆地的变化。农村产业融合发展可以促进农村与城市之间的融合发展,打破城乡二元结构,将城市的先进科学技术、生产设备、经营管理、充裕的资本、高素质人才等资源向农村地区靠拢,实现资源要素的有机流动和互补。通过城乡的双轮驱动,进一步缩小城乡差距,让农民更多地享受到农业产业链延长带来的价值增值,促进农村与城市之间的经济联系和合作,推动农村和城市经济的共同发展,改变农村相对落后的局面,实现城乡统筹发展。

(二)推动农村产业融合是促进我国农业转型升级的新路径

我国传统农业经济往往表现出规模小、生产成本高、经济效益低等特征,从农业现代化的基本特征来看有以下几点。一是较高的科技贡献率,表现为以现代农业科学技术为核心。二是完备的农业基础设施,表现为覆盖范围广的农田水利工程及配套设施、灵活便捷的农产品流通渠道、城乡一体化的职业教育和科研推广平台、标准化的粮棉油生产基地、严格的用材林和防护林保护。三是农业机械化水平和生产力较高,表现在农业的生产过程中因地制宜施加机械化操作,全面提高劳动生产效率。四是土地产出率较高,传统农业的小规模、分散化经营逐渐演变成土地集约经营和适度规模经营,一定程度上降低农业生产成本、全面提高土地生产效率。五是农业产业化发展,表现为瞄准区域、找准主导产业,确立市场、龙头企业和产业基地的循环发展,辐射带动农户、其他农业产业联合体的产业组织形式。六是发达的农业教育、科技推广体系,表现为农业生产者综合素质全面提升,应对市场风险的能力显著增强,农业的产前、产中和产后服务体系不断健全。七是城乡一体化,表现为劳动力转移的大规模减少、城市和乡村资源公平配置、公共服务趋同。八是农业可持续发展,表现为生态、经济、社会相协调。

(三)推动农村产业融合是我国社会发展和社会主义新农村建设的必然要求

农业属于具有天然弱质性的基础产业,在自然再生产和经济再生产的过程中,农业生产面临很多的不确定性,同时也受诸多自然环境因素的限制,长期的二元经济结构也导致了我国农业发展不充分,农民在市场经济中处于弱势地位,在价值链中的话语权甚微,尤其是初级农产品生产者,农业和农民是农业供给侧结构性改革的难点和重点,必须依靠政府的规范和引导。农村产业融合是通过将第一产业和二三产业融合发展,不仅改变了原有的农业产业模式,还能对生态环境起到一定的改善作用。从国外的发展经验来看,在农业生产过程中加强对资源和生态环境的保护,特别是在农业生产过程中农药减量、化肥可控、添加剂少用、农膜治理,避免了对土壤、水源和大气的污染,将过去的化学农业逐步转变成现代绿色农业。我国台湾地区,将农业的生产、生活、生态有机结合,促进农业转型,特别是农业由商品产出功能为主转向非商品产出功能的特色农业,有的地方甚至用文化发展、社区管理的理念来开发建设农业旅游景点,为我国推动农村产业融合发展提供了宝贵的经验。

(四)推进农村产业融合是促进农民增收致富、提升农村社会综合收益的重要手段

一方面,农村产业融合能够改变农村土地细碎化、分散化经营的现状,实现农业生产的规模化、机械化和集约化,提高产量,增加农民收入。另一方面,农村产业融合能够实现要素城乡流动,有效解决传统的城乡二元经济结构带来的要素分配不公的问题,缩小城乡收入差距。通过发展多样化的产业,提供更多就业机会,改善农民收入状况,减少农村劳动力外出务工,增强农村社会稳定性。同时,农村产业融合发展还可以促进农村基础设施和公共服务的改善,提升农村居民的生活品质和幸福感。

(五)推进农村产业融合是贯彻我国可持续发展的客观要求

我国是一个农业大国,无论是从农村地区占地面积,还是农业人口占比,农村地区孕育着丰富的资源,包括农业资源、矿产资源等自然资源,充分挖掘这些资源不但可以给农村带来巨大的商业利益,而且还能保护资源,改善生态环境。我国地大物博、幅员辽阔,农业物种资源丰富,农业文化形式多样,我国的农业功能性更强,农业景观、生物多样性、农业文化需要进一步开发和保护,农村产业融合能够在第一产业的基础上,更好地实现农业的多功能性。从近20年日韩两国农业发展"第六产业"的经验来看,推进农村产业融合发展,对农民利大于弊,但是我们在借鉴他国经验的同时需要考虑到我国的国情,不能将农村产业融合理解成"农业+"的模式,并不是"农业+旅游业""农业+文化产业""农业+生态环保"等单纯的产业简单加总,要实现三产的一体化,将农业与其他产业相互融合、相互延伸、相互渗透,逐步形成新产业。

第二节 农村产业融合的基础理论

简单而言,农村产业融合指的是在农业现代化进程中,在广大的农村地区出现了一二三产业之间相互融合的现象。具体表现在农业产业化的发展促使了第一产业与第二三产业融合,同时技术创新加快了农村地区第二产业和第三产业的融合。鉴于农村产业融合是产业融合的重要组成部分,为了更好地解释农村产业融合这一概念,本节内容首先梳理产业融合的理论基础并介绍产业融合的一般理论研究,然后再引出农村产业融合的理论基础。

一、产业融合的理论基础

产业融合的思想最早起源于美国学者 Rosenberg 对美国机械设备业演化的研究。20 世纪 70 年代之后,随着信息技术革命及其产业的快速发展,国际信息产业呈现出快速融合发展的趋势,实践的发展最终推动了产业融合理论的创新。学术界真正开始对产业融合进行讨论始于 1978 年麻省理工学院(MIT)媒体实验室的创始人 Nicholas Negroponte 关于数字技术的出现导致产业间交叉的开创性思想。随后,众多学者从不同专业视角广泛讨论了产业融合的概念、原因、动力、过程、趋势及管制政策等方面的内容。随着经济发展,产业融合涉及的范围逐渐扩大,学者也更加全面和深入地理解了产业融合的内涵。目前,关于产业融合的定义尚未达成广泛共识,诸多学者从不同的角度和层面出发对产业融合这一概念进行了阐释,其中,较有代表性的观点有:美国学者 Yofie D.B 认为产业融合作为一种经济现象,是指为了适应产业增长而发生的产业的收缩或消失。植草益认为不同行业,或因其中一方或双方的技术进步而生产出可替代性的产品,或因放松管制可以进入对方的生产领域而融合成一个产业。厉无畏认为产业融合是指不同产业或同一产业内的不同行业相互渗透、相互交叉,最终融为一体,逐步形成新产业的动态发展过程。欧盟"绿皮书"指出,产业融合是技术网络平台、市场和产业联盟与合并 3 个角度的融合。中国学者较为认可的产业融合定义是由马健提出的,"产业融合是由于技术进步和放松管制,发生在产业边界和交织处的技术融合,改变了原有产业产品的特征和市场需求,导致产业的企业之间竞争合作关系发生改变,从而导致产业界限的模糊化甚至重划产业界限"。他基于前人的研究成果,从产业融合的动因、本质和结果这个方面对产业融合这一概念做出了较为全面的阐释。从这一定义可以看到,产业融合具有以下 3 点特征:技术发展和管制放松为产业融合奠定了基础;产业融合最易发生在产业的边界交叉处;产业融合改变了企业间原有的竞争合作关系,目的是提高产业的运作效率。

产业融合理论是指将原本相对独立的产业进行整合和协同发展,实现资源要素的共享和协同效应的理论框架。它强调产业之间的互动和协作,通过产业链的延伸和产业融合的发展,形成一个相对完整的产业体系。

(一)产业融合理论的核心思想

资源共享和优化配置:不同产业之间存在资源互补性和优势互补性。通过产业融合,可以实现资源要素的共享和优化配置,提高资源的利用效率和降低成本。例如,农村产业融合可以通过整合土地、劳动力和资金等资源,实现农业、农村工业和农村服务业的协同发展,提高资源利用效率。

技术创新和跨界融合:不同产业之间的技术和知识交叉融合,可以促进创新和提高竞争力。通过产业融合,不同产业可以共同开展技术研发、技术转移和技术创新,实现技术的跨界融合和创新能力的提升。例如,农村产业融合可以促进农业生产技术与信息技术的融合,推动农业现代化和智慧农业的发展。

价值链的整合和提升:不同产业之间的价值链相互关联,通过协同合作可以提高整体附加值。产业融合可以在价值链的不同环节中进行整合和协同发展,提高产品的附加值和市场竞争力。例如,农村产业融合可以将农产品的生产、加工、销售和服务环节进行整合,形成农产品的完整价值链,提升农产品的品牌价值和市场竞争力。

创业创新和产业升级:产业融合可以促进创业创新和产业升级。通过不同产业之间的合作与协同,可以激发创业创新的活力,推动新技术、新产品和新业态的产生,实现产业的升级和转型。例如,农村产业融合可以促进农村创业创新氛围的形成,推动农村经济从传统的农业模式向现代农业、农村工业和农村服务业的多元化发展。

综上所述,产业融合理论强调通过将原本相对独立的产业进行整合和协同发展,实现资源要素的共享和协同效应。它提倡资源共享和优化配置、技术创新和跨界融合、价值链的整合和提升以及创业创新和产业升级。产业融合理论为不同产业之间的合作与协同提供了理论指导和方法论,推动产业的优化升级和经济的可持续发展。

(二)产业融合的理论基础

产业链理论:产业链理论认为,一个完整的产品从原材料采购到生产制造、销售和服务环节构成了一个产业链。产业链上的各个环节相互依存、相互关联,通过协同合作可以实现资源的优化配置和降低成本。产业融合就是在产业链的不同环节中,将原本相对独立的产业进行整合,实现资源要素的共享和协同发展。

价值链理论:价值链理论认为,一个产品的创造和交付过程中,通过不同环节的附加值创造,形成了一个完整的价值链。价值链的各个环节相互关联,通过协同合作可以提高整体附加值。产业融合就是在价值链的不同环节中,将原本相对独立的产业进行整合,实现价值链的优化和提升。

产业集群理论:产业集群理论认为,在某一地区或行业内,相关产业以及相关配套产业集聚形成产业集群,通过产业链的延伸和产业融合的发展,形成了一个相对完整的产业体系。产业集群中的企业相互依存、相互促进,通过协同合作可以提高整体竞争力和创新能力。

创新驱动理论:创新驱动理论认为,创新是推动经济增长和产业发展的重要动力。产业融合可以促进不同产业之间的知识和技术交流,促进创新的跨界融合,推动新技术、新产品和新业态的产生,提高整体创新能力。

跨界经营理论:跨界经营理论认为,不同产业之间存在相互关联和相互依存的关系,通过跨界经营可以实现资源的整合和优化配置。产业融合就是在不同产业之间进行跨界经营,通过整合和协同发展,实现资源的互补和优势互补。

综上所述,产业融合的理论基础主要包括产业链理论、价值链理论、产业集群理论、创新驱动理论和跨界经营理论。这些理论为产业融合的实践提供了理论指导和方法论,推动不同产业之间的合作与协同,实现资源的优化配置和降低成本,促进创新和提高整体竞争力。

二、农村产业融合的理论基础

随着信息产业不断向其他产业融合发展,众多高新技术也不断向农业领域渗透,出现了农业与生物产业、农业与信息产业及农业内部子产业之间界限日趋模糊、融合发展的新形态。基于农业与其他产业快速融合发展的实践,在20世纪90年代,日本学者今村奈良臣提出了"第六产业"的概念,其基本含义是"农业生产向二三产业延伸,通过农业中一二三产业的相互延伸与融合,形成集生产、加工、销售、服务一体化的完整产业链条。将一二三产业相加(1+2+3)或相乘(1×2×3),正好都等于6",因此,称之为"第六产业"。

随着中央政府对农村产业融合越来越重视,近年来,众多学者也对农村产业融合进行了概念界定,其中,马晓河认为,农村产业融合发展指的就是以农业为基本依托,通过产业联动、产业集聚、技术渗透、体制创新等方式,将资本、技术以及资源要素进行跨界集约化配置,使农业生产,农产品加工和销售、餐饮、休闲以及其他服务业有机地整合在一起,使农村一二三产业之间紧密相连、协同发展,最终实现了农业产业链延伸、产业范围扩展和农民收入增加。姜长云指出,农村产业融合发展是以农村一二三产业之间的融合渗透和交叉重组为路径,以产业链延伸、产业范围拓展和产业功能转型为表征,以产业发展和发展方式转变为结果,通过形成新技术、新业态、新商业模式,带动资源、要素、技术、市场需求在农村的整合集成和优化重组,甚至农村产业空间布局的优化。郑风田指出,农村产业融合是以农业为基础和依托,借助产业渗透、产业交叉和产业重组方式,通过形成新技术新业态新商业模式延伸农业产业链,由一产向二产和三产拓展,打造农业产业综合体和联合体,进而达到实现农业现代化、城乡发展一体化、农民增收的目的。

通过借鉴产业融合的基本理论、日本的"第六产业"概念、国内学者的研究及我国农村产业融合的实践,笔者对农村产业融合进行了如下界定:农村产业融合指的是以第一产业——农业为依托,以农民及相关生产经营组织为主体,通过高新技术对农业产业的渗透、三产间的联动与延伸、体制机制的创新等多种方式,将资金、技术、人力及其他资源进行跨产业集约化配置,将农业生产、加工、销售、休闲渔业及其他服务业有机整合,形成较为完整的产业链条,带来农业生产方式和组织方式的深刻变革,实现农村一二三产业之间有机融合、协同发展。农村产业融合立足于农业资源,目的是通过第一产业各子产业间联合及第一产业向二三产业延伸,实现农业产业内部融合及三产之间相互渗透、深度融合,推动农业产业链条的延伸和农业多功能性不断延展,促进农民增收,激发农村发展的新活力。

农村产业融合的理论基础主要包括以下五个方面。

产业融合理论:产业融合理论认为,通过将不同产业进行整合和协同发展,可以实现资源要素的共享和协同效应,提高整体效益和竞争力。在农村产业融合中,通过将农业、农村工业、农村服务业等产业进行融合,实现农村经济的多元化发展和产业结构的优化升级。

农业农村发展理论:农业农村发展理论强调农业农村发展要适应现代化要求,推动农业从传统的小农经营向现代农业转型升级,实现农民增收致富和农村经济的可持续发展。农村产业融合作为农业农村发展的重要手段之一,可以促进农业农村产业的多元化发展和提高农民收入水平。

乡村振兴战略:乡村振兴战略是中国政府提出的重要战略,旨在实现农业农村现代化和推进农村全面发展。农村产业融合是乡村振兴战略的重要支撑,通过加强农村产业的融合发展,可以推动乡村经济的全面发展,提升农村发展的整体水平。

农村资源禀赋理论:农村资源禀赋理论认为,不同地区的农村具有不同的资源禀赋,包括土地、气候、水资源等。通过农村产业融合发展,可以充分利用和整合各类资源,实现资源的优化配置和高效利用。例如,某地区土地资源丰富,可发展种植业;另一地区水资源丰富,可发展水产养殖业。

农民主体地位理论:农民主体地位理论强调农民在农村产业融合中的主体地位和积极作用。农民是农村产业融合的重要参与者和受益者,通过发展农村合作社、农民专业合作社等形式,农民可以参与到产业融合中,发挥自身的创业和创新能力,实现农民增收致富和农村经济的可持续发展。

综上所述,农村产业融合的理论基础主要包括产业融合理论、农业农村发展理论、乡村振兴战略、农村资源禀赋理论和农民主体地位理论。这些理论为农村产业融合的实践提供了理论指导和方法论,推动不同农村产业之间的合作与协同,实现资源的优化配置和降低成本,促进农村经济的多元化发展和农民增收致富。

三、产业融合与农村产业融合的关系

产业融合与农村产业融合二者之间的关系,简而言之,即农村产业融合就是产业融合在"三农"领域的具体应用与实现。如前文所述,农村产业融合是以农业为依托,通过高新技术向农业产业的渗透、三产间的联动与延伸、体制机制创新等方式体现了生产要素的跨产业集约化配置,与产业融合相类似,农村产业融合同样具有产业间的渗透、交叉延伸与产业重组等表现形式,在发展农业的同时兼顾农产品加工业与其他服务业,最终使各产业协同发展,农业产业链延伸,农村产业范围扩大,进而促进农民增收,激发农村发展的新活力。但农村产业融合在发展过程中,又具有自身独有的特点。

(一)农村产业融合是以农民及相关生产经营组织为发展主体

农村产业融合与其他行业领域以工商资本为主体的产业融合做法不同,是以农民及其相关生产经营组织为主体,具体包括专业大户家庭农场、农业产业化龙头企业及农民专业合作社等。其中,专业大户是以生产或养殖农畜产品为主业,通过土地流转等途径,形成了一定种养规模的农户。家庭农场是指以家庭成员为主要劳动力,从事农业规模化、集约化、商品化生产经营,并以农业收入为家庭主要收入来源的新型农业生产经营主体,家庭农场是专业大户的升级版,是经过工商部门登记的法人。农业产业化龙头企业是指以农产品加工或流通为生,通过利益联结机制,将农产品生产、加工、销售有机结合,相互促进,带动农户进入市场,在规模和经营业绩上达到相关规定标准且经政府有关部门认定的企业,农业产业化龙头企业是农业产业化发展的关键。农民专业合作社是在农村家庭承包经营基础上,同类农产品的生产经营者或同类农业生产经营服务的提供者、利用者,是自愿联合、民主管理的互助性经济组织。

另外,需要强调的是,农村产业融合通过发展乡村旅游、农产品加工、销售业等多种方式,可以为农村留守妇女、高龄老人等农村弱势群体提供就业岗位,将这部分农村弱势人群吸纳进来,提高他们的收入,改善他们的福利状况。这也是农村产业融合与其他类型产业融合的差异之一。

(二)农业产业融合发展始终把农民利益放在首位

与其他行业的产业融合相比,农业产业融合发展始终把农民的利益放在首位。以日本为例,日本在发展"第六产业"过程中,政府为了防止工商企业与农民争利,制定了多种措施来保障日本农民的利益。如通过土地规划来确保工商企业不能更改土地使用性质;工商企业要与农民签署订单协议,双方在合理分配利润的前提下进行合作。一旦农民认为利益分配不公,由农协介入,最终可以终止与企业的合作。日本相关的法律法规中,凡是涉及农户与工商业企业之间的利益分配,均向农户倾斜,确保农民利益不受损害。我国农业农村部办公厅在 2020 年 4 月发布的《社会资本投资农业农村指引》文件中,其基本原则第一条就是要尊重农民主体地位。强调要充分尊重农民意愿,切实发挥农民在乡村振兴中的主体作用,引导社会资本与农民建立紧密利益联结机制,不断提升人民群众获得感。支持社会资本依法依规拓展业务,注重合作共谋,多办农民"办不了、办不好、办了不合算"的产业,把收益更多留在乡村;多办链条长、村民参与度高、受益面广的产业,把就业岗位更多留给农民;多办扶贫带贫、帮农带农产业,带动农村同步发展、农民同步进步。

第三节　农村产业融合的政策和支持

一、我国农村产业融合发展现状

为了实现农村产业融合发展的目标,中央政府除了出台一系列的政策文件,也从财政补贴、建设示范项目、培育融合主体等方面做了大量工作。具体而言,财政补贴方面,中央财政2017 年安排一二三产业融合发展试点资金 52 亿元,支持让农民分享二三产业增值收益的经营主体发展一二三产业;农产品产地初加工补助政策安排资金 45 亿元,补助农户和合作社建设初加工设施;同时,还协调农业发展银行、农业银行加大对产业融合主体的信贷支持。建设示范项目方面,宣传推介了 208 个农产品加工业发展典型、388 个全国休闲渔业和乡村旅游示范县(区、市)、91 项中国重要农业文化遗产、560 个中国美丽休闲乡村、2 160 个景点、670 条精品线路,发挥其引领带动和示范发展作用。培育融合主体方面,新型职业农民培育工程、农村实用人才等培训项目,每年培训人员超过 100 万人次。开展农村创业创新优秀带头人和典型县的宣传推介,到 2017 年为止,树立了 200 个农村创业创新优秀带头人和 100个典型县。举办了 3 万多名选手参加的农村创业创新项目创意大赛,并且跟投资机构结合,加大融合主体培育力度。另外,国家发展改革委发布的《农村一二三产业融合发展年度报告

（2017年）》显示,各地方有关部门深入贯彻落实党中央、国务院关于推进农村产业融合发展的决策部署,切实把农村产业融合发展作为推进农业供给侧结构性改革的重要抓手,通过健全协调机制、开展调研督导、强化宣传推介、加强业务培训,完善了工作机制;通过积极拓宽投融资渠道、培育产业融合主体、强化用地保障、加强新产业新业态政策支持,细化实化了支持政策;通过创新涉农专项支付资金管理方式,进一步推进农村集体产权制度改革、探索制定农用地基准地价制度,推进了配套改革;通过完善农产品现代流通体系、提升农村信息化服务能力、加强品牌建设、推进农村信用体系发展,强化了公共服务;另外,积极开展试点示范,持续加大工作力度。

在中央政府和地方政府的共同努力下,目前我国农村产业融合飞速发展,农村产业融合主体不断涌现,农村新产业新业态提档升级,农村产业融合类型百花齐放。

二、我国农村产业融合发展问题

农村产业融合的飞速发展,促进了农业现代化,使我国优质安全农产品供给大幅增加,让农业成为充满希望的朝阳产业;也促使农民收入不断提高,就业渠道日益多元,让农民成为一个有吸引力的职业,让农村成为可以大有作为的广阔天地;另外,新产业新业态的发展也使夕阳落寞的农村变得更加宜居宜业,但其在发展中也面临着一系列问题,主要表现为整体发展水平偏低、面临诸多要素瓶颈、经营主体不强、发展基础设施差、产业链条体系不全、产销衔接不畅。

（一）整体发展水平偏低

当前,我国农村产业融合发展在总体上还处于初级阶段,农村产业融合链条短,农业多功能性挖掘不够,并且主体之间的利益联结机制松散,合作方式单一。

1.产业融合的链条较短

农业产业链是产业链在农业领域的具体应用,它涉及农产品生产、加工、运输、销售等诸多环节,包括农业产前、产中、产后的各部门、组织机构及关联公司,以价值链、信息链、物流链、组织链缔结的有机整体。我国的农业产业链发展较欧美其他国家发展较晚,农业组织化程度不高,各组织机构松散且农业基础设施严重不足、社会化服务体系不完善,农业产业链的建立和运作面临诸多问题,特别是农业资源丰富的地区,主要从事原料生产和产品初加工,市场营销和品牌建设落后,农业附加值没有得到很好的挖掘。

2.农业多功能性挖掘缺乏创新性

农业多功能性是指农业不仅具有生产和供给农产品、获取收入的经济功能,还具有生态、社会和文化等多方面的功能,挖掘农业多功能性,尤其是挖掘农村生态、社会和文化功能,发展休闲农业、创意农业等特色农业模式,是农村产业融合,提高农业附加值最重要的发展手段。目前,我国大部分地区发展的休闲农业、旅游农业以观光为主,文化传承、人物历史、风土乡俗等触及不多,高品位、多样性、特色化不足。此外,由于没有充分挖掘地方特色,农业多功能开发的层次有限,少数地方的农村产业融合项目同质性强,雷同严重,缺乏差异化竞争和深度开发,抢资源、争市场过于激烈,导致资源过度开发、市场无序竞争、环境严重破坏,农业农村的多功能性没有得到有效发挥。

3.利益联结不紧密,合作方式单一

要切实推进农村产业融合发展,关键是要拓宽视野,创新思维,完善其利益联结机制。目前,大部分地区的利益联结机制仍以订单农业为主,而且订单农业违约率较高,股份制和股份合作制等紧密型利益联结方式比例很低。以黑龙江省为例,黑龙江省农业产业化龙头企业与基地农户的合作,采取利润返还的合作方式占 15% 左右,采取按股分红方式的仅占 5%。

(二)主体带动能力弱

农村产业融合发展涉及面广,系统性、复杂性强,跨界融合特征明显,新技术、新业态、新组织形式、新商业模式贯穿其中,普通农户由于规模小难以在农村产业融合发展中发挥大的作用,只有新型农业经营主体才能发挥主力军的作用。当前,我国新型农业经营主体发育较慢,对农村产业融合发展的带动能力不强。主要表现为以下几方面。

1.有实力的新型经营主体少,部分经营主体不具备自我发展能力

尽管家庭农场、农民专业合作社、龙头企业不断涌现,实力不断增强,但与加快农村产业融合发展的要求相比仍有一定差距,而且普遍存在"用地难、融资难、用人难"等问题,导致部分经营主体不具备自我发展能力。据统计,黑龙江省水稻加工企业超过 2 000 家,但规模以上加工企业不足 600 家,全省乳类加工企业的年销售收入仅为 350 亿元,不及一个伊利或蒙牛。

2.部分新型经营主体结构单一、管理粗放、经营能力不强、参与融合能力差

家庭农场、专业大户大都从事种植、养殖业,规模较小,参与融合的能力较弱;大多数农民专业合作社管理松散,带动能力差,甚至处于"有名无实"的状态。

3.大部分经营主体创新能力不足

农村产业融合需要充分发挥经营主体的创新能力,根据农村地区的资源优势,因地制宜开发新业态、新产业、新产品和新的经营模式,但由于大部分经营主体创新能力不足,在新业态、新产业、新产品、新经营模式开发过程中束手无策,农村产业融合发展项目同质化现象严重。休闲农业和乡村旅游的特色内涵、农耕文化、传统文化、人文历史、民族特色等有待进一步挖掘。

4.行业协会服务能力不强,形同虚设

有些行业协会"只开会、不服务""多收钱、少办事",在推进区域标准化、品牌化建设方面服务不足。

总体而言,参与农村产业融合的经营主体不多,多数经营主体规模小、层次低、经营分散,整合资源、集聚要素和抵御风险的能力,创新能力和对"农业强、农村美、农民富"的辐射带动力不强。部分新型经营主体投资农村产业融合"热情高、规划没、经验少、能力弱、耐心差、效益低"。因经营主体创新能力不足,部分项目产品、服务和商业模式雷同,错位竞争、深度开发不足,市场同质竞争,缺乏个性、特色,趣味性、参与性、体验性不够,难引回头客。

(三)与农民利益联结不紧密

大多数农民以土地流转、提供产品和作为产业工人等形式参与到新业态中,新业态经营参与度不高。以"公司+农户""公司+合作社+农户""合作社+农户"等建立起入股分红、多次返利等紧密型利益联结机制,带动能力强的经营模式还比较少,利益分配比例不尽合理的现象时有出现。少数外来大企业占用了大量资源,并未真正发挥作用。少数工商资本凭借优势地位和对地方政府的影响力,强势介入农村资源分配并垄断市场,疏于带动周边农户,导致农民利益被边缘化。以闲置农宅利用为例,由于农民对闲置房屋等财产的商业价值把握不够,对闲置房屋的估值不足,往往出现农民以较低的价格将闲置房屋流转,随着农宅商业价值的不断开发,农民开始认识到房屋价值低估时已为晚。农民作为弱势群体,将自己手中的要素资源参与到新业态的市场经济中,普遍存在对要素价值认知不足、法律意识欠缺等问题,确保农民的合理财产性收入需要给予重点关注。在新型经营主体与传统经营主体之间、本土化新型经营主体与外来新型经营主体之间,如何形成分工协作、优势互补关系,仍待实践探索。

(四)面临诸多要素瓶颈

农村产业融合发展,关键是二三产业的管理、技术、资本等现代要素有机融合到农业农村中去,促进农村的土地、房屋、生态、文化、景观等资源要素得到充分开发利用,让更多的农村剩余劳动力涌入一产、融入二产、汇入三产。但从各地农村产业融合发展的实践看,农村产业融合发展的要素瓶颈尚未完全突破,"用地难、融资难、人才缺"等要素瓶颈,制约着农村产业融合发展的推进。

1.用地难问题日益突出

"土地是财富之母",新型经营主体的发展,离不开土地的保障,包括耕地和建设用地。耕地方面,土地流转有利于土地规模化经营,降低投入成本,提高土地产出效率,因此,土地流转率的大小在一定程度上决定了农村产业融合的发展效率和速度。新型农业经营主体要扩大规模进行再生产,都希望土地流转能够规范、稳定和集中连片,但当前农村耕地仍然承担着社会保障和就业缓冲功能,劳动力的大量转移只能为土地流转和集中创造必要条件,而非充分条件,相当多的农民不愿意把土地流转给他人耕种,造成"有田不想种,想种没有田"的现象。建设用地方面,休闲农业、乡村旅游等所需的休闲观光度假场所、庄园、酒店、农家乐等,农产品加工、销售业所需的加工、仓储、展销等都需要有一定规模的建设用地。但目前农村地区建设用地严重缺乏,导致部分农业产业融合项目难以实施,或者没有以更加有效的方式实施。

2.融资难问题比较严重

农业农村的发展离不开金融体系的支持和保障,但由于农村地区落后的发展现状和农业发展的特殊属性,导致融资难、融资贵成了农村经济发展的重要难题,在农村产业融合发展中更为严峻。现阶段农村地区金融信贷活动水平相对较低,农村融资渠道狭窄,主要都是通过银行贷款融资;融资成本高,有的企业年均融资成本接近贷款总额的20%;贷款抵押方式单一,新型经营主体的土地一般以租用为主,不能抵押,缺乏有效的风险抵押物。

3.人才缺乏问题日益凸显

农村劳动力数量和技能水平是推进农村产业融合的重要人力资本因素,农村产业融合发展不断催生新产业、新业态,需要大量专业型和复合型人才,但目前我国农村劳动力数量供给不足,综合素质亟待提高。一方面,素质较高的劳动力进城务工,导致高素质农业劳动力不断减少,阻碍了科技成果向生产力的转化。另一方面,现代化农业的发展和农产品加工企业的扩展对高技能农村劳动力的需求量日益增加,这种供需不对应的关系严重抑制了农村剩余劳动力的吸收。农村劳动力的减少与技能水平的偏低在很大程度上抑制了我国农业规模化发展,在一定程度上阻碍了农村产业融合的进程。

4.相关基础设施建设滞后

农村产业融合的发展,需要互联互通的网络建设和基本公共服务建设。但是,目前我国许多农村地区受地理环境、经济发展水平等原因,与农村产业融合发展相关的农村供水、供电、供气条件差,道路、网络通信、仓储物流设施等不发达,与城镇基础设施互联互通黏性不强。许多山区、半山区和贫困地区地处偏僻。农村水利和饮用水安全设施不足,人畜饮水安全问题突出;农村电网改造滞后,农村电压不稳定,电费价格偏高;农村路网不完善,道路等级低,自然村之间及村内道路硬化率低;农村信息网络建设滞后,仓储物流设施严重缺乏;面源污染严重,农村垃圾集中收运和污水处理能力差,还有一些地方灾害频发,抗灾减灾能力弱。农村基础设施建设滞后,增加了特色资源开发利用难度,加大了发展新业态的难度,提高了农村产业融合发展的成本和风险,延缓了新业态的发展。

5.面临管理体制和政策障碍

(1)管理体制僵化

目前,农村产业融合方面,管理分散、政出多门、联合和合作不足仍是突出问题。一方面,由于政出多门,缺乏协调,各部门出台的支持政策时有矛盾,难以有效整合。绝大多数省份的国土、环保、消防等部门从自身责任出发,过分强调本部门的管理规范,忽视了产业融合发展的实际需要,加剧了农村产业融合发展面临的用地难、环评难、获证难问题。另一方面,由于政出多门,缺乏协作,办事效率低下。休闲农业、乡村旅游、电子商务等新兴业态,涉及财政、土地、农业、科技、旅游、商务、质检、工商等十几个管理部门,新型经营主体需要花费大量精力协调,办事效率大大降低。

(2)缺乏统筹规划和安排

缺乏产业融合发展总体规划和布局,难以统筹协调和有序推进农村产业融合发展。有些地方推进品牌化建设的过程,也是小微经营主体各自为战、相互之间打"消耗战"的过程,影响"优质优价"和品牌化的推进。行业协会、产业联盟发展不足,以及农村产业融合的复杂性,增加了推进产品和服务品牌化、标准化的困难。

（3）政策支持力度不够

虽然国家相关政策性文件大力倡导实施农村产业融合发展，并在战略方针上提出了完善的指导思想和实施路径，但是在农村产业融合发展的配套支持政策方面还存在一些不完善之处，尤其是市级以及县级层面的农村产业融合发展政策仍处于较模糊的状态。

（4）部分政策生产导向过强、消费导向不足

目前，财政补贴政策重生产轻销售、重产量轻质量。各地制定和执行的政策主要从生产层面给予扶持，突出增加产品供给，对按照市场需求引导农村产业融合发展重视不够。相关支持政策中，重视生产和加工环节，忽视流通、信息等服务环节，轻视品牌建设、消费引导和公共服务平台建设。

三、我国农村产业融合政策支撑

《国务院关于深化农村产业融合发展改革的意见》（国办发〔2015〕93 号）于 2015 年 12 月 30 发布，提出了深化农村产业融合发展改革的重点任务和政策措施。文件强调推进农村一二三产业（以下简称"农村产业"）融合发展，是拓宽农民增收渠道、构建现代农业产业体系的重要举措，是加快转变农业发展方式、探索中国特色农业现代化道路的必然要求。提出用工业理念发展农业，以市场需求为导向，以完善利益联结机制为核心，以制度、技术和商业模式创新为动力，以新型城镇化为依托，推进农业供给侧结构性改革，着力构建农业与二三产业交叉融合的现代产业体系，形成城乡一体化的农村发展新格局，促进农业增效、农民增收和农村繁荣，为国民经济持续健康发展和全面建成小康社会提供重要支撑。坚持因地制宜，分类指导，探索不同地区、不同产业融合模式。坚持尊重农民意愿，强化利益联结，保障农民获得合理的产业链增值收益。坚持市场导向，充分发挥市场配置资源的决定性作用，更好发挥政府作用，营造良好市场环境，加快培育市场主体。坚持改革创新，打破要素瓶颈制约和体制机制障碍，激发融合发展活力。坚持农业现代化与新型城镇化相衔接，与新农村建设协调推进，引导农村产业集聚发展。

2016 年，农业部印发了《全国农产品加工业与农村一二三产业融合发展规划（2016—2020 年）》（以下简称《规划》）。对"十三五"期间全国农产品加工业和农村一二三产业融合发展的思路目标、主要任务、重点布局、重大工程、保障措施等做出全面部署安排。以坚持农民主体地位，增进农民福祉为出发点和落脚点，按照"基在农业、利在农民、惠在农村"的要求，以市场需求为导向，以促进农业提质增效、农民就业增收和激活农村发展活力为目标，以新型农业经营主体为支撑，以完善利益联结机制和保障农民分享二三产业增值收益为核心，以制度、技术和商业模式创新为动力，强化农产品加工业等供给侧结构性改革，着力推进全产业链和全价值链建设，开发农业多种功能，推动要素集聚优化，大力推进农产品加工业与农村一二三产业交叉融合发展。《规划》提出，到 2020 年，农村一二三产业融合发展总体水平明显提升，产业链条完整、功能多样、业态丰富、利益联结更加稳定的新格局基本形成，农业生产结构更加优化，农产品加工业引领带动作用显著增强，新业态新模式加快发展，产业融合机制进一步完善，主要经济指标比较协调、企业效益有所上升、产业逐步迈向中高端水平，带动农业竞争力明显提高，促进农民增收和精准扶贫、精准脱贫作用持续增强。《规划》

确定了四方面重点任务。一是做优农村第一产业,发展绿色循环农业、推进优质农产品生产、优化农业发展设施条件,夯实产业融合发展基础。二是做强农产品加工业,大力支持发展农产品产地初加工、全面提升农产品精深加工整体水平、努力推动农产品及加工副产物综合利用,提升产业融合发展带动能力。三是做活农村第三产业,大力发展各类专业流通服务、积极发展电子商务等新业态新模式、加快发展休闲农业和乡村旅游,拓宽产业融合发展途径。四是创新融合机制,培育多元化产业融合主体、发展多类型产业融合方式、建立多形式利益联结机制,激发产业融合发展内生动力。

2018 年,农业农村部印发《关于实施农村一二三产业融合发展推进行动的通知》。实施推进行动,要以习近平总书记"三农"思想为指引,坚持"基在农业、惠在农村、利在农民"原则,以农民分享产业链增值收益为核心,以延长产业链、提升价值链、完善利益链为关键,以改革创新为动力,加强农业与加工流通、休闲旅游、文化体育、科技教育、健康养生和电子商务等产业深度融合,增强"产加销消"的互联互通性,形成多业态打造、多主体参与、多机制联结、多要素发力、多模式推进的农村产业融合发展体系,努力助推乡村产业兴旺,切实增强农业农村经济发展新动能。实施推进行动,要坚持利农惠农,强化企业和农民利益联结,保障农民分享产业融合增值收益。坚持分类施策,发挥各地的特色和资源优势,探索不同地区、不同产业、不同企业的融合模式。坚持市场导向,尊重各类市场主体意愿,引导企业与农民共建产业融合利益共同体,共同提升价值链和利益链。坚持绿色引领,建立低碳、低耗、循环、高效的绿色发展方式,促进资源节约集约利用和生态环境保护。到 2020 年,农村产业融合主体规模不断壮大,产业链不断延长,价值链明显提升,供应链加快重组,企业和农民的利益联结机制更加完善,融合模式更加多样,建成一批农村产业融合发展先导区和示范园,融合发展体系初步形成,为实施乡村振兴战略提供有力支撑。

2019 年,农业农村部确认 153 个县(市、区)为全国农村一二三产业融合发展先导区创建单位。为深入实施乡村振兴战略,大力促进农村一二三产业融合发展,增强乡村产业发展新动能,农业农村部组织开展农村一二三产业融合发展先导区创建工作。经各地申报、省级农业农村部门审核推荐、专家评审和公示,确认天津市蓟州区等 153 个县(市、区)为全国农村一二三产业融合发展先导区创建单位。要求各级农业农村部门要加强指导,培育融合主体,聚焦融合业态,搭建融合平台,构建联结机制,务实创新推进农村一二三产业融合发展先导区创建工作。各创建单位要高标准规划,高质量推进,整合资源力量,强化保障措施,推进多主体参与、多要素聚集、多业态发展、多模式打造,加快构建标准原料基地、集约加工转化、区域主导产业、紧密利益联结于一体的先导区,示范引领乡村产业振兴。农业农村部将对创建工作进行评估,认定一批农村产业融合发展先导区,优先纳入现代农业产业园、农业产业强镇等项目予以支持。

2021 年,我国脱贫攻坚战取得了全面胜利,推进农村一二三产业融合成为拓宽农民增收渠道、巩固我国脱贫攻坚成果的重要手段。

2022 年中央一号文件进一步强调"持续推进农村一二三产业融合发展",并将其作为文件第四部分"聚焦产业促进乡村发展"的第一条。

2023 年《习近平关于"三农"工作的重要论述学习读本》中指出要紧紧围绕发展现代农

业,围绕农村一二三产业融合发展,构建乡村产业体系,推动乡村生活富裕。

2024年2月3日中央一号文件发布,首次将"千万工程"作为典型案例写入标题,肯定了"千万工程"在乡村全面振兴中的普遍意义。"千村示范、万村整治"工程,简称"千万工程",是浙江"绿水青山就是金山银山"理念在基层农村的成功实践。从农村环境整治入手,由点及面、迭代升级,通过持续努力造就了万千美丽乡村,造福了万千农民群众,创造了推进乡村全面振兴的成功经验和实践范例。

第四节　农村产业融合的实践案例

农村产业融合发展触及多个主体、多个产业,各地实践丰富多彩,实践模式百花齐放,但总结来看主要有农户主导型、农民合作社主导型、村集体经济组织主导型、农业龙头企业主导型、工商资本主导型和地方政府主导型6种模式。以下将对每种模式进行简要的介绍,并用具体的实践案例进行剖析。

一、实践案例:农户主导型

(一)农户主导型农村产业融合的发展特点

农户主导型的农村产业融合发展,顾名思义,是由当地农户利用地理、自然、文化、传统手工艺等资源优势,在农业生产的基础上,逐步向农产品加工、传统手工艺品开发、乡村旅游等相关产业拓展,形成一二三产业融合发展的态势。这里所说的农户往往是具有创新创业精神的农户,或者通过其他行业积累了一定资本的农户,通过开发当地生产、生态资源,带动产销一体化、产加销一体化、生产+旅游一体化等多种模式来促进农村产业融合。

农户主导型农村产业融合发展的模式,本质是致富带头人依托当地农户开发在地优势自然资源或者文化、传统手工艺资源。在延伸产业链条的同时,开发了农业的其他功能,让农业、农民更多地享受到社会化分工的成果,是产业融合的一种典型案例。在近几年国家大力倡导"万众创新,大众创业"和大力发展家庭农场的浪潮下,涌现出了一批农村创新创业优秀带头人和高效益的家庭农场,推动了农村产业融合发展。

(二)农户主导型农村产业融合实践案例

1.创业带头人依托互联网平台实现农业生产与销售的融合

在大部分农村地区,小农户与大市场衔接不够紧密,农产品销售制约着农民增收和农村发展。由于缺乏销售渠道,优质农产品不能实现优价销售,制约了农民收入的提高。2013年,在外打工的葛克朗发现了这个商机,决定辞去城市工作,回乡创业。他的家在江苏省盐城市阜宁县前三灶村,当地大部分农户家中都会散养苏北土鸡,也有不少村民在树林中规模化散养苏北土鸡,但由于道路交通不顺畅,当地土鸡销售主要以菜市场、集市或者鸡贩子为主,价格偏低。葛克朗通过开淘宝店铺,将苏北土鸡销往上海、南京等大城市,苏北土鸡凭借体型小、肉质紧实、口感佳、营养价值高的优势,深受消费者喜爱,并卖出了比当地价格高几倍的价格。随着消费者群体的不断增多,葛克朗的土鸡收购范围也从三灶村扩展到了周边的射阳、滨海等县,带动了当地及周边苏北土鸡养殖业的发展,提高了当地养殖户的收入水平。

2.科技示范户发挥技术优势实现农业的种养结合

全国"优秀农民工"、省"科技示范户"吴厚光,是湘潭县杨嘉桥镇人。他长期从事生猪养殖和贩运,并牵头组建了利群生猪专业合作社。随着合作社养殖规模的不断扩大,原有的沼气池无法完全处理生猪粪便,沼渣沼液也缺少用武之地。为有效解决这个问题,吴厚光注册成立了厚德家庭农场,利用生猪粪便作为有机肥种植水稻,并坚持不施用化肥,以物理方法和害虫天敌防治病虫害,以人工方式除草,确保大米品质,实现优质优价。2015年,农场销售收入180余万元,纯利润41万元,发放农民工工资达70多万元,被市政府评为市级示范性家庭农场。

农户主导型农村产业融合发展还有很多其他方式,比如"传统手工业+三产""地方文化生态+三产"等。虽然能够让农业农村融合发展的受益最大程度上留在农村,实现农民富的目的,但也存在一些不足,主要表现为受创新创业带头人的影响比较大,如果缺乏这样的农村"能人",农户主导型农村产业融合发展非常困难。另外,考虑到地理位置偏僻,交通运输不便,社会资源有限,完全依靠农民自发行动推动产业融合的发展速度会比较慢,还会受到技术、资金等因素的制约。

二、实践案例:农民合作社主导型

(一)农民合作社主导型农村产业融合的发展特点

农民合作社主导型的农村产业融合,是以农民合作社为主体,通过发展农产品加工业、农产品流通业和乡村旅游业等产业,将产业链条由生产环节逐渐延伸到加工、流通、服务环节,从而形成一二三产业融合发展的态势。农民合作社主导模式主要包括5种,分别是农社对接模式、农超对接模式、合作社与电子商务对接模式、"合作社+"加工模式、休闲农业模式。

农民合作社主导型农村产业融合模式本质是将农民合作社作为载体,建立起集农产品生产、加工、销售和农村服务业于一体的综合性产业服务体。借助合作社这个载体,可以实现农业产业链的延伸,提高农产品的附加价值,通过合作社的分配机制让农民享受到更多收益。但与此同时,这对农民合作社的经济实力和组织能力都有较为严格的要求。合作社需要吸纳足够多的会员,供给大量优质、品种丰富的农产品,同时还要有充裕的资金和实干的管理人员,能够延伸农产品加工、流通链条,甚至能够拓宽农业多功能,发展休闲、创意农业等。农民合作社主导模式的可持续发展,最关键的是合作社对成员以及非成员农户的带动作用。普通的合作社很难满足以上要求,因此,这种模式一般适用于经济实力较强、规模较大、管理者能力较强的合作社。

(二)农民合作社主导型农村产业融合的实践案例

安徽省凤阳县农民合作社:该合作社以种植业为主导,整合了种植、养殖、加工等多个环节,形成了一个完整的产业链。合作社通过整合农田资源、引进先进技术和管理经验,推动农业现代化和农村产业融合发展。通过合作社的统一组织和管理,农民共同参与农业生产和经营,实现了资源的优化配置和农民收入的增加。

湖南省衡阳市农民合作社:该合作社以农产品加工和销售为主导,整合了农田、农产品加工设施和销售渠道等资源,形成了一个农产品产销一体化的产业链。合作社通过建立农产品品牌、开展市场营销和电商平台销售等方式,提高农产品的附加值和市场竞争力。合作社还开展农产品深加工,推动农村产业融合发展和农民增收致富。

江苏省扬州市农民合作社:该合作社以农村旅游为主导,整合了农业、农村工业、农村服务业等产业,形成了一个以农村旅游为核心的产业集群。合作社通过发展农家乐、农产品销售和农村文化旅游等业态,提升农村旅游的品质和服务水平。合作社还通过合作社成员的共同努力,推动农村基础设施建设和农村环境改善,促进农村产业融合发展和乡村振兴。

山东省临沂市农民合作社:该合作社以农产品加工和农村电商为主导,整合了农田、农产品加工设施和电商平台等资源,形成了一个农产品加工和销售的产业链。合作社通过建立农产品品牌、开展农产品加工和农村电商销售等方式,提高农产品的附加值和市场竞争力。合作社还通过合作社成员的共同努力,推动农村电商的发展和农村产业融合的实践。

三、实践案例:村集体经济组织主导型

(一)村集体经济组织主导型农村产业融合的发展特点

村集体经济组织主导型农村产业融合发展,是指村集体经济组织通过整合土地、劳动力等生产要素,自然环境、人文景观等资源优势,利用财政下拨的发展资金,采用土地入股、存量折股、增量配股等多种方式,推动村集体土地股权化、资产股份化,根据实际发展情况探索社会化服务、电子商务、乡村旅游等农村一二三产业融合发展的新业态。根据不同的资源禀赋,村集体经济组织主导型农村产业融合有不同的发展模式。在土地、林地、滩涂、水面等资源优势村,可以探索"村集体+生产性服务"的模式,大力发展设施农业、特色农业和生产服务型经济;在特色农业发展基础比较好的地区,可以探索"村集体+电子商务"的模式,发挥互联网平台的优势,大力发展特色农产品电商;在环境优美、自然资源丰富的地区,可以探索"村集体+休闲旅游"的模式,开展休闲农业、自然观光当地的乡村特色旅游业;在空心村、改造村可以探索"村集体+养老"的模式,发展养老服务业,实现老有所依。在城乡结合地区、中心村镇,可以探索"村集体+物业"的模式,发展物业经济,改善居民生活环境。

村集体经济组织主导型农村产业融合发展是农村产业融合发展的重要模式,本质上是整合农村资源,挖掘农村发展潜力,突破单一农业发展限制,通过产业融合,拓宽村集体经济组织经营收入来源,增强村集体经济实力,带动农民增收,打造农业可持续发展模式。村集体所拥有的资源可分为3类:一是集体所有的土地、林地、草地、荒地等资源性资产;二是经

营所用的房屋等建筑物、机器设备、农业基础设施,集体投资企业及其名下的资产份额、无形资产等经营性资产;三是文化、教育、体育、卫生等用于公共服务的非经营性资产。这些是村集体发展的重要经济基础。村集体经济组织主导型农村产业融合发展模式目前最大的困难是集体资产受到多种限制无法转化为资本,成为无法利用或使用成本很高的低质资产。发展该种模式最重要的是要有有远见、有实力、有抱负的村集体组织领军人员,其次是需要实施集体经济产权制度改革,也就是需要解决好人才问题和制度问题。

(二)村集体经济组织主导型农村产业融合的实践案例

1.广东省麻涌镇村集体经济组织主导的农村产业融合

麻涌镇位于广东省中山市,该地区的农村产业融合由当地的村集体经济组织主导。在这个案例中,村集体经济组织整合了农田、农产品加工设施和销售渠道等资源,推动了农村产业融合发展。

首先,村集体经济组织在土地资源整合方面发挥了重要作用。通过合理规划和整合农田,实现了农业规模化经营和高效利用。村集体经济组织还积极引导农民发展特色种植业和养殖业,提高农产品的品质和附加值。

其次,村集体经济组织通过建设农产品加工设施,推动了农产品加工业的发展。他们投资建设了农产品加工厂,进行农产品的初加工和深加工,提高了农产品的附加值和市场竞争力。同时,他们积极开展农产品的品牌建设和市场营销,拓展了销售渠道,增加了农产品的市场份额。

最后,村集体经济组织通过合作社的形式,促进了农民的组织和合作。他们鼓励农民参与合作社的经营管理,共同分享资源和利益。通过合作社的统一组织和管理,农民共同参与农业生产和经营,实现了资源的优化配置和农民收入的增加。

2.江苏省宜兴市村集体经济组织主导的农村产业融合

宜兴市位于江苏省苏州市,该地区的农村产业融合由当地的村集体经济组织主导。在这个案例中,村集体经济组织整合了农业、农村工业、农村服务业等产业,推动了农村产业融合发展。

首先,村集体经济组织通过整合农业和农村工业,实现了农村产业链的延伸和协同发展。他们鼓励农民发展农产品的初加工和深加工,建立农产品加工厂,提高农产品的附加值和市场竞争力。同时,他们也推动农村工业的发展,促进农村工业与农业的协同发展。

其次,村集体经济组织注重农村服务业的发展,满足农民多样化的需求。他们鼓励农民发展农村旅游、农家乐等农村服务业,提升农村公共服务水平。通过农村服务业的发展,他们不仅提高了农民的收入,还改善了农村的生活环境和公共服务水平。

最后,村集体经济组织通过合作社的形式,促进了农民的组织和合作。他们鼓励农民参与合作社的经营管理,共同分享资源和利益。通过合作社的统一组织和管理,农民共同参与农业生产和经营,实现了资源的优化配置和农民收入的增加。

这些案例展示了村集体经济组织在农村产业融合中的主导作用,通过整合资源、提升农产品附加值和市场竞争力,实现农民增收致富和农村经济的发展。村集体经济组织作为农村产业融合的组织形式,能够整合农业、农村工业、农村服务业等产业,推动产业链的延伸和产业融合的发展,促进农村经济的多元化和农民收入的增加。

四、实践案例:农业龙头企业主导型

(一)农业龙头企业主导型农村产业融合的发展特点

农业龙头企业主导型农村产业融合发展,是指以农产品加工环节或流通环节的龙头企业为主体,向产业链下游延伸,与农户或农民合作社合作建立生产基地,形成覆盖农产品生产、加工和销售全过程的一二三产业融合发展态势。一般来说,龙头企业具有资金、技术等多方面优势,可通过其发达的营销网络将小农户与大市场连接起来,促进产供销一体化发展,实现多方共赢。龙头企业主导型主要包括以下几种模式:"龙头企业+农户""龙头企业+基地+农户""龙头企业+合作社+农户"。相比于农户主导型与合作社主导型,龙头企业主导型更加注重价值链的提升,而不是产业链的延伸,能够让农户更多享受到产业化发展的成果。

龙头企业主导型的产业融合,本质上是通过龙头企业将先进的生产技术与管理方式引入农村传统的生产模式中,引领农村产业发展,带动农民收入增加。该类型的产业融合模式成功的概率较大,具有可复制性,当然也需要几个发展的先决条件。一是企业要具有较强的经济实力和管理能力,能抵抗产业融合失败的风险;二是企业要具有市场核心竞争力,有一定的品牌影响力和完善的销售网络;三是企业要与合作社、农户共同商议,确立好运行机制和利益分配机制,充分发挥合作社或村集体的纽带作用,促进双方建立良好的信任关系,降低农户与企业的交易成本。

(二)农业龙头企业主导型农村产业融合的实践案例

1.恒大农业集团主导的农村产业融合

恒大农业集团是中国知名的农业龙头企业,其在农村产业融合方面进行了积极的实践。该集团通过整合农田、农产品加工设施和销售渠道等资源,推动了农村产业融合发展。

首先,恒大农业集团在农业种植方面进行了整合和升级。他们通过引进先进的种植技术和管理经验,推动农业现代化和农业产业化。集团在不同地区建立了现代化的农业示范基地,通过规模化种植和精细化管理,提高了农产品的品质和产量。

其次,恒大农业集团注重农产品加工和市场营销。他们投资建设了农产品加工厂,进行农产品的初加工和深加工,提高了农产品的附加值和市场竞争力。集团还通过建立农产品品牌和开展市场营销活动,拓展了销售渠道,增加了农产品的市场份额。

最后,恒大农业集团通过与农民合作,推动农民的组织和合作。他们与农民建立合作社和合作基地,共同参与农业生产和经营。通过集团的技术指导和资源支持,农民得到了更好的培训和技术支持,提高了农业生产的效益和农民的收入。

2.江西省瑞金市三七互联主导的农村产业融合

三七互联是中国知名的中药材企业,其在农村产业融合方面进行了积极的实践。该企业主要从事三七种植和加工,通过整合农田资源和加工设施,推动了农村产业融合发展。

首先,三七互联通过与农民合作,建立了三七种植基地。他们与当地农民签订种植合作协议,提供种苗、技术指导和销售渠道,与农民共同参与三七的种植和管理。通过合作社的形式,农民得到了更好的培训和技术支持,提高了三七的产量和品质。

其次,三七互联注重三七的初加工和深加工。他们投资建设了三七的初加工厂和提取工厂,进行三七的初加工和深加工,提高了三七的附加值和市场竞争力。通过建立三七的品牌和开展市场营销活动,拓展了销售渠道,增加了三七的市场份额。

最后,三七互联与农民合作,共同参与三七的销售和分红。他们与农民合作社签订销售合作协议,提供销售渠道和市场支持,与农民共同分享销售收益。通过与农民的合作,实现了农民增收致富和农村经济的发展。

这些案例展示了农业龙头企业在农村产业融合中的主导作用,通过整合资源、提升农产品附加值和市场竞争力,实现农民增收致富和农村经济的发展。农业龙头企业作为农村产业融合的推动者,能够整合农业、农村工业、农村服务业等产业,推动产业链的延伸和产业融合的发展,促进农村经济的多元化和农民收入的增加。

五、实践案例:工商资本主导型

(一)工商资本主导型农村产业融合的发展特点

工商资本主导型农村产业融合发展,是指工商资本在政策引导下走进农村,带来先进理念、技术、人才、资金等农村稀缺要素,促进农村产业融合发展。新时期,一方面,城市工商资本希望能够找到新的商机,积极进入有发展潜力和相对稳定的农业领域,选择成本洼地,扩大发展空间;另一方面,随着城市居民对乡村绿水青山、民俗文化的向往,以及对特色农产品多样性、定制化旺盛的需求,农业领域对工商资本的吸引力逐渐加大。近年来,越来越多的工商资本开始进入农村领域发展,呈现出投资主体多元化、经营模式多样化、投资规模扩大化的趋势。工商资本下乡,助力农业生产集约化、规模化,提高农业生产效率,解决发展资金短缺的问题,促进产业链条的延伸以及产业环节的深度融合,是推动农村一二三产业融合发展的重要力量。

工商资本主导型农村产业融合发展,本质上是实现要素之间的重新组合。一方面,工商资本进入农业会带来先进的生产技术和管理模式,带来大量资金,加快农业转型升级;但另一方面,也会因缺乏对农业产业的了解,土地指标难以获取而使发展进一步举步维艰。同时,工商资本逐利的性质,又使社会各界对其有不同看法。如政府部门认为工商资本可能会大量占用农用地,使"非粮化""非农化"现象更加严重;也有学者认为资本下乡对农业发展并没有起到应有的积极作用,反而其非生产性再分配机制阻碍了农业现代化进程,而且会破坏自然环境,引发食品安全问题;农民对工商资本进入心情复杂,既希望借此获得土地出租和打工收入,又不想自家土地被企业长期征占、挪作他用。目前,工商资本进入农业领域已经是大势所趋,是我国现阶段经济发展、农业转型升级造成的必然结果,也是农村产业融合的重要力量。对待工商资本主导型农村产业融合发展,一方面要创造条件吸引工商资本进入农业农村;另一方面要监督管理,切实保障农村集体经济组织和农民的利益。在吸引工商资本方面,由于工商资本需要实现规模化经营,以达到盈利目标,所以在吸引工商资本方面,基层政府要强化服务意识,做好土地要素的整合,提高行政效能,创造良好的营商环境。在监督管理工商资本方面,应该建立并完善工商资本下乡的风险防控机制,构建农村金融服务体系。加强对工商资本下乡的监督和管理,引导企业进行规范经营,及时制止违规违法行为,保障村集体及农户的利益。该模式成功运行的条件,一是要创造条件吸引工商资本进入农业农村,二是要监督管理工商资本,实现工商资本与村集体经济组织和公民的互利共赢。

(二) 工商资本主导型农村产业融合的实践案例

1.新希望集团主导的农村产业融合

新希望集团是中国知名的农业食品企业,其在农村产业融合方面进行了积极的实践。该集团通过整合农田、农产品加工设施和销售渠道等资源,推动了农村产业融合发展。

首先,新希望集团在农业种植方面进行了整合和升级。他们通过引进先进的种植技术和管理经验,推动农业现代化和农业产业化。集团在不同地区建立了现代化的农业示范基地,通过规模化种植和精细化管理,提高了农产品的品质和产量。

其次,新希望集团注重农产品加工和市场营销。他们投资建设了农产品加工厂,进行农产品的初加工和深加工,提高了农产品的附加值和市场竞争力。集团还通过建立农产品品牌和开展市场营销活动,拓展了销售渠道,增加了农产品的市场份额。

最后,新希望集团通过与农民合作,推动农民的组织和合作。他们与农民建立合作社和合作基地,共同参与农业生产和经营。通过集团的技术指导和资源支持,农民得到了更好的培训和技术支持,提高了农业生产的效益和农民的收入。

2.茅台集团主导的农村产业融合

茅台集团是中国知名的酒类企业,其在农村产业融合方面进行了积极的实践。该集团通过整合农田、农产品加工设施和销售渠道等资源,推动了农村产业融合发展。

首先,茅台集团在农业种植方面进行了整合和升级。他们与当地农民合作种植高质量的酿酒原料,如高粱和小麦。通过提供种苗、技术指导和销售渠道,与农民共同参与种植和管理。通过规范化种植和精细化管理,提高了酿酒原料的品质和产量。

其次,茅台集团注重农产品加工和市场营销。他们投资建设了酿酒厂和加工厂,进行酿酒和酒类产品的加工,提高了产品的附加值和市场竞争力。集团还通过建立酒类品牌和开展市场营销活动,拓展了销售渠道,增加了产品的市场份额。

最后,茅台集团与农民合作,共同参与销售和分红。他们与农民合作社签订销售合作协议,提供销售渠道和市场支持,与农民共同分享销售收益。通过与农民的合作,实现了农民增收致富和农村经济的发展。

这些案例展示了工商资本在农村产业融合中的主导作用,通过整合资源、提升农产品附加值和市场竞争力,实现农民增收致富和农村经济的发展。工商资本作为农村产业融合的推动者,能够整合农业、农村工业、农村服务业等产业,推动产业链的延伸和产业融合的发展,促进农村经济的多元化和农民收入的增加。

六、实践案例:地方政府主导型

(一)地方政府主导型农村产业融合的发展特点

地方政府主导型农村产业融合,是指地方政府基于地方特色,在尊重市场规律的基础上,创新各种政策措施,引导当地开展农村产业融合。地方政府在主导农村产业融合方面,一要提前做好产业融合发展规划,将产业融合发展规划纳入当地经济社会发展规划中;二要大力挖掘本地特色,激活各种资源,打造旅游品牌。合理开发当地"四荒地"资源,变废为宝,盘活各种农村闲置资源。融入地方特色,增强品牌意识,塑造品牌、建设品牌、宣传品牌、保护品牌;三要做好基本硬件设施建设和基本公共服务,吸引各种要素资源流入。可以采取以下措施:首先是大力发展主产区农产品加工业,可以通过出台相关政策引导农产品加工业的优质资源向主产区集中,就地发展农产品初加工和精深加工,让优势产区同时也成为农产品加工基地,有效促进一二产业融合发展;其次是推广"一村一品""一乡一业"模式,建设"一村一品""一乡一业",通过引导和扶持同类产品的生产经营主体,整合区域内优势资源,进行统一管理,打造品牌优势,大力发展乡村特色旅游业和文化体验项目,通过开展农俗活动、节庆日、体验活动等方式,推进一三产业深度融合;再次是促进产业集群、企业集聚发展,根据专业化分工,将区域内参与产业链的主体联结起来,通过分工合作达到节本增效的目的;最后是开发农业的多种功能,发展文化体验、休闲农业、观光旅游等新业态,实现经济效益、社会效益和生态效益的三重丰收。

地方政府主导型农村产业融合发展,本质是发挥该地区的资源优势,大力发展特色产业,同时促进农业与文化、旅游、康养等产业融合发展,提升农村特色产品的质量,加强农村基础设施建设,改善生态环境,形成自然环境优美、产业发展强劲、农民收入增加的农业发展新业态。我国部分农村地区坐拥多种多样的产业,拥有特色的自然生态资源、特色农产品、特色文化,或者保留着珍贵的传统手工艺,但由于地理位置偏僻、区位优势不明显等因素隔断了产业之间的联系,或者由于品牌建设缺位,农村特色资源不能充分发挥其价值,这就需要以地方政府为主导,通过整合地方资源,创新各种政策措施,为产业间的相互联系、相互渗透、相互影响创造更好的条件,通过建立农业产业融合示范区,利用集群效应实现市场资源整合。但政府主导型农村产业融合发展,在安排具体工作时可能会出现认知错误或操作失误。例如,很多地方政府以优惠政策吸引工商资金进入农业,造成了对市场的不合理干预,不利于打造公平、公正的市场竞争环境、降低交易成本。另外,也有一些地方政府只注重第三产业的发展,产品开发同质性强,创新弱,吸引力小,产业创收能力不足。该模式主要适用于地方政府有发展农村产业融合的决心和能力,地方又具有一定优质产品、优质资源或者传统文化的地区。

(二)地方政府主导型农村产业融合的实践案例

1.江苏省常州市新北区地方政府主导的农村产业融合

常州市新北区地方政府在农村产业融合方面进行了积极的实践。该地方政府通过整合农田、农产品加工设施和销售渠道等资源,推动了农村产业融合发展。

首先,新北区地方政府在农业种植方面进行了整合和升级。他们通过引进先进的种植技术和管理经验,推动农业现代化和农业产业化。地方政府鼓励农民发展特色种植业,如花卉、蔬菜和水果等,提高农产品的品质和附加值。

其次,新北区地方政府注重农产品加工和市场营销。他们投资建设了农产品加工厂和冷链物流设施,进行农产品的初加工和深加工,提高了农产品的附加值和市场竞争力。地方政府还通过建立农产品品牌和开展市场营销活动,拓展了销售渠道,增加了农产品的市场份额。

最后,新北区地方政府通过政策支持和资金扶持,推动农村产业融合的发展。他们制定了一系列支持农村产业融合的政策,如财政补贴、税收优惠和融资支持等。地方政府还成立了农村产业融合发展专项工作组,加强组织协调和政策宣传,推动农村产业融合的实施。

2.浙江省义乌市地方政府主导的农村产业融合

义乌市地方政府在农村产业融合方面进行了积极的实践。该地方政府通过整合农田、农产品加工设施和销售渠道等资源,推动了农村产业融合发展。

首先,义乌市地方政府注重农产品加工和市场营销。他们投资建设了农产品加工园区和冷链物流设施,进行农产品的初加工和深加工,提高了农产品的附加值和市场竞争力。地方政府还通过建立农产品品牌和开展市场营销活动,拓展了销售渠道,增加了农产品的市场份额。

其次,义乌市地方政府注重农村电商的发展。他们推动农村电商与农产品产地相结合,通过电商平台销售农产品,提高了农产品的市场覆盖率和销售效率。地方政府还鼓励农民参与电商创业,提供培训和资金支持,促进农村电商的发展和农村产业融合的实践。

最后,义乌市地方政府通过政策支持和资金扶持,推动农村产业融合的发展。他们制定了一系列支持农村产业融合的政策,如财政补贴、税收优惠和融资支持等。地方政府还成立了农村产业融合发展专项工作组,加强组织协调和政策宣传,推动农村产业融合的实施。

这些案例展示了地方政府在农村产业融合中的主导作用,通过整合资源、提升农产品附加值和市场竞争力,实现农民增收致富和农村经济的发展。地方政府作为农村产业融合的推动者,能够整合农业、农村工业、农村服务业等产业,推动产业链的延伸和产业融合的发展,促进农村经济的多元化和农民收入的增加。

第五节　推动农村产业融合的保障措施

根据前文产业融合中遇到的问题,提出切实保障农村一二三产业交叉融合发展的具体措施,即政策体系构建一二三产业融合主体培育以及相关部门体制改革。首先,推进农村产业融合需要政策跟进,产业融合造成产业交叉,政策体系需要积极创新适应新型产业发展需要,为其提供政策支持和法律保障;其次,农村产业融合需要具备一定实力的产业融合主体来发挥引领带头作用,现阶段我国农村各经营主体培育还不充分,需要通过各种方式加快形成农村产业融合的自发主体,提高产业融合的内生动力;最后,还需要加快部门体制机制改革,适当拓宽管理范围,使其更好地监督管理农村产业融合发展,及时修正和完善农村产业融合过程中出现的一些问题。

一、加快构建农村产业融合政策体系

农村产业融合过程中,既要坚持市场在资源配置中的决定性作用,还要发挥好政府的支持引导作用。由于产业融合会造成产业发展出现交叉现象,要积极推进政策创新、探索合理有效的财政支持政策,逐步构建融合型产业发展的产业政策体系,并以政策体系为基础,制定融合产业发展的标准规范,最终上升到在国家层面上建立全国性的法律制度,为保障农村产业融合快速发展提供稳定的外部环境。此外,现阶段中国农村产业融合整体上仍处于低层次融合阶段,融合产业科技含量低、效率水平低下,其中一个重要原因是我国农业科技进步进程缓慢,农业科技推广体系不完善,传统农业科技推广效率低、成果不明显,严重阻碍了传统农业向二三产业融合发展的进程,因此,推进农业科技体系建设,创新科技体系推广也是农村产业融合政策体系中的重要内容。

加快构建农村产业融合政策体系是实现农村产业融合发展的重要举措。

制定支持政策:政府应出台一系列支持农村产业融合的政策,包括财政资金支持、税收优惠、土地政策等。支持政策应该围绕农田整合、农产品加工、农业科技创新等方面展开,为农村产业融合提供经济和政策支持。

完善土地政策:农村产业融合需要大规模的土地整合,政府可以出台土地政策,鼓励农民将零散的小块农田整合成大面积种植基地。同时,规范土地流转市场,确保土地流转的公平和农民的利益。

提供技术支持:政府可以投入资金,建立农业科技示范基地和科研机构,提供技术指导和培训,帮助农民掌握现代化农业技术和管理方法,提高农业生产效益和产品质量。

加强金融支持:建立健全的金融服务体系,为农村产业融合提供融资支持。政府可以设立专门的农村产业融合发展基金,提供贷款和风险补偿等金融服务,降低农村产业融合的融资成本。

推动市场开放:政府可以积极推动市场开放,拓宽农产品销售渠道,促进农民参与农产品加工和品牌推广。鼓励农民合作社与大型企业、电商平台等建立合作关系，拓展农产品的销售市场。

加强监管和评估：政府应加强对农村产业融合项目的监管和评估，确保政策执行的效果。建立健全的监测和评估体系，及时发现问题和改进措施，推动农村产业融合政策的有效落地。

通过以上的政策措施，政府可以加快构建农村产业融合政策体系，为农村产业融合提供良好的政策环境和支持，促进农村产业的协同发展和农民收入的提高。

二、加快培育农村产业融合主体

农村产业融合能否可持续进行，关键在于能否培养一批具备经济实力的融合主体，我国农村发展的各类市场主体数量已经很庞大，无论是农民合作社、农产品加工的龙头企业等，都已不在少数。但从实践上看，农村产业融合发展，仍然处在一个初期阶段，不少地区的农村甚至还没有起步，或者说还没有融合的行为或迹象。其中一个非常关键的因素就是不少地方农村虽然有可融合的主体，但可依靠的融合主体的经济实力较弱，因而没有足够的实力和能力去开展融合、带动融合。就农产品加工企业而言，在农村的这类企业多为中小微企业，由于规模小，产品多为初级加工制成品，竞争力不是很强，因而多数企业的实力很有限。此外加工原料目前容易得到满足，因而也缺乏与农业开展融合的意愿和动力。作为由城市转移进入农村的农产品加工业、旅游文化企业等，具有一定的企业规模和资金实力，这类企业相对来说经营理念新、生产经营能力强，是推动农村产业融合发展的生力军，但出于企业自身发展利益，往往排斥农民参与融合。就农村的留守农户而言，一般其传统农业理念较重，现代经营意识不强，大多只能作为农村产业融合的跟随者。而另外一部分农村文化程度高、能力强的人群往往选择离开农村外出就业，积累了工作经验和创业资金，也是加快农村产业融合发展不容忽视的力量。就农民合作社而言，很多处在劳动和资本的简单联合阶段，有些合作社只能维系简单的农业再生产，有些合作社尚处于不规范状态。因此，很多现有的农民合作社还难于开展农村产业融合。

综上所述，我国农村产业融合的相关主体发挥作用还远远不够，主体自身经济实力不足是制约我国农村一二三产业交叉融合长期发展的重要因素。从长远看，推进产业融合可持续发展需要一批实力较强的农村产业融合主体，具体可以从提高涉农企业能力、增加农村人力资本投资、鼓励农民工返乡创业和支持合作社发展四个方面展开，进而提高农村产业融合发展的内在动力。

三、加快改革与创新体制机制

农村一二三产业的交叉融合发展，不可避免地涉及对土地、水利等农业资源进行市场化的优化配置决策，因此，客观需要建立融合型的农业管理思维和服务模式，提供融合型产业管理服务迫切要求深化当前农业管理体制改革。首先，地方政府应加强组织领导，清晰职能边界，合理制订具体工作方案，建立多个部门之间有效协作机制，健全多部门协作服务体系，切实有效做好政府服务职能中对农村产业融合的支撑和引领作用，使其更好地引导公益性和经营性服务组织有效触发其在该领域的带动作用。应尽快建立适应农村产业融合发展的管理体制。农村产业融合方式与发展模式复杂多样,涉及多个部门和管理机构,需要从总体宏观上加强统筹协调和规划引导工作,避免部门分割和行业间垄断。其次,应当拓宽农业管理的范围,实行宽领域管理,随着一二三产业逐渐融合,现代农业产业的功能日益扩展,涉农产业的内容也更加丰富,农业行政管理领域不能仅仅局限于农、林、牧、渔业的生产管理还需进一步拓宽管理范围。最后,应赋予农业管理部门有效的管理手段与权力,以此加强相关部门对农村产业融合发展的监督与管理能力。

自测题

思考题

(1)什么是农村产业深度融合? 请简要解释。

(2)列举一些推动农村产业深度融合的优势和好处。

(3)农村产业深度融合面临的主要挑战是什么? 如何应对这些挑战?

(4)提供一些成功推动农村产业深度融合的案例,并分析其成功的原因。

(5)你认为政府、企业和农民在推动农村产业深度融合中应扮演怎样的角色?

参考文献

[1] 邓祥征,宋马林.乡村振兴与产业富民:路径、技术与案例[M].北京:科学出版社,2021.

[2] 董彦岭.产业振兴:绿色安全、优质高效的乡村产业体系建设[M].郑州:中原农民出版社,2019.

[3] 傅新红.农业经济学[M].北京:高等教育出版社,2016.

[4] 高强,刘同山,孔祥智.家庭农场的制度解析:特征、发生机制与效应[J].经济学家,2013(6):48-56.

[5] 何多奇.19世纪美国西部家庭农场制度与传统农业转型[J].华南师范大学学报(社会科学版),2009(4):26-30.

[6] 何龙斌.脱贫地区乡村产业振兴理论与实践[M].北京:人民出版社,2023.

[7] 何秀蓉.农业合作社的起源、发展和变革[J].社会科学战线,2022(10):66-75.

[8] 黎东升,曾令香.进一步发展我国家庭农场的思考[J].农业经济,2000(7):38-39.

[9] 林家彬.乡村产业振兴典型案例集[M].北京:中国发展出版社,2023.

[10] 罗必良.新制度经济学[M].太原:山西经济出版社,2006.

[11] 农业部管理干部学院,中国农村合作经济管理学会.农民合作社典型案例评析[M].北京:中国农业出版社,2019.

[12] 钱先国.乡村产业振兴概论[M].北京:新华出版社,2022.

[13] 苏昕,刘昊龙.中国特色家庭农场的时代特征辨析[J].经济社会体制比较,2017(2):105-113.

[14] 王新志,杜志雄.小农户与家庭农场:内涵特征、属性差异及演化逻辑[J].理论学刊,

2020(5):93-101.

[15] 张德林,张海瑜,张鹏,等.中国乡村振兴:产业发展促进战略实施模式及实践案例[M].北京:中国农业大学出版社,2021.

[16] 张亚飞.新型农业经营主体下我国家庭农场发展障碍与解决对策[J].农业经济,2023(8):3-6.

[17] 周华军.乡村产业振兴政策与发展模式[M].北京:中国农业出版社有限公司,2023.

[18] 朱华友,庄远红,李静雅.浙江省乡村产业振兴的理论与实践[M].北京:经济科学出版社,2022.